지텔프 코리아 공식지정

지텔프 바이블

LEVEL 2

이론+실전모의고사
문제편

PREFACE

　　2017년부터 7급 공무원 공채시험에서 영어 과목이 폐지되고 공인 영어 검정시험으로 대체되면서 지텔프에 대한 수험생들의 관심이 뜨거워지고 있다. 기존에 군무원 수험생들이 주로 응시했던 지텔프에 7급 공무원, 5급 공무원, 경찰간부 시험 등 공채 준비생들은 물론 세무사, 노무사, 감정평가사 등 자격시험을 준비하는 수험생들까지 몰리고 있는 추세이다.

　　특히 최근 지텔프는 시험 응시기회가 많고 성적 확인도 빠를 뿐 아니라, 다른 공인 영어 검정시험에 비해 상대적으로 성적 획득이 용이하다는 장점이 있다는 소문이 확산되면서 수험생들의 선호도가 높아지고 있다.

　　법률저널에 따르면 2014년 해군군무원 응시자의 41%, 육군 군무원 응시자의 57%가 각각 지텔프 영어 성적표를 제출한 것으로 파악됐다.

　　5급 공무원 공채시험 응시자 중 지텔프 선택자의 비중도 2015년 4.6%에서 2016년에는 7.1%로 크게 증가하는 등 지텔프를 선택하는 수험생들이 점증하고 있는 것으로 나타났다.

　　그러나 이처럼 지텔프에 대한 응시 수요가 증가하고 있음에도 불구하고 여전히 수험생의 수가 여타 공인 영어시험에 비해 적은 탓에 수험생들이 활용할 수 있는 지텔프 교재는 많지 않은 형국이다.

　　이에 법률저널은 지텔프 응시생들이 보다 효율적으로 시험을 준비할 수 있도록 돕기 위해 지텔프 공식지정 모의고사 4회분에 이론과 해설 등을 추가하여 본서를 출간하게 되었다. 무엇보다 영어의 기본적인 이론까지 덧붙인 지텔프 교재가 거의 전무한 상태라는 점에서 이번 책의 출간은 특별하다.

　　대부분의 지텔프 응시자들은 지텔프 고득점 자체를 목표로 시험에 응시하는 것이 아니라, 또 다른 시험에 응시하기 위한 조건을 만족시키기 위해 지텔프 시험을 보는 것이다. 따라서 이들에게는 지텔프 준비에 최소한의 시간과 노력만을 투자하여 목표 기준을 넘기고, 나머지 시간에 궁극적으로 목표하는 시험 준비에 집중하는 것이 우월전략이다.

　　이 교재는 그러한 수험생들의 수요에 맞추어 준비기간을 최소화하여 최단기간에 목표점수를 받을 수 있도록 하는 것을 목적으로 출간되었다.

　　또한 지텔프에 응시하는 수험생들의 다수가 여타 메이저 공인 영어시험에서 목표 점수를 얻는 데에 어려움을 겪었던 수험생들이라는 점을 고려하여, 영어를 전공한 전문가들이 기본적인 내용과 문제풀이 접근법에서부터 친절하게 설명하려고 노력하였다.

　　또한, 강의를 듣지 않고 혼자 공부를 하는 수험생들을 위하여 모의고사 해설도 최대한 상세히 기술하였다.

　　지텔프 기출문제가 공개되지 않는 상황에서 공식 문제집인 이 책을 통해 기출문제를 풀어보는 것과 똑같은 효과를 거둘 수 있고, 실전모의고사로 실제 시험에 대한 적응력을 한층 높일 수 있게 되었다.

　　이 책은 앞서 출간된 지텔프 코리아의 공식 문제집인 'G-TELP 실전모의고사'과 함께 '지텔프의 바이블'로 손색이 없을 것으로 보인다.

CONTENTS

이론+실전모의고사 문제편

PART 01
이론편

SECTION 01 지텔프 문법 ·········· 8
    CHAPTER 01 시제 ·········· 10
    CHAPTER 02 가정법 ·········· 18
    CHAPTER 03 준동사 ·········· 26
    CHAPTER 04 당위 표현 ·········· 35
    CHAPTER 05 조동사 ·········· 38
    CHAPTER 06 연결어/접속사 ·········· 43
    CHAPTER 07 관계대명사/관계부사 ·········· 47

SECTION 02 지텔프 청해 ·········· 52

SECTION 03 지텔프 독해 ·········· 58

SECTION 04 지텔프 어휘 ·········· 66

G-TELP
BIBLE

PART 02
문제편

모의고사 01 ·· 81
모의고사 02 ·· 105
모의고사 03 ·· 129
모의고사 04 ·· 153

실전모의고사 해설편

PART 03
해설편

모의고사 01 ·· 183
모의고사 02 ·· 221
모의고사 03 ·· 259
모의고사 04 ·· 297

G-TELP
BIBLE

이론편

SECTION 01

지텔프 문법

지텔프 시험의 경우 문법 영역의 비중이 전체의 3분의 1로 다른 공인 영어시험에 비하여 상당히 높다. 문법, 청해, 독해의 세 영역 중 적은 시간을 투자하여 최대의 성과를 얻을 수 있는 영역은 바로 문법일 것이다. 따라서 본 교재의 이론 파트는 지텔프에서 빈출되는 문법 유형들을 빠르게 한 번 정리하는 것을 목적으로 세심하게 정리되어 있으며, 특히 빈출 유형 순으로 목차를 구성하여 수험생들이 선택과 집중을 하는 것이 용이하도록 하였다.

지텔프 문법, 무엇이 다른가?

본격적인 문법 이론 설명에 앞서, 여타 영어 시험들과는 다른 지텔프 문법의 특징에 대해 먼저 짚어보자. 어떤 시험이든 그 시험의 출제 원리와 특징을 파악해야지만 효율적으로 준비할 수 있다. 특히 지텔프라는 시험은 대중화된 시험이 아닌 만큼 대부분의 수험생들이 이전까지 이를 접해본 적이 없을 것이므로, 본격적인 시험 준비에 앞서 공부의 방향을 잡는 것이 중요할 것이다. 다음의 세 가지 특징을 명심하고 공부를 시작한다면, 단기간에 적은 노력으로 목표 점수를 달성할 수 있을 것이다.

★ **1. 시험에 나오는 문제 유형은 정해져 있다!**
　　본서 집필에 앞서 지텔프 문법 문제 분류 작업을 한 결과, 총 일곱 가지 유형으로 나눌 수 있었다. '기타' 유형은 없다. 즉, 일곱 가지 유형만 충분히 훈련한다면 고득점이 가능한 것이다.

★ **2. 단순 암기로 풀 수 있는 문제가 절반 이상이다!**
　　지텔프 문법에는 가정법, 준동사, 당위표현 등의 유형이 다른 시험에 비하여 높은 비중으로 출제된다. 이들 대부분은 단순히 공식을 암기하는 것만으로 정답을 도출해낼 수 있는 것들이다. 고단도 문제는 거의 출제되지 않는다.

★ **3. 문법 영역은 시간 싸움이다!**
　　26문항을 20분 내에 풀어야 하므로 문제 당 주어지는 시간은 약 46초에 불과하다. 따라서 모든 유형에 완벽히 익숙해진 채로 시험장에 들어가야만 한다.

CHAPTER 01

시제

 시험 10분 전, 이것만은 꼭 기억하자!

- **완료 시제와 함께 쓰이는 시간 표현들**
  since + 특정한 시점, for + 일정한 기간, by the time + 어떤 사건의 발생

- **과거완료 had p.p**
  어떤 동작이 오랜 과거에서부터 가까운 과거까지 지속된 경우. (현재에는 더 이상 그 동작이 이루어지고 있지 않음)

- **현재완료 have p.p**
  어떤 동작이 과거에서부터 현재에 이르기까지 계속 진행되고 있는 경우 / 현재까지도 계속해서 영향을 미치고 있는 경우.

- **미래완료 will have p.p**
  어떤 동작이 진행되다가 미래 시점에 종료될 경우.

시제 유형은 가정법 유형과 함께 지텔프 문법 시험에서 가장 자주 출제되는 유형이다. 총 26 문제 중 보통 6문제 전후로 출제된다. 또한 영문법의 시제를 정확하게 이해하는 것은 다른 문법 문제들을 물론, 독해와 청해 등 다른 영역의 제시문을 해석, 이해하는 데에 기초가 되므로 몹시 중요하다. 영문법의 시제들 중에서 G-TELP에서 집중적으로 출제되는 것은 바로 완료 시제이다. 그 밖의 단순 과거/현재/미래 시제, 과거/현재/미래 진행 시제 등은 출제 비중도 낮고 매우 기초적인 내용이기 때문에 본 장에서는 완료 시제를 집중적으로 다루도록 한다.

1. 완료시제

영문법의 시제에는 단순시제와 완료시제가 있다. 시간의 흐름은 하나의 수평선으로 나타낸다면, 단순시제가 적용되는 사건은 특정 한 점으로 표시할 수 있다. 즉, 단순시제는 그 수평선상의 특정한 시점에 발생한 사건을 표현할 때에 쓰인다. 반면, 완료시제는 시간의 수평선 위에서 선분으로 표시될 수 있다. 즉, 완료시제는 어떤 동작이 특정한 시점에서부터 또 다른 시점에 이르기까지 쭉 지속되는 경우를 나타내기 위하여 사용되는 시제이다. 여기에서 동작의 지

속이란, 상대적인 개념이다. 모든 동작은 일정한 기간 동안 지속되기 마련이므로 엄밀하게 말해서 동작이 지속 되는 가 그렇지 않은가를 기준으로 단순시제를 적용할지 완료시제를 적용할지를 결정할 수 없다. 보다 정확히는 화자가 해당 동작의 지속, 내지는 그 동작이 기준 시점까지 계속해서 영향을 미치고 있음을 강조하고자 하는 특별한 경우에 완료시제가 사용되는 것이다.

실제 문제에서 완료시제가 사용되어야하는지를 판단하기 위해서는 해석을 통하여 글쓴이가 그 동작의 지속을 강조하고자 하는지를 살펴보아야 한다. 그러나 이보다 쉬운 방법은 바로 완료시제와 자주 함께 쓰이는 표현들을 익히는 것이다. 어떤 동사가 완료시제로 쓰일 경우, 그 앞뒤 맥락에 반드시 그 행위가 시작된 시점과 그 행위가 완료된 시점 또는 지속되고 있는 시점이 나타날 것이다. 이러한 표현들을 찾아서 그것을 바탕으로 해당 동사가 완료시제로 쓰여야 하는지, 과거/현재/미래완료 중 어떠한 시제로 쓰여야 하는지를 판단하면 쉽게 문제를 해결할 수 있을 것이다. 완료시제임을 짐작할 수 있게 하는 대표적인 시간 표현에는 다음과 같은 것들이 있다.

- **since + 특정 시점** : since는 '~이래로, ~부터'라고 번역된다. since는 어떤 동작이 이루어지기 시작하는 시점을 가리키는 표현이다. 어떤 동작이 특정 시점으로부터 시작되었다는 사실이 강조되는 경우라면, 그 동작은 그 시점 이래로 쭉 지속되는 것이라고 볼 수 있다. 따라서 since가 사용되었을 경우에는 동사를 완료시제로 써주어야 한다. 단, 주의해야 할 것은 since는 해당 동작이 시작된 시점만을 알려주는 표현이기 때문에 since를 보고 완료시제인 것 까지는 알 수 있으나, 과거/현재/미래완료 중 어떤 완료시제가 사용되어야할 지는 알 수 없다. 이것은 동작이 어느 시점에 종료되는지, 또는 어느 시점까지 지속되고 있는지를 보고 판단해야 한다.

- **for + 일정 기간** : for은 '~동안'이라고 번역된다. 즉, 이 자체로 해당 동작이 일정 기간 동안 지속됨을 알 수 있다. 따라서 그 기간 동안 지속된 동작을 나타내는 동사는 완료시제로 써주어야 한다. 단, 이 경우에도 since와 마찬가지로, 'for + 일정기간'이라는 표현만 보고서는 과거/현재/미래완료 중 어떤 완료시제가 사용되어야할 지까지는 알 수 없다. 이것은 일정 기간 동안 지속된 그 동작이 어느 시점에 종료되는지, 또는 어느 시점까지 지속되고 있는지를 보고 판단해야 한다.

- **by the time 절** : by the time이 이끄는 절은 '~한 때에는, ~할 때까지(는)'라고 번역된다. by the time 절은 반드시 완료시제와 함께 사용되는 것은 아니다. 따라서 by the time 절이 빈칸이 포함된 문장에 포함되어 있다면, 혹시 빈칸에 완료시제가 들어가야 하는 것이 아닌지를 고민해볼 필요가 있는 것이지, 완료시제라고 속단해서는 안된다. by the time 절은 주로 완료시제 동사가 나타내고 있는 동작이 종료되는 시점을 나타낼 때에 주로 사용된다. 즉, 어떠한 동작이 어느 한 시점으로부터 시작해서 by the time 절이 가리키는 시점까지 지속된 경우에 그 동사는 완료시제로 써주어야 하는 것이다. 이 때 by the time 절이 바로 동작이 종료되는 시점(현재완료의 경우에는 종료는 아니고 지속되고있는 시점)이기 때문에 by the time 절의 시제에 따라 과거/현재/미래 중 어떤 완료 시제를 써야할지가 결정된다. 일반적으로, 지텔프에서는 by the time 절이 미래완료 시제와 결합하는 경우가 많다.

- **when 절** : '~한 때'라고 해석되는 when 절도 완료시제와 함께 사용되는 경우가 있다. when 절이 제시하는 어떤 사건이 일어날 때까지 동작이 지속됨을 나타낼 때에 완료시제가 사용된다. 즉, 이 경우 when 절의 사건이 완료시제 동작의 종료시점이 되는 것이다. when 절은 과거완료 시제와 결합하는 경우가 많다. 주절에 과거완료 시제가 사용되어 어떤 동작이 먼 과거에서부터 지속되었음을 나타내고, when절에 과거시제로 서술된 동작이 주절 동작의 종료시점을 가리키는 패턴의 문장이 자주 사용된다. 그러나 when 절도 by the time 절과 마찬가지로, when 절이 빈칸

이 포함된 문장에 포함되어 있다면, 혹시 빈칸에 완료시제가 들어가야 하는 것이 아닌지를 고민해볼 필요가 있는 것이지, 완료시제라고 속단해서는 안 된다. when 절은 단순 시제나 진행 시제와 결합하는 경우도 많기 때문이다.

2. 현재완료

현재완료 시제는 과거의 어떤 시점에서 시작된 동작이 현재에까지 지속되고 있거나, 혹은 계속해서 영향을 미치고 있을 경우에 활용되는 시제이다. 현재완료 시제의 동사는 'have + 과거분사'의 형태이다

- Over the years, I have frequently counseled people who wanted better jobs.
- 몇 년 간, 나는 더 나은 직장을 원하는 사람들에게 자주 조언해왔다.
→ 이 문장에서 힌트가 되는 시간 표현은 'over the years'이다. 'over'은 'for'과 마찬가지로 '~동안'이라는 뜻으로 사용된다. 따라서 'I'는 최근 몇 년 동안에 지속적으로 'counsel'을 해온 것이므로 현재완료시제가 쓰인 것이다.

- Populations of large animals, such as tiger and lion, have dropped by 90% since 1950.
- 사자와 호랑이 같은 대형 동물들의 개체 수는 1950년 이래로 90%까지 감소하였다.
→ 이 문장에서 힌트가 되는 시간표현은 'since 1950'이다. 1950년도라는 과거의 한 시점부터 현재에 이르기까지 지속적으로 개체 수가 감소해오고 있음을 의미하는 문장이므로 현재완료 시제로 서술되었다.

- I have played the piano for 5 years now and I'm enjoying it more and more.
- 나는 이제 5년 동안 피아노를 쳐왔는데, 점점 더 그것을 즐기고 있다.
→ 이 문장에서 힌트가 되는 시간 표현은 'for 5 years'이다. 5년 전이라는 과거의 한 시점부터 현재에 이르기까지, 5년 동안 지속적으로 피아노를 쳐오고 있음을 의미하는 문장이므로 현재완료 시제로 쓰인 것이다.

3. 과거완료 / 대과거

과거완료 시제는 (현시점을 기준으로) 더 먼 과거의 어떤 시점에서 시작된 동작이 가까운 과거에까지 지속되다가 종료된 경우를 나타내기 위해 사용되는 시제이다. 즉, 과거완료 시제로 서술된 동작은 과거에 지속이 되었으나 이미 종료되어 현재에는 더 이상 지속되고 있지 않은 동작이다. 과거완료 시제의 동사는 'had + 과거분사'의 형태이다.

참고로, 'had + 과거분사'의 형태는 과거완료 시제를 나타내기 위해서도 사용되지만, 대과거 시제를 나타낼 때도 사용된다는 것이다. 대과거란 쉽게 말해서 과거보다 더 이전이라는 뜻이다. 과거와 더 오랜 과거라는 개념은 상대적인 것이며, 화자의 의도에 따라 달라진다. 대과거 시제는 화자가 어떤 두 동작이 과거의 서로 다른 시점에 발생했는데, 화자가 두 동작 간의 선후관계를 강조하고자 할 때 먼저 일어난 사건을 대과거 시제로, 나중에 일어난 사건은 단순과거 시제로 서술할 수 있다, 이때에는 'had + 과거분사'의 형태로 쓰인 동사가 완료시제처럼 지속성이 강조되지 않으며, 시간의 수평선 위에서 한 점으로 표현된다.

- He had performed in a local pub for two years before he died in 2008.
- 그는 2008년에 사망하기 전에 한 로컬 펍에서 2년 동안 공연을 해왔었다.

→ 우선 'for two years'는 완료시제와 어울리는 표현이다. 'perform'이라는 동작이 어느 시점까지 지속되었는지는 'before he died in 2008'을 통해 알 수 있다. 이 동작은 2년 동안 지속되다가, '2008년 그가 사망했을 때', 즉 과거 시점에 종료되었다. 이러한 경우에는 먼 과거~가까운 과거까지의 지속을 나타내어 주는 과거완료시제를 사용해야 한다.

- For decades, public nudity had been unrestricted in San Francisco. However, in 2012, officials successfully lobbied that the city should regulate nudity in public. Since then, public nudity has only been allowed with a police-issued parade permit.
- 수십 년 동안, San Francisco에서 공공장소에서 알몸 노출은 제한받고 있지 않았다. 그러나 2012년에 공직자들은 시가 공공장소에서의 알몸 노출을 규제해야 한다고 로비를 하는 데에 성공했다. 그 이후로 공공장소 알몸 노출은 경찰이 발행한 가두 행진 허가가 있어야지만 허락되고 있다.

→ 이 예문은 과거완료, 단순과거, 현재완료 시제가 고루 활용되어 그 차이를 확실히 살펴볼 수 있는 좋은 예문이다. 머릿속에 시간의 수평선을 그려 생각해보자. 우선, 첫 문장에서 'for + 일정한 기간' 표현이 사용되었으므로 완료 시제가 쓰여야 함을 알 수 있다. 맥락상 San Francisco에서 알몸 노출이 수십 년 동안 제한받지 않아온 것은 과거의 일이다. 즉, 이 unrestrict라는 동작의 시작 시점은 먼 과거이고, 종료 시점은 그로부터 수십 년 후인 가까운 과거이다. 다음 문장에서 종료 시점이 구체적으로 2012년임을 알 수 있다. 따라서 먼 과거부터 가까운 과거까지의 지속을 나타내는 과거완료 시제가 사용된 것이다. 두 번째 문장에는 'in 2012'라는 특정한 한 시점을 나타내는 시간 표현이 사용되어 있다. 즉, 공직자들이 로비를 한 것은 시간의 수평선상에서 한 점으로 나타나는 일회성 사건이므로 단순과거 시제로 서술된 것이다. 마지막 문장에는 'since+특정시점'이라는 표현이 사용되어 있으므로 그 시점부터 동작이 지속됨을 나타내는 완료시제를 사용하여야 함을 알 수 있다. 문맥상 알몸 노출이 허가증이 있어야 허용되는 것이 현재까지 지속되어 오고 있는 것이므로, 여기에서는 현재완료 시제가 사용된 것이다. (참고로 이 예문은 본 책의 모의고사 문제에서 가져온 것이다. 시제를 설명하는 데에 매우 유용한 예문이라 이론 파트에서 인용하는 것이니 양해를 바란다. 문제에서는 시제를 묻고 있지는 않다.)

4. 미래완료

미래완료 시제는 특정한 시점(과거이든 현재이든 미래이든 무관)에 시작된 동작이 미래의 특점 시점까지 지속되는 경우를 나타내기 위해 사용되는 시제이다. 미래완료 시제의 동사는 'will have + 과거분사'의 형태이다. 앞서 1.에서 설명한 것과 같이, 지텔프에서는 by the time 절과 미래완료 시제가 결합되어 있는 문장이 자주 출제된다. 따라서 어떤 문제가 시제를 묻는 유형인데, by the time 절이 보인다면 미래완료 시제는 아닌지 고민해 보자.

- I don't know what Amanda and Liz are talking about on the phone, but they must find it really interesting. By the time dinner is served at 8 p.m. they will have been talking nonstop for four hours!
- 나는 Amanda와 Liz가 전화로 무엇에 관한 얘기를 하는지 모르지만, 그들은 그것이 무척 흥미로운 것이 틀림없다. 오후 8시에 저녁식사 제공될 때쯤이면, 그들은 쉬지 않고 네 시간 동안이나 계속 말하고 있는 것이 될 것이다!

→ 이 문장에서 힌트가 되는 시간 표현은 'By the time dinner is served'이다. 동사가 현재형(is)으로 쓰여 있지만, by the time 다음에 미래의 사건이 올 경우 미래 시제를 쓰지 않고 현재 시제를 쓰므로, 저녁이 제공되는 것은 미래의 일이다. 그리고 앞 문장을 통해 Amanda와 Liz가 이야기를 나누는 중임을 알 수 있다. 그들이 대화하는 동작은 미래인 오후 8시까지 계속될 것이라는 의미이기 때

문에, 미래완료 시제를 사용해야 한다. 특히 이 문장에서는 미래 그 시점에도 대화가 계속 진행 중일 것이라는 점을 강조하기 위해 미래완료 진행 시제가 사용되었다.

5. 완료진행시제

완료진행시제는 완료시제의 기본적인 의미, 즉 '어떤 동작이 특정한 시점에서부터 또 다른 시점에 이르기까지 쭉 지속되는 경우'에 더하여, 서술하는 기준 시점에 그 동작이 여전히 진행되고있음을 강조할 때에 사용되는 시제이다. 과거완료진행시제의 형태는 'had been Ving', 현재완료진행시제의 형태는 'have been Ving', 미래완료진행시제의 형태는 'will have been Ving'이다. 완료시제와 완료진행시제 중 적절한 시제가 무엇인지를 묻는 문제는 잘 출제되지 않기 때문에, 완료진행시제가 들어가야 하는 경우를 판단할 때에도 완료시제와 동일한 조건을 활용하면 된다. 즉, 화자가 해당 동작의 지속, 내지는 그 동작이 기준 시점까지 계속해서 영향을 미치고 있음을 강조하고자 하는 경우이면서, 기준 시점에 그 동작이 진행중이라는 점이 강조될 때 완료진행시제가 사용되는 것이다.

- Later my mother came home and asked me what I had been doing.
- 나중에 어머니가 집으로 오셔서 나에게 뭘 하고 있었는지 물어보셨다.

→ 이 문장에서 기준 시점은 어머니가 집에 오셔서 나에게 질문을 한 과거 시점이다. 어머니는 과거 시점에서 나에게 자신이 집에 오기 전까지 쭉 무엇을 해오는 중이었는지를 물은 것이다. 따라서 먼 과거에서 가까운 과거(질문 시점)에 이르기까지 지속되었고, 또 가까운 과거 시점에서 진행 중인 일을 나타내기 위해 과거완료진행시제가 쓰인 것이다.

- Jeff started repairing aircraft in 1980 and learned how to fly in 1995. He has been flying private airplanes as a pilot ever since.
- Jeff는 1980년에 비행기 수리를 시작했고, 1995년에는 비행기 운전을 배웠다. 그는 그때로부터 파일럿으로서 개인 비행기를 운전해오고 있는 중이다.

→ 이 문장에서 주의해야 할 시간 표현은 'ever since'이다. 'ever since'는 '그 때로부터'라고 해석되며, 'since + 특정 시점'과 마찬가지로 동작의 지속을 나타내는 시간 표현이다. Jeff는 1995년에 비행기 운전을 배웠고, 바로 그 과거 시점에서부터 현재에 이르기까지 비행기를 운전해오고 있는 것이므로 현재완료진행시제가 사용된 것이다.

6. 진행시제

지텔프에 완료시제와 함께 매우 자주 출제되는 유형은 진행시제이다. 진행시제는 말 그대로 해당 동작이 서술되는 시점에 진행되고 있는 중임을 강조하기 위해서 사용된다. 지텔프에서 특히 자주 출제되는 유형은 when 절이 포함된 문장에서 주절 동사가 진행 시제로 쓰여야 함을 묻는 유형이다. 다시 말해 '~했을 때에(when 절), ~하고 있는 중이었다(주절 진행시제)'와 같이 해석되는 문장이 빈출된다. 앞서 when이 완료시제와 사용되는 경우도 있다고 하였으므로 시제 문제에 when절이 포함된 경우 주의가 필요하다. 물론, 'right now', 'at that time' 등과 같이 '바로 그 시점에'를 의미하는 시간 표현이 문장에 들어있을 경우에도 당연히 진행시제가 사용되어야 한다.

- Fred couldn't put the mystery novel down. He was reading a particularly scary scene when the window suddenly shattered into pieces.
- Fred는 그 미스테리 소설을 내려놓을 수 없었다. 창문이 갑자기 산산조각났을 때, 그는 특히 무서운 장면을 읽고 있는 중이었다.

→ 이 문장이 바로 '~했을 때에(when 절), ~하고 있는 중이었다(주절 진행시제)' 형식의 문장이다. 두 동작이 동시에 진행될 때, 먼저 진행 중이던 한 동작은 진행시제로 서술해야 한다.

- The invited guests were having a relaxing time when the topic turned to business and the mood got serious.
- 주제가 사업 이야기로 바뀌고 분위기가 진지해졌을 때, 초대된 손님들은 편안한 시간을 보내고 있는 중이었다. (주제가 바뀌기 전까지 편안한 시간을 보내고 있었다.)

→ 이 문장 역시 '~했을 '~했을 때에(when 절), ~하고 있는 중이었다(주절 진행시제)' 형식의 문장이다. 손님들이 편안한 시간을 보내고 있는 중이었는데, 그 때 대화 주제가 바뀌었다는 것을 나타내는 문장이다.

- He is talking to a client on the phone right now and will be attending a seminar for the rest of the day.
- 그는 지금 고객과 전화 통화중기고, 오늘 나머지 시간에는 세미나에 참석할 것이다.

→ 'right now'라는 시간 표현을 통해 그가 전화 통화를 하는 동작이 현재 진행되고 있는 것임을 알 수 있다.

실전훈련 01

The Hershey Company is one of the oldest chocolate makers in the US. They _____ out favorites chocolate bars ever since Milton Hershey founded the company in 1894.

(a) are making
(b) made
(c) have been making
(d) would have made

> 이 문제에서 주의 깊게 봐야할 표현은 바로 since 절이다. since 절은 Milton Hershey가 1894년에 회사를 처음 설립하였다는 내용을 나타내고 있다. 이를 통해, 회사가 설립된 과거의 시점으로부터 주절의 동사가 나타내는 사건이 쭉 지속됨을 알 수 있으므로 완료시제가 사용되어야 함을 알 수 있다. 이 make라는 동작은 시작한 시점이 과거인데, 문맥상 현재 시점까지 이것이 계속되고 있다고 보는 것이 적절하므로 결과적으로 빈칸에는 현재완료시제가 사용되는 것이 맞다. 특히, 여기에서는 초콜릿을 만드는 동작이 현 시점에서 계속 진행 중이라는 사실을 강조하기 위해서 현재완료진행시제가 사용되었다. 따라서 정답은 (d)이다.

실전훈련 02

Alice has to work first to save money for college tuition. Based on her calculations, she _____ for a year and a half by the time she is ready for college.

(a) will have been working
(b) will work
(c) would have worked
(d) is working

> 이 문제에서 주의 깊게 봐야할 표현은 바로 'for a year and a half'와 by the time 절이다. 'for + 일정 기간'은 완료시제와 자주 함께 쓰이는 시간 표현이다. by the time 절은 '그녀가 대학에 갈 준비가 되었을 때'라고 해석된다. when 절이나 by the time 절이 의미상 미래의 일을 나타낼 때에도 미래시제가 사용되지 않고 현재시제가 미래시제를 대체하기 때문에, by the time 절의 'is ready'는 미래의 일로 보아야 한다. 한편, Alice가 대학 등록금을 벌기 위해 먼저 일을 하며 돈을 모아야 하는 것은 현재 시점이다. 따라서 빈칸에는 그녀가 대학에 갈 준비가 되었을 때(미래 시점)에, 그녀는 '(현재시점에서부터) 일 년 반 동안 일을 하고 있는 것이 될 것이다'라는 내용이 들어가야 한다. 따라서 정답은 미래완료진행시제인 (a)이다.

실전훈련 03

Mary had been knocking for almost ten minutes, but nobody opened the door for her. Her husband couldn't hear her because he _____ a shower when Mary arrived.

(a) would take
(b) took
(c) was taking
(d) had taken

이 문제에서 주의 깊게 봐야할 표현은 바로 when 절이다. when 절은 'Mary가 도착했을 때'라고 해석되고, 과거시제로 쓰여 있다. 이를 통해, Mary의 남편은 Mary가 도착했을 그 시점에 '샤워를 하는 중이었다'고 하는 것이 자연스러운 서술임을 알 수 있다. 따라서 정답은 (c)이다. 본문에서 설명한 '~했을 '~했을 때에(when 절), ~하고 있는 중이었다(주절 진행시제)' 형식의 대표적인 진행시제 문장이라 이해해도 좋다.
한편, 이 문제의 첫 문장에서 과거완료진행시제가 쓰였는데, 이는 그 문장에 'for almost ten minutes(거의 10분 동안)'이라는 시간 표현이 포함되어 있고, 기준이 되는 과거의 시점에서 Mary가 계속해서 문을 두드리고 있는 중이라는 것이 강조되고 있기 때문이다. 즉, 먼 과거(가까운 과거로부터 10분 전)에서부터 가까운 과거까지 Mary가 문 두드리는 동작을 계속 지속해오고 있음을 나타내기 위해 과거완료진행시제가 쓰인 것이다.

실전훈련 04

John is now Dayton Realty's top salesman, but he had a tough time when he was starting. In fact, he _____ real estate for almost six months before he finally closed his first deal.

(a) had been selling
(b) would have sold
(c) was selling
(d) sold

이 문제에서 주의 깊게 봐야할 표현은 바로 'for almost six months'와 before 절이다. 'for + 특정기간'은 완료시제와 자주 함께 쓰이는 시간 표현이다. when 절은 '그가 첫 번째 계약을 따냈을 때'라고 해석되고, 과거시제로 쓰여 있다. 이를 통해, 이 문장에서 기준이 되는 시점은 과거(그가 첫 계약을 따낸 시점)이고, 그 과거 시점까지 John이 부동산을 파는 동작이 거의 6개월 간 지속되어 온 것임을 알 수 있다. 특히, 그 기준 시점에도 해당 동작이 계속 진행되고 있음을 강조하기 위하여 완료진행시제가 사용된 케이스이다. 따라서 정답은 (a)이다.

CHAPTER 02

가정법

시험 10분 전, 이것만은 꼭 기억하자!

- **가정법 과거**
  If S + V단순과거/be동사일 경우 were, S w/s/c/m + V원형
  현재 사실의 반대 상황을 가정. If절의 동사는 과거형

- **가정법과거 완료**
  If S + V과거완료(had p.p), S w/s/c/m + V현재완료(have p.p)
  과거 사실의 반대 상황을 가정. If절의 동사는 과거완료형

가정법 유형은 시제 유형과 함께 지텔프 문법 시험에서 가장 자주 출제되는 유형이다. 총 26 문제 중 보통 **6문제** 전후로 출제된다. 대부분의 지텔프 가정법 문제는 '시험 10분 전, 이것만은 꼭 기억하자!'에 나온 공식만 외워도 해결할 수 있다. 따라서 가정법 유형만 정확히 익혀도 지텔프 문법 문제들 중 4분의 1 정도를 맞출 수 있는 것이다.

1. 가정법의 개념

영어의 화법에는 직설법과 가정법이 있다. 직설법은 실제의 사실을 서술할 때에 쓰이는 화법이고, 가정법은 실제 사실과 반대되는 상황을 가정하여 설명할 때에 사용되는 화법이다. 가정법에서 말하는 '가정'은 '사실이 아닌, 혹은 사실이 아닌 것이 거의 확실한 상황의 반대 경우를 생각해 본다'는 의미라고 보면 된다. 일반적으로 접속사 'If'가 들어간 문장을 가정법 문장이라고 생각하기 쉬우나, 반드시 그렇지는 않다. 접속사 'if' 다음에 오는 내용은 사실이 아닌, 혹은 사실이 아닌 것이 거의 확실한 내용일 수도 있고, 충분히 일어날 법한 일일 수도 있다. 이중 가정법 공식이 적용되는 때는 전자의 경우뿐이다. 그러나 한국어에는 그 두 가지 경우를 엄밀하게 구분하지 않고, 두 가지 경우 모두 'if'를 '만약'이라고 번역한다. 따라서 가정법 공식이 적용되는 경우인지를 판단하기 위해서는 먼저 문장에 if가 있는지를 살피고, if 절의 내용이 실제 사실과 다른지를 따져보아야 한다. 물론, 문장 내에 직접적으로 접속사 if가 등장하지 않지만 가정법 문장인 경우도 많이 존재하지만, G-TELP에서는 그러한 문장이 자주 출제가 되지 않기 때문에 기본

적인 가정법 문장 구조만 숙지하여도 대부분의 가정법 문제들을 푸는 데에는 문제가 없을 것이다.

위에서 말했듯 가정법은 '사실이 아닌, 혹은 사실이 아닌 것이 거의 확실한' 상황을 가정하는 것인데, 이를 드러내기 위하여 시제를 직설법과 조금 다르게 사용한다. 즉, 가정법의 핵심은 설명하고 있는 상황이 발생하는 실제 시점과 문장이 쓰인 시제가 불일치한다는 것이다. 구체적으로, 가정법 문장은 설명하고 있는 상황이 발생하는 실제 시점보다 한 단계 더 과거 시제를 사용한다고 생각하면 이해가 쉬울 것이다.

2. 가정법 과거

'가정법 과거'와 '가정법 과거완료'라는 명칭은 가정법 문장의 if 절 동사의 시제를 기준으로 만들어진 것이다. 그러나 1.에서 언급한 것과 같이 가정법 문장은 설명하고 있는 상황이 발생하는 실제 시점과 문장이 쓰인 시제가 다르기 때문에, 해석을 할 때에 주의를 기울여야 한다. 가정법 과거 문장은 if 절 동사가 과거 시제로 쓰이기는 하지만, 그 내용은 현재 시점에 관한 것이다. 다시 말해, 현재 시점 어떤 상황의 반대 경우를 가정할 때에, if 절 동사의 시제는 단순과거형을 사용해야 한다는 것이다. 좀 더 쉽게 설명하자면, 가정법 과거 문장은 쓸 때는 과거형으로 쓰지만 해석은 현재로 해야 한다는 것이다. 이를 공식으로 표현하면 아래와 같다.

If S + V단순과거/be동사일 경우 were, S would/should/could/might + V원형

해석 : 만일 (현재에) S가 V한다면, S는 V할 것이다.

이제 가정법 과거 예문들을 살펴보자.

- Jack and Kate are planning their wedding guest list. They can only accommodate 150 guests. If they had a bigger budget, they would invite more people.
- Jack과 Kate는 그들의 결혼 손님 목록을 짜고 있다. 그들은 겨우 150명의 손님만 수용할 수 있다. 만약 그들이 더 많은 예산을 가지고 있으면, 그들은 더 많은 사람들을 초대할 것이다.
- → 이 문장에서 실제 사실은 'Jack과 Kate는 (현재) 예산이 적어서 150명밖에 수용할 수 없다는 것'이다. Jack과 Kate의 예산이 적고, 150명을 수용할 수 있는 것은 모두 현재의 상황이다. 이러한 현재 상황의 반대를 가정하려면, 즉 그들의 예산이 더 많은 경우를 가정하기 위해서는 가정법 과거 시제를 사용해야 한다.

- Some people believe that a rabbit's foot can bring a person luck. I find this belief silly. If it were true, rabbits would become the world's most sought-after animal.
- 어떤 사람들은 토끼의 발이 행운을 가져다준다고 믿는다. 그렇지만 나는 이 믿음이 바보 같다고 생각한다. 만약 이것이 사실이라면, 토끼들은 세상에서 사람들이 가장 많이 찾아다니는 동물이 될 것이다.
- → 이 문장에서 실제 사실은 '(현재)그 믿음은 사실이 아니고, 사람들이 토끼를 가장 많이 찾지도 않는다는' 것이다. 이러한 현재 상황의 반대를 가정하려면, 즉 그 믿음이 사실인 경우를 가정하기 위해서는 가정법 과거 시제를 사용해야 한다. If 절의 주어가 3칭 단수 'it'이지만, 가정법 과거 if 절에서는 동사가 be동사일 경우 주어와 무관히 were로 써야하기 때문에 'If it was ~'가 아니라 'If it were ~'라는 점을 주의할 것!

3. 가정법 과거완료

'가정법 과거'와 마찬가지로, '가정법 과거완료'라는 명칭도 if 절 동사의 시제를 기준으로 만들어진 것이다. 그러나 과거완료 시제로 가정하고자 하는 것은 상황은 (단순) 과거에 발생한 어떤 상황의 반대 경우이다. 다시 말해, 과거 시점에 어떤 상황이 발생했는데, 그 반대 경우를 가정해보려 하는 경우에는, if 절 동사를 과거완료형으로 써야 한다는 것이다. 좀 더 쉽게 설명하자면, 가정법 과거완료 문장은 쓸 때는 과거완료형으로 쓰지만 해석은 (단순)과거로 해야 한다는 것이다. 이를 공식으로 표현하면 아래와 같다.

If S + V과거완료(had p.p), S would/should/could/might + V현재완료(have p.p)

해석 : 만일 (과거에) S가 V했다면, S는 V했을 것이다.

이제 가정법 과거완료 예문들을 살펴보자.

- If I had known about your situation, I would have never said that.
- 만일 내가 네 상황에 대해 알았더라면, 나는 결코 그런 말을 하지 않았을 거야.
→ 이 문장에서 실제 사실은 '(과거에) 내가 너의 상황에 대해서 몰랐고, 그런 말을 했다'는 것이다. 이러한 과거 사실의 반대의 상황을 가정하려면, 가정법 과거완료 시제를 사용해야 한다.

- Mike saw a pair of swimmers splashing and waving their arms. He managed to reach one of the two and pick him up. He dived into the water seven times, looking for the other one, but had no luck. A policeman said that if Mike hadn't reacted so quickly, there would have been two drownings instead of one.
- Mike는 한 쌍의 사람들이 물을 튀기며 손을 흔드는 것을 보았다. 그는 둘 중 한 명에게 다가가 건져내는 데에 성공했다. 그는 물에 일곱 번 뛰어들어 나머지 한 명을 찾았지만, 운이 좋지 못했다. 경찰은 만약 Mike가 그렇게 빠르게 대응하지 않았더라면, 익사자가 한 명이 아니라 두 명이었을 것이라고 말했다.
→ 이 문장에서 실제 사실은 'Mike가 (과거에) 빠르게 대응을 했고, 익사자가 한 명에 그쳤다'는 것이다. Mike가 대응을 하고, 익사자가 발생한 사건은 모두 과거에 발생한 사건이다. 이러한 과거 상황의 반대를 가정하려면, 즉 Mike가 빠르게 대응하지 않았을 경우를 가정하기 위해서는 가정법 과거완료 시제를 사용해야 한다.

> | TIP | '4. 혼합 가정법'과 '5. if가 없는 가정법'은 가정법을 이해하는 데에 필수적인 내용이고, 다른 영어 시험들에는 단골로 출제되는 내용이지만, G-TELP에서 직접적으로 출제되는 경우는 많지 않기 때문에, 목표 점수가 높지 않고 준비할 수 있는 시간이 넉넉하지 않은 수험생의 경우는 패스해도 좋다.

4. 혼합 가정법

이상에서 배운 가정법 과거와 가정법 과거완료는 모두 가정하는 If절과 그 가정의 결과인 주절의 시제가 같은 경우를 전제한 것이다. 즉, 엄밀히 말해서 가정법 과거 문장은 '현재사실과 반대로 ~인 경우에, 현재 ~할 것이다'로, 가정법 과거완료 문장은 '과거사실과 반대로 ~였을 경우, 과거에 ~했을 것이다'로 번역되는 것이다. 그러나 가정하는 상황은 과거의 사건이지만, 그 결과로 발생하는 상황은 현재의 사건일 경우도 존재한다. 다시 말해 '과거에 발생한 상황이 만약 실제와 달랐더라면, 지금 현재 상황도 다를 텐데'라는 식의 문장도 가능하다는 것이다. 이러한 경우에는, If 절에서는 가정법 과거완료 시제를, 주절에서는 가정법 과거 시제를 각각 사용해야 한다. 이것을 공식으로 표현하면 아래와 같다.

If S + V과거완료(had p.p), S would/should/could/might + V원형

해석 : 만일 (과거에) S가 V했다면, (현재에) S는 V할 것이다.

이제 혼합 가정법 예문을 살펴보자.

- If I had started learning English earlier, I would be better at English.
- 만일 내가 더 일찍 영어를 공부하기 시작했더라면, 내 영어 실력이 더 나을 것이다.
→ 이 문장에서 실제 사실은 '(과거에)내가 영어 공부를 늦게 시작했고, (현재) 영어 실력이 썩 좋지 못하다'는 것이다. 과거에 발생한 실제 사실에 반대되는 경우를 가정하고, 그 결과로 현재의 상황이 달라질 것이라고 말하고자 하는 경우이므로 혼합 가정법 시제를 사용해야 한다.

- If you had listened to my advice, you would not be in danger now.
- 만약 네가 내 충고를 들었더라면, 지금 위험에 처해있지 않을 텐데.
→ 이 문장에서 실제 사실은 '(과거에)네가 내 충고를 듣지 않았고, (현재에)위험에 처해있다'는 것이다. 과거에 발생한 실제 사실에 반대되는 경우를 가정하고, 그 결과로 현재의 상황이 달라질 것이라고 말하고자 하는 경우이므로 혼합 가정법 시제를 사용해야 한다.

5. If가 없는 가정법

'1. 가정법의 개념'에서 일반적으로 접속사 If가 들어간 문장을 가정법 문장이라고 생각하기 쉬우나, 반드시 그렇지는 않다고 언급한 바 있다. 반대로 If가 없음에도 불구하고 가정법 시제를 써야하는 경우도 많이 존재한다. 거듭 강조하듯 가정법의 핵심은 '사실이 아닌, 혹은 사실이 아닌 것이 거의 확실한 상황의 반대 경우를 생각해 보는 것'이다. 따라서 If 가 쓰이지 않았더라도 의미상 사실이 아닌, 혹은 사실이 아닌 것이 거의 확실한 상황의 반대 경우에 대하여 말하고 있는 경우에는 가정법 시제가 사용되어야 한다. 가정법 공식을 암기하여 적용하는 것만으로도 대부분의 가정법 문제를 풀 수는 있지만 간혹 출제되는 어려운 문제들까지 맞추기 위해서는 정확한 해석을 통해서 가정법이 적용되는지 여부를 판단해야 한다.

(1) If가 생략된 경우

가정법 문장의 If절에서 If는 생략될 수 있다. 이 경우에는 반드시 주어와 동사를 도치시켜야 한다. 도치시킨다는 것의 의미는 주어와 동사의 어순을 바꾼다는 것이다. 다만, 이 도치시킬 동사가 be동사일 경우에는 주어와 be동사의 위치를 바꿈으로써 간단히 도치를 시킬 수 있지만, 만일 동사가 일반동사(be동사가 아닌 대부분의 동사)인 경우, 또는

be동사의 완료형일 경우에는 대동사인 do나 have를 주어 앞으로 보내야 한다. 주어와 동사를 도치시킬 때 어순은 의문문을 만들 때의 어순과 같다고 이해하면 쉽다.

가정법 과거 문장의 경우 If 절 동사가 과거 시제로 쓰이기 때문에 If가 생략될 경우 해당 절은 'Were 주어' 또는 'Did 주어'로 시작하게 된다. 가정법 과거완료 문장의 경우에는 If 절의 동사가 과거완료 시제로 쓰이기 때문에 If가 생략될 경우 해당 절은 'Had 주어'로 시작하게 된다.

참고로, 실제로는 존재하는 어떤 것에 대한 고마움을 표하기 위해, 내지는 그 중요성을 강조하기 위해 '~이 없다면/없었더라면'을 가정하는 가정법 문장이 자주 사용된다. 여기에 해당하는 표현은 각각 'If it were not for sth(sth이 없다면)', 'If it had not been for(sth이 없었더라면)'인데, 이 문형이 사용 될 때에 특히 If의 생략이 자주 일어나는 경향이 있다. 각각의 경우에서 If가 생략되면 'Were it not for', 'Had it not been for'이 된다. 이것들은 굉장히 자주 쓰이는 표현이므로 통째로 외워둘 것을 권장한다.

- Were it not for the special defenses they have against their enemies, many animals couldn't survive. Some animals have special shapes similar to their natural surroundings.
- 적들에게 대항하는 특별한 방어법이 없다면, 많은 동물들은 생존하지 못한다. 어떤 동물들은 그들의 자연 환경과 비슷하게 생긴 특별한 형태를 띠고 있다.
- → 이 문장은 가정법 과거 형식에서 If가 생략되면서 주어it과 동사were이 도치된 형태이다. 이 문장에서 실제 사실은 '(현재) 동물들은 적들에 대항할 특별한 방어법들을 가지고 있으며, 이를 통해 생존한다'는 것이다. 이러한 현재 상황의 반대를 가정하기 위해서, 즉 그들이 특별한 방어법을 가지지 못한 경우를 가정하기 위해서는 가정법 과거 시제가 사용된 것이다. 이 문장의 if 절에서 if가 생략되지 않았더라면 'If it were not for the special defenses...'와 같았을 것이다.

- When Jenny booked a flight to Tokyo, she found out that the airline company had just imposed a price increase. Had she made the reservation a day earlier, she would have bought the ticket at a lower rate.
- Jenny가 도쿄로 가는 항공권을 예약했을 때, 그녀는 항공사가 막 가격을 인상했다는 것을 알았다. 만일 그녀가 예약을 하루 일찍 했더라면, 그녀는 표를 더 낮은 가격에 샀을 것이다.
- → 이 문장은 가정법 과거완료 형식에서 If가 생략되면서 주어she과 동사had made가 도치된 형태이다. 이 문장에서 실제 사실은 '(과거에) Jenny가 비행기 표를 늦게 사는 바람에, 비싼 값을 치렀다'는 것이다. 이러한 과거 상황의 반대를 가정하기 위해서, 즉 Jenny가 더 일찍 예약을 했었을 경우를 가정하기 위해서 가정법 과거완료 시제가 사용된 것이다. 이 문장의 if 절에서 if가 생략되지 않았더라면 'If she had made the reservation...'와 같았을 것이다.

- Had it not been for your help, I might not be alive now.
- 당신의 도움이 없었더라면, 나는 지금 살아있지 않을 수도 있습니다.
- → 이 문장은 혼합 가정법 형식에서 If가 생략되면서 If 절의 주어 It과 동사 had not been이 도치된 형태이다. 이 문장에서 실제 사실은 '(과거에)당신의 도움이 있었고, (현재에)나는 살아있다'는 것이다. 과거 상황의 반대를 가정하기 위해서, 즉 '당신의 도움이 없었던' 경우를 가정하기 위해 If 절에는 가정법 과거완료 시제가 사용되었다. 그러나 주절에서 말하고자 하는 것은 현재 상황의 반대이므로 주절에서는 가정법 과거 시제가 사용되었다. 이 문장의 if 절에서 if가 생략되지 않았더라면 'If it had not been for your help,'와 같았을 것이다.

(2) If 대용어구

앞서서 If 가 쓰이지 않았더라도 의미상 사실이 아닌, 혹은 사실이 아닌 것이 거의 확실한 상황의 반대 경우에 대하여 말하고 있는 경우에는 가정법 시제가 사용되어야 한다고 설명하였다. 그러한 경우들은 이하와 같다.

- **without / but for**

  'without/but for + sth'을 해석하면 'sth이 없다면'이다. 실제로는 sth이 있는데, sth이 없는 경우를 생각해보기 위하여 이 전치사 절이 사용된 경우, 그것이 If절을 대신하게 되므로 주절 동사는 가정법 주절 동사의 시제로 써야한다. 'without/but for + sth'은 시제와 상관없이 모두 사용될 수 있다. 즉, '(현재에) sth이 없다면', '(과거에) sth이 없었더라면'의 두 가지로 해석이 가능하며, 주절의 시제도 가정법 과거, 가정법 과거완료 모두 가능하다. 둘 중에 어떤 것인지는 문맥을 통해 판단해야 한다.

  - Without this elevator, we might climb up the steps.

    (이 엘리베이터가 없으면, 우리는 계단으로 올라가야 합니다. – 가정법 과거)

  - Without your help, we couldn't have solved the problem.

    (당신의 도움이 없었더라면, 우리는 그 문제를 해결하지 못했을 겁니다. – 가정법 과거완료)

- **I wish**

  'wish'는 무언가를 '바라다'는 뜻이다. 우리는 때론 실현이 절대 불가능한 것을 바라곤 한다. 이 경우 wish가 이끄는 내용은 실제의 반대 경우를 가정하는 것이기 때문에, 가정법의 If절과 동일한 시제로 써주어야 한다.

  - I wish (that) I had a girlfriend.

    (내게 여자친구가 있다면 좋을텐데. (실제로는 현재 없음) – 가정법 과거)

  - I wish I had been at the meeting.

    (내가 그 모임에 갔었더라면 좋을텐데. (실제로는 과거에 못 감) – 가정법 과거완료)

- **as if / as though**

  'as if / as though ~'는 '마치 ~인 양' 또는 '마치 ~인 것처럼'이라고 해석할 수 있다. 이 역시 따지고 보면 실제로는 그렇지 않으면서 마치 ~인 것처럼 행동함을 나타내는 것이기 때문에 가정법 시제가 적용된다. 따라서 'as if / as though'가 이끄는 절의 동사는 가정법 문장의 If 절 동사와 동일한 형식으로 써주어야 한다.

  - I feel as if I were dreaming.

    (나는 내가 마치 꿈을 꾸는 중인 것 같은 기분이다. (실제로는 현재 꿈을 꾸고 있지 않음) – 가정법 과거)

  - He talks as if he had seen the accident.

    (그는 마치 그가 그 사고를 본 양 말한다. (실제로는 못 봤으면서) – 가정법 과거 완료)

실전훈련 01

Ron didn't watch TV on Sunday because he needed to finish his homework. If he had not been busy, he _____ on the couch watching TV all day.

(a) will be sitting
(b) would have sat
(c) would sit
(d) is sitting

> 우선 빈칸이 있는 문장에 if 절이 포함되어 있는데, if 절의 시제가 과거완료(had not been)이므로 이 문장은 가정법 과거완료 문장일 것이라고 추측할 수 있다. 가정법 과거완료 문장에서 주절의 동사는 would/should/could/might + V현재완료의 형식으로 쓰이기 때문에 (b)가 정답이다. 의미를 해석해볼 경우 가정법 과거완료 문장임을 더 확실하게 알 수 있다. 실제로, (과거에) Ron은 일요일에 바빴기 때문에 TV를 보지 못했다. 그런데 빈칸 문장은 Ron이 바쁘지 않았을 경우(과거 사실의 반대)를 가정하고 있으므로, 가정법 과거완료 시제로 서술해야 한다.

실전훈련 02

My daughter loves her vacations at her uncle's farm. What she enjoys most are her pony rides in the morning. If she had a pony at home, she _____ it every day.

(a) would ride
(b) is riding
(c) will ride
(d) rides

> 우선 빈칸이 있는 문장에 if 절이 포함되어 있는데, if 절의 시제가 과거(had)이므로 이 문장은 가정법 과거 문장일 것이라고 추측할 수 있다. 가정법 과거 문장에서 주절의 동사는 would/should/could/might + V원형의 형식으로 쓰이기 때문에 (a)가 정답이다. 의미를 해석해볼 경우 가정법 과거 문장임을 더 확실하게 알 수 있다. 실제로, (현재에) 나의 딸은 집에 조랑말이 없기 때문에 매일 타지 못한다. 그런데 빈칸 문장은 집에 조랑말이 있는 경우(현재 사실의 반대)를 가정하고 있으므로, 가정법 과거 시제로 서술해야 한다. 따라서 정답은 (a)이다.

실전훈련 03

Amy partied with her friends last night. This morning she is still so tired and can't go to school. If she had gone to bed early, she _____ ready for school now.

(a) would have been
(b) is
(c) is being
(d) would be

> 우선 빈칸이 있는 문장에 if 절이 포함되어 있는데, if 절의 시제가 과거완료(had gone)이므로 이 문장이 가정법 과거완료 문장일 것이라고 추측할 수도 있다. 그러나 의미를 해석해 본다면 이것이 혼합 가정법 문장임을 알 수 있다. 실제로, (과거에) Amy는 친구들과 파티를 하느라 늦게 잤고, (현재) 피곤해서 학교에 갈 수 없다. 그런데 빈칸 문장은 Amy가 늦게 자지 않았을 경우를(과거 사실의 반대)를 가정하면서, 이로 인해 달라질 현재 상황을 이야기하고 있으므로, 주절은 가정법 과거 시제 would/should/could/might + V원형으로 서술해야 한다. 따라서 정답은 (d)이다.
> (해석 : 만일 그녀가 더 일찍 잤더라면, 지금쯤 학교 갈 준비가 되어있을 것이다.)

실전훈련 04

Jamie bought a puppy yesterday. It is so small that she decided to name it 'Minnie'. If it were a big dog, she _____ it 'Max'.

(a) would have called
(b) will call
(c) calls
(d) would call

> 우선 빈칸이 있는 문장에 if 절이 포함되어 있는데, if 절의 동사의 시제가 단순과거이고, 또 주어가 3인칭 단수(it)임에도 불구하고 'were'이 사용되었기 때문에, 이 문장이 가정법 과거 문장임을 알 수 있다. 실제로, 이 강아지는 매우 작기 때문에 그녀는 그것을 현재 'Minnie'라고 부른다. 그런데 빈칸 문장은 이 강아지가 매우 클 경우(현재 사실의 반대)를 가정하고 있으므로, 주절은 가정법 과거 would/should/could/might + V원형으로 서술해야 한다. 따라서 정답은 (d)이다. 빈칸 문장의 이전 문장들이 과거 시제로 쓰였기 때문에 빈칸 문장이 가정법 과거완료 시제로 쓰여야 맞는 것이 아닌지 궁금해 할 수험생이 있을 수도 있다. 그러나 Jamie가 강아지를 사고, 이름을 지어준 것은 어제 발생한 사건이지만, 강아지가 작다는 사실과 Jamie가 그것을 Minnie라고 부르는 것은 항상성을 갖는 사건이므로 현재 시제로 쓰는 것이 맞다. (일상적으로 반복되는 동작은 현재 시제를 써서 나타낸다.) 따라서 현재 시제 실제 사건(It is a small dog and she calls it 'Minnie'.)의 반대를 가정하기 위해서는 가정법 과거시제가 사용되어야 하는 것이다.

CHAPTER 03

준동사

> **시험 10분 전, 이것만은 꼭 기억하자!**
>
> - 동사 → 명사 역할 : 부정사(to V), 동명사(Ving)
>   동사가 문장의 주어, 보어, *목적어*로 쓰이는 경우
>   * want, wish, plan, decide, agree, learn, manage, afford, need, refuse + to V
>   * avoid, consider, mind, keep, enjoy, finish, deny, suggest, practice + Ving
>
> - 동사 → 형용사 역할 : 부정사(to V), 분사(Ving/p.p)
>   동사가 명사를 직접 수식하거나 목적격보어로 쓰이는 경우
>
> - 동사 → 부사 역할 : 부정사(to V), 분사구문(Ving/p.p)
>   동사가 다른 동사나 문장 전체를 수식하는 경우

준동사를 묻는 유형은 지텔프 문법 시험에서 세 번째로 많이 출제되는 유형이다. 총 26문제 중 약 5문제 전후가 준동사를 묻는 유형이다. 그중에서도 특히 동사의 목적어로 어떤 형태의 준동사의 와야 하는지를 묻는 문제가 자주 출제된다. 본 장에 나오는 동사들을 빠짐없이 암기하여 대응하도록 하자.

1. 준동사의 개념

준동사란 동사의 형태를 변형하여 문장 내에서 다른 품사(명사, 형용사, 부사)의 역할을 하도록 한 것을 의미한다. 이를 쉽게 우리말 예시를 통해 설명하자면 다음과 같다. '먹다'는 동사이고 '민정이는 밥을 먹는다'와 같은 많은 문장에서 동사의 역할을 수행한다. 그러나 때로는 '먹는 것은 즐겁다'에서처럼 '먹다'라는 동사가 문장의 주어 역할을 수행하기도 하고, '나는 먹는 것을 좋아한다'에서처럼 목적어 역할을 수행하기도 하고, '나는 밥을 먹고 있는 민정이를 보았다'에서처럼 수식어 역할을 수행하기도 한다. 각각의 경우에 맞게 '먹다'는 원형 그대로 쓰이지 않고 형태가 조금씩 변형되었다. 영어에서도 마찬가지로 태어나길 동사로 태어난 단어일지라도 문맥에 따라서 명사나 형용사, 부사로 활용될 필요가 있다. 이러한 경우에는 동사가 본래 형태로 사용되지 않고 형태의 변화를 겪게 되는 것이다. 이러

한 형태의 동사가 바로 준동사이다. 준동사에는 동명사, to 부정사, 분사가 있다.

준동사는 비록 문장 내에서 동사가 아닌 다른 성분으로 사용됨에도 불구하고, 태생적으로 동사이기 때문에 동사 고유의 특성들을 여전히 가지고 있다. 이러한 특성은 다음과 같다.

- 목적어나 보어, 수식어를 취할 수 있다. (원래 해당 동사가 목적어나 보어를 취할 경우, 준동사도 그대로 목적어나 보어를 취할 수 있다는 의미이다. ex. '밥을 먹는다.' → '밥을 먹는 것')
- 의미상 주어를 가질 수 있다. (원래 동사는 주어를 갖는데 준동사 형태로 사용될 경우 형태상으로는 더 이상 주어를 갖지 않지만 의미상으로는 그 동작의 주체가 되는 성분이 존재할 수 있다. ex. '민정이가 먹는다.' → '민정이가 먹는 것')
- 시제, 태가 적용될 수 있다. (단, 모든 시제 형태를 띨 수 있는 것은 아니고, 일반적으로 준동사는 원형과 완료형을 갖는다. ex. '먹었다' → '먹었던 것')

2. 동명사

동명사는 세 가지 준동사 중 가장 쉬우면서도 지텔프에 매우 자주 출제되는 준동사이다. 동명사는 문자 그대로 명사의 기능을 하는 동사 형태를 의미하며, 형태는 Ving 꼴이다. 문장 내에서 명사는 일반적으로 주어나 보어, 목적어, 또는 전치사의 목적어 자리에 위치한다. 따라서 동명사도 문장 내에서 주어나 보어, 목적어, 또는 전치사의 목적어 역할을 할 수 있다. 준동사 중에서 명사의 역할을 할 수 있는 것에는 동명사와 to 부정사(명사적 용법) 두 가지가 있다. 그러나 그 둘이 쓰임에 있어서 완전히 일치하는 것은 아니다.

- 동명사와 to 부정사(명사적 용법) 구분
  - 주어 : 이론적으로 to 부정사와 동명사 모두 명사의 역할을 할 수 있기 때문에 주어로 사용될 수 있다. 그러나 실제적으로는 둘 중 동명사가 주어로 사용되는 경우가 훨씬 많으며, 어감 상으로도 훨씬 자연스럽다. 영어에서는 주어를 되도록 짧고 간결하게 쓰려는 경향이 있기 때문에, to 부정사는 직접 문장의 주어로 쓰이기보다는, 가주어 it과 함께 진주어로 사용되는 경우가 더 많다. 따라서 지텔프 문제에서 문장의 주어 자리에 빈칸이 있고, 보기에 to 부정사와 동명사가 모두 있다면, 정답은 동명사로 골라야 한다.
    ex. Having breakfast gives us many health benefits.

  - 전치사의 목적어 : 전치사 뒤에 올 수 있는 것은 명사성 성분뿐이다. 그러나 to 부정사는 극히 일부의 전치사를 제외하면 전치사의 목적어로 사용될 수 없다. (to 부정사를 목적어로 가질 수 있는 전치사 – but, except 등) 수험생들이 보기에도 to 부정사의 형태에 'to'라는 전치사가 이미 포함되어 있기 때문에 to 부정사를 전치사 바로 뒤에 위치시키는 실수는 웬만해선 하지 않을 것이다. 결과적으로, 전치사의 목적어로 쓰일 수 있는 준동사는 동명사뿐이다.

  - 보어 : 동명사와 to 부정사 모두 문장의 보어(주격 보어 또는 목적격 보어)로 사용될 수 있다. 다만, 일반적으로 to 부정사는 '미래'의 뉘앙스를 띠고, 동명사는 '완료, 경험, 습관'의 뉘앙스를 띤다. 따라서 경우에 따라 동명사나 to 부정사 중에 어감 상 더 자연스러운 것이 있을 수도 있다.

> ex. My dream is to buy a house in Gangnam.
> ex. My hobby is watching TV.

- 목적어 : 동명사와 to 부정사 모두 명사로 사용되지만, 문장 내에서 동사의 목적어로 사용될 경우에는 무차별적으로 사용될 수 없다. 동사들마다 목적어로 동명사를 갖는지, to 부정사를 목적어로 갖는지가 다르다. 따라서 어떤 동사들이 각각 to 부정사와 동명사를 목적어로 갖는지를 암기해야 할 필요가 있다. 단, 무작정 암기하기보다는 동사의 의미를 생각하며 암기를 하는 것이 좋다. 일반적으로 to 부정사는 '미래'의 뉘앙스를 띠고, 동명사는 '완료, 경험, 습관'의 뉘앙스를 띤다. 구체적으로, to 부정사를 목적어로 갖는 동사들은 '앞으로 해야 하는 일'을 목적어로 하는 경우가 많으며, 동명사를 목적어로 갖는 동사들은 '과거에 이미 한 할'을 목적어로 하는 경우가 많다. 그러나 이 구분은 절대적인 것은 아니기 때문에 암기에 도움이 되는 정도로만 활용하자.
일부 동사들은 목적어로 동명사와 to 부정사를 모두 취하는데, 이 때 어떤 것을 목적어로 취하는지에 따라 의미가 달라진다. 우선 이러한 동사들을 통해 동명사와 to 부정사의 의미상 차이를 느껴보자.

① remember + Ving / to V : ~한 것을 기억하다 / ~해야 할 것을 기억하다
  I remember sending the letter. (과거에 편지를 부침) 그 편지를 부친 것이 기억난다.
  I remember to send the letter. (미래에 편지를 부쳐야 함) 편지를 부쳐야 하는 것을 기억한다.

② forget + Ving / to V : ~한 것을 잊어버리다 / ~해야 할 것을 잊어버리다
  I forgot calling you. (과거에 전화를 함) 너한테 전화한 것을 잊어버렸어.
  I forgot to call you. (미래에 전화해야 함) 너한테 전화해야 하는 것을 잊어버렸어.

③ regret + Ving / to V : ~한 것을 후회하다 / ~하게 되어서 유감이다
  I regret telling you his death. (과거에 말함) 너한테 그의 죽음을 알린 것이 후회 돼.
  I regret to tell you his death. (지금 소식을 전하는 중) 그의 죽음을 알리게 돼서 유감이야.

> cf. 참고로, 동사 stop 다음에도 to 부정사와 동명사가 모두 올 수 있다. 그러나 이 경우에는 stop이 to 부정사와 동명사를 모두 목적어로 가지는 것은 아니다. stop은 타동사(목적어를 갖는 동사)로 쓰일 수도 있고, 자동사(목적어를 갖지 않는 동사)로 쓰일 수도 있는데, 타동사일 경우 목적어로 동명사만을 취한다. 단, stop이 자동사로 쓰였는데 이 stop을 수식해주는 부사어로 to 부정사(부사적 용법)가 사용되는 경우가 있을 수 있다. 이 차이를 예문을 통해 살펴보자.
>   • He stopped smoking. → 그는 담배 피는 것(목적어)을 멈췄다.
>   • He stopped (to smoke). → 그는 멈췄다. (담배를 피기 위해서 - to 부정사의 부사적 용법)

이제 동명사, to 부정사를 각각 목적어로 취하는 동사들에 어떤 것들이 있는지 살펴보자. 다음 동사들은 되도록 모두 암기하자.

- 동명사를 목적어로 취하는 동사

avoid + Ving	피하다	admit + Ving	인정하다
consider + Ving	고려하다	appreciate + Ving	감사하다
mind + Ving	꺼리다	can't help + Ving	~할 수 밖에 없다
keep + Ving	계속하다, 유지하다	complete + Ving	완성하다
enjoy + Ving	즐기다	recall + Ving	상기하다, 회고하다
finish + Ving	마치다, 끝내다	dislike + Ving	싫어하다
deny + Ving	부인하다, 부정하다	endure + Ving	견디다
suggest + Ving	제안하다, 제시하다	resist + Ving	저항하다
practice + Ving	연습하다	understand + Ving	이해하다
permit + Ving	허가하다	mention + Ving	언급하다
postpone + Ving	연기하다	miss + Ving	놓치다, 그리워하다
quit + Ving	그만두다, 끊다	imagine + Ving	상상하다

- to 부정사를 목적어로 취하는 동사

want + to V	~하고 싶다	ask + to V	요청하다
wish + to V	바라다	appear + to V	~한 것처럼 보이다
plan + to V	계획하다	seem + to V	~한 것처럼 보이다
decide + to V	결정하다	help + to V	돕다
agree + to V	동의하다	choose + to V	선택하다
learn + to V	배우다	consent + to V	동의하다
manage + to V	~해내다	expect + to V	기대하다, 예측하다
afford + to V	~할 여유가 있다	hesitate + to V	망설이다
need + to V	필요하다	intend + to V	의도하다
refuse + to V	거절하다	offer + to V	제안하다, 제공하다
pretend + to V	~한 체하다	prepare + to V	준비하다
fail + to V	실패하다	promise + to V	약속하다

3. to 부정사

'부정사'에서 '부정'이란 품사나 시제가 정해지지 않았다는(不定) 것을 의미한다. 흔히 'to+동사원형' 형태의 부정사를 'to 부정사'라고 한다. 품사가 고정되지 않았다는 것은, 다시 말해 다양한 품사로 사용될 수 있다는 것이다. 'to 부정사'는 명사, 형용사, 부사로 모두 사용될 수 있는데, 각각의 경우를 일반적으로 '명사적 용법', '형용사적 용법', '부사적 용법'이라고 한다.

(1) 명사적 용법

to 부정사의 명사적 용법에 대해서는 앞서 동명사와의 비교를 통해 미리 설명한 바 있다. 문장 내에서 명사는 일반적으로 주어나 보어, 목적어, 또는 전치사의 목적어 자리에 위치한다. 따라서 동명사도 문장 내에서 주어나 보어, 목적어, 또는 전치사의 목적어 역할을 할 수 있다.

- 주어 : 이론적으로 to 부정사와 동명사 모두 주어로 사용될 수 있다. 그러나 실제적으로는 둘 중 동명사가 주어로 사용되는 경우가 훨씬 많으며, 어감 상으로도 훨씬 자연스럽다. 영어에서는 주어를 되도록 짧고 간결하게 쓰려는 경향이 있기 때문에, to 부정사는 직접 문장의 주어로 쓰이기보다는, 가주어 it과 함께 진주어로 사용되는 경우가 더 많다.

    ex. It is impossible for me to do this on my own.
    ex. It has always been her wish to celebrate her seventeenth birthday wearing an elegant gown like a princess.
    → 'to celebrate', 즉 '공주처럼 우아한 드레스를 입고 17번째 생일을 기념하는 것'이 이 문장의 진주어이다. 그러나 이것이 주어 자리에 오게 되면 마치 가분수같은 문장이 되어버리기 때문에 가주어 'it'이 대신 사용되고 진주어는 문장 뒤쪽에 온 것이다.

- 목적어 : 지텔프에서 목적어 자리에 동명사와 to 부정사 중 무엇이 들어가야 하는지를 묻는 문제는 빈출 유형이다. 이 내용은 앞의 동명사 항목의 설명을 참고하기 바란다. 동명사와 to 부정사 모두 명사로 사용되지만, 문장 내에서 동사의 목적어로 사용될 경우에는 무차별적으로 사용될 수 없다. 동사들마다 목적어로 동명사를 갖는지, to 부정사를 목적어로 갖는지가 다르다. 따라서 어떤 동사들이 각각 to 부정사와 동명사를 목적어로 갖는지를 암기해야 할 필요가 있다. 일부 동사들은 목적어로 동명사와 to 부정사를 모두 취하는데, 이 때 어떤 것을 목적어로 취하는지에 따라 의미가 달라진다.

    ex. My sister refused to help me with my homework.
    ex. I cannot afford to pay for college fees.

- 보어 : 동명사와 to 부정사 모두 문장의 보어(주격 보어 또는 목적격 보어)로 사용될 수 있다. 다만, 일반적으로 to 부정사는 '미래'의 뉘앙스를 띠고, 동명사는 '완료, 경험, 습관'의 뉘앙스를 띤다. 따라서 경우에 따라 동명사나 to 부정사 중에 어감 상 더 자연스러운 것이 있을 수도 있다. 한편, to 부정사는 주격 보어 외에도 목적격 보어로도 사용될 수 있다.

    ex. My husband expects me to do all the houseworks.
    ex. My mother doesn't allow me to go out after 10.

단, 모든 5형식 동사가 to 부정사를 목적격 보어로 갖는 것은 아니며, 어떤 동사는 목적격 보어로 '원형부정사(to가 없는 동사 원형의 형태)'를 목적어로 갖기도 한다.

- **원형부정사를 목적격보어로 취하는 경우** : 사역동사 make, have, let 과 지각동사 see, watch, hear, feel 등. 참고로 동사 help는 to 부정사와 원형부정사를 모두 목적어로 취할 수 있다.

    ex. My mother made me study English for 3 hours.

    ex. My father won't let me use his car.

    ex. I saw him play soccer this morning.

    ex. My friend helped me do my homework.
    　　My sister helped me to do my homework.

(2) 형용사적 용법

to 부정사는 명사의 바로 뒤에 위치하여 그 명사를 수식해주는 기능을 할 수 있다. 이러한 경우를 to 부정사가 형용사처럼 사용되었다 하여 to 부정사의 형용사적 용법이라고 한다. 참고로 형용사로 사용될 수 있는 준동사에는 to 부정사와 분사가 있다. 분사는 명사의 앞, 뒤에서 모두 명사를 수식해줄 수 있는 반면, to 부정사(형용사적 용법)는 항상 명사 뒤에 위치한다. '명사 to V'의 해석은 '~(해야) 할'이다. 가장 간단히 떠올릴 수 있는 to 부정사 형용사적 용법의 예시는 바로 'something to V(~할 것)'이다. Do you have something to drink? 에서처럼, to 부정사는 명사 뒤에서 명사를 수식해준다.

    ex. I need something to eat right now.

    ex. She still has a research paper to write, and is going straight to the library after class to work on it.

    → 'to write'가 'a research paper'를 수식하고 있다. 이를 해석하면 '써야 할 조사 보고서'가 된다.

(3) 부사적 용법

준동사들 중에서 부사적 용법으로 사용될 수 있는 것은 to 부정사뿐이다. 부사는 문장 내에서 동사, 형용사, 다른 부사를 수식하는 역할을 하고, 문장 전체를 수식해줄 수도 있다. 많은 경우 to 부정사는 문장 내에서 동사를 수식하며, '~하기 위해서, ~해서'라고 해석하면 된다. 참고로, to 부정사(부사적 용법)가 동사의 목적을 나타내는 경우('~하기 위해서'라고 해석되는 경우)는 'in order to V(~하기 위해서)'와 동일하다고 보면 된다.

    ex. We are saving money to buy an apartment.

    ex. Your dog will do anything that they can to please you.

    ex. I visited my grandmother to help her move.

    ex. He advised that Fred shave along the direction of the hair's growth to avoid cutting himself.

    → 이 짧은 문장에 지텔프 문제 유형이 세 개나 담겨있다. 우선, 'He advised that Fred shave~'의 문장 형식은 다음 챕터에서 다룰 '당위 표현'에 해당한다. 그가 Fred에게 '이렇게 해야 한다'고 조언하는 내용이기 때문에, that 절의 주어 Fred 다음에 should가 생

략되어 shave가 3인칭 단수형(shaves)으로 쓰이지 않고 원형으로 쓰인 것이다. (Fred (should) shave) 다음으로, 'to avoid'는 to 부정사가 부사적 용법으로 사용된 예이다. '피하기 위해서'라고 해석하면 된다. 마지막으로, 'to avoid'는 준동사인데, 준동사는 문장 내에서 동사 역할을 하지는 않지만, 동사적인 특성을 여전히 갖는다. 따라서 원래 타동사인 avoid는 to 부정사로 쓰여도 여전히 목적어를 가질 수 있다. 그런데 avoid는 목적어가 준동사일 때, 동명사만을 목적어로 취하므로 to cut이 아닌, cutting이 목적어로 온 것이다. 이 부분을 해석하면 '베는 것을 피하기 위하여'가 된다.

4. 분사

준동사 중에서 분사는 지텔프 문법 시험에 출제되는 비중이 매우 낮으므로 간략히만 살펴보고자 한다. 분사는 **동사를 형용사처럼 활용하여 명사를 수식**하기 위하여 사용되는 형태이다. 분사는 명사의 앞이나 뒤에 위치하여 그 명사를 수식해주는 역할을 한다. 분사는 그 형태에 따라 현재분사와 과거분사로 분류된다.

(1) 현재분사(Ving)

현재분사는 동사 원형에 '-ing'를 붙인 형태이다. 현재분사는 수식받는 명사와 동사의 관계가 **능동**인 경우에 사용된다. 해석을 하면 '~하는'이 된다.

> ex. The man wearing a blue shirt is my brother.

→ 주어(명사)인 the man을 동사 wear이 현재분사의 형태로 수식하고 있다. 현재분사 wearing이 목적어로 a blue shirt를 가지면서 'wearing a blue shirt'라는 수식어구를 이루고 있는데, 이처럼 **분사가 구를 이루는 경우에는 명사의 뒤에 위치하여 수식**하게 된다.

(2) 과거분사(p.p)

과거분사는 일부 예외적인 경우를 제외하면 동사의 과거형과 형태가 같다. 과거분사는 수식받는 명사와 동사의 관계가 **수동**인 경우에 사용된다. 해석을 하면 '~되는'이 된다.

> ex. A broken heart doesn't heal easily.

→ 동사 break와 수식받는 명사 heart와의 관계를 따져보면, (누군가에 의해서) heart가 부서지는 것이기 때문에 둘은 수동관계라고 할 수 있다. 따라서 break의 과거분사형인 broken이 heart를 수식하게 된 것이다. 이 문장에서처럼 분사 하나가 단독으로 명사를 수식할 때에는 그 위치가 자유로워서 앞, 뒤에 모두 위치할 수 있지만, 보통은 형용사처럼 앞에 위치한다.

실전훈련 01

Already in his fourth year in college, Alex still can't decide where to finish his engineering course. He should stop _____ from one school to another if he wants to graduate soon.

(a) to transfer
(b) transferring
(c) having transferred
(d) to be transferring

동사 stop이 목적어로 to 부정사를 취하는지, 동명사를 취하는지만 알면 간단히 해결할 수 있는 문제이다. 동사 stop이 타동사로 쓰일 경우(목적어를 가질 경우), 목적어로 동명사를 취한다. 따라서 정답은 (b)이다. 이를 해석하면 '그는 이 학교 저 학교 옮겨다니는 것을 멈추어야 한다'가 된다. '옮겨다니다'라는 동사를 stop의 목적어로 쓰기 위해서는 '옮겨다니는 것'으로 명사화시켜야 하는데, stop은 동명사와 결합하는 동사이기 때문에 'transferring'의 형태를 취해야 하는 것이다. 단, stop이 자동사로 쓰이는 경우에는 to 부정사와 함께 사용될 수 있다는 점을 유의하여야 한다. stop은 (기존에 하던 일을) '멈추다'라는 의미의 자동사로 사용될 수도 있는데, 이 경우 목적어를 가지지 않는다. 그러나 '멈춘 이유'를 설명해주기 위해 to 부정사가 부사적 용법으로서 함께 쓰일 수 있다. 예컨대 'He stopped to smoke'라는 문장에서 'to smoke'는 'stop'의 목적어가 아니고 'stop'을 수식하는 부사어로 사용된 것이다. 여기에서 'to smoke'는 '담배를 피기 위해서'라고 해석된다. 이 문제는 stop이 타동사인 경우이므로, 목적어는 동명사 형태가 와야 한다.

실전훈련 02

It's unfortunate that many talented but inexperienced filmmakers at KMM Films are not given more directorial projects. Only a few got the chance _____ their own film.

(a) to make
(b) having made
(c) to be making
(d) making

명사 chance를 수식할 수 있는 준동사를 고르는 문제이다. 우선 선택지에 준동사들이 보이는데 빈칸의 바로 앞에 'chance'라는 명사가 있기 때문에 명사를 수식할 수 있는 준동사를 고르는 문제임을 알 수 있다. 형용사적으로 사용될 수 있는 준동사의 형태에는 to 부정사(형용사적 용법)와 분사가 있다. to 부정사가 형용사적 용법으로 사용될 경우에는 'V 할', 'V 하기 위한'으로 해석이 되며, 현재분사는 'V 하는', 과거분사는 'V 된'이라 해석된다. 문맥상 '자신만의 영화를 만들 기회'라고 해석되어야 자연스럽기 때문에 정답은 (a)이다. 참고로, 빈칸의 바로 뒤에 'their own film'이라는 명사구가 나와 있는데 이것은 'to make'의 목적어이다.

실전훈련 03

Bird watching is a very popular hobby in the U.K.. Reports say that some 3 million enthusiasts in the U.K. engage in this activity. For them, _____ birds can be very exhilarating.

(a) having watched
(b) to be watching
(c) watching
(d) to watch

주어 자리에 올 수 있는 준동사를 고르는 문제이다. 우선 빈칸은 동사 'can be'의 주어 자리이며, 빈칸 뒤의 'birds'는 빈칸에 올 준동사의 목적어이다. 주어 자리에 올 수 있는 것은 명사성 성분뿐이다. 준동사 중에서 명사의 역할을 할 수 있는 것은 to 부정사(명사적 용법)와 동명사이다. 따라서 (c)와 (d)가 모두 문법적으로 가능하다. 그러나 영어에서는 주어를 최대한 짧고 간결한 경향이 있기 때문에 to 부정사가 직접 주어 자리에 오는 경우는 드물며, 만일 주어가 to 부정사인 경우 가주어 it이 주로 사용된다. 예컨대 위 문장에서 주어를 굳이 'to watch birds'로 하려면 'It can be very exhilarating (for them) to watch birds.'라고 하는 것이 훨씬 자연스럽다. 따라서 이 경우에는 동명사 (c)를 정답으로 골라야 한다.

실전훈련 04

Warm-blooded animals need to eat constantly because food provides the heat they need to survive. However, cold-blooded animals don't use food to produce body heat. Some of them can go a year without _____.

(a) to eat
(b) eating
(c) to have eaten
(d) having eaten

전치사의 목적어로 올 수 있는 준동사를 고르는 문제이다. 우선 선택지에 준동사들이 보이기 때문에 이것이 준동사를 묻는 유형임을 알 수 있고, 빈칸 바로 앞에 'without'이라는 전치사가 있기 때문에 전치사의 목적어로 올 수 있는 준동사를 고르면 된다. 전시차 다음에는 명사성 성분이 와야 한다. 동사가 명사 역할을 하기 위해서는 to 부정사(명사적 용법)나 동명사의 형태를 취해야 하는데, 그 중 to 부정사는 예외적인 경우('~를 제외하고'를 의미하는 전치사 except, but 등)를 제외하고는 전치사의 목적어로 쓰일 수 없다. 따라서 빈칸에는 동명사가 들어가야 한다. 의미상 완료동명사가 올 까닭이 없기 때문에 (b)가 정답이다. 빈칸에 동명사를 넣어서 해석하면 '먹는 것 없이도(먹지 않고서도) 일 년을 버틸 수 있다'가 된다.

CHAPTER 04

당위 표현

사실 이 내용은 다른 공인영어시험에서는 잘 묻지 않는 부분이고, 따라서 대부분의 문법 교재들은 이를 매우 간단히 다루고 넘어가는 경우가 많다. 그러나 본 교재의 문법 이론은 지텔프에 특화된 이론서를 목표로 저술되었기 때문에, 출제빈도에 따라 목차를 구성하였고, 그 결과 당위 표현이 독자적인 한 챕터로 자리하게 되었다. 지텔프 문법에서는 매회 당위 표현을 묻는 문제가 2~3문제나 출제된다.

'당위'란 '마땅히 그렇게 하거나 되어야 하는 것'을 의미하는 말이다. '당위 표현'이라는 것은 보편적으로 쓰이는 문법 용어는 아니지만, 본 교재에서는 '권고/추천/요구/제안/명령' 등의 뉘앙스를 갖는 모든 표현을 총칭하는 말로 이를 사용하려 한다. 영어에서 '어떤 일을 해야 한다, 하는 것이 좋다'라는 의미의 당위 표현 뒤에 that절이 나오고, 그 that절의 주어가 그러한 권고/추천/요구/제안/명령 등을 받는 대상인 경우에, 그 주어 다음에는 'should + V원형'이 오는 경우가 많다. 앞에 이미 당위 표현이 나와 있고 문맥상 이 동사가 '해야 하는 일'임이 분명하기 때문에, 이 때 should는 생략할 수 있다. should가 생략될 경우, that 절의 주어 다음에는 V원형이 오게 된다.

이러한 내용의 출제 원리는 다음과 같다. 우선, that 절의 주어가 3인칭 단수인 경우, 그 뒤에 나오는 동사가 3인칭 단수 형태(-s/es)가 아니고 원형이라는 점을 활용한 문제가 자주 출제된다. 3인칭 단수 주어 다음에 동사가 오면 그 동사를 주어에 맞게 3인칭 형태로 쓰거나, 혹은 시제를 적용하려하기 쉬운데, 당위 표현 뒤의 that 절에서는 그렇게 해서는 안 되고 V원형을 정답으로 골라야 한다. 다음으로는 that 절의 동사가 be동사인 경우가 자주 출제된다. be동사는 일반적으로 거의 항상 주어에 알맞은 형태(am/are/is 등)로 사용되기 때문에, 수험생들로서는 주어 다음에 be 원형이 오는 문장을 평소 거의 접해보지 못한 경우가 많다. 따라서 주어 다음에 be가 오는 것에 어색함을 느낄 수 있으나, 당위 표현이 포함된 문장의 that 절에서는 'S (should) be'의 형식이 오는 것이므로, be를 정답으로 골라야 한다.

당위 표현문장의 형식에는 크게 다음 두 가지가 있다.

(1) 주절 동사가 당위성을 내포하는 동사인 경우

ask(요청하다), require(요구하다), insist(주장하다), demand(요구하다), recommend(추천하다), suggest(제안하다), advise(조언하다), urge(충고하다) 등

ex. The teacher required that he present the story as if reporting on live TV.
→ 선생님은 그가 TV에서 보도하는 것처럼 이야기를 발표할 것을 요구했다.

ex. The doctor advised that he quit the team after he broke his leg during the final game.
→ 그가 결승전에서 다리가 부러진 후, 의사는 그가 팀을 그만둘 것을 조언했다.

(2) 'It is 형용사 + that S V' 형식의 문장으로(해석: S가 V하는 것이 필요하다/중요하다/요구된다), 진주어 that 절이 '그렇게 해야 하는' 내용이고, 형용사가 당위의 의미를 갖는 경우

best(최고의), essential(필수의), mandatory(의무적인), important(중요한), required(요구되는), necessary(필수의), obligatory(의무적인) 등

ex. Since teachers are role models for students, it is required that they all dress appropriately for school.
→ 선생님들은 학생들의 롤 모델이기 때문에, 학교에 올 때에 옷을 적절하게 입을 것이 요구된다.

ex. When taking this medicine, it essential that the bottle be shaken first.
→ 이 약을 드실 때에는, 먼저 병을 흔드는 것이 필수입니다.

그러나 당위 표현 문장이 반드시 이 두 가지 형식으로만 쓰이는 것은 아니고, 실제로는 다양한 형태의 문장이 출제될 수 있기 때문에 형식에 얽매이지 말고 문제를 해석해보았을 때 '~해야 한다'는 뉘앙스가 느껴질 경우 그 문제가 당위 표현을 묻는 유형이 아닌지 생각해보아야 한다.

실전훈련 01

The WAB Corporation changed its nae to World Industries, Inc. to show its stronger presence in the world marker. The CEO ordered that the change in business name _____ to the public soon.

(a) be announced
(b) was announced
(c) will be announced
(d) is be announced

빈칸이 포함된 문장의 동사는 'order(명령하다)'로, 당위의 의미를 갖는 동사이다. 이 문장을 해석하면, 'CEO는 이 사업명의 변화가 대중에게 곧 공표되어야 한다고 명령했다'가 된다. 형식상으로도, 의미상으로도 that 절에 나오는 내용이 '그렇게 해야 하는' 당위를 갖는 내용이므로 that 절 주어인 the change 다음에 should가 생략된 것으로 보아야 한다. 따라서 정답은 동사 원형 (a)이다. 주어 the change가 3인칭 단수이기 때문에 주어에 맞는 동사 변화를 해야 한다고 착각하거나, 주어 다음에 be동사의 원형 be가 바로 오는 것이 어색하다고 생각해서는 안 된다.

실전훈련 02

Reports show that US fire departments responded to around 370,000 home structure fires in 2017. In order to avoid this kind of accident, fire officials suggest that residents _____ all fire hazards from their homes.

(a) will remove
(b) are removing
(c) to remove
(d) remove

> 빈칸이 포함된 문장의 동사는 'suggest(제안하다)'로, 당위의 의미를 갖는 동사이다. 이 문장을 해석하면, '이러한 사고를 피하기 위해서, 소방관들은 주민들이 그들의 집에서 모든 화재 위험요소들을 제거할 것을 권고한다'가 된다. 형식상으로도, 의미상으로도 that 절에 나오는 내용이 '그렇게 해야 하는' 당위를 갖는 내용이므로 that 절 주어인 residents 다음에 should가 생략된 것으로 보아야 한다. 따라서 정답은 동사 원형 (d)이다.

실전훈련 03

Many talented people fail to succeed at work because they cannot get along well with their colleagues. It is therefore crucial that they _____ their social skills if they want to succeed at work.

(a) improved
(b) improve
(c) are improving
(d) have improved

> 빈칸이 포함된 문장은 'It is 형용사 + that S V' 형식의 문장(해석: S가 V하는 것이 필요하다/중요하다/요구된다)이다, 이 문장의 진주어인 that 절이 '그렇게 해야 하는' 내용이고, 보어인 형용사 'crucial(중대한, 결정적인)'는 당위의 의미를 갖는다. 따라서 that절이 주어 'they' 다음에 should가 생략된 것으로 보아야 한다. 따라서 정답은 동사 원형 (b)이다.

CHAPTER 05

조동사

시험 10분 전, 이것만은 꼭 기억하자!

- 빈출 조동사
  (1) 능력 : can, could
  (2) 의무를 나타내는 조동사 : must, should, have to
  (3) 가능성 : might, may, could, can, should, would, will, must
  (4) 허가 : can, could, may, might, shall

- 조동사 뒤의 동사는 항상 원형! (인칭 변화 X)

- 조동사 + have p.p
  * should have p.p = V를 했어야 했다. (그러나 하지 않았다, 후회의 뉘앙스)
  'should have p.p'를 제외한 다른 '조동사 + have p.p'들은 강도의 차이는 있지만 모두 과거 사실에 대한 추측

1. 조동사의 개념

'조동사'의 '조(助)'는 '돕다'라는 뜻이다. 따라서 조동사는 '동사를 도와주는 동사'라고 할 수 있다. 조동사는 동사의 앞에 위치하여 동사의 문법적 기능을 도와주거나, 동사에 의미를 더해준다. 동사의 문법적 기능을 도와주는 조동사에는 다양한 시제나 의문문, 부정문을 만들 때에 사용되는 'be', 'have', 'do'등이 있다. 이러한 조동사들은 매우 기본적이기 때문에 일반적으로 문법 시험에서 출제되지는 않는다. 지텔프를 비롯한 시험에서 주로 출제가 되는 것은 동사에 의미를 추가하는 역할을 하는 조동사이다.

2. 빈출 조동사

지텔프에 자주 출제되는 조동사들은 다음과 같다. 대부분의 수험생들은 이미 잘 알고 있는 내용일 것이다. 그러나 어떤 조동사들은 여러 가지 의미로 사용되기도 하므로, 몰랐던 부분이 있다면 확실하게 짚고 넘어가도록 하자.

(1) 능력을 나타내는 조동사 : can(~할 수 있다), could(~할 수 있었다)

현재의 능력을 나타내는 조동사로는 can이 있고, can의 과거형인 could는 과거의 능력을 나타내기 위하여 사용된다.

(2) 의무를 나타내는 조동사 : must(~해야 한다), should(~해야 한다), have to(~해야 한다)

어떤 일을 해야 한다는 의무, 당위를 나타내는 조동사들이다. 제시된 세 가지 모두 현재 시제에서 해야 하는 일을 나타내는 데에 사용된다. 이들을 과거 시제로 쓰게 되면 어떻게 되는지에 대해서는 후에 다시 설명하도록 하겠다.

(3) 가능성, 추측을 나타내는 조동사 : might, may, could, can, should, would, will, must

수험생들이 알고 있는 조동사의 대부분이 다 여기에 포함되어 있을 것이다. 이 모든 조동사들이 추측을 나타내는 데에 사용될 수 있다. 위에 제시된 순서대로 추측의 강도가 약하다고 보면 된다. 즉, might가 가장 낮은 정도의 가능성을 나타내고, must는 가장 강한 정도의 가능성을 나타낸다. 이 조동사들은 모두 가능성, 추측 이외에 다른 의미도 가지고 있다. 따라서 조동사의 의미를 정확하게 판단하기 위해서는 항상 문맥을 먼저 파악해야 한다. 또한 주의해야 할 점은 might, could, should, would가 추측의 의미로 사용될 때에는 may, can, should, would의 과거형이 아니라는 점이다. might, could, should, would는 현재 시점에서의 가능성을 나타내기 위해 현재 시제로 사용될 수 있다. 이러한 조동사들이 현재완료 시제(have p.p)와 결합하게 되면 과거 사실에 대한 추측을 나타낼 수 있다. 이러한 형식은 특히 가정법 문장에서 자주 사용된다.

> **ex.** I don't know what Amanda and Liz are talking about on the phone, but they must find it really interesting. They have been talking nonstop for four hours!
>
> → 이 문장에서 조동사 must는 의무, 당위가 아니라, 강한 추측의 의미로 사용되었다. 지금 Amanda와 Liz는 쉬지 않고 네 시간 동안이나 전화 통화를 하고 있다. 이 사실을 바탕으로 화자는 그들의 화제가 '굉장히 흥미로운 것이 분명하다'고 추측을 하고 있는 것이다.

> **ex.** One day, this could be used to help you.
>
> → 이 문장에서 could는 과거의 능력이 아니라, 약한 추측의 의미로 사용되었다. 언젠가 이것이 너를 돕는 데에 '사용될 수도 있다'는 의미이다. 이 때 could는 can의 과거형으로 사용된 것이 아님을 명심하자.

(4) 허가의 의미를 갖는 조동사 : can, may, shall, could, might

이러한 조동사들은 주로 상대방에게 어떤 일을 해도 되는지 허락을 구하는 의문문에서 자주 사용된다. 일반적으로 조동사의 현재형인 can, may, shall 보다는 과거형인 could, might 가 좀 더 정중한 표현이라고 볼 수 있다. 여기서도 주의해야 할 점은 could, might 가 허가의 의미로 사용되었을 때에는 과거 시제를 나타내는 것이 아니라는 점이다.

> **ex.** Might I ask what you're doing here?
>
> → 여기에서 무엇을 하고 계신지 여쭤 봐도 되겠습니까? 허가의 조동사 might 를 사용함으로써 'What are you doing here?'이라는 직설적인 의문문에 비해 훨씬 더 정중한 표현이 되었다.

3. 조동사 + have p.p

선택지들이 '조동사 have p.p'의 형태로 주어졌다면, 각 형태별로 의미의 차이를 구분해서 정답을 골라내야 한다. 우선, 'should have p.p'는 '~ 했어야 했다(그런데 하지 않았다)'의 의미이다. 'should have p.p'는 후회의 어감을 가지며, 실제로는 과거완료(p.p)로 쓰인 동작을 하지 않았다는 사실까지 내포하는 표현이다.

- Elsa has left for the supermarket. I told her to buy meat and vegetables, but forgot about the ingredients for the salad. I should have also mentioned getting some cheese and salami.
- Elsa는 슈퍼마켓으로 떠났다. 나는 그녀에게 고기와 야채를 사오라고 했지만, 샐러드 재료에 대해선 잊어버렸다. 나는 치즈와 살라미도 사오라고 말을 했어야 했다.
- → 이 문장에서 'should have mentioned'는 '말을 했어야 했다(그런데 말을 하지 않았다)'라고 해석된다. 화자는 말을 했어야 했는데, 하지 않아서 후회를 내비치고 있는 것이다.

- I shouldn't have eaten so much.
- 그렇게 많이 먹지 말았어야 했다.
- → 이 문장은 화자가 실제로는 많이 먹었다는 사실을 내포하고 있다. 화자는 많이 먹지 말았어야 했는데, 실제로는 많이 먹어버려서 이를 후회하고 있는 것이다.

should have p.p'를 제외한 다른 '조동사 + have p.p'들은 강도의 차이는 있지만 모두 '과거 사실에 대한 추측'이라고 보면 된다. 따라서 나머지 조동사들끼리 비교를 할 때에는 '추측의 강도'를 따져보아야 한다. 사실 추측의 강도는 상당히 주관적인 것이기 때문에 논란의 여지가 있어서는 안 되는 수능과 같은 시험에서는 보통 의미가 확실히 구분되는 'should have p.p'와 과거 사실의 추측을 나타내는 '조동사 + have p.p' 중에서 정답을 고르라는 문제가 출제된다. 그러나 지텔프 시험에서는 추측의 강도를 구분하라는 문제도 출제가 된다. 이 경우 추측의 강도를 결정짓는 것은 바로 '근거의 유무'이다. 만약 추측에 합당한 근거가 있다면, 강한 추측을 나타내는 조동사를 사용할 수 있다. 'must have p.p(~한 것이 틀림없다)', 'cannot have p.p(~했을 리가 없다)', 'would have p.p(~했을 것이다)' 등이 상대적으로 강한 추측을 나타낸다. 반면, 추측에 합리적인 근거가 따로 제시되지 않은 경우에는 정도가 약한 조동사를 사용하여야 한다. 'may have p.p(~했을 수도 있다)'나 'might have p.p(~했을 수도 있다)' 등이 약한 추측을 나타내는 조동사에 해당된다.

- His car is gone, so he must have left already.
- 그의 차가 없어졌다. 그러므로 그는 분명 벌써 떠났음이 틀림없다.
- → 그의 차가 없어졌다는 것은 그가 이미 떠났을 것이라는 추측에 대한 강력한 근거이다. 따라서 이 경우에는 과거 사실에 대한 강한 추측을 나타내기 위해 'must have p.p(~한 것이 틀림없다)'가 사용된 것이다.

- I *might have left* my wallet in my car.
- 내 지갑을 어쩌면 차에 두고 왔을 수도 있다.

→ (지갑이 안 보이는 상황에서) 별다른 근거 없이 어쩌면 차에 두고 왔을지도 모른다고 가볍게 추측을 하는 상황이다. 따라서 약한 추측을 나타내는 'might have p.p(~했을 수도 있다)'가 사용된 것이다.

[참고] have to V / should V / must V 과거형 의미 비교

현재 시제로 'V 해야 한다'는 의미를 나타내기 위해서는 일반적으로 'have to V', 'should V', 'must V'가 무차별적으로 사용된다. 그러나 이 세 형태가 과거 형태(단순 과거 또는 현재완료와 결합)로 사용될 때에는 각각 전혀 다른 의미가 되니 주의가 필요하다. 'study English very hard'라는 동사구로 예를 들어 설명해 보겠다.

He has to study English very hard.
He should study English very hard.
He must study English very hard.

이 세 문장은 모두 '그는 영어를 아주 열심히 공부해야 한다'라고 해석된다. 그러나 과거 시제로 서술하게 되면 의미가 달라진다.

- He had to study English very hard. (but he didn't / so he did.)

→ '그는 영어를 아주 열심히 공부해야 했다.' 'had to V'는 과거에 V를 해야 했다는 사실 그 자체만을 나타낸다. 따라서 그가 실제로 공부를 열심히 했는지, 안 했는지는 이 문장만으로 알 수 있다.

- He should have studied English very hard.

→ '그는 영어를 아주 열심히 공부했어야 했다. (그러나 하지 않았다.)' 'should have p.p'는 과거에 V를 했어야 했는데, 하지 않았다는 내용까지 내포한다. 따라서 이 문장은 그가 실제로는 영어 공부를 열심히 하지 않아서 유감이라는 내용을 담고있는 것이다.

- He must have studied English very hard.

→ '그는 영어를 아주 열심히 공부한 것이 틀림없다.' 'must have p.p'는 '~해야 한다'는 당위의 의미와 무관하다. 과거 사실에 대한 합리적인 근거가 있는 강한 추측을 나타낸다. 이 문장은 그의 영어 실력이 무척 훌륭해졌다는 등의 맥락이 주어졌을 때 분명 공부를 열심히 했을 것이라고 추측을 하는 상황에서 사용될 수 있는 표현이다.

실전훈련 01

Jane already earns a decent salary as a Math professor at the university. However, she is still looking for home-based jobs as an online Math tutor so that she _____ save up for graduate school.

(a) can
(b) might
(c) shall
(d) would

조동사 문제는 문법 형식보다는 조동사의 의미를 가지고 풀어야 하기 때문에 기본적으로 해석을 통해 접근해야 한다. Jane은 집에서 할 수 있는 수학 교사 일을 구하고 있으며, 그녀는 이를 통해서 대학원 학비를 모으려 한다. 수학 교사 일을 구하면 학비를 '모을 수 있게'되므로 능력을 나타내는 조동사 can이 정답이다. 이 문제는 'so that'이라는 부사절 접속사를 보고 바로 정답을 고를 수 있기도 하다. 'so that + S V'는 '(그 결과)~할 수 있도록'이라는 의미이며, 'so that'이 이끄는 절에 조동사 can이 자주 사용된다. 'so that'의 앞에 위치한 절은 원인이 되고 'so that'이 이끄는 절은 그 원인으로 인하여 가능해지는 일을 의미하는 것이다.

실전훈련 02

Sarada always asks her mother, Sakura, to read her a story before she goes to sleep. It has become one of their bedtime routines. Her favorite is 'Beauty and the Beast'. Sakura _____ have read it more than twenty times.

(a) must
(b) could
(c) should
(d) will

'조동사 + have p.p'를 묻는 유형이다. 'should have p.p'는 '~했어야 했다'는 의미이고 나머지 두 선택지는 과거 사실에 대한 추측을 나타낸다. 'will have p.p'의 조합은 사용되지 않는다. (지텔프에서는 이처럼 아예 말이 되지 않는 것이 선택지로 종종 등장한다.) 이 문제에서는 Sarada가 매일 자기 전에 엄마에게 책을 읽어달라고 하며, 그녀가 가장 좋아하는 것은 'Beauty and the Beast'라는 사실이 제시되어 있다. 이러한 사실을 바탕으로 그녀의 엄마가 'Beauty and the Beast'를 스무 번 이상 읽어주었을 것이라고 거의 확신할 수 있다. 따라서 강한 추측을 나타내는 조동사인 'must have read'가 정답이다.

CHAPTER 06

연결어/접속사

지텔프 문법에서 연결어/접속사를 묻는 유형은 늘 2문제 정도 반드시 출제가 된다. 연결어/접속사를 묻는 유형은 공식과 같은 것이 없기 때문에 정확한 해석을 통해 풀이를 하는 수밖에 없다. 물론, 그 전에 지텔프에 출제되는 다양한 연결어/접속사들의 의미를 정확하게 알고 있어야지만 문제를 풀 수 있다. 참고로 접속사는 영단어의 품사 중 하나로 문장과 문장, 또는 문장 가운데 두 성분들을 이어주는 말을 가리킨다. 그러나 지텔프에서 출제되는 문제의 선택지가 엄밀한 의미에서 접속사만을 포함하지는 않으므로, 이 책에서는 이보다 넓은 의미에서 구들을 연결해주는 표현들을 모두 포괄하는 의미에서 연결어라는 표현을 사용하고, 이러한 유형을 '연결어/접속사' 유형으로 분류한다.

1. 빈출 연결어/접속사

먼저, 지텔프 문법 영역에 빈출되는 연결어/접속사들을 의미별로 나누어 살펴보자. 이것들을 모두 암기하는 것이 이 유형의 문제를 풀기 위한 기본 단계이다.

(1) 결과를 나타내는 연결어/접속사

이 앞에 오는 사건이 원인을 나타내고, 이 연결어/접속사가 이끄는 절이 결과를 나타낸다.

therefore	따라서	as a result	그 결과로
thus	따라서	for this reason	이러한 이유 때문에
hence	따라서	accordingly	따라서
consequently	결과적으로	as a consequence	그 결과로

(2) 대조를 나타내는 연결어/접속사

이 앞에 오는 사건과 뒤에 오는 사건이 서로 상반되거나 대조되는 내용을 담고 있는 경우에 사용된다. 이 연결어/접속사를 기점으로 내용의 전환이 이루어진다.

although	~에도 불구하고	but	그러나
(even) though	~에도 불구하고	however	그러나
despite*	~에도 불구하고	whereas	~에 반하여
in spite of*	~에도 불구하고	conversely	반대로
nevertheless	그럼에도 불구하고	on the contrary	반면에
nonetheless	그럼에도 불구하고	in contrast	반면에, 대조적으로
yet	그러나	on the other hand	반면에
still	그럼에도 불구하고	while	~한 반면에
instead	~대신에	instead of*	~대신에

(3) 내용의 추가, 부연을 나타내는 연결어/접속사

이 앞에 오는 내용과 뒤에 오는 내용이 근본적으로 같은 맥락의 이야기를 담고 있으면서, 뒤에 오는 내용이 조금 더 구체성을 띠고 있거나 새로운 내용인 경우에 사용된다.

in fact	사실은	likewise	마찬가지로
besides	게다가	similarly	이와 유사하게
furthermore	게다가	indeed	실제로, 정말로
in addition	게다가	moreover	게다가

(4) 조건, 원인을 나타내는 연결어/접속사

이 연결어/접속사들은 어떤 사건이 발생하기 위해 필요한 조건을 나타낸다. 조건은 상황에 따라서 다양할 수 있다. '~해야지만' 되는 경우, '~하지 않아야만' 하는 경우, '어떻든 무관한' 경우 등 다양한 조건이 존재할 수 있다.

as long as	~하는 한	in so/as far as	~하는 한에 있어서는
if	만약 ~한다면	no matter	~와는 무관히
provided that	만약 ~한다면	supposing that	~라 가정하면
unless	~아지 않는 한	only if	~해야지만
because	~때문에	even if	~한다고 할지라도
because of*	~때문에		

(5) 시간 선후관계를 나타내는 연결어/접속사

서로 다른 사건들 중 어떤 것이 더 먼저 발생한 것인지를 알려주거나, 혹은 동시에 발생하였음을 나타내는 연결어/접속사들이 여기에 해당한다.

while	~동안에	during*	~동안에
meanwhile	한편	until	~할 때까지
in the meantime	한편	yet	아직
at the same time	동시에	afterwards	나중에

2. 접속사 vs 전치사

앞서 연결어/접속사를 묻는 유형의 문제는 해석을 통해 접근해야 풀 수 있다고 하였다. 그러나 어떤 문제들은 문법적인 구조를 따져보았을 때 더 쉽게 해결할 수도 있다. 바로 선택지에 접속사와 전치사가 섞여있는 문제가 그러하다.

앞서 설명하였듯 접속사는 문장과 문장, 혹은 문장 가운데에 두 성분들을 을 연결할 때 사용된다. 반면 전치사는 명사나 대명사 (구) 앞에 놓여서 다른 명사, 대명사 (구)와의 관계를 나타내주는 데에 사용되는 단어다. 이 둘의 차이는 간단히 말해서 접속사 다음에는 절이 오고, 전치사 다음에는 명사구가 온다는 것이다. 더 쉽게 설명하면 접속사 다음에는 주어와 동사가 포함된 문장 같은 것이 오지만, 전치사 뒤에는 명사 덩어리가 온다고 할 수 있다. 따라서 만일 선택지에 접속사와 전치사가 섞여있는데, 빈칸 뒤에 절이 온다면 전치사 선택지들을 제외시킬 수 있다. 반대로 빈칸 뒤에 구가 온다면 접속사 선택지들을 제외시킬 수 있다. 더 나아가서, 만일 선택지에 의미상으로는 동일하지만 품사만 다른 접속사, 전치사가 모두 포함되어 있는 경우라면 문법 구조 분석을 통해서만 답을 고를 수 있다. 아래 표는 가장 흔하게 출제되는 접속사/전치사 들이다. 짝지어진 접속사/전치사는 의미는 서로 유사하지만, 품사가 달라 뒤에 오는 단어들의 구조가 다르다.

	접속사(+절)	전치사(+명사구)
대조	although, (even) though	despite, in spite of
	instead	instead of
원인	because	because of
시간	while	during

ex. The college entrance exam was postponed because of the earthquake.

→ 'because of'는 전치사이기 때문에 뒤에 명사구가 와야 한다. 이 문장에서 because of를 because로 바꿔 쓰면 틀리게 된다.

ex. The college entrance exam was postponed because the massive earthquake hit Pohang the day before.

→ 앞의 예문과 의미상으로는 거의 비슷한 문장이다. 그러나 because는 접속사이기 때문에 절을 이끈다. because 다음에 주어와 동사를 갖춘 절이 오는 것을 볼 수 있다.

ex. He is very good at Math despite the fact that he found it boring.

→ despite는 전치사이기 때문에 뒤에 명사구가 와야 한다. 이 문장은 언뜻 despite 다음에 주어와 동사가 포함된 절이 오는 것처럼 보일 수 있다. 그러나 'that he found it boring'은 'the fact'의 내용을 나타내주는 관계대명사절로서, 'the fact that he found it boring' 전체는 'the fact'라는 명사를 핵으로 하는 명사구이다. 따라서 이 문장에서 despite 대신에 although와 같은 접속사를 사용하면 틀린 문장이 된다.

실전훈련 01

Chloe has decided to apply for ABC Bank's new savings plan. The bank is offering high interest rates. _____, the first ten customers who apply for the plan will receive a free coffee maker.

(a) However
(b) Nevertheless
(c) Moreover
(d) Therefore

> 접속사/연결어 유형은 해석을 통해 접근하는 것이 기본이다. 첫 번째 문장은 ABC 은행이 매우 높은 이율을 제공한다는 내용을 담고 있다. 빈칸 뒤의 문장은 저축 프로그램에 가입하는 처음 열 명의 고객은 높은 이율 이외에 사은품으로 커피 메이커를 받을 수 있다는 내용을 담고 있다. 두 문장 모두 지금 ABC 은행의 저축 프로그램에 가입해서 얻을 수 있는 이점에 대하여 말하고 있으므로 내용의 추가, 부연을 나타내는 접속사 'moreover'가 정답이다.

실전훈련 02

Professor Lee doesn't like it when students don't pass his exams. _____ giving surprise quizzes that everyone fails, he announces tests ahead of schedule so the students can prepare.

(a) Even if
(b) Instead of
(c) Besides
(d) Despite

> 우선 첫 문장을 해석해보면, '이 교수님은 학생들이 그의 시험을 망치는 것을 싫어한다'가 된다. 이러한 맥락에서, 두 번째 문장은 이 교수님이 깜짝 퀴즈를 보지 않고, 사전에 공지를 해준다는 의미로 해석되어야지 자연스럽다. 따라서 정답은 '~대신에'라는 의미의 'instead of'이다. 이렇게 해석을 통해서 접근하는 방법 이외에 문장 구조 측면에서도 접근할 수 있다. 선택지들 중 'even if'와 'besides'는 접속사이고 'instead of'와 'despite'는 전치사이다. 그런데 빈칸 다음에는 'giving surprise quizzes that everyone fails'라는 명사구가 오기 때문에(동명사 giving을 핵으로 하는 명사구), 'even if'와 'besides'는 제외시켜 버리고 'instead of'와 'despite' 중에서 정답을 고르면 된다.

CHAPTER 07

관계대명사/관계부사

관계대명사/관계부사는 많은 영어 학습자들이 영문법에서 가장 어렵게 여기는 부분일 것이다. 관계대명사/관계부사와 관련된 내용은 다양한 영어 시험들에서 단골로 출제된다. 그러나 지텔프 문법 시험에서는 관계대명사/관계부사를 묻는 유형의 비중이 높지 않다. 26문제 중 관계대명사를 묻는 유형은 2문제 내외로 출제되며, 묻는 내용의 깊이도 매우 얕다. 또한 지텔프의 관계대명사/관계부사 문제는 관계대명사/관계부사의 용법만 묻지 않기 때문에 그밖에 다른 문법 사항들도 동시에 고려해서 풀어야 한다. 빈칸에 들어갈 관계대명사/관계부사만 고르면 되는 것이 아니라, 관계대명사/관계부사 '절'을 고르도록 문제가 출제되기 때문이다. 그렇기 때문에 사실상 관계대명사/관계부사 그 자체보다는 복합적인 문법 지식을 동원해서 문제를 해결해야 한다. 따라서 지텔프 수험생들은 관계대명사/관계부사 파트에는 방어적으로 접근하여 핵심적인 내용만 파악해도 충분하다.

1. 관계대명사/관계부사의 개념

관계대명사는 '접속사+대명사'이고, 관계부사는 '접속사+부사'라고 할 수 있다. 앞서 접속사는 문장과 문장을 연결하는 역할을 하는 성분이라고 하였다. 따라서 관계대명사는 문장과 문장을 연결해주는 접속사라고 이해하면 되고, 마찬가지로 관계부사는 문장과 문장을 연결해주는 부사라고 이해하면 된다. 일반 접속사와 관계대명사, 관계부사와의 차이점은 바로 연결되는 두 문장에 중복으로 포함되는 '매개체'가 존재한다는 점이다. 예를 들어 보자.

- I have a friend.
- She has a puppy.

이 두 문장을 한 문장으로 합친다고 해보자. 문장과 문장을 합치기 위해서는 접속사가 필요하다. 우선 'and'라는 접속사를 사용해서 두 문장을 합쳐볼 수 있다.

- I have a friend and she has a puppy.

그런데 처음의 두 문장에는 중복으로 포함되는 성분이 있다. 바로 첫 문장의 'a friend'와 두 번째 문장의 'she'이다. 두 문장을 접속사를 사용해 합치게 되면 같은 사람을 가리키는 표현이 두 번 중첩되어 사용되게 된다. 그러나 관계대명사를 사용하게 되면 중복되는 표현을 생략할 수 있다. 두 문장의 매개체 'a friend'와 'she'가 가리키는 것은 사람이므로 인칭 관계대명사 'who'를 사용하여 두 문장을 합칠 수 있다. 관계대명사를 사용하여 두 문장을 합칠 때에는 어느 문장에 어느 문장을 포함시킬지를 정해야 한다. 여기에서는 첫 번째 문장에 두 번째 문장을 끼워 넣도록 하자.

즉, 첫 문장이 주절이 되고 두 번째 문장이 관계대명사절이 되는 것이다. 그렇게 하기 위해서는 두 번째 문장의 'she'를 관계대명사로 바꾸면 된다. 이때, 'she'가 본래 두 번째 문장에서 주어 역할을 하고 있었기 때문에, 이를 주격관계대명사로 바꾸어야 한다. 그 결과물은 아래와 같다.

- I have a friend who has a puppy.

이 문장에서 'who'는 두 문장을 하나로 연결시키는 기능을 하는 동시에, 합치기 전 두 번째 문장의 주어(명사) 역할을 하고 있다. 따라서 관계대명사는 '접속사+대명사'인 것이다.

마찬가지로, 관계부사의 개념도 예문을 통하여 이해해 보자. 이번에는 다음의 두 문장을 하나로 합치는 상황을 생각해보자.

- I still remember the place.

- I first met her at that place.

이 두 문장에서 'the place'와 'at the place'는 같은 장소를 가리킨다. 따라서 이를 매개체로 두 문장을 합칠 수 있다. 마찬가지로 두 번째 문장을 첫 번째 문장에 삽입하여 첫 번째 문장을 주절로, 두 번째 문장을 관계부사절로 만들어 보자. 두 번째 문장의 'at the place'라는 부사구를 대신하면서, 두 문장을 연결하는 접속사의 기능을 하는 관계부사를 사용하면 된다. 이때 매개체가 장소이기 때문에 장소를 다타내는 관계부사 'where'을 사용해야 한다. 그 결과물은 아래와 같다.

- I still remember the place where I first met her.

이 문장에서 'where'은 두 문장을 하나로 연결시키는 동시에, 합치기 전 두 번째 문장의 부사어 역할을 하고 있다. 따라서 관계부사는 '접속사+부사'인 것이다.

2. 관계대명사의 종류

관계대명사의 '격'에는 '주격', '목적격', '소유격'이 있다. 앞에서 관계대명사는 기본적으로 두 문장을 하나로 합치는 접속사의 기능을 하는 대명사라는 점을 살펴보았다. 관계대명사의 격은 관계대명사가 대신하게 되는 본래 문장의 명사가, 원래 문장 내에서 어떤 역할을 했는지에 따라 결정된다. 즉, 합쳐지기 이전 문장에서 매개체 명사가 주어였다면 주격 관계대명사가, 목적어였다면 목적격 관계대명사가, 소유격 형용사였다면 소유격 관계대명사가 이를 대신해야 하는 것이다. 지텔프 문법 시험에서 '격'의 차이를 통해 답을 가려내야 할 경우에는, 그 문장이 하나로 합쳐지기 전의 두 문장을 떠올려보고, 그 문장에서 관계대명사가 대신하게 되는 명사가 원래 어떤 역할을 했는지를 따져보아야 한다.

예컨대, 'This is the girl whom I love.'라는 문장을 살펴보자. 이 문장이 하나로 합쳐지기 전에는 'This is the girl.'과 'I love the girl.'이라는 두 개의 문장이었을 것이다. 첫 문장에 포함되게 되는 두 번째 문장에서 'the girl'은 본래 동사 'love'의 목적어이다. 따라서 두 문장의 매개체인 'the girl'을 관계대명사로 바꿀 때에는 목적격 관계대명사를 사용하여야 하는 것이다.

다음으로, 관계대명사는 격 뿐 아니라 선행사가 사람인지, 사물인지에 따라서도 구분이 된다. 참고로, '선행사'란 '먼저 오는 단어'라는 의미인데, 관계대명사가 대신하게 되는 단어, 즉 합쳐지기 전 두 문장에 중복되어 등장하는 매개체 단어를 가리킨다. 엄밀히 말해서 관계대명사 바로 앞의 단어가 반드시 선행사라고 단정할 수는 없으나(선행사가 단어 하나가 아니라 명사구인 경우도 존재하기 때문에), 일반적인 경우에는 관계대명사 바로 앞의 단어가 선행사라고 봐도 무방하다. 주격 관계대명사의 경우 선행사가 사람인 경우 who, 사물인 경우 which를 사용해야 한다. 목적격 관계대명사의 경우 선행사가 사람인 경우 who(m), 사물인 경우에는 which를 사용해야 한다. 소유격 관계대명사의 경우 선행사가 사람인지 사물인지와 무관하게 whose를 사용하면 된다. 소유격은 '전치사+목적격 관계대명사'의 형태로도 나타낼 수 있는데, 이때에는 선행사가 사람이면 of whom, 사물이면 of which의 형태가 사용된다. 지텔프 관계대명사 문제는 대체로 매우 쉽게 출제된다. 많은 경우에는 선행사가 사람인지, 사물인지만 보고 정답의 범위를 좁힐 수 있다.

한편, 주격과 목적격일 때 선행사가 사람인지 사물인지와 무관하게 사용할 수 있는 관계대명사 that도 있다. that은 주격일 때와 목적격일 때의 형태도 같다. 그렇다면, 선택지에 that이 포함되어 있다면 무조건 that이 정답일까? 반드시 그런 것은 아니다. 우선, that은 소유격 관계대명사로는 사용될 수 없다. 또한, that은 관계대명사의 한정적 용법에서만 사용될 수 있고, 제한적 용법에서는 사용될 수 없다. 관계대명사의 한정적 용법과 제한적 용법의 차이는 지텔프 문법 문제 풀이에서 중요하게 다뤄지지는 않으므로 설명은 생략하도록 한다. 다만, 콤마(,) 다음에는 that이 올 수 없다는 것 정도로만 기억해두면 된다. 만일 콤마(,) 다음에 빈칸이 있는 관계대명사 문제를 만나게 된다면, that을 제외하고 나머지 관계대명사들 중에서 답을 고르면 된다.

주격 관계대명사	who	선행사가 사람인 경우
	which	선행사가 사물인 경우
	that	선행사와 무관히 사용될 수 있음
목적격 관계대명사	who(m)	선행사가 사람인 경우
	which	선행사가 사물인 경우
	that	선행사와 무관히 사용될 수 있음
소유격 관계대명사	whose	선행사와 무관히 사용될 수 있음
	of whom	선행사가 사람인 경우
	of which	선행사가 사물인 경우

3. 관계부사의 종류

관계부사는 접속사와 부사의 역할을 한다. 하나로 합쳐지기 전의 두 문장 중에서 다른 문장에 삽입되게 되는 문장의 부사어를 관계부사가 대신하게 되는 것이다. 관계부사도 관계대명사와 마찬가지로 주로 선행사에 따라 종류가 나뉜다.

시간	when	선행사가 시간표현인 경우
장소	where	선행사가 장소인 경우
이유	why	선행사가 이유인 경우(the reason 등)
방법	how	선행사 생략 가능 *'the way how'라는 표현은 쓰이지 않음

4. 관계대명사와 관계부사의 구분

지텔프 문법 시험의 관계대명사/관계부사 문제는 선택지에 관계대명사와 관계부사가 모두 포함되어있는 경우가 많다. 그런 경우 우선 관계대명사와 관계부사 중에서 어떤 것이 빈칸에 들어가야 하는지를 판단해야 한다. 가장 단순하고 쉬운 방법은 선행사를 보는 것이다. 예컨대 선행사가 사람이라면 관계부사가 정답일 여지가 없을 것이다. 그러나 언제나 선행사만 보고 관계대명사와 관계부사를 가려낼 수 있는 것은 아니다. 예컨대 선행사가 'the building'인 상황을 가정해 보자. 'the building'은 언뜻 장소를 나타내는 표현처럼 보이기 때문에 관계부사 where을 정답이라고 속단할 수도 있다. 그러나 다음의 문장을 살펴보자.

- That is the building which my father owns.
- That is the building where the murder took place.

두 문장의 선행사는 'the building'으로 같지만 첫 문장에는 관계대명사가, 두 번째 문장에는 관계부사가 사용되었다. 이처럼 선행사를 통해 관계대명사와 관계부사를 구분하는 데에는 한계가 있다. 관계대명사와 관계부사를 엄밀히 구분해내기 위해서는 각각이 이끄는 절의 구조를 파악해야 한다. 관계대명사는 말 그대로 문장의 명사를 대신하는 것이다. 따라서 관계대명사 절에서는 명사 하나가 빠져있게 되는 것이다. 반대로 관계부사는 부사어를 대신하는 것이기 때문에 관계부사 절에서는 부사어가 빠져있게 된다. 그런데, 부사어는 문장 내에서 필수적인 성분이 아니다. 다시말해, 부사어가 누락되어도 문장은 여전히 완벽할 수 있다. 반면, 주어나 목적어, 전치사의 목적어 등의 역할을 하는 명사는 문장에서 필수 성분을 구성하고 있으므로, 이 명사가 빠져버리면 그 문장은 불완전해진다. 다시 위의 두 문장을 살펴보자. 관계대명사 which가 이끄는 절 'my father owns'에서는 타동사 다음에 목적어가 빠져있는 불완전한 문장이다. 그러나 관계부사 where이 이끄는 절 'the murder took place'는 완전한 문장을 이루고 있다. 요컨대 빈칸 뒤의 절에서 어떤 성분이 빠져있는 것처럼 느껴질 때에는 관계부사가 아니라 관계대명사를 답으로 골라야 하는 것이다.

실전훈련 01

Mr. Kim sips his coffee as he waits for an applicant to interview. He is sitting in the Parnell cafe _____ promising candidates for his company.

(a) that he usually interviews
(b) how he interviews the usual
(c) where he usually interviews
(d) when usually he interviews

> 지텔프 문법 시험의 관계대명사/관계부사 유형은 이처럼 관계대명사/관계부사가 포함된 절을 통째로 고를 것을 요구하는 형식이다. 따라서 우선 선행사를 보고 정답의 후보를 고른 뒤, 절의 내용을 보고 정답을 도출해내야 한다. 이 문제에서 빈칸 앞의 단어, 선행사는 'the Parnell cafe'이다. 이 문제에서는 장소를 나타내는 단어가 선행사이기 때문에 곧장 (c)를 정답으로 골라도 되기는 하지만, 문맥에 따라서 'the Parnell cafe'를 장소가 아닌 사물로 보아야 할 수도 있으므로(예를 들면 He is sitting in the Parnell cafe which is his favorite place in town과 같은 문장도 있을 수 있다.), 우선 (b)와 (d)를 정답 후보에서 제외시키고 (a)와 (c)의 절 내용을 분석해본다. 만일 (a)가 빈칸에 들어가게 되면, that 절은 'he usually interviews promising candidates for his company'가 된다. 그런데 이 절은 주어, 동사, 목적어가 모두 있는 완벽한 문장이다. 관계대명사는 불완전한 절을 이끌어야 하므로 (a)는 이상하므로 정답이 아니다. 따라서 정답은 (c)이다. 해석상으로도 Mr.Kim이 카페'에서' 지원자들을 인터뷰한다는 것이 더 자연스럽다.

실전훈련 02

Mandy was lucky that someone helped her change her flat tire last night. A man _____ volunteered to help her after seeing that she didn't know what to do.

(a) that happens to be driving by
(b) how did he happen to drive by
(c) what happened to be driving by
(d) who happened to be driving by

> 이 문제도 마찬가지로 우선 선행사를 보고 정답의 후보를 고른 뒤, 절의 내용을 보고 정답을 도출해내야 한다. 이 문제에서 빈칸 앞의 단어, 선행사는 'A man'이다. 사람을 나타내는 단어가 선행사이기 때문에 우선 (b)와 (c)를 정답 후보에서 제외시킬 수 있다. who와 that은 모두 선행사가 사람일 때 주격, 목적격 관계대명사로 사용될 수 있다. 또한 선행사 다음에 콤마(,)가 있는 경우도 아니므로 that과 who 모두 올 수 있는 경우이다. 따라서 둘 중에서는 절의 내용을 보고 정답을 가려내야 한다. (a)와 (d)의 차이점은 (a)는 현재시제로, (d)는 과거시제로 서술되어 있다는 점이다. 그런데 첫 문장에서 Mandy를 누군가가 도와준 것이 어젯밤의 일이라는 사실이 제시되어 있으므로, 정답은 (d)이다. 이처럼 지텔프 관계대명사/관계부사 문제는 여러 가지 문법 내용들을 복합적으로 고려해야지 풀 수 있다.

SECTION 02

지텔프 청해

총 4파트, 30분, 26문항

1) 지텔프 청해 4 파트의 구성

Part 1(Q27~33). 두 사람의 대화
Part 2(Q34~39). 특정 제품이나 프로그램에 대한 홍보 및 정보 전달
Part 3(Q40~46). 한 화자의 고민거리에 대한 대화
Part 4(Q47~52). 어떤 주제에 대한 연설 및 강연

2) 각 파트의 구성

Part 1과 Part 3는 각각 7문제씩, Part 2와 Part 4는 각각 6문제씩 출제된다.

또한 각 파트는 다음과 같이 세 부분으로 구성된다.

| Ⓐ 질문 처음 듣기 | ⇨ | Ⓑ 지문 듣기 | ⇨ | Ⓒ 질문 다시 듣기 |

지텔프 청해, 무엇이 다른가?

본격적인 설명에 앞서, TEPS나 수능 등 다른 시험과는 다른 지텔프 청해의 특징에 대해 간단히 짚어보자. 이 네 가지 특징들만 파악했다면, 지텔프 독해 문제를 어떻게 공부해야 할지 방향이 잡힌다.

★ 1. 질문이 기입되어 있지 않은 대신 질문을 두 번 들려준다!
★ 2. 문제의 순서 ≒ 지문 전개의 순서!
★ 3. Paraphrase 된 선택지에 집중하자!

위에서 분석한 세 가지 특징을 바탕으로 정리해본 지텔프 청해의 핵심 Tip은 다음과 같다.

| TIP | '전략적으로' Note taking을 하자!

어느 영어 시험이든 청해 문제를 풀 때 Note taking은 필수이다.

하지만 지텔프 시험의 경우 Note taking을 더욱 '전략적으로' 해야 한다. 수능 외국어 영역과는 달리 질문(문제)이 문제지에 기입되어 있지 않으며, 수능이나 TEPS 등 다른 시험에 비해 한 지문의 길이가 비교적 길 뿐 아니라 한 지문에 딸려 있는 문제 수가 많은 편이기 때문이다. 또한 비교적 지문의 길이가 긴 대신, 선택지들은 문제지에 기입이 되어 있기 때문에 질문과 선택지를 모두 Note taking 해야 하는 TEPS와는 다른 전략을 취해야 한다.

그렇다면 어떻게 Note taking을 '전략적으로' 할 수 있을까? 지텔프 시험 유형에 최적화된, '지텔프 맞춤형' Note taking 비법을 소개 한다.

우선 앞서 언급했듯 청해 영역 각 파트는 다음과 같이 세 부분으로 구성된다.

Ⓐ 단계 질문 처음 듣기 ⇨ Ⓑ 단계 지문 듣기 ⇨ Ⓒ 단계 질문 다시 듣기

문제를 잘 풀기 위해 Ⓐ 단계, Ⓑ 단계, Ⓒ 단계 각 시점에 해야 할 Note taking의 내용이 서로 다르다는 것에 주의해야 한다. 특히 Ⓐ 단계와 Ⓒ 단계에서 질문이 반복되기는 하지만 각 시점에서 취해야 할 Note taking 전략은 다르다. 각 단계에서 각 어떤 방식으로 Note taking을 해야 하는지 다음과 같이 정리해두었다. 예시를 참고하여 Note taking 팁을 익혀주고자 한다.

[Ⓐ 단계] 질문 처음 듣기 : 의문사나 부정 · 긍정 표현 등 '핵심 키워드'를 메모하자!

Ⓐ 단계에서는 질문의 모든 내용을 받아 적으려 애쓸 필요는 없다. 사실 지문을 본격적으로 듣고 글의 소재를 파악하기도 전에 질문을 처음으로 듣는 단계이므로, 영어에 능통한 응시자라도 (질문의 내용에 따라서는) 그 내용이 완벽하게 잡히지 않을 가능성이 있다. Ⓐ 단계에서 무리하게 질문을 다 받아 적으려다가 오히려 중요한 키워드를 놓치거나, 다음 문제에 집중하지 못할 위험이 있다.

이 단계에서 해야 할 것은, '핵심 키워드'를 메모하는 것이다. 이때 핵심 키워드라 함은, 'why', 'how', 'which', 'who', 'what', 'where' 등의 의문사나 'not' 등의 부정 표현을 의미한다. 이 부분만 명확히 잡아도 문제를 푸는 데 크게 무리가 없는 경우가 대부분이다. 의문사나 긍정 · 부정 표현을 캐치한 뒤에 여유가 된다면, 문제의 주어/주체가 무엇/누구인지까지, 그리고 핵심 동사나 형용사가 무엇인지까지 메모해두자.

Note taking을 편하게 하는 방법은 응시자마다 다르겠지만, 'no', 'not'은 'x'나 'N'등으로, 'why'는 '?' 등으로, 'Sophie' 등의 이름은 'S' 등으로 메모할 수 있다. 편하다면 영어 대신 한국어로 적절하게 Note taking을 해도 된다. 어떤 방식이든 본인에게 가장 편한 방식을 택하기만 하면 된다.

 Ⓐ 단계에서는 이렇게 Note taking을 하자!

Now listen to the questions.
27. Why has Sophie not been at her office so often?
28. According to her, how did the bakery become famous?
29. What is the secret of the bakery's success?
30. What is the purpose of the fermentation process?
31. How did Sophie's company get the secret recipe?
32. Why is the bakery trying to put more effort on advertisement?
33. Where is the conversation probably taking place?

27. Why, S(ophie), not been
28. how, (빵집), famous
29. What, secret
30. What, purpose
31. How, S's company
32. Why, (빵집), advertisement
33. Where

[Ⓑ 단계] 지문 듣기

Ⓑ 단계에서는 본격적으로 지문을 듣게 된다. 처음이자 마지막으로 지문을 듣는 것이고, 지텔프 지문의 길이는 비교적 긴 편이기 때문에 반드시 집중해서 지문을 듣도록 한다. 이때는 최대한 많은 내용을 꼼꼼하게 메모해두는 편이 좋다.

거의 모든 디테일을 놓쳐서는 안 되지만, 특히 다음에 정리해둔 내용이 언급될 경우 특히 집중해서 받아 적도록 하자.

★ **이유나 방법 등이 언급되는 대목**
  Why나 how, what 등에 대해 직접적으로 답변이 될 수 있는 대목을 놓쳐서는 안 된다.

★ **긍정이나 부정 표현이 사용되는 대목**

★ **숫자가 언급되는 대목**

또한 [지텔프 청해, 무엇이 다른가?] 파트에서 정리했던 것처럼 '문제의 순서 ≒ 지문 전개의 순서!'이므로, 한 지문을 Note taking 할 때는 순서가 뒤섞이지 않게, 지문 순서대로 차근차근 Note taking을 하도록 한다. 헷갈리는 문제를 풀 때 큰 힌트가 될 수 있다.

마지막으로 두 사람이 대화를 하는 Part 1이나 Part 3의 경우, 남자가 하는 발언인지, 여자가 하는 발언인지 M(ale)/F(emale) 등으로 구별하여 적어두도록 한다.

[ⓒ 단계] 질문 다시 듣기

질문을 마지막으로 듣는 단계이다. 이미 Ⓐ 단계에서 '핵심 키워드' Note taking을 하면서 질문의 뼈대를 기록해둔 상태이므로, ⓒ 단계에서는 이 뼈대에 살을 붙이는 작업 을 하면 된다.

Ⓐ 단계에서 미처 Note taking 하지 못한 것들, 예컨대 주어/주체, 목적어 등을 캐치하여 질문을 완성하자.

 ⓒ 단계에서는 이렇게 Note taking을 하자!

Now listen to the questions.
27. Why has Sophie not been at her office so often?
28. According to her, how did the bakery become famous?
29. What is the secret of the bakery's success?
30. What is the purpose of the fermentation process?
31. How did Sophie's company get the secret recipe?
32. Why is the bakery trying to put more effort on advertisement?
33. Where is the conversation probably taking place?

27. Why, S(ophie), not been → ⓒ office, often
28. how, (빵집), famous → ⓒ 빵집
29. What, secret → ⓒ 빵집, success
30. What, purpose → ⓒ 발효 과정
31. How, S's company → ⓒ secret 레시피
32. Why, (빵집), advertisement → ⓒ more effort
33. Where → ⓒ 대화 장소

다시 한 번 강조하지만, 청해 영역에서는 "Note taking이 전부이다"(Note taking is everything) 이라는 생각으로 최선을 다해 Note taking을 하자. 위에서 정리한 것처럼 전략적으로 Note taking만 하면, 어렵지 않게 문제를 풀 수 있다.

G-TELP
BIBLE

SECTION

03

지텔프 독해

총 4파트, 40분, 28문항

1) 지텔프 독해 4 파트의 구성

Part 1(Q53~59). 한 인물의 전기를 담은 기사 (Biographical Article)
Part 2(Q60~66). 새로운 연구 결과에 대한 기사 (Article on Recent Studies)
Part 3(Q67~73). 백과사전적 기사 (Encyclopedia Article)
Part 4(Q74~80). 사업상의 편지 혹은 공식적인 편지 (Business Letter or Formal Studies)

2) 각 파트의 구성

각 파트의 한 지문 당 7 문제가 출제된다. 이 7문제 중 지문의 내용에 대해 묻는 문제가 5개, 문맥 속에서 밑줄 친 단어의 유의어를 고르는 어휘 문제가 2개 출제된다.

지문의 내용에 대해 묻는 문제	옳은 설명/잘못된 설명을 고르는 문제	4문제
	유추하는 문제	1문제
어휘 문제		2문제
각 파트 당 문제 수 총합		총 7문제

지텔프 독해, 무엇이 다른가?

본격적인 설명에 앞서, TEPS나 수능 등 다른 시험과는 다른 지텔프 독해의 특징에 대해 간단히 짚어보자. 이 네 가지 특징들만 파악했다면, 지텔프 독해 문제를 어떻게 공부해야 할지 방향이 잡힌다.

> ★ 1. 독해 문제 안에 어휘 문제가 포함되어 있다!
> ★ 2. Paraphrase 된 선택지에 집중하자!
> ★ 3. 문제의 순서 ≒ 지문 전개의 순서!
> ★ 4. 서로 상충되는 내용을 담고 있는 선택지들이 있다면 둘 중 하나가 답일 확률이 90% 이상!

위에서 분석한 네 가지 특징을 바탕으로 정리해본 지텔프 독해 Tip은 다음과 같다.

| TIP #1 |
★1. 독해 문제 안에 어휘 문제가 포함되어 있다! + ★2. Paraphrase 된 선택지에 집중하자! ⇒ <u>유의어에 익숙해지자!</u>

지텔프 독해의 경우 어휘 영역이 따로 있는 것이 아니라 독해 문제의 일부로 출제되며, 응시자는 밑줄 친 단어의 유의어를 골라야 한다. 이 책의 어휘 파트에 유의어 위주로 빈출 단어를 정리해두었으니, 특히 신경을 써서 공부하도록 한다. (p.68~71)

또한 대부분 정답이 되는 선택지는 본문에서 명시된 내용을 적절하게 paraphrase 한 경우가 많다. 영미권 사람들은 같은 단어 및 어구를 반복하는 것을 강박적으로 경계하는 경향이 있다. 심지어 미국의 현 대통령 트럼프에 대한 기사에서도, "도널드 트럼프"라는 이름을 반복하는 것이 아니라 "도널드 트럼프", "백악관의 현재 주인", "미국의 45대 대통령", "유명 사업가 출신의 그 사람" 등으로 paraphrase하여 지칭할 정도이다. 따라서 영어 능력을 평가하는 지텔프 시험의 독해 영역에서도 지문에서 사용된 표현을 거의 비슷하게 반복하기보다는, 적절하게 paraphrase한 선택지가 제시된다.

실제로 최근 지텔프 독해 영역에서 활용된 paraphrase의 예시를 다음과 같이 정리해보았다. 본문의 표현들이 그대로 활용되는 것이 아니라, 다음과 같이 거의 언제나 paraphrase 된다는 사실 을 기억하도록 하자.

본문	선택지
reduce the risk of mental disorder	help prevent mental decline
realize the change of season because it unfailingly blossoms in spring	depend on to blossom in spring
knight	medieval soldier
intact	mostly undamaged
his social skill was poor	he liked being alone
fix the problems	solve the complaints
wax models	lifelike was sculptures
people listen carefully to the forecasts of the Japan Meteorological Agency	the Japanese monitor an agency forecast
regularly adds figures of famous people	by frequently creating newer figures
while working on his doctoral thesis	while studying for his doctorate
freelancer	independent designer
the number of passengers the vehicles can hold	their seat capacities
equipment	facilities
the number of miles it runs	the distance it travels

| TIP #2 | 지문의 순서 ≒ 문제의 순서!

청해 문제와 마찬가지로 지텔프 독해 영역에서도 지문의 순서대로 문제가 출제 된다. 기출을 분석한 결과 예외는 거의 없다고 보아도 무방할 정도였다. 특히 청해와는 달리 독해의 경우, 문단 구분이 명확하게 되어 있으므로 답을 찾기 어려울 때 좋은 힌트가 된다.

게다가 100% 그런 것은 아니지만 지텔프 독해 문제의 경우 한 문단 당 한 문제가 출제 되는 것이 일반적이다. 이 규칙이 적용되지 되지 않는 경우는 다음과 같은 세 가지 상황뿐 이었다.

1) 지문 전체의 맥락을 묻는 질문인 경우

   이런 경우는 한 문단을 읽고 답할 수 있는 문제가 아니라 '지문 전체'의 맥락을 파악해야 한다.

   ex. What is the main topic of the lecture?

2) 문단이 굉장히 세부적으로 구분되어 있어서 글이 6개 이상의 문단으로 구성된 경우

   어휘 문제를 제외하면 한 지문 당 5문제가 출제되므로 이런 경우에는 정답을 맞히는 데 직접적으로 활용되지 않는 문단도 존재했다.

3) 문단의 구분이 많이 되어 있지 않은 지문이어서 4개 이하의 문단으로 구성된 경우

   이런 경우에는 한 문단 내에서 2~3개의 문제가 출제될 수도 있다. 그러나 이 경우에도 53번 문제에 힌트가 되는 내용이 24번 문제에 힌트가 되는 내용보다 (거의 반드시) 앞에 위치하고 있다.

이처럼 예외적인 경우가 아니라면, 지텔프 독해 문제에서는 '지문의 순서 = 문제의 순서'이며, '한 문단 당 한 문제가 출제'된다! 예를 들어 Part 1의 경우 다음과 같이 구성될 확률이 크다.

53번	1번 문단
54번	2번 문단
55번	3번 문단
56번	4번 문단
57번	5번 문단
58번	어휘 문제
59번	어휘 문제

따라서 지텔프 독해 영역을 풀이할 때 헷갈리는 선택지가 있다면, 문단의 구성이 어떻게 되어 있는지 반드시 살펴보자. 예컨대 54번 문제가 헷갈리는 경우, 본문 내에서 ⓐ 53번 문제에 힌트가 되는 내용과 ⓑ 55번 문제에 힌트가 되는 내용이 어디 있는지 밑줄을 그어 보도록 하자. 54번 문제에 힌트를 줄 수 있는 내용은 ⓐ와 ⓑ 사이에 위치하고 있을 것이다.

cf. 지텔프 기출을 분석한 결과, '지문의 순서 = 문제의 순서' 규칙을 무시하고 문제를 풀 경우 오답을 고를 확률이 높아지는 경우가 있었다. 헷갈리는 경우 반드시 '지문의 순서 = 문제의 순서' 규칙을 떠올리자!

| TIP #3 |

(★4.) 서로 상충되는 내용을 담고 있는 선택지들이 있다면 둘 중 하나가 답일 확률이 90% 이상!

[예시] 실전 모의고사 3회 63번, 78번

때때로 지텔프 독해 문제에서 서로 상반되는 내용을 담고 있는 선택지들이 있다. 이럴 경우 100%라고 장담할 수는 없지만 90% 이상의 확률로 두 선택지 중 하나가 정답일 확률이 높다. 따라서, 선택지를 훑어보았을 때 서로 모순되는 이야기를 하는 선택지가 두 개 있다면, 둘 중 하나가 정답이 아닐지 우선 의심해보자! 이 전략을 통해 시간을 절약할 수 있을 것이다.

실전훈련 01

Based on the article, what is true about the study?

(a) The health benefit of regular exercise has been proven.
(b) The findings on the correlation between health and exercise need more study to be proved.
(c) We do not have to sleep well.
(d) Running is more helpful than walking.

> 주어진 지문이 없지만 문제만 보더라도 서로 반대되는 이야기를 하는 다음의 두 선택지가 눈에 들어올 것이다:
> (a) The health benefit of regular exercise has been proven.
> (b) The findings on the correlation between health and exercise need more study to be proved.
> 둘 중 하나가 답일 확률이 크다고 충분히 의심하고 문제에 접근할 수 있다.

실전훈련 02

According to the article, which of the following is not true about obesity?

(a) It can lead to poor concentration.
(b) It can be prevented by regular physical exercise.
(c) It is common among the adolescents.
(d) Young people generally do not suffer from obesity.

> 심지어 이렇게 '사실과 다른'(not true) 선택지를 고르는 문제에서도 이 규칙이 적용되는 경우가 종종 있다. 위 문제에서도 서로 상반되는 이야기를 하고 있어 눈에 들어오는 두 선택지가 있을 것이다.
> (c) It is common among the adolescents.
> (d) Young people generally do not suffer from obesity.
> (c) 선택지의 "adolescents"가 (d) 선택지에서는 "Young people"로 paraphrase 되어 있기는 하지만 두 선택지가 서로 모순되는 이야기를 하고 있다는 것을 바로 확인할 수 있을 것이다. 이런 경우에는 (c) 혹은 (d) 중 하나가 반드시 정답이다.

| TIP #4 | 극단적으로 서술되어 있는 선택지를 경계하라!

always, never, only, without exception 등의 표현을 동원하여 극단적으로 서술되어 있는 선택지는 오답일 가능성이 크다. 물론 지문의 내용에 따라 이 선택지가 참일 가능성도 배제해서는 안 되겠지만, 대부분의 경우 이렇게 극단적인 선택지는 참이기 어렵다는 사실을 기억하자. 선택지에 이런 표현이 사용되었다면 우선 의심하고 경계하는 것이 좋다.

| TIP #5 | 자주 사용되는 표현에 익숙해지자!

지텔프 독해 4 파트 중 3개의 파트가 기사(article)의 형식을 띠고 있으므로 기사 문체에 익숙해지는 것이 필요하다. 일부 파트에서 구어적 문체가 사용되는 청해와는 달리 독해 파트는 모두 공식적이고 문어체적인 어투를 사용하여 출제된다. 다음에 정리해둔 표현들에 익숙해지고, 지문에서 다음과 같은 표현들이 나올 경우 정답을 고르는 데 힌트가 될 수 있으니 특히 주목해보자.

| TIP #5-1 | Part 1 : '한 인물의 전기를 담은 기사 (Biographical Article)'에서 자주 사용되는 표현들

Part 1의 첫 문제(53번 문제)는 주로 '이 인물이 유명한 이유'를 묻는 경우가 대부분인데, 이 경우 지문과 문제에서 자주 사용되는 표현들은 다음과 같았다. 특히 ◆◆ 표시한 부분을 유의 깊게 살펴보면 문제를 쉽게 풀 수 있다.

best known for/known for ◆◆
known as ◆◆
one of the most successful and highly-awarded ◆◆
critically acclaimed ◆◆
one of the greatest ◆◆
A's works appeal to all kinds of people because ◆◆

예문
- Jerard Depardieu is a French actor known for ◆his great performance in *The Last Metro* ◆.
- She was also known as ◆a great writer, who successfully published more than 10 novels ◆.
- She was one of the most successful and highly-awarded ◆actresses in the history of the French film industry ◆.
- He was a critically acclaimed ◆French actor and director ◆.
- He is one of the greatest ◆actors in French film industry ◆.
- His works appeal to all kinds of people because ◆they reflect popular culture of the period ◆.

| TIP #5-1 | **Part 2, 3, 4에서 사용되는 표현들**

"주장, 생각"을 표현하는 어휘 및 구문들에 익숙해지는 것이 중요하다. '새로운 연구 결과에 대한 기사'를 다루는 Part 2나 '백과사전적 기사'를 다루는 Part 3에서는 아예 새로운 주장이 제기되거나, 서로 대립하는 다양한 학설들이 제기되는 경우도 종종 있다. 또한 '사업상의 편지 혹은 공식적인 편지'를 다루는 Part 4에서도 가끔씩 불만을 제기하거나 문제점을 지적하는 등 "주장, 생각"을 나타내는 표현들이 사용되는 경우가 있으므로 이 구문들에 익숙해지자. "주장, 생각"을 표현하기 위해 독해 본문에서 자주 사용되는 구문들은 어휘 파트에 잘 정리해두었으니 참고하자. (p.68)

지텔프의 독해 파트는 단순히 '독해' 파트가 아니라 '독해 및 어휘' 파트이므로 원칙적으로는 독해 파트 안에 어휘 파트를 포함시켜 설명하는 것이 맞지만, 지텔프는 어휘 실력이 정말 중요한 시험이기 때문에 이 책에서는 특별히 어휘 파트를 따로 배치하여 설명하고자 한다. 이 책에서 독해 파트 이후에 배치된 '지텔프 어휘' 파트를 열심히 공부하도록 하자. (p.66~)

G-TELP
BIBLE

SECTION 04

지텔프 어휘

지텔프에서 어휘 문제는 독해 파트의 일부로 출제된다. 독해 각 파트 당 2개의 독해 문제가 포함되어 있어 총 8 문제가 출제되기 때문에 꽤나 비중이 있는 편이므로 평소에 어휘 실력을 키워두는 것이 중요하다.

지텔프 어휘 문제가 독해 영역의 일부로 출제되기는 하지만, 지텔프에서 고득점을 얻기 위해서 어휘를 정복하는 것이 무엇보다 중요하기 때문에 이 책에서는 따로 지면을 할애해서 어휘 파트 정복을 위한 Tip을 설명하고자 한다.

지텔프 어휘, 무엇이 다른가?

| TIP #1 | **유의어를 잡자!**

다른 영어 시험과 비교했을 때 지텔프는 특히 '유의어' 공부를 해두는 것이 중요한 시험이다. 유의어 공부가 중요한 이유로는 크게 두 가지를 들 수 있다.

1) 8개의 어휘 문제 유형 : 조금의 예외도 없이, 모두 본문에서 밑줄 친 특정 단어의 '유의어'를 고르는 유형의 문제이다.

2) Reading이나 Listening 문제의 선택지 : 많은 경우 본문에서 언급된 내용을 적절하게 paraphrase한 선택지가 정답이다.

이처럼 단어 실력을 직접적으로 묻는 문제 뿐 아니라 Reading이나 Listening 영역의 다른 문제를 풀 때도 중요하기 때문에, 지텔프 시험에서는 유의어가 중요하다고 거듭 강조하는 것이다. 따라서 개별 단어 위주로 정리된 어휘집을 아무리 열심히 공부하고 암기하더라도, 머릿속에 '유의어 지형도'가 그려지지 않는다면 결코 좋은 점수를 받을 수 없다고 할 것이다. 물론 평소 어휘 실력은 어휘집을 통해 키우는 것이 좋겠지만, 시험에 임박해서는 반드시 '유의어 지형도'가 머릿속에 펼쳐질 수 있도록 유의어를 열심히 공부해두어야 한다.

지텔프에 빈출되는 유의어를 〈지텔프 유의어, 이것만 잡자: 유의어 지형도 그리기〉라는 부제 하에 다음과 같이 정리해두었으니 틈틈이 훑어보면서 익숙해지도록 하자. '주장, 생각'을 표현하는 유의어, '상태, 성격, 기분'을 표현하는 유의어, '수(數,) 정도'를 표현하는 유의어를 한데 모아 정리한 뒤, 기타 어휘들을 정리했다.

다만 한 단어가 여러 의미를 가지고 있는 경우도 있으므로 문제를 풀 때 유연하게 사고할 필요도 있음을 잊어서는 안 된다. 반드시 문제의 '맥락'은 고려하자. 이에 대해서는 72페이지 Tip #2에 정리해두었다. 그렇지만 이 유의어 지형도에 익숙해지고 어휘실력을 키워두어야 어휘 및 독해문제에 보다 편하게 접근할 수 있으므로, 다음페이지부터 정리해둔 유의어들에 최대한 익숙해지자.

지텔프 유의어, 이것만 잡자 : 유의어 지형도 그리기

1. 주장, 생각

- prove, demonstrate, confirm, verify   증명하다
- approve, confirm, validate, certify, accredit, endorse, admit, endorse, acknowledge   인정하다
- point out, indicate   지적하다, 언급하다
- emphasize, underline, stress, highlight, underscore   강조하다

    cf. stress라는 단어에 '스트레스, 압박, 긴장' 외에 다른 의미도 있다는 것에 주의하자. '발음의 강세'라는 뜻도 있고, '강조', '강조하다'라는 의미도 있다. 한국어 화자에게는 다소 생소한 의미일 수 있으니 암기해두자.

- reveal, disclose, unveil, uncover, unmask, expose   드러내다, 밝히다

    cf. 암기 Tip!: 'un-'과 'dis-'라는 접두사의 뜻을 생각해보자. 모두 '없애다', '치우다' 등의 의미를 가지고 있다. 베일을 없애고, 커버해두었던 것을 없애고, 닫아두었던 것을 없애고, 마스크를 없애는 것이므로 모두 '드러내다, 밝히다'라는 의미이다.

- assent, consent, agree, concur, sympathize   동의하다
- dissent, object, oppose, protest, resist, contradict, refute, disprove, discord   반박하다
- condemn, reproach, blame, admonish, censure, denounce, criticize, reprove, disparage   헐뜯다, 비난하다
- negate, nullify, retract, cancel, withdraw, annul   철회하다, 발언을 취소하다
- represent, signify, symbolize, indicate, suggest, hint, imply, allude   의미하다, 암시하다, 상징하다
- propose, offer, suggest   제안하다
- regard, consider, reckon, deem   생각하다, 고려하다
- yearn, crave, covet, aspire, desire, long for   열망하다
- brief, concise, compact, succinct   간결한
- praise, commend, compliment, laud   칭찬하다

    cf. commend(칭찬하다) vs. command(명령하다) 구별 Tip!
    : 알파벳순으로 a가 e보다 앞에 나오므로 a가 e보다 고압적이고 권위적이라고 생각해보자. 권위적인 a가 포함된 command가 '명령하다'라는 의미이다.

    cf. compliment(칭찬하다) vs. complement(보충하다) 구별 Tip!
    : '보충하다'라는 뜻을 가진 또 다른 단어, "supplement"를 떠올리자. compliment와 complement 중에서 "supplement"와 외관상 더 닮은 단어는 "complement"이므로, "complement"가 '보충하다'라는 의미이다.

- assess, evaluate, estimate, calculate, appraise   평가하다
- detest, loathe, despise, abhor, scorn, disdain, contemn   혐오하다

2. 상태, 성격, 기분

- brave, audacious, bold, fearless, daring, courageous, gallant, heroic, undaunted, dauntless 용감한, 대담한
- discreet, considerate, wary, prudent, careful, cautious 조심스러운, 신중한

  [cf.] discreet(신중한) vs. discrete(별개의, 개별적인) 구별 Tip!
  : discreet는 e가 두 개 오는 장모음이므로 그만큼 더 '신중'하다.
  discrete는 두 개의 e 사이에 t가 끼어 있으므로 '개별적'이다.

- aggressive, forceful 공격적인
- polite, courteous, courtly, respectful, mannerly, civil 예의바른

  [cf.] courtly 및 courteous가 '예의바른'을 뜻하는 이유는 무엇일까?
  : court가 '법원, 법정'이라는 뜻 외에도 '궁정', '왕실'이라는 뜻을 가지고 있다. 궁정무도회나 엄격한 궁중 예법을 떠올려보자. 이 어근을 가진 단어는 자연스럽게 '예의바른'을 뜻할 수밖에 없다!

- shy, timid 부끄러움을 많이 타는, 소심한
- humble, modest, unpretentious 겸손한
- arrogant, haughty, pompous, rude, disrespectful 거만한
- diligent, hardworking, laborious, arduous, industrious 성실한, 열심히 일하는
- lazy, sluggish, idle, inert, easygoing 게으른
- loyal, faithful, devoted, trustworthy 충성스러운, 믿을 만한
- disloyal, faithless, treacherous, untrustworthy, incredulous 불충스러운, 기만적인, 믿을 수 없는
- benign, cordial, genial, amiable, amicable, affable, tender, good-natured, gentle, generous 다정한, 성품이 따뜻한
- malevolent, malignant, malicious, ill-intentioned 악의적인
- impartial, unbiased, fair, just, uninterested 공정한
- partial, biased, prejudiced 불공평한
- economical, frugal, sparing 절약하는
- extravagant, wasteful, prodigal, lavish, thriftless 낭비하는
- sorrowful, sad, heartbroken, mournful, grieved, melancholy, depressed 슬픈, 우울한
- eager, enthusiastic, zealous, fervent, ardent, passionate 열정적인
- boring, tedious, dull, dreary 지루한
- perverse, obstinate, unyielding, stubborn, persistent, pigheaded 고집이 센
- brutal, cruel, fierce, vicious, atrocious 잔인한, 극악무도한
- pitiless, ruthless, harsh, merciless, relentless 인정 없는, 자비 없는
- cunning, sly, artful, sneaky, shrewd 교활한

- clever, keen, shrewd, acute, smart, intelligent, bright   똑똑한
- stupid, dull, imbecile, silly, foolish   바보 같은, 멍청한
- mature, ripe, experienced   성숙한, 잘 익은
- young, immature, unripe, inexperienced, green, amateurish   어린, 미숙한
- ordinary, typical, normal, standard, conventional   평범한
- extraordinary, atypical, abnormal, bizarre, weird, queer, peculiar, eccentric, uncanny, incomprehensible   이상한, 평범하지 않은
- rational, logical, sensical, reasonable   합리적인, 논리적인
- irrational, illogical, nonsensical, unreasonable, absurd   비논리적인
- healthy, lively, robust, vigorous   활발한
- weary, tired, exhausted, worn out, fatigued   지친, 피곤한

  cf. wary (신중한) ≠ weary (피곤한)

- detrimental, harmful, deleterious   해로운
- fatal, deathly, lethal   치명적인
- practical, pragmatic, utilitarian, functional   실용적인
- famous, famed, renowned, distinguished, well-known   유명한
- affluent, rich, prosperous   부유한
- needy, poor, impoverished, penniless, destitute, deprived   가난한
- miserable, poor, pathetic, pitiful   불쌍한
- fragile, brittle, infirm, feeble, weak, frail   연약한

3. 수, 정도

- eternal, permanent, perpetual, everlasting, constant   끝없는, 영원한
- temporary, temporal transitional, momentary, brief, ephemeral, interim   잠시의, 일순간의
- superficial, shallow   피상적인, 깊이가 없는

- tiny, minute, diminutive, miniscule, miniature, infinitesimal   아주 작은
- enormous, mammoth, massive, colossal, gigantic, voluminous   거대한
- incalculable, innumerable, countless, myriad, overflowing, replete, bountiful, ample   무수한, 풍부한, 충분한
- comprehensive, thorough, exhaustive, complete   총체적인, 포괄적인
- numerous, many, abundant, copious   많은
- various, diverse, varied, varying, multiple, manifold   다양한

- entire, whole, total 전부의
- impregnated, full of 가득 찬

- major, capital, chief, principal 주요한
- peripheral, marginal, secondary, minor 주변부의, 중요하지 않은
- essential, crucial, vital, indispensable 중요한, 필수적인
- uppermost, foremost, superb, primary, premier, overwhelming 최상의, 최고의
- prominent, remarkable, noteworthy, outstanding, striking, notable 뛰어난, 두드러진
- elementary, fundamental, rudimentary 기본의, 근간의

- apt, fit, proper, suitable, appropriate, adequate 적합한, 적절한
- inapt, inept, unapt, unfit, improper, unsuitable, inappropriate, inadequate 부적합한, 부적절한

- harmonious, concordant, consistent 조화로운
- inharmonious, discordant, incongruous, inconsistent 불협화음의, 조화롭지 못한

4. 기타 유의어

- scrutiny, examination 정밀 조사, 철저한 검토
- accomplishment, feat 업적
- obstacle, impediment, block, barrier, hindrance 방해물, 장애물
- ease, alleviate 고통을 경감하다
- inclination, tendency 경향성
- reside, inhabit, dwell, live, abide ~에 살다, 거주하다
- intentionally, intendedly, deliberately, consciously 의도적으로, 의식적으로
- achieve accomplish 성취하다
- damage, harm, impair, wound, injure 해치다
- swift, fleet, prompt, hasty, fast, prompt 재빠른
- outcome, result 결과
- advantage, benefit, favor 장점, 이득
- flaw, defect, drawback, shortcoming, imperfection, fault 단점, 흠, 결함
- accountable, liable, responsible 책임이 있는

위에 정리된 유의어들을 반드시 반복해서 익혀두자. 지텔프에서 유의어의 중요성은 아무리 강조해도 지나치지 않다.

| TIP #2 | **문맥을 충분히 고려하여 어휘 문제를 풀자!**

다만 주의할 점은, 지텔프 어휘 문제를 풀 때는 기계적으로 동음이의어를 골라서는 안 되며, ★**문맥을 충분히 고려해야 한다**★는 점이다. 앞서 소개한 바 있듯 지텔프의 어휘 문제는 늘 독해 문제의 일부로 출제되며, 독해 지문에 포함된 두 단어를 밑줄 치고 유의어를 묻는 방식으로 출제된다. 특히 어휘 파트가 단독으로 존재하는 대신 독해 문제의 일부로서 출제된다는 사실에 다시 한 번 주목하자. 이는 '응시자가 그 어휘 자체의 표면적·사전적인 의미를 파악하고 있는가' 보다는, '응시자가 독해 지문의 전체적인 맥락을 파악하고 그 맥락 속에서 그 어휘가 어떠한 의미로 사용되었는지 파악할 수 있는가'를 문제에 가깝다는 것을 의미한다. 지텔프 어휘 문제는 TEPS 등과는 달리 단순히 어휘 문제가 아니라, 독해 능력을 동시에 측정하는, 일종의 '독해 문제'인 셈이다.

실제로 지텔프 어휘 문제는 늘 다음과 같이 출제된다.

Q. In the context of the passage, A means _____.

단순히 "The underlined A means _____."가 아니라, "*In the context of the passage*, A means _____." 라고 출제된다는 점을 잊지 말자. 지텔프 출제진들이 굳이 "In the context of the passage"라는 표현을 추가했다는 것은, 반드시 문맥을 고려해야만 정답을 고를 수 있다는 것을 의미한다.

실전훈련 01

In the context of the passage, <u>dramatic</u> means _____.

(a) remarkable
(b) theatrical
(c) original
(d) miniscule

문맥을 고려하지 않는다면 '(a) remarkable(놀라운)'과 '(b) theatrical(연극적인)' 둘 다 답이 될 수 있다. 지텔프에서는 이런 식의 문제가 종종 출제되는데, 단순히 기계적으로 어휘를 공부한 응시자는 답을 맞힐 수 없다. 문맥을 고려하여 어휘 문제를 푸는 '독해식' 접근을 평소 훈련해둔 응시자만이 정답을 고를 수 있다. 만약 본문에서 'dramatic'이라는 단어가 다음과 같은 맥락에서 사용되었다고 가정해보자: "None of the studies have proven that exercise has a <u>dramatic</u> effect on our mental health." 이 경우 "dramatic effect"는 "놀라운 효과"를 의미하기 때문에 답은 (b)가 아니라 (a)이다.

| TIP #3 | 선택지들 중에 서로 상반되는 의미를 가진 선택지가 있다면, 둘 중 하나가 답이 아닐지 ★일단 의심★해보자!

세 번째 Tip은 늘 적용 가능한 Tip은 아니다. 서로 반의어인 선택지들이 있더라도 그들 중 하나가 정답이 아닐 가능성도 있으니 주의하자.

그러나 그동안 출제되어왔던 어휘 문제들을 살펴보았을 때, 서로 반의어인 선택지들이 있다면 그 둘 중 하나가 정답일 확률이 매우 높았다. 이 팁을 떠올리며 선택지를 살펴본다면 어휘 문제에서 시간을 절약할 수도 있다. 독해 문제를 풀 때는 시간 관리를 잘 하는 것도 중요하기 때문에, 혹시 선택지에 서로 상반되는 의미를 가진 단어들이 있다면 그 단어들에 먼저 주목해보자!

실전훈련 01

In the context of the passage, unfailingly means _____.

(a) hopefully
(b) never
(c) always
(d) alternately

> 이 경우 '(b) never(절대 ~아닌)'과 '(c) always(항상)'가 반의어이므로 둘 중 하나가 정답일 가능성이 크다. 이 중 'unfailingly'를 적절하게 paraphrase한 (c)가 정답이다.

실전훈련 02

In the context of the passage, emit means _____.

(a) withhold
(b) evolve
(c) release
(d) persuade

> 이 경우에도 '(a) withhold(가지고 있다, 품고 있다)'와 '(c) release(방출하다, 분출하다)'가 반의어이므로 둘 중 하나가 정답일 가능성이 크다. 이 중 'emit'를 적절하게 paraphrase한 (c)가 정답이다.

평소 공부할 수 있도록 지텔프에 여러 번 출제된 단어들을 품사별로 분류해두었으니 참고하자. 다만, 앞서 거듭 강조했던 것처럼 지텔프의 경우 단어를 개별적으로 단순 암기하는 것보다 유의어를 공부하고, 문맥을 파악하는 것이 더욱 중요하다는 점을 잊지 말자.

기출 단어 정리하기

기출단어를 동사, 형용사, 부사, 명사의 순서로, 품사별로 정리해보았다. 특히 자주 출제되거나 중요한 단어에는 ★표시를 하였으니 꼭 외워두자.

기출 단어 동사 편

abuse 남용하다, 오용하다
accommodate 수용하다, 공간을 제공하다, 협조하다
acquire 획득하다
advise 조언하다, 충고하다
aggravate 악화시키다
alleviate 완화하다
alter 바꾸다
apply 지원하다, 적용하다 ★
appreciate 고마워하다, 진가를 알아보다
approach 다가가다, 다가오다, 가까워지다
argue 논쟁을 벌이다
assemble 모으다, 결집시키다
attribute ~의 탓으로 돌리다, ~의 덕분이라고 하다
award 상을 수여하다
blend 섞다
cancel 취소하다, 무효화하다
cap 제한하다
cease 멈추다
charge 청구하다, 요구하다
chill 식히다, 차갑게 만들다
command 명령하다
compliment 칭찬하다
confer 수여하다, 부여하다
confirm (증거를 통해) 사실임을 증명해주다, 확정하다
confront 마주하다, 대면하다
construct 건설하다, 구축하다
contradict 부인하다, 반박하다
correct 맞게 고치다, 교정하다
culminate ~에 이르다, ~로 끝을 맺다

decline 감소하다, 줄어들다
detect 감지하다
develop 개발하다, 발달시키다
diagnose 진단하다
distribute 나누어주다, 분배하다
donate 기부하다
ease 불편함을 덜어주다, 편하게 해주다
embody 구현하다, 표현하다, 체현하다
emerge 부상하다, 떠오르다
emit (빛·소리·가스·열 등을) 내뿜다, 배출하다
enact 법을 제정하다
encase 감싸다, 둘러싸다
endorse 지지하다, 홍보하다
endure 견디다
establish 설립하다, 설정하다, 수립하다
evaluate 평가하다, 감정하다
excrete 배설하다, 분비하다
expand 확장하다
expect 기대하다, 기다리다
flourish 번창하다, 잘 자라다
follow 따르다, 따라가다
fulfill 이행하다, 수행하다
guarantee 보증하다, 확신하다
identify 확인하다, 발견하다
implement 시행하다
induce 유발하다, 유도하다
inhabit 거주하다
inspire 영감을 주다
intervene 끼어들다, 개입하다
limit 제한하다
loan 대출하다, 빌려주다

maintain 유지하다
manifest 나타내다, 드러내 보이다, 보여주다
merge 섞다
monitor 추적 관찰하다
observe 따르다, 준수하다
occupy 거주하다, (시간·공간 등을) 차지하다
personify ~의 화신이다
prefer 선호하다
promote 홍보하다, 고취하다, 촉진하다
realize 깨닫다, 현실화하다
recommend 추천하다
rectify 교정하다
reject 거절하다
release 풀어주다, 방출하다, 출시하다
remain 여전히 ~이다, 계속 ~이다
remedy 바로잡다, 교정하다
remind 상기시키다
renew 재개하다, 갱신하다
represent 대변하다, 제시하다, 표현하다, 대표하다
restore 되찾게 하다, 회복시키다
result 결과를 가져오다
reveal 드러내다, 밝히다, 폭로하다
rouse 불러일으키다, 자아내다, 깨우다
scorn 경멸하다, 멸시하다
seal 밀폐하다, 밀봉하다 확정 짓다
share 공유하다
show 보여주다
signify 의미하다, 나타내다, 보이다
simmer 끓이다, 고다
stimulate 고무하다, 자극하다
study 연구하다, 조사하다
supervise 감독하다, 지휘하다
survive 살아남다, 견디다
track 추적하다
transfer 옮기다, 이송하다, 이적하다
transform 완전히 바꾸다
transmit 전염시키다, 송신하다, 전도하다

transport 수송하다, 이동하다
undergo 겪다, 경험하다
withdraw 철회하다, 취소하다, 중단하다
withhold (~을) 주지 않다, 참다
witness 목격하다
worsen 악화되다, 악화시키다
yield 항복하다, 굴복하다

기출 단어 형용사 편

affluent 부유한, 풍족한
aggressive 공격적인
altered 바뀐
ample 충분한, 풍부한
apparent 분명한, 명확한
assigned 할당된
beholden ~에게 신세를 지고 있는
capable 유능한, 능력이 있는
certain 명확한, 분명한
clear 옳은
coherent 일관성 있는
common 공통된
compelling 강렬한, 눈을 뗄 수 없는
competent 능숙한, 경쟁력 있는
comprehensive 포괄적인, 종합적인
confidential 비밀의, 은밀한
constant 계속 되는
controversial 논란이 되고 있는, 논란의 여지가 많은
convincing 설득력 있는
covered 뒤덮인
deliberate 고의적인
desperate 절실한
discordant 조화를 이루지 못하는, 불협화음의
discreet 신중한, 조심스러운

done 끝난, 완성된, 이행된
dramatic 극적인, 감격적인, 인상적인
efficient 효율적인, 효과적인
encased 둘러싸인
enough 충분한
evasive 회피적인, 얼버무리는
extensive 광범위한, 폭넓은
fulfilled 이행된
immense 어마어마한, 엄청난
impartial 공정한
impregnated 가득 찬, 꽉 찬
insane 미친
inspiring 자극을 주는, 격려하는
interwoven 뒤섞인, 엮인
logical 이성적인
maximum 가장 높은, 최대의, 최대치의
minute 아주 작은, 매우 섬세한
numerous 수가 많은, 다수의
obligated ~에게 신세를 지고 있는
perilous 위험한
polyglot 여러 언어를 사용하는
precise 정확한, 세심한
rational 합리적인
remarkable 현저한, 놀라울 만한
saturated 흠뻑 젖은, 포화된
shared 공유하는
solo 혼자
standard 평균의
theatrical 연극적인
timely 시기적절한, 때를 잘 맞춘
timid 소심한
tireless 지칠 줄 모르는
unfailing 언제나, 한결 같은, 변함없는
vulgar 천한, 저속한
weary 지친

기출 단어 부사 편

alternately 번갈아, 교대로
apparently 분명하게
hardly 거의 ~ 아니다
immensely 어마어마하게
inspiringly 영감을 주게, 자극을 주게
jeeringly 조롱하여, 희롱하여
particularly 특별히, 특히
scornfully 조롱하며
unfailingly 영락없이, 언제나

기출 단어 명사 편

accomplishment 성취
application 지원, 신청, 적용, 응용
aptitude 재능, 적성,
arrangement 준비, 배치, 합의, 처리 방식
award 상
beverage 음료
boundary 경계
budget 예산
building 빌딩, 건물, 건설
burden 짐, 부담
candidacy 지원, 입후보, 출마
candidate 후보
capability 능력, 역량
career 커리어, 직장 생활, 경력
catastrophe 대재앙
celebrity 유명인사
challenge 도전
charge 요금, 고발, 기소
charity 자선
chill 냉기, 오한

command 명령
compliment 칭찬
concept 개념
considerate 사려 깊은
contract 계약
correlation 상관관계
creation 생성, 창조
debt 빚
decline 감소, 하락, 축소
defect 결함
demand 요구, 수요
deposit 예치금, 보증금, 침전물
discipline 훈육, 절제력, (대학의) 학과목
donation 기부, 자선
downfall 몰락
drawback 결점, 문제점
ease 쉬움, 용이함
enterprise 기업
entrepreneur 사업가, 기업가
evolution 진화, 발달, 진전
examination 정밀한 검사
expertise 역량, 전문성, 전문지식, 기술 ★
facility 시설, 기관
feat 성취, 업적
flaw 결점, 결함
generous 관대한
harmonious 조화를 이루는
hypothesis 가설, 견해, 신념
idea 의견, 견해, 생각
inclination 성향, 흥미
induction 유발, 초래, 유도
knowledge 지식, 앎
lack 부족함, 결여
landmark 주요 지형지물, 획기적인 사건
loan 대출, 융자
method 방식
milieu (사회적) 환경

occasion (특정한) 때, 기회, 이유, 원인
occupation 직업, 점령, 거주 ★
outcome 결과
offensive 모욕적인, 불쾌한
offer 제안
phase 단계, 국면
possibility 가능성
proposal 제안, 제의, 청혼
refusal 거절
remedy 처리 방안, 해결책
renown 명성
representation 묘사, 재현
schedule 계획
scrutiny 면밀한 검사
selfish 이기적인
sign 징후, 조짐, 흔적
specialist 전문가
strategy 전략
stress 스트레스, 압박감
talent 재능
token 징표, 표시, 상품권
transmission 전달, 전파, 송신
volume 양, 부피, 책, 권, 음량
weakening 약화

G-TELP
BIBLE

PART 02

문제편

G-TELP
BIBLE

모의고사

GRAMMAR SECTION

DIRCECTIONS :

The following items need a word or words to complete the sentence. From the four choices which follow each item, choose the best answer. Tnen blacken in the correct circle on your answer sheet.

Example:

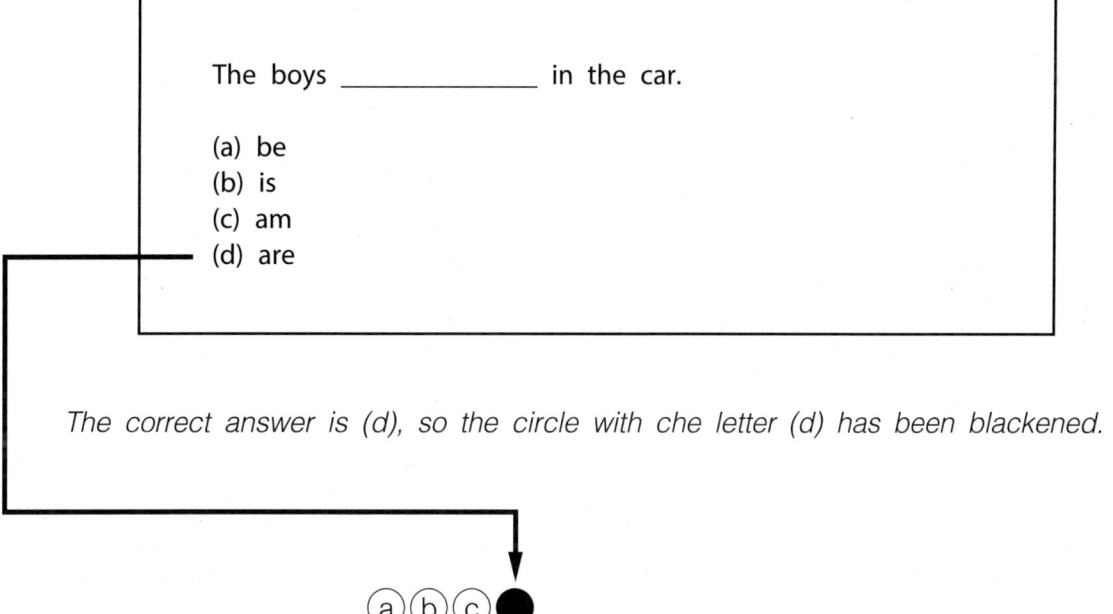

The correct answer is (d), so the circle with che letter (d) has been blackened.

NOW TURN THE PAGE AND BEGIN

1. Sara says she doesn't want to be disturbed right now because she is very busy. Her dinner party starts in less than three hours, and she _____ the dinner table for her special guests.

   (a) will still have been preparing
   (b) has still preparing
   (c) is still preparing
   (d) was still preparing

2. The professor called Martin to answer a question, but he had no idea what to say. If he had paid attention during the lecture, Martin _____ the embarrassment in front of the whole class.

   (a) was avoiding
   (b) would avoid
   (c) has been avoiding
   (d) would have avoided

3. The fire department is still cleaning up the wreckage that the big car crash caused on 47th Street. _____, the police are advising motorists to take alternate routes to avoid traffic build-up around the accident site.

   (a) In the meantime
   (b) On the other hand
   (c) More often than not
   (d) In spite of that fact

4. I was watching *The Truman Show* the other day when an amusing thought came to my mind. If my life were a reality show just like in the movie, it _____ because of my boring personality.

   (a) is surely getting cancelled
   (b) surely gets cancelled
   (c) will surely be getting cancelled
   (d) would surely get cancelled

5. Helga's father is a professional bowler, and she also wants to learn how to play the sport. He is advising that she _____ the different oil patterns on bowling lanes first before she actually tries out the sport.

   (a) study
   (b) is studying
   (c) studies
   (d) will be studying

6. John Wojtowicz was an American criminal who robbed a bank to pay for his lover's sex reassignment surgery. By the time Wojtowicz was arrested by the police, he _____ seven bank employees hostage for 14 hours.

   (a) would hold
   (b) had been holding
   (c) was holding
   (d) held

7. Nikki has three days left in her internship in Morocco, and she feels sad about leaving her new friends. She _____ longer if given the opportunity, but her internship visa will expire within a week.

   (a) would have obviously stayed
   (b) is obviously staying
   (c) would obviously stay
   (d) obviously stays

8. Gary recently quit his job as a mechanic to start his own company. _____ the bank approves his application for a small business loan, Gary will open his shop by the end of the year.

   (a) Provided that
   (b) Whether
   (c) The fact that
   (d) Unless

9. Young cheetahs are instinctively shy, so zookeepers sometimes raise them with puppies. By interacting with them, the cheetahs are encouraged _____ the dominant traits of dogs. This technique has helped cheetahs in captivity to breed properly.

   (a) copying
   (b) to copy
   (c) to be copying
   (d) having copied

10. Four-year-old Chloe wonders if Rudolph is really one of Santa Claus's reindeer. Her mom read her "Twas the Night Before Christmas," and among the reindeer mentioned there, she doesn't recall _____ about a red-nosed flying caribou.

    (a) to hear
    (b) to be hearing
    (c) having heard
    (d) hearing

11. Paul was forced to work with someone he disliked because the pairings for the history project were done in alphabetical order. If the class had been free to choose their own partners, he _____ his seatmate, Ezra.

    (a) picked
    (b) was picking
    (c) will pick
    (d) would have picked

12. The Overseas Development Institute (ODI) is an independent organization dedicated to humanitarian causes all around the globe. Since its founding, ODI _____ people in developing countries achieve sustainable livelihoods for over half a century now.

    (a) would have helped
    (b) is helping
    (c) has been helping
    (d) helps

13. The Dogrib language is now on the official list of endangered languages with fewer than 2,500 speakers. Spoken by the Canadian tribe, Tłı̨chǫ, one of the ways _____ is by teaching it to children using musical tales.

    (a) that help preserve the language
    (b) which the language helps preserve
    (c) why help preserve the language
    (d) who help preserve the language

14. Students who have spent time experiencing different cultures have a global perspective that is valuable in the workplace. It is therefore recommended that a student _____ a lot to improve his chances during a job search.

    (a) will travel
    (b) travel
    (c) to travel
    (d) travels

15. Please identify any of my articles that have directly attacked your character. If you cannot provide even a single passage that did so, I will contemplate _____ my own libel case against your association.

    (a) having filed
    (b) to file
    (c) to be filing
    (d) filing

16. While looking up at the starry night yesterday, Nina reflected whether she did the right thing in pursuing a long-distance relationship. She wondered what her boyfriend _____ at that exact moment.

    (a) would do
    (b) was doing
    (c) did
    (d) had done

17. Lily is starting to become frantic because she cannot find her bag with her cards and cash in it. However, her officemate is assuming that she _____ have just left it at home.

    (a) will
    (b) would
    (c) may
    (d) can

18. My colleague and I really appreciate your help in contributing valuable information to our report. If she had not left for an urgent meeting in another city, I'm sure she _____ her gratitude personally.

    (a) would have expressed
    (b) is expressing
    (c) expresses
    (d) will be expressing

19. Even though Kara has long been a licensed doctor, she still feels anxious about practicing obstetrics. It is the only medical specialization where a doctor needs _____ the lives of two people: the mother and the unborn baby.

    (a) having considered
    (b) to consider
    (c) to be considering
    (d) considering

20. My last job interview was a bit amusing. Some of the questions were hypothetical. For instance, the interviewer asked me, "What are the first things you would buy if you _____ the lottery?"

    (a) will be winning
    (b) will win
    (c) are winning
    (d) won

21. Carrie's father promised to meet her at the restaurant at 6 o'clock. It is now 6:30, and her father still hasn't arrived. In thirty more minutes, Carrie _____ for a full hour.

    (a) will have been waiting
    (b) will be waiting
    (c) waits
    (d) is waiting

22. Last week, Andrea's grandparents came to visit her from Mexico. They were so happy to find out that even though Andrea was born and raised in the United States, she _____ speak Spanish quite well.

    (a) should
    (b) might
    (c) could
    (d) may

23. Since officemates spend much time working together, some may inevitably initiate romantic relationships. Complications may arise from this situation, and some companies have directed that their employees _____ workplace romance.

    (a) will avoid
    (b) are avoiding
    (c) to avoid
    (d) avoid

24. A cat determines its ability to pass through narrow passageways by using its whiskers. It is therefore advisable to avoid _____ a cat's whiskers to prevent messing up its innate sense of movement.

    (a) having trimmed
    (b) trimming
    (c) to be trimming
    (d) to trim

25. To ensure that they get the best possible personnel to fill job vacancies, companies nowadays are expanding their search for qualified applicants. Some are outsourcing the hiring process, while some are even targeting high school students _____.

    (a) who are looking for a job to pay for college
    (b) which are looking for a job to pay for college
    (c) where a job is looking to pay for college
    (d) that a job to pay for college are looking for

26. Claire is wearing her favorite sky-blue blazer at work today. She _____ an advertising pitch to an important client for two hours, so everything has to be perfect.

    (a) has been presenting
    (b) will be presenting
    (c) presides
    (d) is presiding

THIS IS THE END OF THE GRAMMAR SECTION
DO NOT GO ON UNTIL TOLD TO DO SO

LISTENING SECTION

DIRCECTIONS :

The Listening Section has four parts. In each part you will hear a spoken passage and a number of questions about the passage. First you will hear the questions. Then you will hear the passage. From the four choices for each question, choose the best answer. Then blacken in the correct circle on your answer sheet.

Now you will hear an example question. Then you will hear an example passage.

Now listen to the example question.

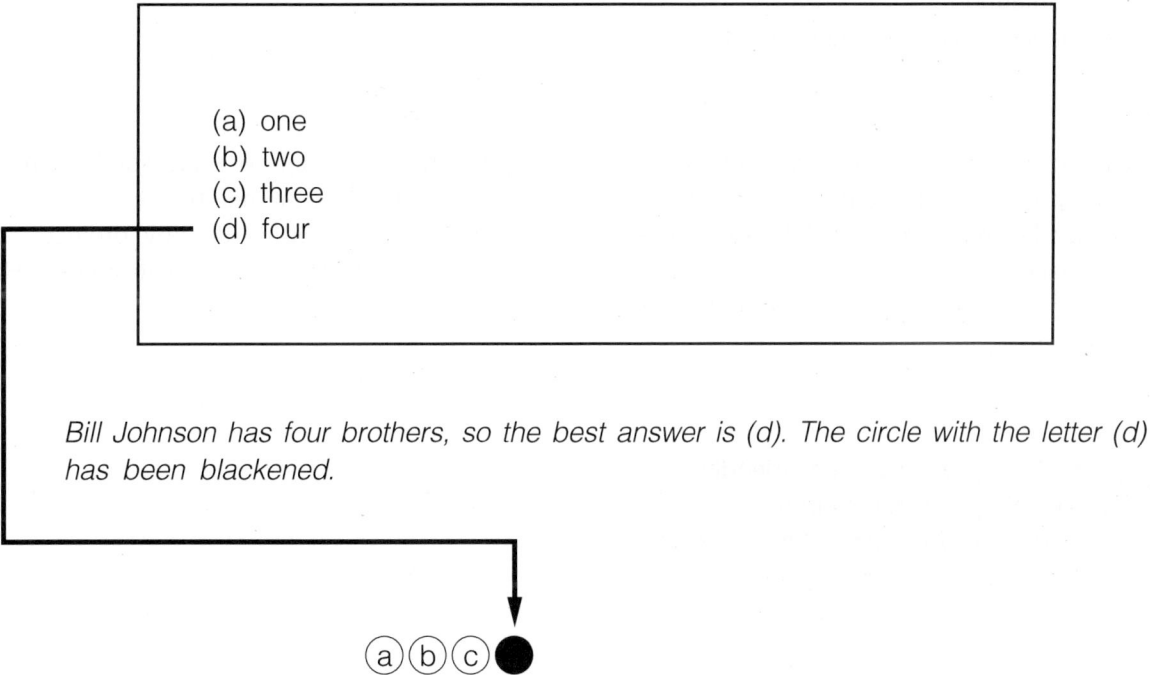

Bill Johnson has four brothers, so the best answer is (d). The circle with the letter (d) has been blackened.

NOW TURN THE PAGE AND BEGIN

PART 1. You will hear a conversation between two people. First you will hear questions 27 through 33. Then you will hear the conversation. Choose the best answer to each question in the time provided.

27. (a) He didn't recognize her at once.
    (b) He thought that she was in Chicago.
    (c) He thought she was studying elsewhere.
    (d) He was expecting to see someone else.

28. (a) apply to different marketing firms
    (b) work for a marketing company
    (c) take a post-graduate course in marketing
    (d) manage his own marketing firm.

29. (a) by having lived there previously
    (b) by hearing about it from friends
    (c) by listening to Anna talk about the place
    (d) by visiting friends who used to live there

30. (a) that they are not very friendly
    (b) that they are too helpful
    (c) that they don't have time to relax
    (d) that they are easy to talk to

31. (a) complete six major courses
    (b) decide what major to choose
    (c) pass six minor subjects
    (d) find a better place to stay

32. (a) He holds great writing classes.
    (b) He always gives passing marks.
    (c) He always attends his classes
    (d) He is an excellent writer.

33. (a) introduce her to Professor Williams
    (b) have lunch at her house
    (c) help her with a Biology project
    (d) visit her at Thompson Residence Hall

PART 2. You will hear a woman talking about a service. First you will hear questions 34 through 39. Then you will hear the talk. Choose the best answer to each question in the time provided.

34. (a) the benefits of a safe daycare center
    (b) how to start a daycare business
    (c) the services of a childcare center
    (d) how to make a daycare center safe

35. (a) to prevent kids from bumping against them
    (b) to stop kids from climbing them
    (c) to stop kids from reaching harmful substances
    (d) to prevent injuries when kids bump them

36. (a) that they are attractive to children
    (b) that they will not cause physical harm
    (c) that they are safe to swallow
    (d) that they are age-appropriate

37. (a) by keeping them in locked cabinets
    (b) by letting children try them out first
    (c) by installing them on matted flooring
    (d) by having skilled personnel test them

38. (a) They are highly qualified for the job.
    (b) They genuinely like children.
    (c) They can prevent emergencies.
    (d) They can teach the children first aid.

39. (a) by registering older, better-behaved child
    (b) by registering more than one child
    (c) by paying the registration fee in full
    (d) by opting for lower-quality childcare

PART 3. *You will hear a conversation between two people. First you will hear questions 40 through 45. Then you will hear the conversation. Choose the best answer to each question in the time provided.*

40. (a) as an ideal place to look for clients
    (b) as a good alternative for coffee shops
    (c) as a good place to manufacture products
    (d) as a proper place for doing business

41. (a) see its picture online
    (b) inspect it in person
    (c) bargain for its price
    (d) meet its seller at home

42. (a) It can drive away clients if it isn't presentable.
    (b) It can keep away people if it's too elegant.
    (c) The operating costs of a good office causes bankruptcy.
    (d) Repairing a bad office is too costly.

43. (a) by being able to enjoy working alone
    (b) by not having to update her website
    (c) by being able to set her own work schedule
    (d) by not having to promote her business personally

44. (a) It isn't very businesslike.
    (b) Doing so leads to failed deals.
    (c) They feel uneasy in strange homes.
    (d) They haven't tried online purchases yet.

45. (a) find another way to conduct business
    (b) prepare a virtual office
    (c) improve the quality of her products
    (d) set up a traditional office

PART 4. You will hear an explanation of a process. First you will hear questions 46 through 52. Then you will hear the explanation. Choose the best answer to each question in the time provided.

46. (a) a sandwich from California
    (b) a popular Swiss sandwich
    (c) a related French sandwich
    (d) a sandwich lover's invention

47. (a) that this type of meat can be done without
    (b) that it can be used in place of ham
    (c) that it is a main feature of the sandwich
    (d) that it can be replaced with a similar meat type

48. (a) preparing the batter
    (b) frying the meat fillings
    (c) buttering the bread
    (d) toasting the bread

49. (a) by piling them on top of each other
    (b) by combining the cheese with the meat
    (c) by placing them alongside each other
    (d) by slicing them diagonally

50. (a) that the egg is beaten separately
    (b) that the slices are covered with butter first
    (c) that the sandwich is fried before coating
    (d) that the slices are dipped in batter first

51. (a) The sides of the slices should get evenly golden brown.
    (b) The meat fillings should be fried well.
    (c) The melted cheese must mix well with the meat.
    (d) The butter used for frying should turn golden brown.

52. (a) something that was sliced
    (b) something that is sweet
    (c) something with eggs in it
    (d) something made of meat

THIS IS THE END OF THE LISTENING SECTION
DO NOT GO ON UNTIL TOLD TO DO SO

READING AND VOCABULARY SECTION

DIRCECTIONS :

You will now read four different passages. Each passage is followed by comprehension and vocabulary questions. From the four choices for each item, choose the best answer. Then blacken in the correct circle on your answer sheet.

Read the following example passage and example question.

Example:

> Bill Johnson lives in New York. He is 25 years old. He has four brothers and two sisters.
>
> How many brothers does Bill Johnson have?
>
> (a) one
> (b) two
> (c) three
> (d) four

The correct answer is (d), so the circle with the letter (d) has been blackened.

ⓐ ⓑ ⓒ ●

NOW TURN THE PAGE AND BEGIN

PART 1. Read the following biographical narrative and answer the questions. The underlined words in the article are for vocabulary questions.

VERONICA GUERIN

Veronica Guerin was an Irish journalist who was known for her investigative articles on the city's criminal underworld, particularly on Dublin, Ireland's rapidly growing drug trade during the mid-1990s. Her murder by Irish drug dealers stirred public outcry against Dublin's crime syndicates, and prompted authorities to launch one of the largest and most determined operations against crime the country had ever seen.

Guerin was born on July 5, 1958 to a Dublin-based accountant, Christopher Guerin, and his wife, Bernadette. She went to a Catholic school in the city and then to Trinity College to study her father's trade. After graduating, she joined her father's accounting firm. When he died in 1983, she left the firm and started her own public relations company. In 1990, Guerin became a business writer for the *Sunday Business Post* and later a news reporter for the *Sunday Tribune*. By 1994, she was already doing stories for the *Sunday Independent*, the largest weekly newspaper in the country.

Guerin focused on doing crime reports, especially those about the trafficking of illegal drugs in the city and the role that the city's organized crime groups played in importing and distributing the drugs. She soon gained renown in Dublin's journalistic circles because the stories she wrote were those other reporters were unwilling to pursue. She was very dedicated to her job, even going as far as approaching the crime bosses themselves to get stories about their rival syndicates.

Guerin's writings eventually proved too perilous for her. In October 1995, two gunshots were fired into her house to scare her. Three months later, an unidentified man came to her door, pointed a gun to her head, and then shot her thigh. She was also beaten up when she went to interview a notorious crime boss at his farm. Finally, on June 26, 1996, Guerin was shot to death inside her car by two men on a motorcycle.

Guerin's murder resulted in a public outrage, and more than 150 criminals were consequently arrested, including two men closely linked to her murder. On May 2, 1997, her name and those of other 38 journalists from around the world who all died in the line of duty during the previous year were added to the Freedom Forum Journalists Memorial.

53. How did Veronica Guerin become recognized by the public?

    (a) by being involved in illegal trade
    (b) by writing stories about city drug operations
    (c) by launching an anti-crime operation in Ireland
    (d) by being a member of a crime syndicate

54. What did Guerin study at Trinity College?

    (a) public relations
    (b) criminal law
    (c) journalism
    (d) accountancy

55. Why did Guerin become famous among her peers in the field of journalism?

    (a) She wrote about a wide range of interests.
    (b) She was able to get close to crime chiefs.
    (c) She covered stories that they avoided.
    (d) She helped the police arrest drug traffickers.

56. Aside from her killing, which was not a result of Guerin's writing activities?

    (a) a deliberate act to wound her limb
    (b) her deciding not to talk to crime bosses anymore
    (c) a violent threat against her at home
    (d) her being attacked for doing her job

57. What most likely prompted the police to make numerous arrests after Veronica Guerin's murder?

    (a) their sudden concern about the city's drug problem
    (b) a call from drug syndicates to get rid of their rivals
    (c) an appeal from Freedom Forum for revenge
    (d) a public call for justice for Guerin

58. In the context of the passage, renown means _____.

    (a) dishonor
    (b) popularity
    (c) success
    (d) power

59. In the context of the passage, perilous means _____.

    (a) dangerous
    (b) harmless
    (c) difficult
    (d) exciting

PART 2. Read the following magazine article and answer the questions. The underlined words in the article are for vocabulary questions.

WORLD'S LARGEST CARPET WAS UNVEILED IN IRAN

Seeking to revive the once-<u>flourishing</u> carpet industry of Iran, carpet manufacturers, and highly-skilled native carpet weavers teamed up to make the world's largest handwoven carpet. The unveiling of the completed carpet was held on August 1, 2007, at Tehran, Iran's open-air prayer grounds. A great number of spectators, visitors, and government officials attended the public display.

At 5,625 square meters or 60,546 square feet of floor area, the carpet is large enough to cover an entire soccer field. Its size required it to be divided into nine separate pieces, which were loaded into two airplanes for transport. The carpet design is called "Toranj Afshan"—a composition with flowers, leaves, branches, and plants scattered all over it. This design is said to reflect Iran's history, art, culture, and faith.

It took 1,200 carpet weavers from three villages in Iran's northwestern Khorasan Province 18 months to complete the carpet. It used 47 metric tons of materials, around 35,000 kilograms of wool, and 12,000 kilograms of cotton, and consists of about 2.2 billion knots. The materials used were the best wool and cotton that could be produced from the Iranian towns of Sirjan, while others were imported from New Zealand.

The carpet, valued at almost 9.5 million US dollars today, was <u>transported</u> from Tehran to the United Arab Emirates (UAE). Officials from UAE commissioned Iran's state-owned carpet manufacturer to create the carpet for the central prayer hall of the giant Sheikh Zayed mosque, inaugurated in September 2007 in the capital city of Abu Dhabi.

During the last few years, the Iranian carpet-making industry has been beaten by carpet manufacturers from other parts of the world, despite the quality and beauty of the industry's carpets. Iran's creation of the world's largest carpet was expected to revive its carpet industry, as well as improve and promote its culture, faith, and image.

60. What is the main purpose of the creation of the world's largest carpet?

    (a) for Iran to restore its carpet industry to its former glory
    (b) for the Iranians to show off their skills in hand-weaving
    (c) for people to use for their open-air prayer activity
    (d) for carpet manufacturers to display Iran's culture

61. Why was the carpet separated into nine separate pieces?

    (a) Its design was too complex to execute on one piece.
    (b) It took nine airplanes to ship the carpet.
    (c) Its massive size prevented its delivery in one piece.
    (d) It portrayed nine areas of Iran's history and culture.

62. Which is not true about the manufacture of the carpet?

    (a) Weavers from several localities took part in it.
    (b) The materials used were exclusively Iranian.
    (c) It took more than two billion knots to make.
    (d) Some of the materials were from overseas.

63. Why did the UAE officials order the creation of the carpet?

    (a) to help keep the Iranian carpet-weavers employed
    (b) to cover the entire floor area of their largest mosque
    (c) to demonstrate the beauty of Iranian carpets
    (d) to adorn the main prayer hall of their mosque

64. Based on the article, what will most likely result from making the carpet?

    (a) the creation of more local jobs in Iran
    (b) increased mosque attendance in Abu Dhabi
    (c) worldwide recognition of UAE's carpet industry
    (d) the creation of large carpets by more people

65. In the context of the passage, flourishing means _____.

    (a) starting
    (b) prosperous
    (c) declining
    (d) traditional

66. In the context of the passage, transported means _____.

    (a) retained
    (b) spread
    (c) expressed
    (d) moved

PART 3. Read the following encyclopedia article and answer the questions. The underlined words in the article are for vocabulary questions.

BOHEMIAN RHAPSODY

"Bohemian Rhapsody" is a song by the English rock band, Queen, included in its 1975 music album "A Night at the Opera." Written by Queen's lead vocalist, Freddie Mercury, the song gained immense popularity and huge commercial success around the world when it was released, establishing Queen in the international music scene.

"Bohemian Rhapsody" runs for almost six minutes and has a musical structure quite unconventional for rock songs released during its time. It has six different parts, namely: the introduction, which is sung in chorus; the ballad, where Mercury does a solo performance; the guitar solo performed by guitarist, Bryan May; the opera, a multi-voice choir performance featuring the voices of Mercury, May, and the band's drummer, Roger Taylor; the heavy metal interlude; and finally, the outro, whose rhythm goes back to that of the introduction.

When the song was released as a single, "Bohemian Rhapsody" was accompanied by a music video. At the time, music videos were only starting to emerge as a promotional tool. Nonetheless, the video's visuals were groundbreaking enough that it is considered by some as the first true modern music video, helping launch the age of music television or MTV.

Through the years, the song has generated much debate with regards to its lyrics' true meaning. Mercury was evasive and refused to make straightforward comments when asked about it. However, a friend of Mercury's, Kenny Everett, who was a popular radio disc jockey in the United Kingdom at the time, claimed that according to Mercury, the lyrics were simply "random rhyming nonsense" written to fit the song's lyrics.

Since its first release, the song has broken many records. The notable ones include being the only UK single to have sold more than a million copies on two separate occasions: first during its release in 1975, the second during its re-release in 1991. Additionally, it ranks third in the official list of best-selling singles in the UK. Lastly, in 2004, the song was inducted into the Grammy Hall of Fame.

67. What did "Bohemian Rhapsody" do for Queen?

    (a) It helped them get a recording contract.
    (b) It introduced Freddie Mercury as a rock singer.
    (c) It made them popular all over the world.
    (d) It established rock as the music genre of choice.

68. Why was "Bohemian Rhapsody" considered an unusual rock song?

    (a) because it was accompanied by a music video
    (b) because it didn't follow the rock song format of that time
    (c) because it was sung by all the band members
    (d) because it is a long song

69. Based on the article, how most likely did the song's music video affect the music industry?

    (a) by revolutionizing the way songs are sung
    (b) by decreasing the popularity of other music forms
    (c) by replacing TV ads as promotional tools
    (d) by inspiring other artists to start making music videos

70. Why was there much debate about "Bohemian Rhapsody?"

    (a) People found it difficult to understand the lyrics.
    (b) People didn't know why it had different parts.
    (c) Kenny Everett thought it was nonsense.
    (d) Disc jockeys didn't want to play it on the air.

71. Which is not true about "Bohemian Rhapsody?"

    (a) It was released twice.
    (b) It was given the highest award in the Grammy's.
    (c) It has the highest sales among the singles in the UK.
    (d) It is one of the most successful songs in the UK market.

72. In the context of the passage, emerge means _____.

    (a) expand
    (b) stop
    (c) spread
    (d) rise

73. In the context of the passage, evasive means _____.

    (a) unclear
    (b) vocal
    (c) definite
    (d) offended

PART 4. Read the following business letter and answer the questions. The underlined words in the letter are for vocabulary questions.

August 7, 2017

Mr. Jacob & Ms. Linda Meyers
87 Maltin Street, Dawson District
Calgary, New Hampshire

Dear Mr. and Ms. Meyers:

Greetings! As we all know, summer vacation is fast <u>approaching</u>. We know that this is the time that families usually travel out of town. In this regard, we are pleased to inform you that we are now offering new travel packages to some of the most exciting travel destinations in the world.

We are making the offer to renew our relationship with valued customers such as you. You have entrusted us in the past with all your travel needs: from the booking of your flight to your hotel accommodations, and even your travel itineraries. For this, we are very grateful. In fact, we consider customers like you as our esteemed partners in this business.

To ensure that you get the <u>maximum</u> value for your hard-earned money, we formed tie-ups with hotels, resorts, and spas at your favorite travel destinations. This has enabled us to cut down on costs, and we have passed these savings to you.

Attached is our easy-to-browse-through catalog, which contains all the information you need on the travel promos and packages that we are offering. If you have any questions or would like to request for more information, please contact us at (32) 762 8233 or visit our web address at www.worldlinks.net. If you wish to make your next travel arrangements with us once more, you may reach us through our website's Customer Care section.

We hope to hear from you soon. Thank you very much.

Very truly yours,

Louise Thompson
Head, Marketing Department
Worldlinks Travel Services, Inc.

74. Why is Louise Thompson writing to Mr. and Mrs. Meyers?

   (a) to ask them where they'll spend their summer vacation
   (b) to have them renew their membership with the company
   (c) to tell them about their new summer packages
   (d) to ask about the details of their booking

75. Which of the following services have Mr. and Mrs. Meyers not used at Worldlinks Travel Services, Inc.?

   (a) travel itinerary arrangements
   (b) passport renewal
   (c) hotel room reservations
   (d) flight bookings

76. Based on the letter, how most likely were they able to reduce their prices for their travel packages?

   (a) by getting discounts from partner travel establishments
   (b) by using their own hotels and resorts
   (c) by partnering up with cheap hotels and resorts
   (d) by offering limited itineraries in the packages

77. What should the Meyers do to arrange a tour with Worldlinks?

   (a) read its customer-friendly travel catalog
   (b) place a telephone call
   (c) make a booking through email
   (d) visit its customer care webpage

78. Based on the letter, what can be said about Worldlinks Travel Services, Inc.?

   (a) They are constantly seeking for new customers.
   (b) They cater to the high-end market.
   (c) They continuously design new travel packages.
   (d) They don't have loyal customers.

79. In the context of the passage, approaching means _____.

   (a) moving
   (b) coming
   (c) leaving
   (d) contacting

80. In the context of the passage, maximum means _____.

   (a) lowest
   (b) highest
   (c) discounted
   (d) usefulEND OF TEST

THIS IS THE END OF THE TEST

G-TELP
BIBLE

모의고사

GRAMMAR SECTION

DIRCECTIONS :

The following items need a word or words to complete the sentence. From the four choices which follow each item, choose the best answer. Tnen blacken in the correct circle on your answer sheet.

Example:

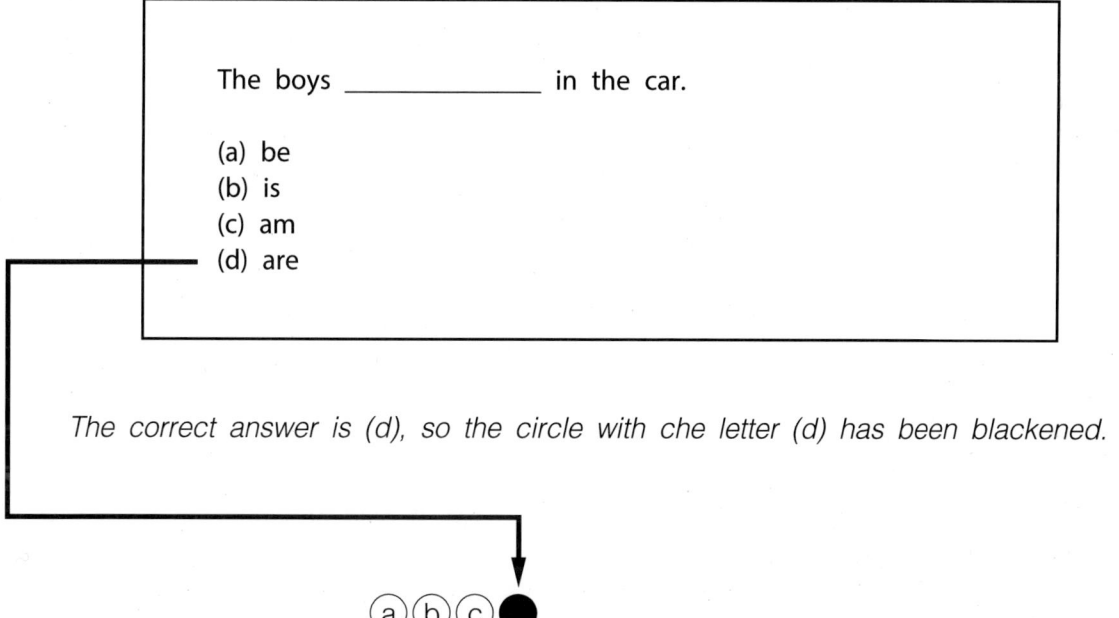

The correct answer is (d), so the circle with che letter (d) has been blackened.

NOW TURN THE PAGE AND BEGIN

1. Shore's Fine Confections is one of the most sought-after candy stores in town during the holidays. Famous for its European-style chocolates since 1920, Shore's _____ them for almost a hundred years.

   (a) has been selling
   (b) are selling
   (c) sell
   (d) had sold

2. Despite the extensive marketing of cotton buds to clean the ears, doctors discourage using the products to remove earwax. In fact, ENT doctors generally say that any foreign object _____ be inserted into the ear.

   (a) may not
   (b) should not
   (c) will not
   (d) cannot

3. Jenny started looking for good Christmas bargains as early as October. However, she did not start shopping until last week when the prices were lower. She _____ more money if she had shopped earlier.

   (a) would spend
   (b) spent
   (c) was spending
   (d) would have spent

4. Majority of the students in Dr. Smith's political science class failed their final exam. They asked for another chance, and he promised to give them bonus points provided that they _____ a reaction paper about the federal government.

   (a) are submitting
   (b) submitted
   (c) submit
   (d) will submit

5. Last week, Alex resigned from his job as a production assistant in a well-known media company. He _____ there for almost four years when he got a job offer as a field reporter in another company.

   (a) worked
   (b) had worked
   (c) would work
   (d) had been working

6. Gold is very precious not only because it is beautiful, but also because it is quite rare. If gold abounded in supply like iron, people _____ the metal as desperately as they do today.

   (a) are not treasuring
   (b) would not treasure
   (c) do not treasure
   (d) have not treasured

7. Sam told me that he met someone at the coffee shop. He said that he even asked her out to dinner. After learning what her name was, I told him that the woman _____ was my boss.

(a) whom he just asked out on a date
(b) that just asked him out on a date
(c) why did he asked her out on a date
(d) which he just asked out on a date

8. Matt hates that the Global Bank branch near his apartment closed. The nearest branch now is downtown. Lines at the branch are always long, so he hates _____ his banking needs there.

(a) will transact
(b) to transact
(c) having transacted
(d) transacting

9. The number of students who enroll in online programs has doubled since the late 1990s. Online education seems to be a viable solution for those students who _____ for ways to finish their degrees earlier than usual.

(a) have been looking
(b) are looking
(c) look
(d) had looked

10. After the recent terrorist attack in Barcelona, Spanish embassies worldwide have tightened their security. They now require guests _____ their cell phones and other battery-operated electronic devices at the embassy's lobby.

(a) to leave
(b) leave
(c) leaving
(d) will leave

11. Several student and adult groups in the U.S. are rallying against police violence. The movement urges that the police _____ from hurting people who are merely suspected of committing a crime.

(a) are refraining
(b) refrain
(c) will refrain
(d) refrains

12. Young girls seem to be easily influenced by fashion and beauty advertisements. _____, a recent study shows that as high as 40 percent of young British women purchase beauty products and undergo various beauty treatments because of these ads.

(a) In fact
(b) Even so
(c) However
(d) By contrast

13. Derek's doctor advised him to exercise regularly because he is at risk of being overweight. Following his doctor's advice, he chose _____ as his exercise because he already owns a treadmill.

    (a) having cycled
    (b) to cycle
    (c) will cycle
    (d) cycling

14. Alice's plan to surprise Mark with a trip to the Bahamas was ruined because he had to go on an important business trip. If she _____ about it earlier, she wouldn't have wasted her efforts booking the trip.

    (a) would know
    (b) had known
    (c) was knowing
    (d) knew

15. Timmy was late for work yesterday because he had to go back home to get his driver's license. He _____ along the freeway when he realized that he forgot to bring it.

    (a) was already driving
    (b) had already driven
    (c) will already be driving
    (d) would already drive

16. Many gamers like playing the computer game *Battlefield 1: Apocalypse*. According to reviews by gaming experts, _____ its being a sequel, the game still allows players to "experience the same exciting combat as its predecessors."

    (a) as long as
    (b) provided that
    (c) despite
    (d) since

17. Katie's flight has been delayed, and it's good that I brought a book with me. I won't get bored while waiting for her. By the time her plane arrives, I _____ here for two hours!

    (a) sat
    (b) will have been sitting
    (c) was sitting
    (d) would have sat

18. Jeff is fond of drinking coffee while walking. He often spills the hot beverage and burns his arm this way. If he were to stop the habit and stay still while drinking coffee, he _____ himself.

    (a) does not burn
    (b) is not burning
    (c) will not burn
    (d) would not burn

19. Ernest lost his credit card along with his wallet on the bus today. I told him that he _____ report the loss to the credit card company to have his card blocked so no one could use it.

    (a) can
    (b) will
    (c) must
    (d) may

20. Despite being the crowd favorite for executing the best stunts, the Woodrow Cheerleading Squad lost the competition. This was because Jane fell during an exhibition. If the blunder had not happened, they _____ the competition.

    (a) would have surely won
    (b) would surely win
    (c) had surely won
    (d) were surely winning

21. MMA fighter Connor McGregor lost his match against Floyd Mayweather, but he showed that he was a very capable fighter. McGregor, _____, was able to keep up with one of the best boxers of all time.

    (a) when he was participating in his first boxing match
    (b) who was participating in his first boxing match
    (c) which was participating in his first boxing match
    (d) where he was participating in his first boxing match

22. Besides playing their sports, many professional athletes are also busy managing their own businesses and brands. Amazingly, they still find time for hobbies. Most of them mention _____ videogames during their spare time.

    (a) plays
    (b) to play
    (c) playing
    (d) played

23. The Thespian Theater Guild is looking for actors who can also sing and dance. Starting December, the group _____ a Christmas musical for one month and needs people to fill in for some of the cast members.

    (a) presents
    (b) will present
    (c) will be presenting
    (d) are presenting

24. Hearthstone, an online collectible card videogame, recently released a new card set. However, this caused an unbalanced game play, and players now want changes. The game developer therefore promised _____ some of the new cards soon.

    (a) to have revised
    (b) revising
    (c) having revised
    (d) to revise

25. Michael has an unused vintage Corvette parked in his garage, which he has no time to restore. If I owned that Vette, I _____ it immediately so I could race around in it.

    (a) will fix
    (b) would fix
    (c) would have fixed
    (d) am fixing

26. Many people think that brushing their teeth is enough to prevent cavities. In truth, people can still get tooth decay despite daily brushing. That is why doctors recommend that people also _____ their teeth.

    (a) floss
    (b) should floss
    (c) will floss
    (d) will be flossing

THIS IS THE END OF THE GRAMMAR SECTION
DO NOT GO ON UNTIL TOLD TO DO SO

LISTENING SECTION

DIRCECTIONS :

The Listening Section has four parts. In each part you will hear a spoken passage and a number of questions about the passage. First you will hear the questions. Then you will hear the passage. From the four choices for each question, choose the best answer. Then blacken in the correct circle on your answer sheet.

Now you will hear an example question. Then you will hear an example passage.

Now listen to the example question.

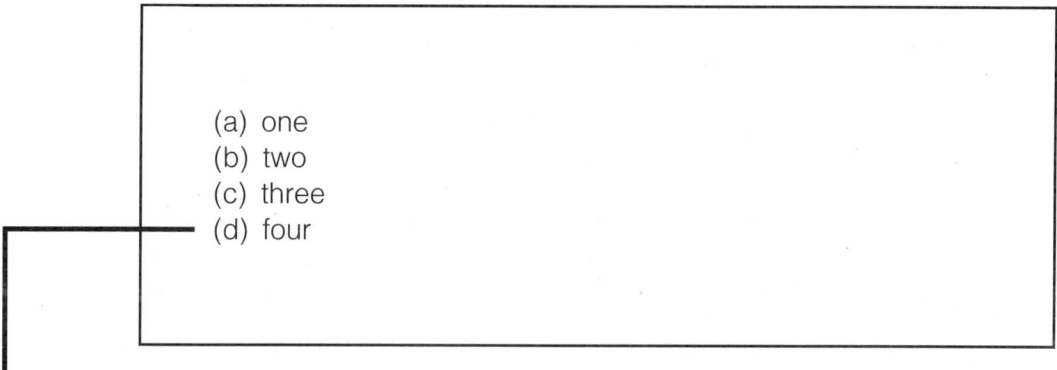

Bill Johnson has four brothers, so the best answer is (d). The circle with the letter (d) has been blackened.

NOW TURN THE PAGE AND BEGIN

PART 1. You will hear a conversation between two people. First you will hear questions 27 through 33. Then you will hear the conversation. Choose the best answer to each question in the time provided.

27. (a) Her birthday is coming up next week.
    (b) A relative wants her to plan an event.
    (c) She is organizing an event for a close relative.
    (d) She will be leaving for London next week.

28. (a) that she is thoughtful
    (b) that she is uncaring
    (c) that the task she's planning is too much for her
    (d) that the task she's planning is unnecessary

29. (a) because he owns a resort near the lake
    (b) because he met his wife by the lake
    (c) because he went to a church near the lake
    (d) because he held his wedding beside the lake

30. (a) swimming
    (b) dinner with music
    (c) fishing in the lake
    (d) a solo singing contest

31. (a) by drawing from her savings
    (b) by spending her uncle's money
    (c) by taking a loan from the bank
    (d) by asking her parents for money

32. (a) because he also cooks for the resort
    (b) because he can cook his uncle's preferred food
    (c) because he was recommended by her uncle
    (d) because she can afford to pay for his services

33. (a) She had no idea how prepare the event.
    (b) Her cousins refused to help her.
    (c) She didn't know whom to invite to the occasion.
    (d) She didn't know which of her ideas to choose.

PART 2. You will hear a presentation by a person to a group of people. First you will hear questions 34 through 39. Then you will hear the talk. Choose the best answer to each question in the time provided.

34. (a) It is Venice's only mode of transportation.
    (b) It has stayed the same through the centuries.
    (c) It has been used for around 1000 years.
    (d) It is a modern type of boat.

35. (a) to protect sailors from the canal waters
    (b) to shield its riders from the sun and rain
    (c) to prevent people from seeing the waterways
    (d) to improve the boats' design

36. (a) to make the seats more comfortable
    (b) to make the boat beautiful for the customers
    (c) to continue the gondola's tradition
    (d) to protect the seats from water damage

37. (a) keeping the boat easy to steer
    (b) maintaining Venetian tradition
    (c) preventing rust from developing
    (d) keeping the boat's strength

38. (a) by making it more visible
    (b) by helping to attract more customers
    (c) by making the boat ride smoother
    (d) by making the boat stand out from other boats

39. (a) to make it more valuable
    (b) because it will only sail well for two years
    (c) to prove the quality of its build
    (d) because it is the industry standard

PART 3. You will hear a conversation between two people. First you will hear questions 40 through 45. Then you will hear the conversation. Choose the best answer to each question in the time provided.

40. (a) deciding what to do after her post-graduate studies
    (b) determining the best post-graduate course
    (c) why she isn't receiving any job offer
    (d) which job offer for her to accept

41. (a) because the school needs teachers
    (b) because she needs the job right away
    (c) for Madeleine to complete the Ph.D. program
    (d) for Madeleine to pay for her education

42. (a) It was required for a corporate job.
    (b) It will get her more pay.
    (c) She wanted to improve her job credentials.
    (d) She wanted to be able to study further.

43. (a) by giving her a higher pay than corporate jobs
    (b) by allowing her to have a less demanding job
    (c) by only having to work with a computer
    (d) by having the school pay her living expenses

44. (a) the short probationary period
    (b) being able to work with different people
    (c) the chance to land a managerial post quickly
    (d) having more time to spend with her friends

45. (a) think about her choices again
    (b) accept the public relations job
    (c) look for part-time consultation jobs
    (d) take the Ph.D. program in Spain

PART 4. You will hear an explanation of a process. First you will hear questions 46 through 52. Then you will hear the explanation. Choose the best answer to each question in the time provided.

46. (a) to teach students how to be disciplined
    (b) to help students create their own study programs
    (c) to continue the students' current studies abroad
    (d) to give students a broader view about subjects

47. (a) to apply for an available course abroad
    (b) to get information about the program
    (c) to know when to schedule for an advisor
    (d) to learn about the student's academic standing

48. (a) by showing proofs of excellence in other activities
    (b) by asking an advisor for other choices
    (c) by looking at alternative steps to qualify
    (d) by studying harder to get better grades

49. (a) by helping student make a self-evaluation
    (b) by deciding the best fit for the student
    (c) by giving the student the best options
    (d) by introducing the student to government sponsors

50. (a) It is difficult to apply for one.
    (b) The slots are limited.
    (c) They prioritize university alumni.
    (d) The best programs are the ones taken first.

51. (a) talks with former Achievers Exchange participants
    (b) discussion about adapting to a country's culture
    (c) application for financial aid
    (d) information for emergency contacts

52. (a) current university students
    (b) incoming university students
    (c) foreign exchange students
    (d) former university students

*THIS IS THE END OF THE LISTENING SECTION
DO NOT GO ON UNTIL TOLD TO DO SO*

READING AND VOCABULARY SECTION

DIRCECTIONS :

You will now read four different passages. Each passage is followed by comprehension and vocabulary questions. From the four choices for each item, choose the best answer. Then blacken in the correct circle on your answer sheet.

Read the following example passage and example question.

Example:

> Bill Johnson lives in New York. He is 25 years old. He has four brothers and two sisters.
>
> How many brothers does Bill Johnson have?
>
> (a) one
> (b) two
> (c) three
> (d) four

The correct answer is (d), so the circle with the letter (d) has been blackened.

ⓐ ⓑ ⓒ ●

NOW TURN THE PAGE AND BEGIN

PART 1. Read the following biographical article and answer the questions. The underlined words in the article are for vocabulary questions.

HELEN KELLER

Helen Adams Keller was the first deaf and blind person to earn both a bachelor's degree and the prestigious scholastic title of *magna cum laude*. She was also one of the pillars of the American Foundation for the Blind, lobbying for the improvement of the quality of life and working conditions for the blind. She labored for several years, raising funds to realize these objectives.

Keller was born on June 27, 1880 in Tuscumbia, Alabama, to Arthur Keller and Kate Adams. She was born with perfect eyesight and hearing. She was already talking at six months of age, and began walking when she turned one. However, 19 months after she was born, Keller got sick. This sickness eventually led to her blindness and hearing loss.

As a result of her inability to communicate with others, Keller grew up exhibiting severe temper tantrums—smashing dishes, screaming, and acting out. However, her behavior was later rectified by a teacher named Anne Sullivan, who taught her how to do finger-spelling. At first, Keller was only able to imitate the finger movements without understanding what they meant. However, she soon realized that these finger movements stood for objects and ideas, and that she could use them to communicate with other people. Eventually, she was able to learn how to read and write using both standard and Braille typewriters.

As a writer, Keller showed phenomenal progress. In 1811, her short story entitled "The Frost King" was published, and it has since become an important part of American literary history. In 1900, she entered Radcliffe College. While at school, she wrote her autobiography entitled *The Story of My Life*. After graduating with honors in 1904, Keller continued writing. She authored the book *The World I Live In* and a series of essays entitled *Out of the Dark*, which made her political views known to the public.

From 1913 onwards, Keller and Sullivan toured the world to conduct lectures about the deaf and blind. The proceeds from these lectures went to the American Foundation for the Blind. In 1964, the Presidential Medal of Freedom, America's highest civilian recognition, was conferred to Keller by President Lyndon Johnson. A year later, she was elected to the Women's Hall of Fame at the New York World's Fair. Helen Keller died peacefully in her sleep on June 1, 1968.

53. Which distinction did Helen Keller attain first as a blind and deaf person?

    (a) sympathizing with people with disabilities
    (b) improving the lives of disabled persons
    (c) holding a degree and being a *magna cum laude*
    (d) raising money for the benefit of the blind

54. What happened more than a year after Keller was born?

    (a) She learned how to walk.
    (b) She began talking.
    (c) She developed a keen eyesight and hearing.
    (d) She was stricken with a disease.

55. How was Keller able to communicate with other people when she had her condition?

    (a) by spelling with her fingers
    (b) by having tantrums
    (c) by using standard typewriters
    (d) by using Braille

56. Which is most likely a fictional book written by Keller?

    (a) *The Story of My Life*
    (b) "The Frost King"
    (c) *Out of the Dark*
    (d) *The World I Live In*

57. Why most likely was Keller elected to the Women's Hall of Fame?

    (a) because of her academic excellence
    (b) because of her fiction books
    (c) because of her political views
    (d) because of her numerous accomplishments

58. In the context of the passage, rectified means _____.

    (a) corrected
    (b) cured
    (c) replaced
    (d) removed

59. In the context of the passage, conferred means _____.

    (a) recognized
    (b) selected
    (c) awarded
    (d) honored

PART 2. Read the following magazine article and answer the questions. The underlined words in the article are for vocabulary questions.

SCIENTISTS FIND "DEVIL FROG" IN MADAGASCAR

In 1993, scientists found some fossils of the *Beelzebufo ampinga*—or "devil frog"— possibly the biggest frog ever to have existed. However, these fossils were incomplete, and it was only recently that scientists were able to piece together enough bones to reconstruct the skeleton of the whole frog.

The name *Beelzebufo* is derived from the word *Beelzebub*, which means "devil" in Greek, and *bufo*, the Latin word for "toad." *Ampinga* is the Malagasy (the national language of Madagascar) word for "shield."

American paleontologist, David Krause, and his team found the fossils in Madagascar, a large island off the coast of Africa. They studied the bones and figured out that the *Beelzebufo ampinga* lived during the Cretaceous Period or towards the end of the dinosaur era about 65 to 70 million years ago.

Compared with the Goliath Frog of West Africa, the largest living frog, which is about 12.5 inches long and weighs 7.2 pounds, the *Beelzebufo ampinga* was a lot bigger. It was 16 inches long and weighed about 10 pounds. It had a robust build and an armor-like body structure. Unlike modern-day frogs, which live in water, it inhabited a semi-arid region.

Scientists also described the *Beelzebufo ampinga* as an extremely aggressive predator with skin colors that allowed it to blend with its surroundings, and "lie in wait for food to walk past it." Its wide mouth and strong jaws made it possible for it to feed on lizards, small mammals, smaller frogs, and possibly even newborn dinosaurs.

Meanwhile, another American paleontologist, Susan Evans, said that the *Beelzebufo ampinga* may be a close relative of the *Ceratophryinae*, a frog group living in South America today. Also called "Pac-man Frogs," the *Ceratophryinae* have large mouths like the *Beelzebufo ampinga*. Some even have small horns, which she believes the devil frog might have had as well. According to Evans, this discovery supports the theory that all of the world's continents, many years ago, may have been connected.

60. What is the article about?

    (a) probably the biggest frog to have lived
    (b) the rebuilding of fossilized animal skeletons
    (c) most likely the world's most evil frog
    (d) a comparison between modern and ancient frogs

61. Why is the word *bufo* included in the devil frog's name?

    (a) because it means "devil"
    (b) to suggest that it was gigantic
    (c) because it means "shield" in Latin
    (d) to state what type of animal it was

62. Based on the fossils discovered by scientists, what can be said about the "devil frog"?

    (a) It did not have a complete skeletal structure.
    (b) It was a relative of the dinosaur.
    (c) It lived at the same period as the dinosaurs.
    (d) It looked like the devil.

63. How most likely was the *Beelzebufo ampinga* able to catch prey?

    (a) by attacking them unknowingly
    (b) by pursuing them aggressively
    (c) by jumping on them
    (d) by hunting them near the water

64. What is Susan Evans' theory about the "devil frog"?

    (a) that its scientific name is *Ceratophryinae*
    (b) that it was related to a similar South American frog
    (c) that there are some living in South America today
    (d) that it had small horns inside its mouth

65. In the context of the passage, inhabited means _____.

    (a) protected
    (b) occupied
    (c) covered
    (d) represented

66. In the context of the passage, blend means _____.

    (a) unite
    (b) reveal
    (c) control
    (d) merge

PART 3. Read the following encyclopedia article and answer the questions. The underlined words in the article are for vocabulary questions.

ALZHEIMER'S DISEASE

Alzheimer's disease is a brain disorder common among older people. It targets the brain cells, causing problems with perception and language, and may sometimes even affect a person's social behavior.

Alzheimer's disease is a progressive and incurable disease. The illness <u>manifests</u> itself through symptoms. At first, the only symptom may be mild forgetfulness, such as having trouble remembering recent events or solving simple mathematical problems. This initial symptom is often confused with aging. As the disease worsens, symptoms become more evident. People suffering from Alzheimer's may forget how to do simple things like combing their hair or brushing their teeth. They may even have trouble speaking, walking, and eating and may also become anxious or aggressive.

The disease was first discovered by a German physician named Alois Alzheimer. At a meeting of physicians in 1906, Alzheimer presented the case of a woman who had initially developed problems with memory. Later, she had difficulty speaking and understanding things that were said to her. The symptoms continued to grow, and she eventually died. Alzheimer discovered the strange cause of the woman's death after he conducted an autopsy.

In the woman's brain, Alzheimer discovered severe decrease in size of the cortex—the outer portion of the brain—which is involved in memory, thinking, judgment, and speech. He also found many brain cells that were in various stages of decline and observed widespread fatty deposits in small blood vessels. The symptoms that were seen in the old woman have become the basis of identifying Alzheimer's disease.

Treatment for Alzheimer's disease mainly consists of drugs that can help control behavioral symptoms like sleeplessness, anxiety, and depression and help improve the patient's quality of life. These treatments help victims deal with the symptom but do not cure the disease itself.

Until today, the exact causes of the disease have yet to be discovered. Doctors can only <u>diagnose</u> a probable Alzheimer's case because of the symptoms a patient shows. However, they are continuously conducting research to better understand the causes of the disease in order to find a way to stop it from developing.

67. What is the main topic of the article?

    (a) the symptoms of a disease
    (b) the study of memory loss
    (c) the signs of aging
    (d) a type of brain illness

68. When can Alzheimer's disease be first identified?

    (a) when a person becomes old
    (b) when a person becomes violent
    (c) when a person becomes forgetful
    (d) when a person starts having difficulty walking

69. How did Alois Alzheimer find out the reason for his patient's disease?

    (a) by examining the patient's brain after she died
    (b) by checking deposits of fat in the patient's blood vessels
    (c) by comparing the patient's symptoms with others
    (d) by checking the extent of the patient's memory loss

70. What could be concluded from the case that Alzheimer presented?

    (a) The disease can be diagnosed only after death.
    (b) The disease mainly destroys the brain cells.
    (c) Symptoms of the disease don't show at an early stage.
    (d) The disease is caused by eating fatty food.

71. Why most likely are studies still being done about Alzheimer's disease?

    (a) to help prevent people from acquiring the disease
    (b) to control the symptoms of the disease
    (c) to be able to cure patients with the disease
    (d) to quickly identify the disease

72. From the context of the passage, manifests means _____.

    (a) causes
    (b) shows
    (c) suffers
    (d) controls

73. From the context of the passage, diagnose means _____.

    (a) analyze
    (b) explore
    (c) identify
    (d) overlook

PART 4. Read the following business letter and answer the questions. The underlined words in the letter are for vocabulary questions.

Ms. Charlotte Myers
Human Resources Manager
Graphics Technology

Dear Ms. Myers:

Through the Fort Lauderdale Daily, I learned that Graphics Technology will be conducting a series of interviews at Fort Lauderdale College on Tuesday, August 23. I am writing to express my interest in meeting with you for an interview.

Your requirements for the graphic arts designer position strongly match my educational background. Last month, I received my bachelor's degree in Fine Arts from Fort Lauderdale College. As a student, I worked on several school team projects ranging from logo design to promotional materials for advertising companies. My knowledge about art theory and aesthetics, combined with my <u>expertise</u> using several types of computer graphics software, will enable me to be a productive member of your design team.

I have served as an intern for two years with Antel Advertising. In that position, I gained valuable experience working with several staff members to design and create brochures, billboards, and other materials for promotional campaigns. I also have freelanced designing press kits and posters. Through that experience, I have come to realize the value of communication in producing high-quality designs.

I hope that I will be able to schedule an interview with you during your visit to the Fort Lauderdale College campus. If your interview schedule is filled up, I would be more than happy to travel to your office for a meeting. Should you have questions about my resume, or would like to personally discuss my qualifications, please feel free to contact me at (085) 562-8790. Thank you for considering my <u>candidacy</u> for this position.

Sincerely,

Evan Cowell
Fine Arts Graduate
Fort Lauderdale College

74. Why is Evan Cowell writing to Charlotte Myers?

    (a) to invite her to speak at Fort Lauderdale College
    (b) to express his wish for an interview
    (c) to apply for a job with Fort Lauderdale Daily
    (d) to request assistance in a project that he is doing

75. What makes Cowell a potentially useful member of Graphics Technology?

    (a) He had developed his own art theories.
    (b) He is skilled in computer graphics software.
    (c) He graduated from college.
    (d) He is a Fort Lauderdale graduate.

76. When did Cowell probably learn that communication is an important part of his work?

    (a) after graduating from Fort Lauderdale College
    (b) while working at Graphics Technology
    (c) during his internship in an advertising firm
    (d) while working as an independent designer

77. How can Charlotte Meyers get information about Evan Cowell?

    (a) by asking his former teachers and trainers
    (b) by calling him through his number
    (c) by letting her visit the campus
    (d) by scheduling another meeting

78. Based on the letter, what job level could Cowell be seeking?

    (a) a managerial position
    (b) a supervisor position
    (c) an entry-level position
    (d) a team leader position

79. In the context of the passage, expertise means _____.

    (a) enthusiasm
    (b) experience
    (c) capability
    (d) performance

80. In the context of the passage, candidacy means _____.

    (a) application
    (b) interest
    (c) experience
    (d) resume

THIS IS THE END OF THE TEST

G-TELP
BIBLE

모의고사

GRAMMAR SECTION

DIRCECTIONS :

The following items need a word or words to complete the sentence. From the four choices which follow each item, choose the best answer. Tnen blacken in the correct circle on your answer sheet.

Example:

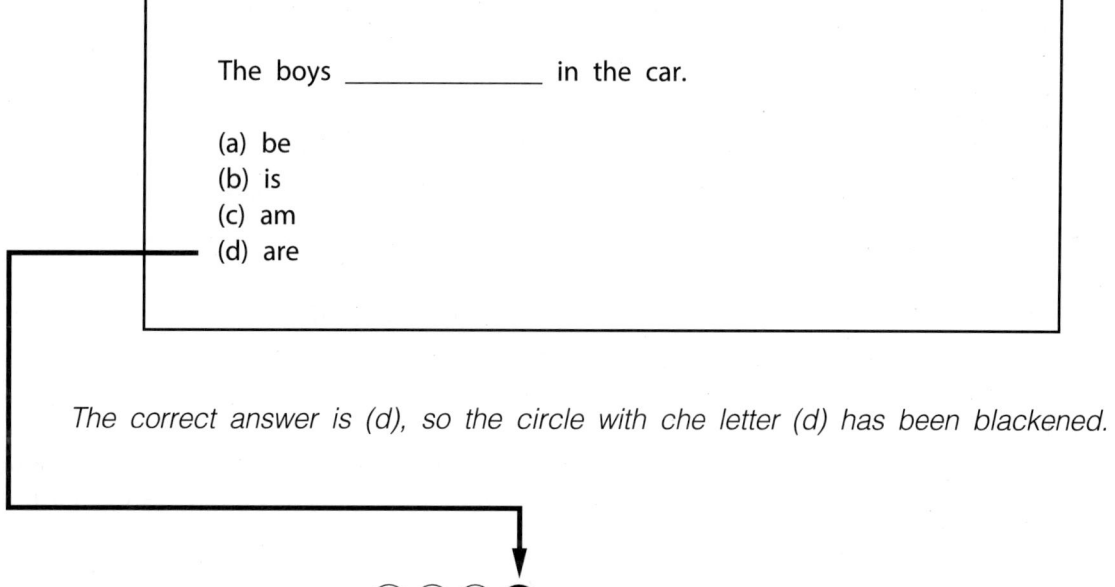

The correct answer is (d), so the circle with che letter (d) has been blackened.

NOW TURN THE PAGE AND BEGIN

1. Last night, Linda went to the newly-opened disco bar just a few blocks away from her house. While she _____ the bar, she was surprised to see that the bartender was her former college classmate.

   (a) was approaching
   (b) is approaching
   (c) approached
   (d) had been approaching

2. Our dining room is so cramped that one end of the dining table is blocking the refrigerator door. A person has to stand up and move the chair _____ the refrigerator has to be opened.

   (a) as long as
   (b) whenever
   (c) after
   (d) where

3. In her haste to arrive early at the airport, Barrie left her laptop at home. If she _____ it in her bag before she got into her car, she would not have left it behind.

   (a) secured
   (b) was securing
   (c) would secure
   (d) had secured

4. Alexander is currently cooking his breakfast. Even though he went to bed late last night, he still had _____ early today. He needs to be at work by 7:30 am for a meeting with his accountant.

   (a) having woken up
   (b) waking up
   (c) to wake up
   (d) to be waking up

5. Herbert and Cherry plan to review for their examinations at the library. Herbert is already there, and has already started studying. By the time Cherry arrives, Herbert _____ for a half of an hour.

   (a) is studying
   (b) has been studying
   (c) will have been studying
   (d) has studied

6. Some people consider Leonardo da Vinci as one of the earliest advocates of animal rights. Da Vinci, _____, was rumored to have bought caged birds in street markets only to set them free.

   (a) who lived during the Italian Renaissance
   (b) whom lived during the Italian Renaissance
   (c) when the Italian Renaissance was lived
   (d) which lived during the Italian Renaissance

7. Margaret has good communication skills, but she has no avenue to practice them. If only her small town were to hold extemporaneous speech competitions, she is confident she _____ in the top 10 at the least.

   (a) is placing
   (b) places
   (c) would place
   (d) would have placed

8. Sandra Brown, the Human Resources Manager, is in charge of hiring new employees for a newly- established department. She _____ interviews since 8 o'clock this morning, and she still has more applicants to interview.

   (a) has conducted
   (b) has been conducting
   (c) conducted
   (d) is conducting

9. After many uses, the bristles of a toothbrush can get worn out or broken, leading to decreased efficiency in cleaning teeth. It is therefore recommended that one _____ his/her toothbrush every six months.

   (a) is replacing
   (b) replace
   (c) will replace
   (d) replaces

10. Bridget read a newspaper article about Turkey's top landmarks, and was impressed by the Aspendos Theater. She decided that if there were a tourist destination she would visit in Turkey, it _____ the well-preserved ancient Roman structure.

    (a) would be
    (b) is
    (c) will be
    (d) has been

11. Michael Adams is one of the most sought-after architects in the city because of his excellent credentials. _____, many of the high-rise buildings that can be seen throughout the city are his designs.

    (a) On the contrary
    (b) In fact
    (c) However
    (d) Besides

12. According to the calendar, we will have longer nights in the next two months. This means that the sun _____ later than usual then. The earliest sunrise will be at 6:00 a.m.

    (a) will have been rising
    (b) rises
    (c) will be rising
    (d) is rising

13. On the first day of classes, the professor of "Queer Cinema" told his students that the course would involve production requirements. He advised that the non-film majors _____ enrolling in another course if that was too demanding.

    (a) are considering
    (b) will consider
    (c) will be considering
    (d) consider

14. Martin and Dolly wanted to celebrate their silver wedding anniversary in Luxembourg. However, their plan didn't materialize because of some financial constraints. They _____ have been extremely disappointed.

    (a) would
    (b) will
    (c) must
    (d) could

15. "Pareidolia" is the psychological experience of seeing patterns in images or sounds even when there is none. An example is when we recognize facial features. The brain tends _____ human faces even in inanimate objects.

    (a) to perceive
    (b) to be perceiving
    (c) perceiving
    (d) having perceived

16. John's parents sent him to a camp for the summer even though he didn't want to go. It's too bad because if he _____ more enthusiastic about participating in the activities, he would have learned a lot of things.

    (a) is
    (b) had been
    (c) would have been
    (d) were\

17. Fred started growing facial hair, so his father bought him a razor as well as shaving cream this afternoon. He advised Fred to shave along the direction of the hair's growth to avoid _____ himself.

    (a) to cut
    (b) cutting
    (c) to be cutting
    (d) having cut

18. Angie Duncan was a popular but intriguing folk singer in many of the local pubs downtown. She _____ for about three years when she suddenly disappeared from the music scene altogether.

    (a) has been performing
    (b) performs
    (c) has performed
    (d) had been performing

19. Martha, a store supervisor, doesn't go home immediately after the grocery store closes. She reviews the sales records, so that she _____ give her daily report to the store manager before she goes home.

    (a) must
    (b) can
    (c) will
    (d) shall

20. Richard lost in the university student council elections because of his unpopular policies. If he _____ with the students regarding their concerns, he probably would have won the presidential seat.

    (a) consulted
    (b) would consult
    (c) had consulted
    (d) consults

21. For the longest time, people communicated long distance by mail or telephone. Nowadays, a popular method of long-distance communication _____ is SMS messaging or texting because it is an easier and faster mode of messaging.

    (a) whose many people prefer using
    (b) when many people prefer using
    (c) which many people prefer using it
    (d) that many people prefer using

22. Paul thinks that there's no opportunity for growth in his current job because he does the same thing every day. Since he also wants to earn more, he _____ accepting a promising job offer abroad.

    (a) is reflecting on
    (b) has reflected on
    (c) reflects on
    (d) had been reflecting on

23. Helena felt envious when she passed a group of teenagers playing a round of Ultimate outside her house. She has temporarily stopped _____ the fast-paced sport when she reached the second trimester of her pregnancy.

    (a) having played
    (b) playing
    (c) to be playing
    (d) to play

24. An Earth that's double its current size would have sturdier life forms. If our planet had twice its diameter today, about 16,000 miles, stronger plants and animals _____ for surviving the resulting increased gravitational pull.

    (a) have existed
    (b) exist
    (c) are existing
    (d) would exist

25. The company's manager is reminding the employees that the quarterly reports will be submitted soon. He insists that every department _____ its proficient standing so its members can receive the corresponding incentives.

    (a) maintains
    (b) will maintain
    (c) maintain
    (d) are maintaining

26. My band mate played us a demo of the song he had been working on for the past week. I suggested _____ the song with a drum loop to give it a fuller and more upbeat sound.

    (a) layering
    (b) to layer
    (c) to be layering
    (d) having layered

*THIS IS THE END OF THE GRAMMAR SECTION
DO NOT GO ON UNTIL TOLD TO DO SO*

LISTENING SECTION

DIRCECTIONS :

The Listening Section has four parts. In each part you will hear a spoken passage and a number of questions about the passage. First you will hear the questions. Then you will hear the passage. From the four choices for each question, choose the best answer. Then blacken in the correct circle on your answer sheet.

Now you will hear an example question. Then you will hear an example passage.

Now listen to the example question.

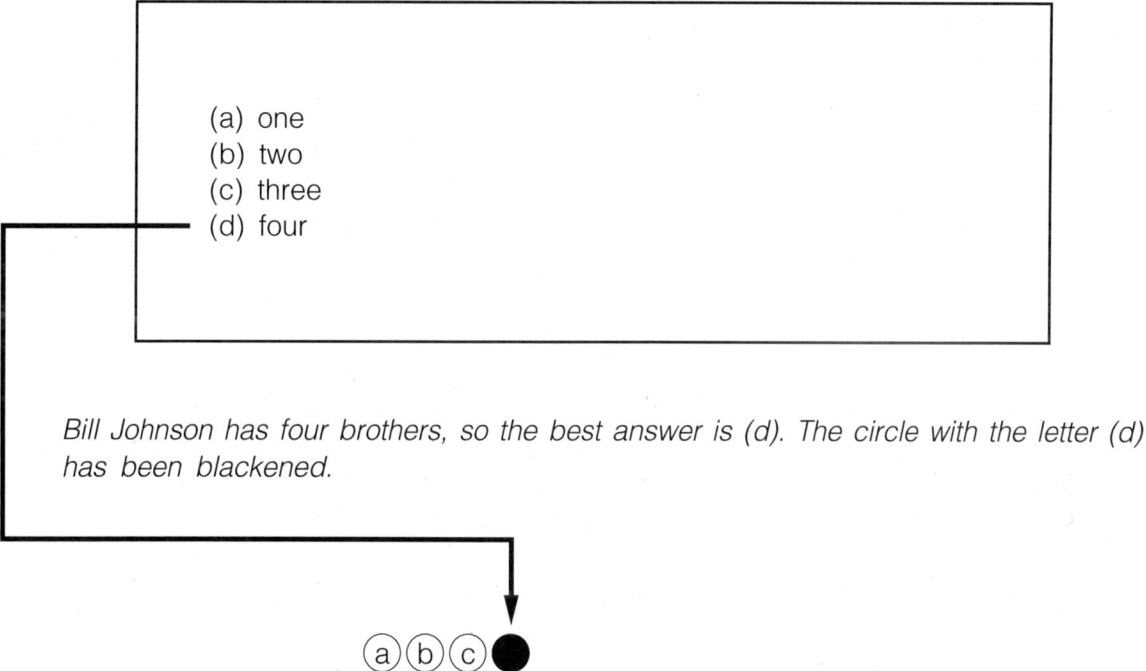

Bill Johnson has four brothers, so the best answer is (d). The circle with the letter (d) has been blackened.

NOW TURN THE PAGE AND BEGIN

PART 1. *You will hear a conversation between two people. First you will hear questions 27 through 33. Then you will hear the conversation. Choose the best answer to each question in the time provided.*

27. (a) He is applying for a scholarship grant.
    (b) His new boss needs one from him.
    (c) He is applying for a job.
    (d) He is entering college at a physics institute.

28. (a) by helping him enroll in Dr. Bright's class
    (b) by calling Dr. Bright for him
    (c) by telling him when she last saw Dr. Bright
    (d) by giving him Dr. Bright's contact details

29. (a) because he admires Dr. Bright's intelligence
    (b) because he did well in her class
    (c) because he was Dr. Bright's favorite in college
    (d) because he did Dr. Bright a favor in college

30. (a) her impressive research paper read by a school official
    (b) an excellent lecture she delivered recently
    (c) winning a competition in research writing
    (d) contacting the dean of the university herself

31. (a) She disliked teaching in the United States.
    (b) She thought that it was a rare and helpful work experience.
    (c) She wanted to migrate to England eventually.
    (d) She was going to be replaced by a senior faculty member.

32. (a) go to his alma mater to find another reference
    (b) travel to England to meet with Dr. Bright
    (c) send an email to Dr. Bright
    (d) wait for Dr. Bright to come back

33. (a) They were former classmates.
    (b) They are in a relationship.
    (c) They are former officemates.
    (d) They are business partners.

PART 2. *You will hear a presentation by a person to a group of people. First you will hear questions 34 through 39. Then you will hear the talk. Choose the best answer to each question in the time provided.*

34. (a) the use of different kitchen appliances
    (b) a company's new kitchen product
    (c) the process of blending food ingredients
    (d) a comparison of two kinds of blenders

35. (a) They can work on ingredients in any container.
    (b) They do not need to be plugged in for electricity.
    (c) They only need a whisk and a knife to be used well.
    (d) They only need a few seconds to blend ingredients.

36. (a) so it can be displayed in the kitchen
    (b) so it can be gripped with ease
    (c) so it can be carried anywhere
    (d) so it can be easily cleaned

37. (a) by being compatible for soups only
    (b) by having different speed options
    (c) by having a safeguard around it
    (d) by being strong enough to crush ice

38. (a) because they are covered by the warranty period
    (b) because they will be sold at a discounted rate for a year
    (c) because they are designed to work with the Blender-Sharp
    (d) because they are required to make blending easier

39. (a) The product will be sold out after that time.
    (b) They will get other Philly Marx products for free.
    (c) Orders will not be accepted after that period.
    (d) They will get a $15 discount within that time.

PART 3. You will hear a conversation between two people. First you will hear questions 40 through 45. Then you will hear the conversation. Choose the best answer to each question in the time provided.

40. (a) They will have to get married as soon as possible.
    (b) They will have to postpone their marriage again.
    (c) They will have to cancel their engagement.
    (d) They will both have to move to Hawaii.

41. (a) because he is starting a company in Miami
    (b) because he doesn't like the business climate in Hawaii
    (c) because he doesn't want to leave his family in Miami
    (d) because his company in Miami is very successful

42. (a) not being able to get married
    (b) getting dissatisfied with her current job
    (c) not being certain about a career advancement
    (d) missing the chance to travel abroad

43. (a) by traveling around in different places
    (b) by inviting her friends for a vacation
    (c) by finding a new boyfriend to marry
    (d) by calling her workmates in Miami

44. (a) She will have more time for herself.
    (b) She will become a permanent employee.
    (c) She will be assigned with more duties.
    (d) She will get the same salary as her boss.

45. (a) settle for her job in Miami
    (b) resign from her current job.
    (c) refuse the job offer in Hawaii
    (d) convince her fiancée to move to Hawaii

PART 4. You will hear an explanation of a process. First you will hear questions 46 through 52. Then you will hear the explanation. Choose the best answer to each question in the time provided.

46. (a) It allows one to find a house easily.
    (b) It increases one's chances of acquiring a loan.
    (c) The borrower can re-apply for a loan easily.
    (d) It speeds up approval of the loan.

47. (a) by filling out an application form
    (b) by providing factual personal information
    (c) by consulting with a loan officer
    (d) by contacting his local bank

48. (a) Referred realtors offer a better selection of properties.
    (b) Referred realtors usually ask for smaller fees.
    (c) Referred realtors have earned a good reputation.
    (d) Referred realtors are easier to work with.

49. (a) the known structural problems of a house being sold
    (b) the locations of the houses for sale
    (c) the complete profile of the realtor
    (d) the laws regarding real estate sales

50. (a) so the realtor can suggest ideal home specifications
    (b) so the realtor can help with the approval of the loan
    (c) so the realtor will give them a copy of the disclosure
    (d) so the realtor can show houses that they can afford

51. (a) The buyer will fix the problem himself.
    (b) The owner is more than willing to sell the house.
    (c) The saved amount will be used to pay the inspectors.
    (d) The problem can no longer be fixed.

52. (a) after inspecting the property
    (b) before speaking with the realtor
    (c) while the home's problems are being fixed
    (d) after signing the contract with the realtor

THIS IS THE END OF THE LISTENING SECTION
DO NOT GO ON UNTIL TOLD TO DO SO

READING AND VOCABULARY SECTION

DIRCECTIONS :

You will now read four different passages. Each passage is followed by comprehension and vocabulary questions. From the four choices for each item, choose the best answer. Then blacken in the correct circle on your answer sheet.

Read the following example passage and example question.

Example:

> Bill Johnson lives in New York. He is 25 years old. He has four brothers and two sisters.
>
> How many brothers does Bill Johnson have?
>
> (a) one
> (b) two
> (c) three
> (d) four

The correct answer is (d), so the circle with the letter (d) has been blackened.

ⓐ ⓑ ⓒ ●

NOW TURN THE PAGE AND BEGIN

PART 1. Read the following biographical article and answer the questions. The underlined words in the article are for vocabulary questions.

SYLVIA PLATH

Sylvia Plath was an American poet, novelist, and short story writer. She is best known for writing poems that combine violent or disturbing imagery with playful use of literary effects and rhyme. The first poet to be awarded a Pulitzer Prize posthumously, Plath went through many difficult life experiences that she used in her writings.

Plath was born to middleclass parents Otto Emil Plath and Aurelia Schober on October 27, 1932 in Jamaica Plain, Massachusetts. From an early age, she showed an aptitude for English, particularly creative writing. She published her first poem when she was eight, and received straight As in high school. In 1950, Plath won a scholarship to Smith College, where she also received her first writing award for her fiction story, "Sunday at the Mintons." The pressures of college life proved too much for her, however, causing her to attempt to commit suicide. Despite this incident, Plath returned to Smith College, where she graduated summa cum laude in 1955. She then earned a Fulbright Scholarship to study literature in Cambridge, England.

At Cambridge, Plath met the English poet Ted Hughes, whom she married in 1956. The marriage started off well and inspired Plath to write "Johnny Panic and the Bible of Dreams" and "The Daughters of Blossom Street," two of her most enduring short stories. She also wrote a poem about her father, "The Colossus," which later became the title of her first collection of poems. However, the marriage soon began to fall apart and eventually ended in 1962. It was around this time that Plath started writing some of her most powerful poems, such as "Lady Lazarus," "Daddy," and "The Night Dances." Due to her sentimental exploration of personal topics, she is often noted as a pioneer of the "confessional poetry" genre.

In January 1963, Plath published the semi-autobiographical novel, *The Bell Jar*, under the pen name "Victoria Lucas." The novel is considered as a powerful depiction of the restricted role of women, and includes many elements of Plath's own experiences. However, the initial reviews were not as positive as Plath had hoped for, plunging her into a deep depression that culminated in her suicide on February 11, 1963. After her death, however, her works increased in popularity. In 1982, Plath was awarded the Pulitzer Prize for her book, *The Collected Poems*.

53. What is Sylvia Plath best known for?

    (a) writing short stories with playful themes
    (b) writing poems with contrasting elements
    (c) being the first poet to receive a Pulitzer Prize
    (d) being a poet with a difficult life

54. What prompted Plath's first suicide attempt?

    (a) having high expectations in high school
    (b) being pressured as a Fulbright Scholar
    (c) undergoing a stressful college life
    (d) writing her first fictional story

55. How was Plath's marriage to Ted Hughes beneficial to her?

    (a) It motivated her to write two major short stories.
    (b) It inspired her to compose a poem for her father.
    (c) He helped her enroll at Cambridge.
    (d) He helped her publish her first collection of poems.

56. Why most likely is Plath regarded as a pioneer of confessional poetry?

    (a) She published a poem about her life.
    (b) She wrote poems about her loved ones.
    (c) She encouraged other writers to confess through poems.
    (d) She declared her sentiments through poems.

57. Based on the passage, what does the novel *Bell Jar* probably suggest about Plath?

    (a) the limitations she suffered as a woman
    (b) her fight for equal rights for both genders
    (c) the instability of her emotional state
    (d) her desire to receive a Pulitzer Prize

58. In the context of the passage, aptitude means _____.

    (a) fitness
    (b) dislike
    (c) talent
    (d) class

59. In the context of the passage, culminated means _____.

    (a) followed
    (b) resulted
    (c) started
    (d) aborted

PART 2. Read the following magazine article and answer the questions. The underlined words in the article are for vocabulary questions.

"DINOSAUR MUMMY" IS DISCOVERED IN NORTH DAKOTA

The extraordinarily preserved remains of a 67-million-year-old hadrosaur have been discovered in the Hell Creek Formation in North Dakota. Nicknamed "Dakota," the remains still has much of its tissues and bones <u>encased</u> in an intact envelope of skin, just like human mummies. Unlike mummies, however, Dakota is actually a fossil of a dinosaur, where the animal's dried tissues have been hardened into minerals through fossilization.

The discovery of Dakota is significant because, unlike most vertebrate fossils, it permits the rare opportunity for researchers to study more than bones. Peggy Ostorm, a zoologist at Michigan State University, says that it is rare to find an almost intact skeleton and most specially one with fossilized tissue. Because the remains are almost in their original shape, the find also lets scientists conduct a three-dimensional analysis of the dinosaur. The discovery of Dakota and other "dinosaur mummies" have allowed scientists to calculate muscle volume and mass for the first time. The skin's mostly intact condition also allows for the exciting possibility that some of its original chemistry is still present, which could provide clues as to the dinosaur's descendants.

Preliminary analysis of the remains has revealed several findings that have <u>altered</u> scientist's comprehension of how dinosaurs looked and moved. Using a large scale CT scanner, the scientists were able to calculate the size of Dakota's rear end, which is about 25 percent larger than previously believed. A more muscular rear end means more powerful legs, and the scientists estimated that Dakota could reach speeds of up to 28 miles per hour, even though it was roughly 35 feet long and weighed 3.5 tons.

The skin envelope also shows evidence that hadrosaurs may have been striped and did not merely have one set color. The dinosaur may also have had a striped camouflage pattern on some of its parts. The scientists also discovered a fleshy pad on its "palms," the hooves on its feet made of keratin, and well-preserved skin scales that vary in size and shape across the dinosaur's body, tail, arms, and legs.

60. What was the state of the remains of the "Dinosaur Mummy"?

    (a) barely dried up
    (b) with its real tissues intact
    (c) mostly undamaged
    (d) with body parts missing

61. How is Dakota more noteworthy than most fossil discoveries?

    (a) Dinosaur remains are usually vertebrates.
    (b) The fossil was found without a skeleton.
    (c) Scientists still have no knowledge about the species.
    (d) Its tissue remains can help produce 3D images.

62. How will scientists be able to learn more about Dakota's offspring?

    (a) by reconstructing its original shape
    (b) by analyzing its chemical properties
    (c) by estimating its muscle volume and mass
    (d) by studying its possible present-day relatives

63. What did scientists most likely used to believe about Dakota?

    (a) that it was a much slower runner
    (b) that it was bigger than most dinosaurs
    (c) that it had a much larger rear end
    (d) that it was a much faster runner

64. Based on the passage, what can be concluded about the skin of hadrosaurs?

    (a) It had a colorful pattern.
    (b) It was composed of keratin.
    (c) It resembled the skin of humans.
    (d) It had stripes on several skin areas.

65. In the context of the passage, encased means _____.

    (a) exposed
    (b) arranged
    (c) covered
    (d) gathered

66. In the context of the passage, altered means _____.

    (a) confirmed
    (b) changed
    (c) decreased
    (d) tainted

PART 3. Read the following encyclopedia article and answer the questions. The underlined words in the article are for vocabulary questions.

THE CANTERBURY TALES

The Canterbury Tales is a collection of original and fictitious stories written in the late 14th century by the English poet Geoffrey Chaucer. Told in Middle English, many scholars consider the work as one of the finest examples of English literature. *The Canterbury Tales* is widely credited with popularizing the literary use of the English language rather than French or Latin, which were more often used during that time.

The "Tales" is the story of a group of 30 people on a pilgrimage from Southwark to visit the shrine of St. Thomas Becket at Canterbury Cathedral in England. The pilgrims, who come from all layers of society and practice different trades, tell stories to each other while they are traveling to Canterbury. Although the 30 characters were supposed to tell four tales each, only 24 tales were actually written. Scholars believe that Chaucer either planned to revise the structure to <u>cap</u> the work at 24 tales, or unintentionally left it incomplete when he died on October 25, 1400.

The stories told in *The Canterbury Tales* were varied, with some being serious and others comical. Each character told a story in a style different from the others that reflected their own personality. In addition, some characters told stories that reacted against, or argued with, the story of another character. Although diverse, the stories contained some <u>common</u> themes, specifically the themes of courtly love, disloyalty, and greed. Two of the stories were written in prose, a literary medium that uses no metrical structure, and the rest were presented in verse.

Aside from popularizing the literary use of English, *The Canterbury Tales* is also significant for reflecting the social tensions and common beliefs of 14th century England. The fictional characters and the political undertones in the stories' themes, while not based on specific real-life individuals or events, generally reflected the personalities of people and their attitudes towards the trades. Furthermore, the characters' stories showed the belief of Chaucer's society in the supernatural, such as witchcraft, fairies and elves, and magic.

67. How did *The Canterbury Tales* impact English literature?

    (a) It made literary use of English acceptable.
    (b) It made the English language superior to French and Latin.
    (c) It improved the quality of literature in English.
    (d) It introduced more English poets to the public.

68. What is the unifying narrative of *The Canterbury Tales*?

    (a) people of different backgrounds gathering around a cathedral
    (b) people sharing stories about their own pilgrimages
    (c) different characters telling the same story
    (d) characters being on a journey to the same destination

69. Why most likely do literary experts believe that the Tales is incomplete?

    (a) There were only 30 pilgrims.
    (b) 120 stories should have been told.
    (c) Chaucer died in 1400.
    (d) Not all trades were written about.

70. Why were the stories in the Tales written in different styles?

    (a) to avoid showing similarities between stories
    (b) to display a single central theme
    (c) to present characters with different traits
    (d) to utilize as many writing techniques as possible

71. Which aspect of 14th century England is not reflected in the work?

    (a) the character of the English people
    (b) the livelihood of the different classes
    (c) the conflicts in English society
    (d) the lack of superstitious beliefs among the people

72. In the context of the passage, <u>cap</u> means _____.

    (a) count
    (b) arrange
    (c) limit
    (d) move

73. In the context of the passage, <u>common</u> means _____.
    (a) shared
    (b) frequent
    (c) ordinary
    (d) different

PART 4. Read the following business letter and answer the questions. The underlined words in the letter are for vocabulary questions.

Dr. Jody Falster
Executive Director
Baltimore Medical Institute

Dear Madam,

You are cordially invited to be one of the resource speakers at the seminar that our organization, The Good Health Foundation, will be conducting during Health Consciousness Week. Entitled "Fight Diabetes Now," the seminar will be held at our office next Saturday from 8 a.m. to 12 noon.

The Good Health Foundation is a non-profit organization that aims to raise funds in order to provide health benefits to the less privileged residents of our community. These benefits include free medicine and free access to public hospitals, bi-annual free vaccination for toddlers, and free health seminars.

You have been chosen by our organization because of your extensive background in diabetes treatment. Your <u>expertise</u> would be vital in raising awareness about the dreadful effects of diabetes, and in teaching the community residents how to recognize the symptoms. We hope that the information you will provide will help in controlling the spread of the disease in our community.

In exchange for your participation, our organization will pay you the amount of $1,500. You will be the third speaker, and are assigned an hour for your talk. We would like you to focus your discussion on the preventive measures for diabetes. Should you accept our offer, please arrive at least thirty minutes prior to your talk so that you have <u>ample</u> time to prepare your presentation.

If you have any questions, you may reach me at 786-90-98, or through email at edward_craig@hotmail.com.

We look forward to your favorable response to this invitation.

Sincerely,

Edward Craig
Director
The Good Health Foundation

74. Why is Edward Craig writing to Jody Falster?

    (a) to ask her to deliver a talk during an event
    (b) to ask her to treat diabetes patients
    (c) to inquire about diabetes prevention
    (d) to invite her to hold a workshop on diabetes

75. Which is not a benefit of the fund-raising programs of The Good Health Foundation?

    (a) receipt of helpful information
    (b) medication for children
    (c) access to healthcare institutions
    (d) annual supply of medicines

76. What can be said about the health situation in the community?

    (a) No one has been affected by diabetes yet.
    (b) Diabetes hasn't become widespread there yet.
    (c) The locals don't consult their doctors.
    (d) Diabetes can no longer be contained there.

77. How will Falster be compensated?

    (a) by receiving a certain amount of money
    (b) by getting referrals for future patients
    (c) by being able to choose her own topic
    (d) by being allowed to promote her practice

78. What will Falster probably do at the event if she decides to accept the invitation?

    (a) ask Craig to allow her to speak first
    (b) arrive thirty minutes after her assigned time
    (c) deliver her talk for less than an hour
    (d) arrive half an hour at the latest before her talk

79. In the context of the passage, expertise means _____.

    (a) ignorance
    (b) cooperation
    (c) knowledge
    (d) education

80. In the context of the passage, ample means _____.

    (a) little
    (b) enough
    (c) extended
    (d) many

THIS IS THE END OF THE TEST

G-TELP
BIBLE

모의고사

04

GRAMMAR SECTION

DIRCECTIONS :

The following items need a word or words to complete the sentence. From the four choices which follow each item, choose the best answer. Tnen blacken in the correct circle on your answer sheet.

Example:

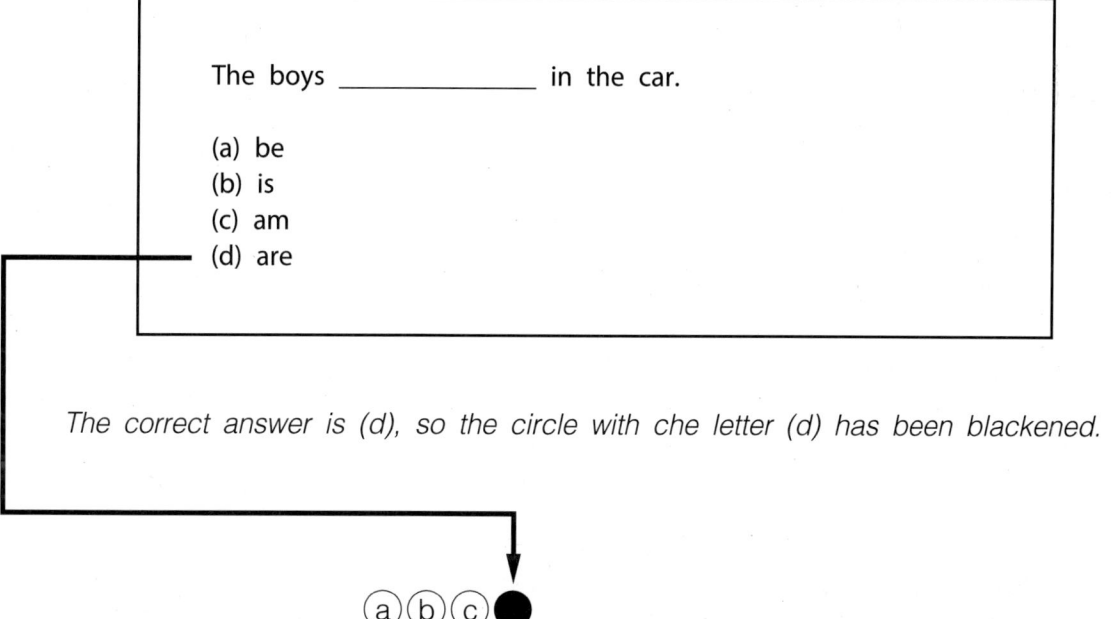

The correct answer is (d), so the circle with che letter (d) has been blackened.

NOW TURN THE PAGE AND BEGIN

1. Sound waves have more densely-gathered particles than light waves. This is why sound waves travel farther than sunlight and can reach the ocean's deepest parts. _____, deep-sea creatures rely on sound to communicate with one another.

   (a) Hence
   (b) Nevertheless
   (c) Likewise
   (d) Furthermore

2. The guidance counselor advised Peter to take a business course. However, he took a science course instead, and received poor grades as a result. If he _____ the counselor's advice, he probably would have done better.

   (a) took
   (b) was taking
   (c) would take
   (d) had taken

3. My housemates Linda and Ashley are usually very close. However, they had a heated argument last night because Ashley didn't do the dishes. They _____ when I arrived past bedtime.

   (a) still argued
   (b) were still arguing
   (c) still argue
   (d) are still arguing

4. A fire broke out in our neighborhood yesterday. The fire, which lasted for two hours, nearly destroyed all houses in the area. Our mayor suggested _____ the homeless victims into a nearby school in the meantime.

   (a) relocated
   (b) relocating
   (c) having relocated
   (d) to be relocating

5. Left-handed athletes are said to get more chances of practicing against right-handed opponents. Thus, some people believe that left-handedness benefits athletes in sports _____, such as boxing and tennis.

   (a) that has two opponents facing each other
   (b) where has two opponents facing each other
   (c) when two opponents are facing each other
   (d) who has two opponents facing each other

6. William had planned on finishing his doctorate degree before he turned 30. However, he wasn't able to do so because he had too much work. If he had allotted more time for his dissertation, he _____ his Ph.D. by the age of 27.

   (a) would receive
   (b) will be receiving
   (c) would have received
   (d) had received

7. For decades, public nudity had been unrestricted in San Francisco. However, in 2012, officials successfully lobbied that the city _____ nudity in public. Since then, public nudity has only been allowed with a police-issued parade permit.

   (a) will regulate
   (b) regulates
   (c) is regulating
   (d) regulate

8. Muhammad Ali has had many memorable and useful quotes in his life, but none is more memorable than "Fly like a butterfly, sting like a bee." The quote has since been used _____ people to do well despite many challenges.

   (a) to be motivating
   (b) motivating
   (c) to motivate
   (d) having motivated

9. As part of her Media Ethics class, Lizzy is talking with her father about the earliest news item he can remember. He says he recalls watching constant reports about the 58-hour rescue of Baby Jessica, _____ at 18 months old.

   (a) which famously fell into a well
   (b) who famously fell into a well
   (c) that famously fell into a well
   (d) when into a well famously fell

10. Mark used to live in a very quiet suburb in Virginia. He loved it because of its tranquility. He _____ there for ten years when he decided to move to bustling Chicago for a job opportunity.

    (a) was staying
    (b) will be staying
    (c) stayed
    (d) had been staying

11. The Smith family is in the market for a new house right now. They are interested in a nice bungalow, but the asking price is too high. If the price were reasonable, they _____ the house right away.

    (a) would buy
    (b) bought
    (c) are buying
    (d) will buy

12. Randy has just finished gathering his references for his speech. He plans to read them tonight, so that he can start writing his speech tomorrow. He _____ the speech next week at his former school's graduation ceremony.

    (a) will be delivering
    (b) has delivered
    (c) was delivering
    (d) would deliver

13. Patricia is set to take the entrance exam to a prestigious university in Boston. She wants to be in the top 10 percentile. That's why she is planning to answer each question, _____ difficult.

    (a) even though
    (b) in so far as
    (c) no matter how
    (d) unless

14. The Eurovision is an annual competition among members of the European Broadcast Union. The contest involves _____ live on TV and radio, and winners are determined by voting popularity.

    (a) to be singing
    (b) singing
    (c) to sing
    (d) having sung

15. The Morgans went to Real Surf Beach without any booking. Unable to find an available hotel room, they ended up getting a cabana. If it weren't raining, they _____ sleeping in a tent tonight, either.

    (a) didn't mind
    (b) aren't minding
    (c) wouldn't mind
    (d) won't mind

16. Derek got a deep cut on his elbow when he fell on his bike. Despite telling me that he's okay, I told him that he _____ see a doctor immediately because the cut seems to need stitching.

    (a) shall
    (b) may
    (c) must
    (d) can

17. The city government recently installed parking meters to ease traffic congestion on commercial roads. However, business owners fear about losing customers as motorists are parking elsewhere. They _____ a protest at the city square.

    (a) will now stage
    (b) now stage
    (c) have now staged
    (d) are now staging

18. The Mercator projection is a cylindrical representation of Earth. Despite its limitations, it is the planet's most popular projection. If Earth were not an oblate spheroid, cartographers _____ an easier time doing map projections.

    (a) would have
    (b) had
    (c) will have
    (d) are having

19. A construction firm wants to bid on a government project that involves the construction of several buildings. The fairly inexperienced owner of the firm urges that his financial officer _____ him in the bidding process.

(a) accompanies
(b) accompany
(c) is accompanying
(d) will accompany

20. My nephew was playing with his basketball inside the living room this morning. Unfortunately, he accidentally broke the expensive figurine that I bought in Italy. I _____ it since this morning.

(a) have fixed
(b) will fix
(c) have been fixing
(d) am fixing

21. The Heisman Memorial Trophy is an annual award given to the most outstanding college football player in the U.S. Despite its glamour, many players dislike _____ the award because many Heisman awardees don't have productive professional football careers.

(a) winning
(b) having won
(c) to be winning
(d) to win

22. Until 1974, women were refused being issued a credit card without their husband's approval. The first women's bank opened a year after, where women _____ apply for a credit card on their own.

(a) can
(b) should
(c) might
(d) could

23. Poultry meat is safe of bird flu virus if cooked to at least 165 °F. To ensure that the meat is not undercooked, food safety authorities strongly advise that it _____ until it is no longer pink.

(a) be cooked
(b) is cooked
(c) will be cooked
(d) cooks

24. Luke left his parents' house in Red River County early in the morning because he still has to drive for more than five hours to get back to Austin. By 10 a.m., he _____ for four hours.

(a) would have traveled
(b) will have been traveling
(c) will be traveling
(d) had been traveling

25. The English vocabulary contains more words for negative emotions than positive ones. This may be due to "negativity bias," which is the concept that people tend _____ more on things that are of a negative nature.

    (a) focusing
    (b) to be focusing
    (c) to focus
    (d) having focused

26. Celine and her group mates weren't able to finish their entry to the science fair because they were busy organizing "Open Mic Night." If they had managed their time wisely, they _____ it to the deadline.

    (a) had made
    (b) will be making
    (c) would make
    (d) would have made

THIS IS THE END OF THE GRAMMAR SECTION
DO NOT GO ON UNTIL TOLD TO DO SO

LISTENING SECTION

DIRCECTIONS :

The Listening Section has four parts. In each part you will hear a spoken passage and a number of questions about the passage. First you will hear the questions. Then you will hear the passage. From the four choices for each question, choose the best answer. Then blacken in the correct circle on your answer sheet.

Now you will hear an example question. Then you will hear an example passage.

Now listen to the example question.

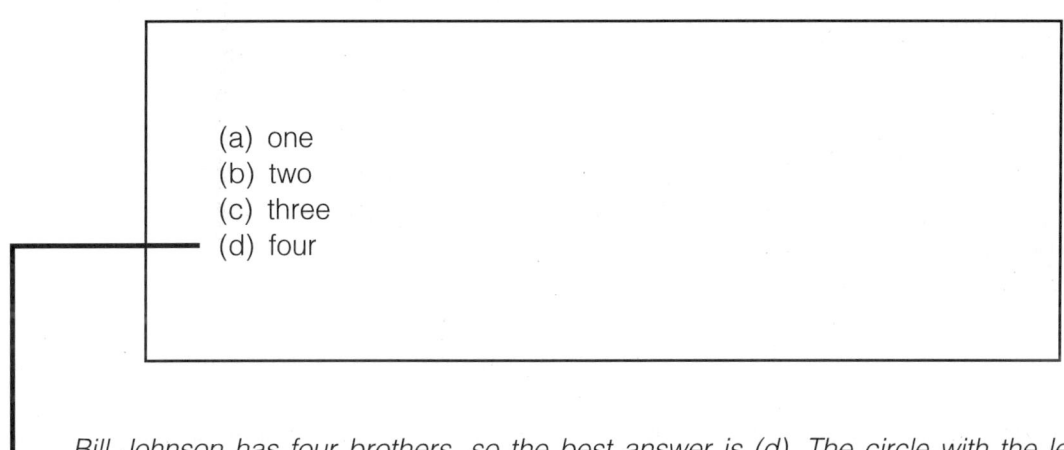

Bill Johnson has four brothers, so the best answer is (d). The circle with the letter (d) has been blackened.

NOW TURN THE PAGE AND BEGIN

PART 1. You will hear a conversation between two people. First you will hear questions 27 through 33. Then you will hear the conversation. Choose the best answer to each question in the time provided.

27. (a) She has business deals in Tokyo.
    (b) She gives talks on advertising to companies overseas.
    (c) She owns advertising agencies everywhere.
    (d) She joins advertising seminars.

28. (a) by developing its knowledge of advanced gadgets
    (b) by how it promoted its products
    (c) by spending a large amount of money in inventing products
    (d) by participating in advertising conferences

29. (a) It gives the manufacturer a good reputation.
    (b) It improves the quality of the products.
    (c) It makes selling products worldwide easier.
    (d) It discourages competition.

30. (a) that Japan created the first advertising techniques
    (b) that advertising techniques vary based on the needs of the time
    (c) that Japan's strategies are better than most countries
    (d) that market demands don't change

31. (a) It enabled them to sell their products in Asia and Europe.
    (b) It inspired them to invent new products.
    (c) It allowed them to open their own advertising agency.
    (d) It helped them sell their outdated products.

32. (a) because the ads are less expensive to make
    (b) because Japanese firms don't mind sharing their techniques
    (c) because the strategies proved to be effective
    (d) because they want to enter the Japanese market

33. (a) in a department store
    (b) at the advertising conference in Tokyo
    (c) in a European advertising firm
    (d) at Cynthia's office

PART 2. *You will hear a woman talking about a seminar on writing. First you will hear questions 34 through 39. Then you will hear the talk. Choose the best answer to each question in the time provided.*

34. (a) how to improve one's reading skills
    (b) how to register for the seminar
    (c) how to become a better writer
    (d) how to put one's talent to good use

35. (a) They will exclusively teach the major categories.
    (b) They hired talented people to write their poems and stories.
    (c) They will focus on the main literary genres.
    (d) They have asked the best writers to conduct the seminar.

36. (a) during the final week of the seminar
    (b) every week of the seminar
    (c) every day for the first three weeks of the seminar
    (d) once every four weeks

37. (a) focusing on current events
    (b) being 100% imaginary
    (c) having a made-up story
    (d) not referring to actual people

38. (a) It has more patterns and schemes.
    (b) It is less strict in form.
    (c) It contains fewer verses and lines.
    (d) It has lesser rhymes.

39. (a) aspiring writers
    (b) playwrights
    (c) renowned poets
    (d) publishers

PART 3. *You will hear a conversation between two people. First you will hear questions 40 through 45. Then you will hear the conversation. Choose the best answer to each question in the time provided.*

40. (a) He doesn't have a house.
    (b) He needs to stay close to the school he will be attending.
    (c) He prefers city-living.
    (d) He wants to apply for a scholarship grant there.

41. (a) because dormitories are more secure than apartments
    (b) because dormitories have libraries
    (c) because the dormitory is near his school
    (d) because the school requires it

42. (a) the various social activities that the manager planned
    (b) the freedom to hold parties in the dorm
    (c) the cost of providing support services
    (d) the larger rooms available

43. (a) how Jack designs the apartment
    (b) whether Jack pays the rent
    (c) what Jack does in the apartment
    (d) whether the apartment is safe

44. (a) He must learn self-defense.
    (b) He has to commute to school daily.
    (c) He is forced to study more.
    (d) He needs to do the household chores.

45. (a) ask his dad for advice
    (b) live in a dormitory
    (c) stay in their house
    (d) rent an apartment

PART 4. You will hear an explanation of a process. First you will hear questions 47 through 52. Then you will hear the explanation. Choose the best answer to each question in the time provided.

46. (a) don't expect to get a loan quickly
    (b) apply for a loan in the shortest possible time
    (c) know who the bank director is
    (d) be familiar with the bank's processes

47. (a) inquiring about the bank's requirements
    (b) checking the bank's website
    (c) deciding how much money to borrow
    (d) preparing the necessary papers

48. (a) It helps the borrower find rates quickly.
    (b) It offers different websites.
    (c) It allows the borrower to retrieve important documents.
    (d) It aids the borrower in finding the nearest bank.

49. (a) so they can recover their losses in case the borrower can't pay
    (b) because it ensures that the borrower is rich
    (c) so it can take the place of the borrower's annual income
    (d) because it will lessen the amount to be paid for the loan

50. (a) The bank officer will add charges.
    (b) It will take longer for the loan to be approved.
    (c) The bank will not approve the application.
    (d) The bank officer will claim the borrower's collateral.

51. (a) checking one's credit standing
    (b) rushing the loan's approval
    (c) checking if one can get a loan
    (d) inspecting the details in the application form

52. (a) the listener's questions
    (b) how to take out a loan
    (c) how to get a pre-approval
    (d) the effects of getting a loan

THIS IS THE END OF THE LISTENING SECTION
DO NOT GO ON UNTIL TOLD TO DO SO

READING AND VOCABULARY SECTION

DIRCECTIONS :

You will now read four different passages. Each passage is followed by comprehension and vocabulary questions. From the four choices for each item, choose the best answer. Then blacken in the correct circle on your answer sheet.

Read the following example passage and example question.

Example:

> Bill Johnson lives in New York. He is 25 years old. He has four brothers and two sisters.
>
> How many brothers does Bill Johnson have?
>
> (a) one
> (b) two
> (c) three
> (d) four

The correct answer is (d), so the circle with the letter (d) has been blackened.

ⓐ ⓑ ⓒ ●

NOW TURN THE PAGE AND BEGIN

PART 1. Read the following biographical article, and answer the questions. The underlined words in the article are for vocabulary questions.

VICTOR HUGO

Victor Hugo was a French author of the Romantic era best known for his novels and poems. Regarded by many as the greatest French poet ever, he is one of the most influential literary figures of 19th century France. Abroad, he is most famous for *Les Misérables* and *The Hunchback of Notre Dame.*

Victor Hugo was born on February 26, 1802 in Besançon, France to Joseph-Léopold-Sigisbert Hugo, an officer in Napoleon Bonaparte's army, and Sophie Trébuchet. His parents' marriage was an unhappy one; and when they separated, his mother raised him solo. He attended the Collège Louis-le Grand from 1815 to 1818. There, he started writing verse tragedies and poetry.

In 1822, Hugo married Adèle Foucher, the daughter of an officer at the ministry of war. He also published his first collection of poems, *Odes Et Poésies Diverses,* which gained him a royal pension from King Louis XVIII. The successful publication was followed by several volumes of lyric poetry, most notably, *Les Contemplations* and *La Légende des Siècles.*

In 1827, Hugo wrote his first play, *Cromwell,* which was influenced by the ideals of Romanticism, an intellectual movement that emphasized emotions and the natural world. The play sparked a debate between the Romantics and the Classicists. Classicists were people who based their beliefs on the ideals of order, clarity, and rationality. Of all the plays that Hugo wrote, *The Hunchback of Notre Dame* was the most successful. It has been staged in theaters, and it became a worldwide movie blockbuster. Since its publication in 1831, the play has become a huge part of popular culture.

Later in life, Hugo became involved in politics. He was a firm supporter of the republican form of government and an advocate of social justice. He was elected to the Constitutional Assembly and the Legislative Assembly of France. In 1851, Hugo's life was endangered due to political disorder in France. He went into exile in Brussels, Jersey, and Guernsey. It was during this period that he wrote the epic masterpiece and historical novel, *Les Misérables.* When he returned to France from his self-imposed exile, he was elected senator.

Victor Hugo passed away on May 22, 1885. His funeral was attended by millions of people from all over France.

53. What is Victor Hugo known around the world for?

   (a) the many poems he authored
   (b) his political reforms
   (c) a literary play that he wrote
   (d) his Romantic ideals

54. When did his interest in writing begin?

   (a) during his stay at the university
   (b) when he married Adèle Foucher
   (c) immediately after his parents separated
   (d) after publishing his first set of poems

55. Based on the play *Cromwell,* what can probably be said about Hugo?

   (a) He was an environmentalist.
   (b) His writing expressed feelings rather than reason.
   (c) He was a systematic person.
   (d) His plays were based on real-life events.

56. Which of Hugo's works gained the most commercial success?

   (a) Les Misérables
   (b) Odes Et Poésies Diverses
   (c) Les Contemplations
   (d) The Hunchback of Notre Dame

57. Why did Hugo probably go into voluntary exile?

   (a) to ensure his own safety
   (b) so he could secure a seat in the Assembly
   (c) so he could finish his novel
   (d) to prepare for the elections

58. In the context of the passage, solo means _____.

   (a) separately
   (b) independently
   (c) patiently
   (d) alone

59. In the context of the passage, volumes means _____.

   (a) albums
   (b) sounds
   (c) books
   (d) amounts

PART 2. Read the following magazine article, and answer the questions. The underlined words in the article are for vocabulary questions.

FOUR-WINGED DINOSAUR FOUND IN CHINA

A team of Chinese and American scientists has discovered the fossil remains of a four-winged dinosaur which had fully developed feathers on both forelimbs and hind limbs. The discovery of the dinosaur, *Microraptor gui*, has provided compelling evidence that birds evolved from dinosaurs.

Paleontologist Xu Xing and his colleagues at Beijing's Institute of Vertebrate Paleontology and Paleoanthropology excavated the fossils from the Liaoning Province in northeastern China. Later analysis indicates that the dinosaur lived between 124 and 128 million years ago, and that it was an early form of *dromaeosaur,* a group of small to medium-sized feathered carnivores generally considered to be the ancestors of modern birds. Xing and his colleagues believe that the *Microraptor gui* reveals a previously unknown phase in the evolution of birds, from being small flightless dinosaurs with two feet to today's modern birds. They point to the fact that the dinosaur is remarkably similar to the *Archaeopteryx*, a bird that lived about 150 million years ago, and which is considered to be among the oldest known bird species. They suggest that the four-winged dinosaur is the most recent relative shared by both birds and dinosaurs.

The discovery of the *Microraptor gui* has also led scientists to come up with two competing hypotheses to explain the origin of flight. Some believe that ground-dwelling dinosaurs learned to fly from the "ground up," meaning that they had limbs designed for running, and forcefully flapped their front limbs to give them more power when running up steep slopes. The flapping provided enough lift to launch them into the air.

Xing and his colleagues support the "tree down" hypothesis, arguing that the long feathers on the *Microraptor gui*'s feet would hinder running. Instead, they believe that the *Microraptor gui* and other recent ancestors of birds learned to fly from the tree down. They suggest that these dinosaurs lived in trees and could glide from tree to tree. Naturally, gravity made flying down easier for them than flying up.

60. What feature of a newly discovered fossil shows that dinosaurs are the ancestors of birds?

    (a) Its skeleton resembled that of a bird's.
    (b) Its limbs had feathers.
    (c) It showed flying ability.
    (d) It had superior limbs similar to that of modern birds'.

61. What particular evolutionary step does the *Microraptor gui* help explain?

    (a) when modern birds coexisted with the *Archaeopteryx*
    (b) when dinosaurs acquired wings
    (c) when dinosaurs learned to fly
    (d) when birds began growing feathers

62. According to the "ground up" theory, how did some dinosaurs first take to the air?

    (a) by moving from tree to tree
    (b) by having fully-developed wings for flying
    (c) by making use of gravity to fly upward
    (d) by flapping their limbs for more efficient running

63. Why do some scientists believe that the *Microraptor gui* learned to fly from the "tree down"?

    (a) because it required less effort than flying upward
    (b) because its wings were designed for flying downward
    (c) because its heavy weight would have prevented any flying
    (d) because it was easier for it to flap its wings

64. What probably cannot be concluded about dinosaurs based on the article?

    (a) that they evolved gradually
    (b) that dinosaurs have emerged from birds
    (c) that they used to fly
    (d) that there are more species to be discovered

65. In the context of the passage, compelling means _____.

    (a) convincing
    (b) informative
    (c) central
    (d) massive

66. In the context of the passage, hypotheses means _____.

    (a) arguments
    (b) experiments
    (c) tales
    (d) ideas

PART 3. Read the following encyclopedia article, and answer the questions. The underlined words in the article are for vocabulary questions.

THE ACADEMY AWARDS

The Academy Awards, otherwise known as the Oscars, are a set of awards presented by the Academy of Motion Picture Arts and Sciences to recognize outstanding accomplishments in the American film industry. Winners receive a golden statuette commonly called the "Oscar." The first Academy Awards ceremony was held on May 16, 1929 at the Hollywood Roosevelt Hotel in Los Angeles, California. Since then, the annual event has been held.

In order for a film to be nominated, it must have been shown a year before the awards ceremony, that is, from 12:00 a.m. of January 1 of the previous year until 12:00 p.m. of December 31 of the same year. Furthermore, the film must be "feature-length," which means that it must run for at least 40 minutes. The film must also <u>observe</u> certain technical standards that include specifics about its size, speed, and format.

The award itself, officially known as the Academy Award of Merit, takes the form of a gold-plated statuette of a knight holding a crusader's sword and standing on a reel of film with five spokes. The spokes represent the five original branches of the Academy: actors, writers, directors, producers, and technicians. The bronze trophy stands 13.5 inches tall, weighs 8.5 pounds, and is plated with 24-karat gold.

It isn't <u>certain</u> how the award came to be known as the "Oscar." One story is that former Academy president Bette Davis named the statuette after her husband, Harmon Oscar Nelson. Another claim is that the Academy's former librarian, Margaret Herrick, commented that the figure reminded her of her "Uncle Oscar," and the name stuck. The name had become so popular by 1934 that a columnist referred to Katharine Hepburn's Best Actress award as an "Oscar." The Academy officially adopted the nickname in 1939.

The Academy Awards ceremony is among the most-watched film awards ceremonies in the world, despite criticism that the nominations and awards may largely be a result of film studios lobbying to include their material, rather than the quality of the material itself. Nevertheless, millions of viewers continue to tune in yearly to watch the elaborate show.

67. What is the purpose of the Academy Awards?

    (a) to present new members to the Academy
    (b) to promote the American movie business
    (c) to acknowledge achievers in the film industry
    (d) to introduce up-and-coming celebrities

68. How can a movie get nominated for an Academy Award?

    (a) by grossing high at the box office
    (b) by being released a day prior to the event
    (c) by being shown in selected theaters only
    (d) by taking no less than 40 minutes to watch

69. Which is the main figure featured in the Academy Award of Merit?

    (a) a Medieval soldier
    (b) the five fields of the Academy
    (c) a film reel with spokes
    (d) a gold-plated sword

70. When was the award formally called the "Oscar"?

    (a) when Bette Davis was president of the Academy
    (b) a decade after the awards ceremony was first held
    (c) after a journalist came up with the nickname
    (d) when Katharine Hepburn won best actress

71. What are critics probably saying about the Academy?

    (a) that its popularity is declining
    (b) that the films lack quality
    (c) that the ceremonies aren't worth watching live
    (d) that the awards aren't credible

72. In the context of the passage, observe means _____.

    (a) watch
    (b) follow
    (c) notice
    (d) respect

73. In the context of the passage, certain means _____.

    (a) told
    (b) known
    (c) clear
    (d) true

PART 4. Read the following business letter, and answer the questions. The underlined words in the letter are for vocabulary questions.

October 2, 2017

John Smith
Manager
Sphere Telecoms, Inc.

Dear Mr. Smith:

I am writing this letter to complain about the poor service that your company provides. I signed up for your telephone and Internet service package two months ago. Your advertisement claimed, among other things, the retention of the same phone number that I had while I was still using the services of another telecommunications company, the fastest Internet connection, and the most efficient technical support service. To date, however, none of these promises have been <u>fulfilled</u>.

First, one month into my subscription, I discovered that I could no longer make nor receive phone calls. This bothers me because I have paid all of my bills on time. I want to know if my old phone number is still working.

Second, why does it take me more than five minutes to open a website? Your advertisement claimed that your company provides the fastest Internet connection in the country.

Third, I have tried calling your technical support hotline <u>numerous</u> times; however, each time that I called, I either got a busy signal, or I was made to wait 15 minutes for a "technical support specialist" to take my call. When I finally did get to speak to someone, he promised that he'd fix the problems within the day. It's been more than a week, and the problems remain unsolved.

I would appreciate if these issues are resolved immediately. I would also like a refund of the money that I've already paid.

Respectfully yours,

Amanda Gray

74. Why is Amanda Gray writing to John Smith?

   (a) to ask about their Internet package
   (b) to apply for a new telephone number
   (c) to request that her Internet connection be fixed
   (d) to inform him of his company's poor service

75. When did she discover that she could not accept calls on her phone?

   (a) a month after signing up for the company's services
   (b) after checking the company's website
   (c) two months ago
   (d) after paying all of her bills

76. According to the technical support, how were they going to help her?

   (a) by keeping the hotline open
   (b) by solving her complaints
   (c) by sending someone to her house to check her connection
   (d) by fixing her telephone line

77. Which of the following is not one of the things that Gray is asking for?

   (a) to get back the money that she has paid
   (b) to be able to use her old phone number
   (c) to terminate her contract with the company
   (d) to be able to access websites quickly

78. Based on the letter, what is true about Amanda Gray?

   (a) She knows a lot about technical issues.
   (b) She is good friends with John Smith.
   (c) She is a new customer of Sphere Telecoms.
   (d) She has outstanding bills with Sphere Telecoms.

79. In the context of the passage, fulfilled means _____.

   (a) done
   (b) started
   (c) established
   (d) maximized

80. In the context of the passage, numerous means _____.

   (a) few
   (b) many
   (c) great
   (d) different

THIS IS THE END OF THE TEST

지텔프 코리아 공식지정

지텔프 바이블

LEVEL 2

General Tests of English Language Proficiency

초판 1쇄 발행 2018년 02월 05일
2쇄 발행 2019년 08월 10일
3쇄 발행 2020년 08월 15일
4쇄 발행 2020년 12월 10일

출제 G-TELP KOREA영어연구소
발행인 이향준
발행처 (주)법률저널
등록일자 2008년 9월 26일
등록번호 제15-605호
주소 151-862 서울 관악구 복은4길 50 (서림동 120-32)
대표전화 02)874-1144　**팩스** 02)876-4312
홈페이지 www.lec.co.kr
ISBN 978-89-6336-325-7
정가 29,000원

지텔프 코리아
공식지정

지텔프
바이블

LEVEL 2

General Tests of English Language Proficiency

실전모의고사
해설편

CONTENTS

이론+실전모의고사 문제편

PART 01
이론편

SECTION 01 지텔프 문법 ·········· 8
    CHAPTER 01 시제 ·········· 10
    CHAPTER 02 가정법 ·········· 18
    CHAPTER 03 준동사 ·········· 26
    CHAPTER 04 당위 표현 ·········· 35
    CHAPTER 05 조동사 ·········· 38
    CHAPTER 06 연결어/접속사 ·········· 43
    CHAPTER 07 관계대명사/관계부사 ·········· 47

SECTION 02 지텔프 청해 ·········· 52

SECTION 03 지텔프 독해 ·········· 58

SECTION 04 지텔프 어휘 ·········· 66

G-TELP
BIBLE

PART 02
문제편

모의고사 01 ·· 81
모의고사 02 ·· 105
모의고사 03 ·· 129
모의고사 04 ·· 153

실전모의고사 해설편

PART 03
해설편

모의고사 01 ·· 183
모의고사 02 ·· 221
모의고사 03 ·· 259
모의고사 04 ·· 297

G-TELP
BIBLE

해설편

G-TELP
B I B L E

모의고사

01

GRAMMAR SECTION

1. ⓒ	2. ⓓ	3. ⓐ	4. ⓓ	5. ⓐ	6. ⓑ	7. ⓒ	8. ⓐ	9. ⓑ	10. ⓓ
11. ⓓ	12. ⓒ	13. ⓐ	14. ⓑ	15. ⓓ	16. ⓑ	17. ⓒ	18. ⓐ	19. ⓑ	20. ⓓ
21. ⓐ	22. ⓒ	23. ⓓ	24. ⓑ	25. ⓐ	26. ⓑ				

LISTENING SECTION

Part 1	27. ⓒ	28. ⓑ	29. ⓓ	30. ⓐ	31. ⓒ	32. ⓓ	33. ⓑ
Part 2	34. ⓒ	35. ⓓ	36. ⓑ	37. ⓓ	38. ⓐ	39. ⓑ	
Part 3	40. ⓓ	41. ⓑ	42. ⓐ	43. ⓒ	44. ⓐ	45. ⓓ	
Part 4	46. ⓒ	47. ⓓ	48. ⓒ	49. ⓐ	50. ⓓ	51. ⓐ	52. ⓑ

READING AND VOCABULARY SECTION

Part 1	53. ⓑ	54. ⓓ	55. ⓒ	56. ⓑ	57. ⓓ	58. ⓑ	59. ⓐ
Part 2	60. ⓐ	61. ⓒ	62. ⓑ	63. ⓓ	64. ⓐ	65. ⓑ	66. ⓓ
Part 3	67. ⓒ	68. ⓑ	69. ⓓ	70. ⓐ	71. ⓒ	72. ⓑ	73. ⓐ
Part 4	74. ⓒ	75. ⓑ	76. ⓐ	77. ⓓ	78. ⓒ	79. ⓑ	80. ⓑ

GRAMMAR SECTION
Question 1-26

1.
정답 (c)

해석 Sara는 그녀가 매우 바쁘기 때문에 지금 방해받고 싶지 않다고 말한다. 그녀의 저녁 파티가 세 시간 내에 시작되는데, 그녀는 여전히 그녀의 특별 손님들을 위한 저녁상을 준비하고 있는 중이다.

해설 시제를 묻는 유형이다. 우선 첫 문장에서 동사들이 모두 현재형으로 쓰여 있고 'right now'라는 현재를 나타내는 시간 표현도 사용되었음을 볼 수 있다. 빈칸 문장에서 'starts in less than three hours'는 현재 시제로 서술되기는 했지만 가까운 미래의 일을 나타내는 표현이다. 문맥상 '파티가 시작되려면 세 시간도 안 남았는데, 그녀는 여전히 준비 중이다'가 되는 것이 적절하므로 현재진행형이 사용되어야 한다.

2.
정답 (d)

해석 교수님이 Martin에게 질문에 답을 하라고 했지만, 그는 뭐라고 답해야할지 몰랐다. 만약 그가 그 강의에 집중을 했었더라면, Martin은 모든 수강생들 앞에서의 창피함을 피할 수 있었을 것이다.

해설 가정법을 묻는 유형이다. 우선 빈칸이 있는 문장에 if 절이 포함되어 있는데, if 절의 시제가 과거완료(had paid)이기 때문에 이 문장이 가정법 과거완료 시제라고 추론이 가능하다. 가정법 과거완료 문장에서 주절 동사는 'would/should/could/might + V현재완료'의 형식으로 쓰이기 때문에 (d)가 정답이다. 의미를 따져볼 경우 가정법 과거완료 문장임을 더 확실하게 알 수 있다. 실제 사실은 (과거에) 그가 강의에 집중을 하지 않았으며, 창피함을 당했다는 것이다. 그런데 빈칸 문장은 강의에 집중했던 경우를 가정하고 있으므로(과거 사실의 반대), 가정법 과거완료 시제로 서술해야 한다.

3.
정답 (a)

해석 소방대원들은 여전히 47번가의 큰 자동차 충돌 사고로 인해 발생한 잔해를 치우는 중이다. 그 동안, 경찰들은 오토바이 운전자들에게 사고 현장 주변의 교통체증을 피하기 위해 대체 경로를 이용하라고 권고하고 있다.

해설 연결어/접속사를 묻는 유형이다. 문맥상 소방대원들이 사고 잔해를 치우는 것과 운전자들에게 권고를 하는 것은 동시에 이루어지고 있는 상황이므로, 'in the meantime(그 동안)'이 들어가는 것이 적절하다. 따라서 정답은 (a)이다.

4.
정답 (d)

해석 일전에 내가 The Truman Show를 보고 있었는데 그때 재밌는 생각이 떠올랐다. (직역: 재밌는 생각이 떠올랐을 때 나는 The Truman Show를 보고 있었다.) 만약 내 인생이 그 영화에서와 같이 리얼리티 쇼라면, 그 쇼는 내 따분한 성격 때문에 분명히 (방영이) 취소될 것이다.

해설 가정법을 묻는 유형이다. 우선 빈칸이 있는 문장에 if 절이 포함되어 있는데, if 절의 시제가 단순과거(were)이기 때문에 이 문장이 가정법 과거 시제라고 추론이 가능하다. 가정법 과거 문장에서 주절 동사는 'would/should/could/might + V원형'의 형식으로 쓰이기 때문에 (d)가 정답이다. 의미를 따져볼 경우 가정법 과거 문장임을 더 확실하게 알 수 있다. 실제 사실은 (현재에) 내 인생은 영화와 같은 리얼리티 쇼가 아니며, 따라서 방영 취소될 일도 없다는 것이다. 그런데 빈칸 문장은 내 인생이 리얼리티 쇼일 경우를 가정하고 있으므로(현재 사실의 반대), 가정법 과거 시제로 서술해야 한다.

5. 정답 (a)

해석 Helga의 아버지는 프로 볼링선수이고, 그녀도 그 운동을 배우고 싶어 한다. 그는 그녀에게 그 운동을 실제로 해보기 전에 먼저 볼링 레인의 서로 다른 기름칠 상태에 대해 공부를 하라고 조언하고 있다.

해설 당위 표현을 묻는 유형이다. 빈칸 문장의 주절 동사가 'advise'이고, 내용상으로도 Helga의 아버지가 그녀에게 '운동을 하기 전에 먼저 공부를 해야 한다'고 조언하고 있는 것이므로, that절의 주어 she 다음에 should가 생략되어 있는 것으로 보아야 한다. 따라서 동사 원형인 (a)가 정답이다. that절의 주어가 3인칭 단수인 she이기 때문에 (c)를 오답으로 유도하는 전형적인 당위 표현 문제 유형이다.

6. 정답 (b)

해석 John Wojtowicz는 애인의 성전환 수술 비용을 대기 위해 은행을 턴 미국의 범죄자이다. Wojtowicz가 경찰에 의해 체포되었을 때, 그는 일곱 명의 은행 직원들을 14시간 동안 인질로 붙잡고 있었다.

해설 시제를 묻는 유형이다. 'by the time'은 완료시제와 자주 함께 쓰이는 시간 표현이다. 또한 'for+일정 기간'도 일정한 기간 동안에 동작이 지속되었음을 나타내는 완료 시제와 자주 함께 쓰이는 표현이다. 따라서 빈칸에는 완료시제가 들어가야 함을 알 수 있다. 그런데 'hold'라는 동작의 지속 종료 시점인 by the time 절의 시제가 과거이다. 즉, 'hold'라는 동작은 먼 과거에서부터 가까운 과거(경찰에 체포될 때)까지 지속되었던 것이다. 따라서 정답은 과거완료진행시제 (b)이다.

7. 정답 (c)

해석 Nikki는 모로코에서의 인턴쉽이 삼 일 남아있는데, 그녀는 그녀의 새로운 친구들을 떠나야하는 것에 대해 슬퍼하고 있다. 그녀는 만일 기회가 주어진다면 분명히 더 오래 머무를 것이지만, 그녀의 인턴쉽 비자는 일주일 내로 만료될 것이다.

해설 가정법을 묻는 유형이다. 우선 빈칸이 있는 문장에 if 절이 분사구문 형태이기 때문에 시제를 파악하기 조금 어려웠을 수 있다. 분사구문으로 바꾸기 이전의 if절은 'if she were given the opportunity'이다. if는 남겨두고 주어와 be 동사를 생략한 형태가 문제의 'if given the opportunity'이다. 이 절의 시제가 단순과거(were given)이기 때문에 이 문장이 가정법 과거 시제라고 추론이 가능하다. 가정법 과거 문장에서 주절 동사는 'would/should/could/might + V원형'의 형식으로 쓰이기 때문에 (c)가 정답이다. 의미를 따져볼 경우 가정법 과거 문장임을 더 확실하게 알 수 있다. 실제 사실은 인턴쉽 비자가 만료될 것이기 때문에(현재에) 그녀에겐 기회가 주어지지 않으며, 따라서 더 머무를 수 없다는 것이다.

8. 정답 (a)

해석 Gary는 창업을 하기 위해 최근 정비공 일을 그만두었다. 만약 은행이 그의 소규모 창업 대출 신청을 승인한다면, Gary는 올해 말에 그의 가게를 열 것이다.

해설 연결어/접속사를 묻는 유형이다. 문맥상 은행이 Gary의 대출 신청을 승인해주는 것이 그가 올해 말에 가게를 열 수 있는 조건이라고 볼 수 있다. 따라서 (a)가 정답이다. 'provided that'은 '~가 전제된다면'이라는 의미로, 'if'와 비슷하다고 생각하면 된다. 참고로 이 빈칸 문장은 가정법 문장이 아닌 조건법 문장이다. 'provided that'절에서 가정하는 내용이 현실과 반대의 사실, 혹은 가능성이 거의 없는 사실이 아니라, 충분히 발생할 수 있을 것이라 생각되는 사실이기 때문이다.

9. 정답 (b)

해석 어린 치타들은 본능적으로 부끄럼이 많다, 그래서 사육사들은 때때로 그들을 강아지들과 함께 기른다. 그들과(강아지들과) 교류하면서, 치타들은 개들의 지배적인 특성들을 따라하도록 장려된다. 이러한 방법은 사육되고 있는 치타들이 새끼를 잘 낳을 수 있는 데에 도움을 주어오고 있다.

해설 준동사를 묻는 유형이다. 'encourage'는 to 부정사를 목적어로 취하는 동사이기 때문에 정답은 (b)이다.

10. 정답 (d)

해석 네 살 박이 Chloe는 루돌프가 정말로 산타클로스의 순록들 중 하나인지 궁금해 한다. 그녀의 엄마는 그녀에게 "크리스마스 전날 밤이었다"를 읽어주었고, 거기에서 언급된 순록들 중에서, 그녀는 빨간 코의 날아다니는 순록(카리부:북미산 순록)에 대해서 들은 것을 기억하지 못한다.

해설 준동사를 묻는 유형이다. 동사 'recall'은 여기에서 '(과거의 일을) 기억하다/회상하다'의 의미이며, 목적어로 동명사를 취한다. 따라서 정답은 (d)이다. 참고로 reindeer는 복수형이 단수형과 형태가 같다.

11.
정답 (d)

해석 Paul은 그가 싫어하는 사람과 함께 작업을 하게 되었다. 왜냐하면 역사 프로젝트의 짝이 알파벳 순으로 정해졌기 때문이다. 만약 자신의 짝을 자유롭게 고를 수 있었더라면, 그는 그의 옆 자리인 Ezra를 선택했을 것이다.

해설 가정법을 묻는 유형이다. 우선 빈칸이 있는 문장에 if 절이 포함되어 있는데, if 절의 시제가 과거완료(had been)이기 때문에 이 문장이 가정법 과거완료 시제라고 추론이 가능하다. 가정법 과거 문장에서 주절 동사는 'would/should/could/might + V현재완료'의 형식으로 쓰이기 때문에 (d)가 정답이다. 의미를 따져볼 경우 가정법 과거 문장임을 더 확실하게 알 수 있다. 실제 사실은 (과거에) Paul의 반 학생들은 자유롭게 짝을 정할 수 없었으며, 그는 Ezra를 짝으로 고르지 못한 것이다. 그런데 빈칸 문장은 자유롭게 짝을 고를 수 있었을 경우를 가정하고 있으므로(과거 사실의 반대), 가정법 과거완료 시제로 서술해야 한다.

12.
정답 (c)

해석 해외개발연구소(ODI)는 전세계의 인도주의적인 명분들에 헌신하는 독립 기구이다. 그것의 설립 이래로, ODI는 개발도상국 국민들이 지속 가능한 생계 수준을 달성할 수 있도록 반 세기동안 도와오고 있다.

해설 시제를 묻는 유형이다. 빈칸이 있는 문장에 'since+특정시점'이라는 시간표현이 있는데, 이는 완료시제와 자주 함께 쓰이는 표현이다. 같은 문장의 'for over half a century'이다. 문맥상 'help'라는 동작이 ODI의 설립이라는 과거 시점으로부터 현재에까지 지속되고 있는 것이므로 현재진행시제인 (c)가 정답이다. 이 문장의 'now'를 보고 단순 현재 시제를 답으로 골랐을 수도 있을 것이다. 그러나 여기에서 'now'는 사람들을 도와온 지 '이제' 반세기가 되었다는 것을 강조하기 위해 쓰인 것이다.

13.
정답 (a)

해석 도그리어는 사용자가 2500명도 안 되는데 이제 공식 멸종위기 언어 목록에 올라와 있다. Tɬɪchǫ라는 캐나다의 부족에 의해서 사용되는, 이 언어를 보존하는 것을 돕는 한 가지 방법은 음악적인 이야기들을 사용해서 아이들에게 그것을 가르치는 것이다.

해설 관계대명사를 묻는 유형이다. 빈칸 문장의 구조를 분석해보면, 'Spoken by the Canadian tribe, Tɬɪchǫ,'까지가 분사구문이고, 'one of the ways'가 주어, 빈칸 뒤의 'is'가 주절 동사이다. 빈칸은 주어와 동사의 사이에 위치하여 있고, 그 앞의 주어를 보충설명해주는 기능을 하는 관계사 절이 들어가야 한다. 우선 빈칸 앞의 선행사가 'one of the ways'이므로, 그 다음에 올 수 있는 관계사로는 that이나 which를 고려해볼 수 있다. 그런데 '그 언어를 보존하는 것을 돕기 위한 한 방법'으로 해석되기 위해서는 (a)가 적절하다. 빈칸에 (b)가 들어가게 되면 'one of the ways'가 'preserve'의 목적어가 되어버려 의미상 어색한 문장이 된다.

14.
정답 (b)

해석 다양한 문화들을 경험하면서 시간을 보내온 학생들은 일터에서 가치가 높은 국제적인 관점을 가지고 있다. 따라서 학생은 직장을 구할 때에 가능성을 높이기 위해서 여행을 많이 하는 것이 바람직하다.

해설 당위 표현을 묻는 유형이다. 문맥상 화자가 '학생들은 여행을 많이 하여야 한다'고 주장하는 내용이고, 빈칸 문장이 'It is recommended that S'의 형태이기 때문에 that절 주어 다음에 should가 생략되어 있는 것임을 파악할 수 있다.

15.
정답 (d)

해석 제 기사들 중에서 직접적으로 당신의 인격을 공격하는 것이 있는지 찾아보세요. 만일 당신이 그러한 단락 하나라도 제시할 수 없다면, 저는 당신의 협회에 대해서 제 명예훼손 소송을 제기하는 것을 고려하겠습니다.

해설 준동사를 묻는 유형이다. 동사 'comtemplate(~를 고려하다, 생각하다)'는 목적어로 동명사를 취하므로 정답은 (d)이다. 참고로 여기에서 'file'은 소송을 제기한다는 의미이다.

16.　　　　　　　　　　　　　　정답 (b)

해석 어제 별이 빛나는 밤하늘을 올려다보면서, Nina는 그녀가 장거리 연애를 계속해나가는 것과 관련하여 올바른 선택을 한 것인지에 관해 깊게 생각했다. 그녀는 그녀의 남자친구가 바로 그 순간에 무엇을 하고 있을지를 궁금해 했다.

해설 시제를 묻는 유형이다. 빈칸 문장의 'at that exact moment'는 '바로 그 순간에'라고 해석될 수 있으며, 진행시제와 어울린다. 그런데 제시문의 문장들이 전체적으로 과거 시제로 쓰여 있고, 빈칸 문장의 주절 시제도 과거이므로 what이 이끄는 절의 시제도 주절에 시제를 일치시켜 과거 완료시제로 써야 한다. 따라서 정답은 (b)이다.

17.　　　　　　　　　　　　　　정답 (c)

해석 Lily는 그녀의 카드와 현금이 들어있는 가방을 찾을 수 없어서 제정신을 차릴 수 없게 되려고 하고 있다. 그러나 그녀의 사무실 동료는 그녀가 그것을 그냥 집에 두고 온 것일 수도 있다고 추측하고 있다.

해설 조동사(+have p.p)를 묻는 유형이다. 우선 'will have p.p'는 미래완료 시제의 형태이고, 'can have p.p'와 같은 표현은 쓰이지 않는다 ('cannot have p.p'는 강한 부정 추측의 의미로 사용됨). 'would have p.p'는 기본적으로 과거 사실에 대한 추측을 나타내면서 후회의 어감을 가지기도 한다. 'may have p.p'는 과거 사실에 대한 약한 추측을 나타낼 때 사용된다. 문제에서 Lily의 사무실 동료는 Lily가 가방을 잃어버렸다는 사실만 알고 있는 상태에서, 확실한 근거 없이 그것을 집에 두고 온 것이 아닐까 추측하고 있다. 따라서 이 경우에는 약한 정도의 추측을 나타내는 'may have p.p(~였을 수도 있다)'가 들어가는 것이 적절하므로, 정답은 (c)이다.

18.　　　　　　　　　　　　　　정답 (a)

해석 내 동료와 나는 당신이 우리의 보고에 귀중한 정보를 제공해주심으로써 도움을 주신 것에 정말 감사하고 있습니다. 만일 그녀가 다른 도시에서 열리는 긴급한 회의에 가기 위해 떠나지 않았더라면, 나는 그녀가 감사함을 직접 표현하였을 것이라고 확신합니다.

해설 가정법을 묻는 유형이다. 우선 빈칸이 있는 문장에 if 절이 포함되어 있는데, if 절의 시제가 과거완료(had not left)이기 때문에 이 문장이 가정법 과거완료 시제라고 추론이 가능하다. 가정법 과거완료 문장에서 주절 동사는 'would/should/could/might + V현재완료'의 형식으로 쓰이기 때문에 (a)가 정답이다. 의미를 따져볼 경우 가정법 과거 문장임을 더 확실하게 알 수 있다. 실제 사실은 (과거에) 그녀가 긴급한 회의에 참석하기 위해 떠났고, 개인적으로 감사를 표하지 못했다는 것이다. 그런데 빈칸 문장은 그녀가 떠나지 않았을 경우를 가정하고 있으므로(과거 사실의 반대), 가정법 과거완료 시제로 서술해야 한다.

19.　　　　　　　　　　　　　　정답 (b)

해석 Kara는 면허를 가진 의사가 된 지 오래 되었음에도 불구하고, 여전히 산부인과 진료를 할 때에 불안함을 느낀다. 그것은 의사가 두 사람(: 어머니와 태어나지 않은 아기)의 생명을 고려해야 하는 유일한 의학 분야이다.

해설 준동사를 묻는 유형이다. 'need +to 부정사'는 '~해야한다, ~할 필요가 있다'는 의미이다.

20.　　　　　　　　　　　　　　정답 (d)

해석 나의 마지막 구직 면접은 상당히 재미있었다. 몇몇 질문들은 가상의 상황을 설정하는 것이었다. 예를 들면, 면접관은 나에게 이렇게 물었다, "만약 당신이 복권에 당첨된다면, 무엇을 제일 먼저 사시겠습니까?"

해설 가정법을 묻는 유형이다. 우선 빈칸이 있는 문장에 if 절이 포함되어 있는데, 주절의 동사가 'would + V원형'의 형식으로 쓰여 있으므로 이 문장이 가정법 과거 시제라고 추론이 가능하다. 가정법 과거 문장에서 if 절 동사는 V단순과거의 형식으로 쓰이기 때문에 (d)가 정답이다. 의미를 따져볼 경우 가정법 과거 문장임을 더 확실하게 알 수 있다. 실제 사실은 (현재에) 당신이 복권에 당첨되지 않는다는(당첨될 확률이 현저히 낮음) 것이다. 그런데 빈칸 문장은 복권에 당첨될 경우를 가정하고 있으므로(현재 사실의 반대), 가정법 과거 시제로 서술해야 한다.

21. 정답 (a)

해석 Carrie의 아버지는 그녀를 6시에 음식점에서 만나기로 약속했다. 지금은 6:30인데, 그녀의 아버지는 아직 도착하지 않았다. 30분이 더 지나면, Carrie는 꼬박 한 시간 동안을 기다린 것이 될 것이다.

해설 시제를 묻는 유형이다. 빈칸 문장에서 'for+일정 시간'은 완료시제와 자주 함께 쓰이는 시간 표현이다. 앞 문장을 통해 Carrie가 아버지를 기다리고 있는 것이 현재에 발생중인 사실임을 알 수 있다. 빈칸 문장의 'In thirty more minutes'은 'wait'라는 동작이 지속될 미래의 시점을 나타낸다. 따라서 미래 시점까지 동작이 지속됨을 나타내줄 수 있는 미래완료진행 시제 (a)가 정답이다.

22. 정답 (c)

해석 지난주에, Andrea의 조부모님이 그녀를 보러 멕시코에서 오셨다. 그들은 Adrea가 미국에서 태어나고 길러졌음에도 불구하고, 그녀가 스페인어를 꽤 잘 한다는 것을 알고 무척 기뻤다.

해설 조동사를 묻는 유형이다. 문맥상 Andrea의 조부모님은 Andrea가 스페인어를 잘 '할 수 있어서' 기뻐한 것이므로 능력을 나타내는 조동사 could가 빈칸에 들어가는 것이 적절하다. 여기에서 could는 can의 과거형으로 주절과 시제가 일치된 것이다.

23. 정답 (d)

해석 직장 동료들은 함께 일하는 데에 많은 시간을 보내기 때문에, 그 중 일부는 피치 못하게 연애 관계를 시작하게 될 수도 있다. 이런 상황으로부터 문제들이 발생하고, 일부 회사들은 직원들이 사내 연애를 피할 것을 지시한다.

해설 당위표현을 묻는 유형이다. 빈칸 문장의 주절 동사가 'direct(지시하다)'이고, 의미상으로도 일부 회사들이 '직원들이 사내 연애를 피해야 한다'고 하는 것이므로 that절의 주어 'their employees' 뒤에 should가 생략되어 있는 것으로 보아야 한다. 따라서 동사 원형인 (d)가 정답이다.

24. 정답 (b)

해석 고양이는 자신의 좁은 통로를 지나갈 수 있는 능력을 자신의 수염을 가지고 판단한다. 따라서 고양이의 타고난 운동 신경을 망치지 않기 위해서는 고양이의 수염을 다듬지 않는 것이 권고된다.

해설 준동사를 묻는 유형이다. 동사 'avoid'는 목적어로 동명사를 취하기 때문에 정답은 (b)이다.

25. 정답 (a)

해석 회사의 공석을 가능한 최고의 인력으로 충원하기 위해서, 회사들은 오늘날 자격을 갖춘 지원자들을 탐색하는 과정을 확대하고 있다. 일부는 고용 절차를 아웃소싱하기도 하고, 또 다른 회사들은 심지어 대학 등록금을 내줄 회사를 찾는 고등학생들을 타겟으로 삼기도 한다.

해설 관계대명사를 묻는 유형이다. 빈칸 앞의 선행사가 'high school students'이므로 그 다음에 올 수 있는 관계대명사로는 who와 that이 있다. 의미상 '고등학생들이 대학 등록금을 내줄 회사를 찾는'것이므로 주격 관계대명사절인 (a)가 정답이다. 빈칸에 (d)가 들어가게 되면 'looking for'의 목적어가 'high school students'가 되어 해석이 어색해진다.

26. 정답 (b)

해석 Claire는 오늘 그녀가 가장 좋아하는 하늘색 자켓을 입고 출근했다. 그녀는 두 시간동안 중요한 고객에게 광고 전략을 발표할 것이다. 따라서 모든 것이 완벽해야만 한다.

해설 시제를 묻는 유형이다. 문맥상 Claire가 광고 전략을 발표하는 것은 오늘 이따 발생할 일이다. 따라서 미래진행 시제인 (b)가 정답이다. 빈칸 문장에 'for two hours'를 보고 완료 시제인 (a)를 답으로 골랐을 수도 있다. 그러나 'for+일정 시간'이 완료시제와 자주 함께 쓰이기는 하지만 반드시 그런 것은 아니다. 현재완료 진행시제가 쓰이기 위해서는 해당 동작이 과거에서부터 현재까지 계속되어 현재 진행 중이어야 한다. 그러나 문맥상 Claire는 발표를 아직 시작하지도 않은 상태이다.

LISTENING SECTION
Question 27-52

Part 1.

Now listen to the questions.

27: Why is Jay surprised to see Anna?
28: What will Jay do after he graduates from college?
29: How does Jay know that Thompson Residence Hall is a good place for Anna to stay?
30: What does Jay think of typical students from prominent universities?
31: What does Anna most likely have to do for the current semester?
32: According to Jay, why is Humanities professor Jack Williams popular with students?
33: What is Anna inviting Jay to do on Sunday?

Now you will hear the conversation.

[F] Hi, Jay!

[M] Anna? Is that you?

[F] Yes, it's me! You look surprised. Don't you recognize your cousin anymore?

[M] (Laughs) Of course, I recognize you. 27) It's just I didn't expect to see you here. I didn't know you were attending Coolidge State University, too.

[F] Well, I've just enrolled here, and I've already survived my first few weeks in college.

[M] That's good to know!

[F] Yeah… so, how has it been? This is your final year in college, right?

[M] It is. 28) Immediately after graduation, I will be flying to Chicago to live there permanently. You see, I was hired by a large

---

이제 문제를 들려드립니다.

27: Jay는 Anna를 보고 왜 놀랐는가?
28: Jay는 대학을 졸업하고 무엇을 할 예정인가?
29: Jay는 Thompson Residence Hall이 Anna가 살기 좋은 장소라는 것을 어떻게 아는가?
30: Jay는 전형적인 명문대 학생들에 대하여 어떤 생각을 가지고 있는가?
31: Anna가 이번 학기에 해야 할 가능성이 가장 높은 일은 무엇인가?
32: Jay에 따르면, 인문학 교수 Jack Williams이 학생들에게 인기가 많은 까닭은 무엇인가?
33: Anna가 Jay에게 일요일에 초대한 일은 무엇인가?

이제 대화를 들려드립니다.

[F] 안녕, Jay!

[M] Anna, 너 맞니?

[F] 응, 나 맞아! 너 놀란 것 같다. 이제 네 사촌도 못 알아보는 거니?

[M] (웃음) 물론 알아보지. 27) 그냥 여기서 너를 볼 것이라고 예상하지 못해서 그래. 너도 Coolidge State University에 다니는 줄은 몰랐네.

[F] 음, 나는 여기에 막 등록했어. 그리고 벌써 대학에서의 처음 몇 주를 막 버텨낸 참이야.

[M] 좋은 소식이다!

[F] 응… 그래서, 어떻게 지냈어? 올해가 네가 대학에서 보내는 마지막 해 맞지?

[M] 맞아. 28) 졸업을 하자마자 나는 Chicago에 가서 계속 살 예정이야. 나는 큰 마케팅기업에 취직을 했는데 거기서 마케팅 업무를 관리할 예정

marketing firm to manage their marketing operations. It's a great opportunity for me to start my career in this field. How about you? How have your first weeks in college been?

[F] Well, I'm still adjusting to every aspect of life in the university, but it's been fun so far.

[M] It's good to hear that. Where are you staying now?

[F] I'm staying at the Thompson Residence Hall. I go home only on weekends.

[M] Oh, I see. 29) The Thompson is a good place to stay. I've been there a few times. I have friends and classmates who used to stay at the Thompson. I never lived there, though.

[F] That's too bad. You would have liked it at the Thompson. It's quite clean and the rooms are very cozy. It has a lot of facilities like study areas, entertainment areas, a tennis court, and a basketball court. Also, everyone there is very friendly.

[M] I think you would find that true for all the students in this university.

[F] I'm glad to hear that. It would be nice to have more friends.

[M] Yeah. 30) You'll notice that generally, students here are very relaxed, open, and accommodating. They're mostly not the arrogant types that are typical of students from prestigious universities.

[F] That's quite reassuring.

[M] It is. How about your academics? How have you been coping so far?

[F] Pretty well, I guess. 31) For this semester, I need to pass six courses. I have no major courses yet.

[M] That's normal. So, where are you headed to now?

[F] Oh, I'm on my way to my Humanities class with Professor Jack Williams. Do you know him?

[M] Professor Williams? Of course! Do you know that he's quite popular in the university? Every semester, you would be surprised that his classes are always well attended. 32) He's a widely acclaimed playwright and novelist, and a lot of his students think he's brilliant.

[F] I agree, he's one of the most brilliant teachers I've met. Have you ever attended any of his classes?

[M] Unfortunately, I haven't. But I've heard so much about him. I hope I could join his class next semester. What's your major, by the way?

이거든. 이 분야에서 내 직장생활을 시작하는 것이 내겐 아주 좋은 기회거든. 너는 어때?

[F] 음, 나는 아직 대학 생활에 적응중이야. 그렇지만 아직까진 재미있어.

[M] 잘됐네. 지금 어디에 사니?

[F] 나는 Thompson Residence Hall에 살고 있어. 집에는 주말에만 가고.

[M] 아하. 29) Thompson Residence Hall은 살기 좋은 곳이지. 나도 거기에 몇 번 가봤어. 내 친구들과 동기들이 예전에 그곳에 살았었거든. 내가 거기서 살아본 적은 없지만.

[F] 안됐다. (살아봤었더라면) the Thompson에서 사는 걸 좋아했을 텐데. 거기는 아주 깨끗하고 방들은 무척 아늑하거든. 학습 공간이나, 오락 공간, 테니스장, 농구 코트 같은 시설들도 많이 있어. 또, 거기 사람들은 모두 친절하고.

[M] 내 생각에 너는 곧 이 대학 학생들 모두가 그렇다고 느낄 거야.

[F] 그렇다니 기쁘다. 친구들을 더 사귀게 되면 좋을 것 같아.

[M] 맞아. 30) 너는 이곳 학생들이 대체적으로 매우 편안하고, 개방적이고, 또 협조적이라는 것을 알게 될 거야. 그들은 보통 전형적인 명문대생들처럼 오만한 타입들은 아니거든.

[F] 그것 참 다행이다.

[M] 맞아. 공부는 좀 어때? 잘 하고 있어?

[F] 내 생각엔 꽤 괜찮아. 31) 이번 학기에 나는 강의 여섯 개를 패스해야 돼. 아직 전공 수업은 없고.

[M] 평범하네. 그래서, 지금은 어디에 가니?

[F] 아, 나는 지금 내가 듣는 인문학 수업의 Jack Williams 교수님을 뵈러 가는 길이야. 그를 알고 있니?

[M] Williams 교수님? 물론이지! 그가 이 대학에서 상당히 유명하다는 거 알고 있니? 매 학기마다, 너는 그분의 수업들의 출석률이 늘 무척 높다는 사실에 놀랄 거야. 32) 그분은 널리 호평을 받는 희곡가이시자 소설가시고, 많은 학생들이 그분을 대단하게 생각하거든.

[F] 나도 동의해. 그는 내가 이제껏 만나본 선생님들 중 가장 뛰어나신 분들 중 하나셔. 그의 수업들을 들어본 적 있니?

[M] 안타깝게도, 안 들어봤어. 그렇지만 나는 그분에 대해서 무척 많이 들어봤어. 다음 학기에는 그분 수업을 들을 수 있으면 좋겠다. 그나저나, 네 전공은 뭐니?

F	It's Biology.		F	생물학이야.
M	That's a good choice.		M	좋은 선택이다.
F	Thanks. Jay. I'd better hurry to my class now. 33) Why don't you come over for lunch on Sunday?		F	고마워. Jay, 나는 이제 수업을 들으러 서둘러 가야겠다. 33) 일요일에 점심을 먹으러 오는 게 어때?
M	Sure, Anna. That would be great! I haven't seen Aunt Margaret and Uncle George for some time!		M	물론이지, Anna. 완전 좋아! Margaret 고모와 George 삼촌을 못 뵌 지 오래 됐네!

27.

정답 (c)

Why is Jay surprised to see Anna?

(a) He didn't recognize her at once.
(b) He thought that she was in Chicago.
(c) He thought she was studying elsewhere.
(d) He was expecting to see someone else.

Jay는 Anna를 보고 왜 놀랐는가?

(a) 그는 그녀를 한 번에 알아보지 못했다.
(b) 그는 그녀가 Chicago에 있는 줄 알았다.
(c) 그는 그녀가 다른 데서 공부하는 줄 알았다.
(d) 그는 다른 사람을 볼 예정이었다.

해설 Jay는 Anna가 Coolidge State University에 다니는 줄은 몰랐기 때문에 그녀를 학교에서 마주쳐서 놀란 것이다. 따라서 (c)가 정답이다. 사촌도 못 알아보냐는 질문에 Jay가 물론 알아본다고 대답했기 때문에 (a)는 오답이다. 지문에서 Chicago가 언급되기는 했으나, Jay가 졸업 후에 Chicago에 가서 일할 것이라는 맥락이었으므로 (b)도 오답이다.

28.

정답 (b)

What will Jay do after he graduates from college?

(a) apply to different marketing firms
(b) work for a marketing company
(c) take a post-graduate course in marketing
(d) manage his own marketing firm.

Jay는 대학을 졸업하고 무엇을 할 예정인가?

(a) 다른 마케팅기업에 지원하기
(b) 마케팅기업에서 일하기
(c) 마케팅학 대학원 수업 듣기
(d) 자신의 마케팅기업을 경영하기

해설 Jay는 졸업 후의 계획과 관련하여 "졸업을 하자마자 나는 Chicago에 가서 계속 살 예정이야. 나는 큰 마케팅기업에 취직을 했는데 거기서 마케팅 업무를 관리할 예정이거든. 이 분야에서 내 직장생활을 시작하는 것이 내겐 아주 좋은 기회거든."이라고 말했다. 이를 통해 정답이 (b)임을 알 수 있다. Jay는 이미 한 마케팅기업에 취직을 한 상태이므로 (a)나 (d)는 오답이다.

29.

정답 (d)

How does Jay know that Thompson Residence Hall is a good place for Anna to stay?

(a) by having lived there previously
(b) by hearing about it from friends
(c) by listening to Anna talk about the place
(d) by visiting friends who used to live there

Jay는 Thompson Residence Hall이 Anna가 살기 좋은 장소라는 것을 어떻게 아는가?

(a) 그곳에서 최근에 살았기 때문에
(b) 친구들로부터 관련된 이야기를 들어서
(c) Anna가 그 곳에 말하는 것을 들어서
(d) 그곳에 살았던 친구들을 방문해서

> **해설** Jay는 자신의 친구들과 동기들이 Thompson Residence Hall에 살았었기 때문에 그곳에 몇 번 가보았다고 말했으므로 정답은 (d)이다. Jay가 Thompson Residence Hall에 직접 살았던 적은 없다고 하였으므로 (a)는 오답이다.

30.

정답 (a)

What does Jay think of typical students from prominent universities?

(a) that they are not very friendly
(b) that they are too helpful
(c) that they don't have time to relax
(d) that they are easy to talk to

Jay는 전형적인 명문대 학생들에 대하여 어떤 생각을 가지고 있는가?

(a) 그들은 대체로 썩 친절하지 않다.
(b) 그들은 너무 도움이 된다.
(c) 그들은 쉴 시간이 없다.
(d) 그들은 말을 걸기가 쉽다.

> **해설** Jay는 학교 학생들에 대하여 "너는 이곳 학생들이 대체적으로 매우 편안하고, 개방적이고, 또 협조적이라는 것을 알게 될 거야. 그들은 보통 전형적인 명문대생들처럼 오만한 타입들은 아니거든."이라고 말했다. 이를 통해 Jay는 전형적인 명문대생들은 오만하며, 이곳 학생들처럼 편안하거나, 개방적이거나, 협조적이지 않다고 생각하고 있음을 알 수 있다. 이와 가장 유사한 내용의 선택지는 (a)이다.

31.

정답 (c)

What does Anna most likely have to do for the current semester?

(a) complete six major courses
(b) decide what major to choose
(c) pass six minor subjects
(d) find a better place to stay

Anna가 이번 학기에 해야 할 가능성이 가장 높은 일은 무엇인가?

(a) 전공 과목 여섯 개 듣기
(b) 무엇을 전공할지를 결정하기
(c) 여섯 개의 부전공 과목 통과하기
(d) 살기 더 놓은 곳 찾기

> **해설** 공부는 좀 어떻냐는 Jay의 물음에 Anna는 이번 학기에 수업 여섯 개를 통과해야 하고, 아직 전공 수업은 듣지 않는다고 대답하였다. 따라서 정답은 (a)이다. 물론 "minor subjects"가 "major subjects"의 완벽한 반의어라고 보기는 어렵지만 출제 의도는 그 둘을 대비되는 개념이라 본 것이라고 이해하여야 한다. (a)는 제시문과 반대되는 내용이라 오답이고, (c)와 (d)는 언급되지 않은 내용이다.

32.

정답 (d)

According to Jay, why is Humanities professor Jack Williams popular with students?

(a) He holds great writing classes.
(b) He always gives passing marks.
(c) He always attends his classes
(d) He is an excellent writer.

Jay에 따르면, 인문학 교수 Jack Williams이 학생들에게 인기가 많은 까닭은 무엇인가?

(a) 그는 훌륭한 글쓰기 수업들을 지도한다.
(b) 그는 늘 통과 점수를 준다.
(c) 그는 항상 그의 수업에 출석한다.
(d) 그는 훌륭한 작가이다.

해설 Jay는 Williams 교수의 수업이 학생들에게 매우 인기가 많다고 말하며, "그분은 널리 호평을 받는 희곡가이시자 소설가시고, 많은 학생들이 그분을 대단하게 생각하거든,"이라고 했다. 따라서 정답은 (d)이다. (b)와 (c)는 제시문에 언급되지 않는 내용이므로 오답이다. (a)는 제시문을 통하여 유추해볼 수 있는 내용이기는 하지만 Jay가 직접적으로 언급한 내용은 아니기 때문에 역시 오답이다.

33.

정답 (b)

What is Anna inviting Jay to do on Sunday?

(a) introduce her to Professor Williams
(b) have lunch at her house
(c) help her with a Biology project
(d) visit her at Thompson Residence Hall

Anna가 Jay에게 일요일에 초대한 일은 무엇인가?

(a) 그녀를 Williams 교수에게 소개해 주기
(b) 그녀의 집에서 점심 먹기
(c) 그녀의 생물학 프로젝트를 도와주기
(d) 그녀를 방문하러 Thompson Residence Hall에 가기

해설 Anna는 Jay에게 일요일에 점심을 먹으러 올 것을 제안하였으므로 (b)가 정답이다. Jay가 Margaret 고모와 George 삼촌을 못 뵌 지 오래 됐다고 대답하였으므로, Anna가 Jay를 기숙사가 아닌 본래 집으로 초청하였음을 알 수 있다. 따라서 (d)는 오답이다.

Part 2.

Now listen to the questions.

34: What is the woman discussing in her talk?

35: Why are the edges of tables and chairs at Children's Haven covered with soft pads?

36: According to the speaker, what is one of the daycare center's considerations for choosing toys?

37: How does the center make sure that its indoor playground sets are in good condition?

38: What can be said about the childcare personnel at Children's Haven?

39: Based on the talk, how most likely can a parent get a discount on the center's rates?

이제 문제를 들려드립니다.

34: 제시문에서 여성이 논하고 있는 것은 무엇인가?

35: Children's Haven의 테이블과 의자의 모서리가 부드러운 패드로 덮여있는 이유는 무엇인가?

36: 화자에 의하면, 이 탁아소가 장난감을 고르는 데에 있어서 고려하는 것 중 하나는 무엇인가?

37: 이 센터가 실내 놀이터 시설이 좋은 상태로 유지되도록 보장하기 위해 취한 방법은 무엇인가?

38: Children's Haven의 직원들과 관하여 추측할 수 있는 것은?

39: 지문을 근거로 할 때, 부모가 센터 요금 할인을 받을 수 있는 경우는 무엇인가?

Now you will hear the talk.

Good morning, ladies and gentlemen. 34) I would like to introduce to you the services we offer at Children's Haven, the most child-friendly daycare center in Seymour City. At Children's Haven, we have the personnel, expertise, and proper facilities to deliver only the most competent center-based daycare services that you deserve. When you leave your children with us, you can rest assured that you'll be leaving them in the safest, most child-friendly environment outside of your home.

With regard to children's welfare and safety, we believe that it is always better to be safe than sorry. We at Children's Haven spare no expense in guaranteeing that your child will never be exposed to any danger any time of the day. Preschoolers are mostly extremely active, and this activity means added risks and danger for a child.

To minimize these risks, we have designed our furniture and fixtures to be childproof. 35) Our facilities' tables, chairs, and other furniture items are covered with soft pads at the edges to protect the children from bumps, cuts, and bruises. We have also installed locks on cabinets, cupboards, and refrigerators to prevent kids from opening them and getting hold of potentially dangerous objects like scissors or cutters, or poisonous substances such as medications or cleaning detergents.

이제 본문을 들려드립니다.

좋은 아침입니다, 신사 숙녀 여러분. 34) 저는 오늘 당신들에게 Seymour City에서 가장 아동친화적인 탁아소인 Children's Haven에서 저희가 제공하는 서비스들을 소개해드리고자 합니다. Children's Haven에서, 저희는 당신에게 걸맞는, 가장 능숙하고 중앙에서 관리되는?(center-based) 보육 서비스만을 제공하기 위한 직원들, 전문 지식, 그리고 적절한 시설들을 갖추고 있습니다. 당신이 아이들을 우리에게 맡긴다면, 당신은 아이들을 집 밖에서 가장 안전하고, 가장 아동 친화적인 환경에 두었다는 점에 안심하셔도 됩니다.

아이들의 복지와 안전과 관련하여서, 우리는 항상 부족한 것보다 넘치는 것이 낫다(나중에 후회하는 것보다 미리 조심하는 편이 낫다)는 입장입니다. 저희 Children's Haven은 당신의 아이가 하루 종일 어떠한 위험에도 절대로 노출되지 않도록 보장하는 데에 절대 비용을 아끼지 않습니다. 유아들은 대개 굉장히 활동적이고, 이러한 활동성은 아이들이 더 큰 위험에 처해 있다는 것을 의미합니다.

이러한 위험을 최소화하기 위해서, 저희는 가구들과 기구들을 아이들이 다치지 않도록 설계하였습니다. 35) 저희 시설의 테이블, 의자, 그리고 다른 가구들은 아이들을 혹이 나거나, 베거나, 멍이 드는 것으로부터 보호하기 위하여 모서리가 부드러운 패드로 싸여있습니다. 저희는 또한 사물함, 찬장, 그리고 냉장고들에 자물쇠를 설치해 둠으로써, 아이들이 그것들을 열어서 가위나 칼, 약품이나 세제와 같은 유독성 물질 등 위험할 수도 있는 물건들을 만지는 것을 방지하고 있습니다.

To eliminate the risk of electric shocks, we make sure to make electronic devices and electrical outlets inaccessible to children. Our electronic teaching equipment, such as DVD players, stereos, and television sets are safely contained inside entertainment cabinets. We have likewise secured the electricity outlets on walls by covering them. Meanwhile, all doors are secured with safety gates with childproof locks to prevent children from getting out of a room and entering another unsupervised.

As playing is an important part of our daycare program, 36) we make sure that the toys our charges play with are safe. We choose toys that will never result in injuries such as swallowing small parts, placing tiny toys in noses or ears, or cutting hands on sharp edges.

Our play zones are just as safe. We only install high-quality indoor playground sets that are safe and sturdy. 37) Our technicians test them monthly to see to it that the equipment are secure and in good working order. The play areas also have safe fall zones with soft landing matting should a child take a tumble. All play areas are secured in protective fencing, and separated from the other play areas of children of different age groups.

Of course, in addition to our child-friendly facilities, we also offer first-rate professional care. 38) Your child will be cared for by certified child caregivers and teachers who specialize in child development and early-childhood education. They are also licensed to administer first aid and CPR, and to respond to any emergency a child may get into.

Children's Haven offers one of the most attractive center-based daycare rates in the city. Our services can cost as low as $700 a month. 39) You can even get reduced rates for multiple registrations. Not a bad deal if you'll be getting nothing but highly-competent care for your child… or children!

So, stop worrying about leaving your child's care in the wrong hands while you're at work. Let Children's Haven be your kid's safe and fun home away from home!

전기 충격의 위험을 제거하기 위해서, 저희는 전자 기기나 전기 콘센트에 아이들이 접근할 수 없도록 하였습니다. 저희의 학습용 전자 기기, 예를 들면 DVD 재생기나 라디오, 텔레비전 등은 안전하게 오락용품 사물함 안에 보관되어 있습니다. 마찬가지로, 저희는 벽에 있는 콘센트를 안전하게 덮어두었습니다. 한편, 모든 출입구는 아이들이 열 수 없는 잠금 장치가 달린 안전 문으로 보안이 되어 있어서, 아이들이 방에서 나가서 감독되지 않는 곳에 가는 것을 방지하고 있습니다.

놀이는 저희 보육 프로그램에서 중요한 부분이기 때문에, 36) 저희는 저희 아이들이 가지고 노는 장난감들이 안전한지를 확인합니다. 저희는 작은 부속품을 삼키거나, 작은 장난감을 코나 귀에 넣거나, 날카로운 모서리에 손을 베는 등의 부상을 절대로 발생시키지 않는 장난감들을 선택합니다.

저희 놀이 공간도 마찬가지로 안전합니다. 저희는 안전하고 튼튼한 고품질의 실내 놀이터만을 설치합니다. 37) 저희 기술자들은 그것들을 매달 테스트해서 그 시설들이 안전하고 제대로 작동하는지를 살펴봅니다. 놀이 공간은 또한 부드러운 매트 바닥재가 있는, 아이들이 굴러 떨어져도 안전한 공간을 확보하고 있습니다. 모든 놀이 공간들은 보호용 울타리로 보호가 되어 있고, 다른 연령대의 아이들의 놀이 공간과 분리되어 있습니다.

물론, 저희는 아동 친화적인 시설들뿐만 아니라, 최고의 전문적인 돌봄 서비스를 제공합니다. 38) 당신의 아이는 아동 발달과 유아 교육에 특화된 인증 받은 보육사들에 의하여 돌보아질 것입니다. 그들은 또한 응급처치와 CPR, 그리고 아이들이 처할지 모르는 긴급한 상황에 대응하는 것에 대하여 자격증을 보유하고 있습니다.

Children's Haven은 이 도시에서 가장 매력적인 중앙 기반 보육 요금을 제시합니다. 우리의 서비스는 한 달에 $700 정도로 저렴합니다. 39) 당신은 심지어 복수 등록 시 할인을 받으실 수도 있습니다. 당신의 아이, 또는 아이들에게 최고 수준의 보육 서비스를 받는 것을 감안하면 나쁜 가격이 아니지요.

그러니 당신이 일하는 동안에 아이들을 잘못된 곳에 맡기는 걱정을 그만 하세요. Children's Haven이 당신의 아이들의 집 밖에서의 안전하고 즐거운 공간이 될 수 있도록 하세요.

34.

정답 (c)

What is the woman discussing in her talk?

(a) the benefits of a safe daycare center
(b) how to start a daycare business
(c) the services of a childcare center
(d) how to make a daycare center safe

제시문에서 여성이 논하고 있는 것은 무엇인가?

(a) 한 안전한 탁아소의 이점
(b) 탁아소 사업을 시작하는 법
(c) 한 탁아소가 제공하는 서비스들
(d) 어떻게 해야 탁아소가 안전해지는지

해설 화자는 제시문 초반부에서 자신이 오늘 할 이야기의 주제를 "당신들에게 Seymour City에서 가장 아동친화적인 탁아소인 Children's Haven에서 저희가 제공하는 서비스들을 소개해드리고자 한다고" 직접 밝혔다. 따라서 정답은 (c)이다. 제시문의 내용이 Children's Haven의 안전성에 대하여 강조하고 있기 때문에 (a)를 답으로 고를 여지도 있으나, 제시문에서 직접 주제로 거론한 것이 (c)이므로 (c)를 정답으로 골라야 한다.

35.

정답 (d)

Why are the edges of tables and chairs at Children's Haven covered with soft pads?

(a) to prevent kids from bumping against them
(b) to stop kids from climbing them
(c) to stop kids from reaching harmful substances
(d) to prevent injuries when kids bump them

Children's Haven의 테이블과 의자의 모서리가 부드러운 패드로 덮여있는 이유는 무엇인가?

(a) 아이들이 부딪치는 것을 방지하기 위해
(b) 아이들이 기어오르는 것을 막기 위해
(c) 아이들이 위험한 물체에 접근하는 것을 막기 위해
(d) 아이들이 부딪쳐도 다치지 않도록 하기 위해

해설 화자는 탁아소의 테이블, 의자, 그리고 다른 가구들은 "아이들을 혹이 나거나, 베거나, 멍이 드는 것으로부터 보호하기 위하여" 모서리가 부드러운 패드로 싸여있다고 하였으므로, 정답은 (d)이다. (b)나 (c)는 제시문이 언급하지 않은 내용이므로 오답이다. (a)와 (d)는 언뜻 비슷해 보이지만 가구 모서리를 싸놓는다고 해서 아이들이 부딪치는 것 자체를 막을 수 있는 것은 아니고, 부딪쳐도 다치지 않게 할 수 있을 뿐이므로 (d)를 정답으로 골라야 한다. 제시문의 "bumps, cuts, and bruises"는 (d)의 "injuries"에 포함될 수 있는 개념이다.

36.

정답 (b)

According to the speaker, what is one of the daycare center's considerations for choosing toys?

(a) that they are attractive to children
(b) that they will not cause physical harm
(c) that they are safe to swallow
(d) that they are age-appropriate

화자에 의하면, 이 탁아소가 장난감을 고르는 데에 있어서 고려하는 것 중 하나는 무엇인가?

(a) 그것들이 아이들에게 매력적인지
(b) 그것들이 아이들을 다치게 하지는 않을지
(c) 그것들이 삼켜도 안전한지
(d) 그것들이 아이들의 나이에 맞는지

해설 화자는 이 탁아소에서는 아이들이 가지고 노는 장난감들이 안전한지를 확인한다고 말하면서, "작은 부속품을 삼키거나, 작은 장난감을 코나 귀에 넣거나, 날카로운 모서리에 손을 베는 등의 부상을 절대로 발생시키지 않는 장난감들을 선택한다"고 말했다. 이러한 상황들은 모두 (b)의 "physical harm"에 포함될 수 있으므로 정답은 (b)이다. 부속품을 삼킨다는 내용을 듣고 (c)를 답으로 고를 수도 있다. 그러나 화자는 삼켜도 안전한 장난감을 고른다는 것이 아니라 부속품을 삼킬 위험이 없는 장난감을 고른다고 한 것이므로 (c)는 오답이다.

37.

정답 (d)

How does the center make sure that its indoor playground sets are in good condition?

(a) by keeping them in locked cabinets
(b) by letting children try them out first
(c) by installing them on matted flooring
(d) by having skilled personnel test them

이 센터가 실내 놀이터 시설이 좋은 상태로 유지되도록 보장하기 위해 취한 방법은 무엇인가?

(a) 그것을 잠긴 캐비넷에 넣어둠으로써
(b) 아이들이 그것을 먼저 해보도록 함으로써
(c) 그것을 매트가 깔린 바닥에 설치함으로써
(d) 숙달된 전문가가 그것을 검사하게 함으로써

해설 화자는 기술자들이 실내 놀이터를 매달 테스트해서 그 시설들이 안전하고 제대로 작동하는지를 살펴본다고 하였으므로 정답은 (d)이다. 제시문의 "technicians"가 (d)의 "skilled personnel"로 paraphrase된 것이다. 제시문에서 "soft landing matting"이 언급되기는 했지만 매트가 깔린 구역이 실내 놀이터에 있다는 것이지 실내 놀이터가 매트 바닥 위에 설치되어있는 것은 아니므로 (c)는 오답이다.

38.

정답 (a)

What can be said about the childcare personnel at Children's Haven?

(a) They are highly qualified for the job.
(b) They genuinely like children.
(c) They can prevent emergencies.
(d) They can teach the children first aid.

Children's Haven의 직원들과 관하여 추측할 수 있는 것은?

(a) 그들은 그 직업에 필요한 자격을 잘 갖추었다.
(b) 그들은 아이들을 진심으로 좋아한다.
(c) 그들은 긴급한 상황 방지할 수 있다.
(d) 그들은 아이들에게 응급처치를 가르칠 수 있다.

해설 화자는 탁아소의 직원들에 관하여 "당신의 아이는 아동 발달과 유아 교육에 특화된 인증 받은 보육사들에 의하여 돌보아질 것입니다. 그들은 또한 응급처치와 CPR, 그리고 아이들이 처할지 모르는 긴급한 상황에 대응하는 것에 대하여 자격증을 보유하고 있다"고 하였다. 이를 통해 탁아소 직원들이 필요한 자격을 잘 갖추었음을 알 수 있으므로 정답은 (a)이다. '응급처치'와 '긴급한 상황'이 제시문에서 언급되기는 하였으나, 직원들이 긴급한 상황에 잘 대처할 수 있고, 응급처치 자격증을 가지고 있다는 내용이므로 (c)와 (d)는 오답이다.

39.

정답 (b)

Based on the talk, how most likely can a parent get a discount on the center's rates?

(a) by registering older, better-behaved child
(b) by registering more than one child
(c) by paying the registration fee in full
(d) by opting for lower-quality childcare

지문을 근거로 할 때, 부모가 센터 요금 할인을 받을 수 있는 경우는 무엇인가?

(a) 나이가 많고 품행이 바른 아이를 등록하는 경우
(b) 두 명 이상의 아이를 등록하는 경우
(c) 등록비를 일시불로 납부하는 경우
(d) 저품질의 탁아 서비스를 선택할 경우

해설 제시문에서 복수 등록을 할 경우 할인을 받을 수 있다고 하였으므로 (b)가 정답이다. 제시문의 "multiple registration"이 (b)에서 "registering more than one child"로 paraphrase된 것이다. (a), (c), (d)는 제시문에 언급되지 않은 내용이므로 오답이다.

Part 3.

Now listen to the questions.

40: What helpful function will a traditional office bring Stephanie?

41: According to the conversation, what do some clients want to do before buying a product?

42: Why does William say that having a traditional office cannot guarantee good business?

43: How can Stephanie benefit from setting up a virtual office in terms of convenience?

44: According to William, why do some customers refuse to make transactions through an online office?

45: Based on the conversation, what has Stephanie probably decided to do?

이제 문제를 들려드립니다.

40: 전통적인 사무실에 Stephanie에게 가져다주는 이로운 기능은 무엇인가?

41: 대화에 따르면, 어떤 고객들이 제품을 구입하기 전에 무엇을 하고 싶어 하는가?

42: William은 왜 전통적인 사무실을 갖는 것이 좋은 사업을 담보하지 않는다고 하였는가?

43: Stephanie가 가상 사무실을 차릴 경우 편의성 측면에서 어떤 이점을 얻을 수 있는가?

44: William에 따르면, 왜 어떤 고객들은 온라인 사무실을 통해서 거래하기를 거부하는가?

45: 대화에 따르면, Stephanie가 어떤 결정을 할 것이라 예상되는가?

Now you will hear the conversation.

[M] Hey, Stephanie! I heard you're starting a business. What is it?

[F] It's selling handmade craft, William. I'm making a business plan right now. I'm having some difficulty completing it, though.

[M] Why is that?

[F] I have to determine the best type of office for my business. I can't decide whether it's a traditional office or a virtual office.

[M] 40) A traditional office is a commercial space where you conduct business, right?

[F] Yes, and a virtual office is an online or Internet-based office.

[M] Both options have their advantages and disadvantages. A traditional office will give you space. It will provide you with an appropriate workplace and a permanent venue to meet clients, so you won't have to worry about having to meet them at a café or a restaurant.

[F] Hmmm… I may also need some assistants to handle various aspects of the business, and there will be enough space for employees and their equipment in an office.

이제 대화를 들려드립니다.

[M] 안녕, Stephanie! 나 네가 사업을 시작한다고 들었어. 그게 무슨 사업이니?

[F] 수공예품 판매 사업이야, William. 나는 지금 사업계획을 구상중이야. 그렇지만 그것을 완성하는 데에 어려움을 겪고 있어.

[M] 어째서?

[F] 내 사업에 알맞은 최적의 사무실 형태를 결정해야 해. 나는 그게 전통적인 사무실일지 가상의 사무실일지 결정하지 못하겠어.

[M] 40) 전통적인 사무실은 네가 사업을 운영하는 상업 공간을 말하는 것 맞지?

[F] 맞아. 그리고 가상 사무실은 온라인의, 또는 인터넷 기반의 사무실을 의미해.

[M] 두 가지 옵션 모두 장단점이 있어. 전통적인 사무실은 너에게 공간을 제공해 주지. 그것은 너에게 적절한 작업 공간과 고객들을 만날 장소를 제공해 줄 거야. 그래서 너는 그들을 카페나 음식점에서 만날 염려를 하지 않아도 되는 것이지.

[F] 흠… 나는 사업의 여러 부분을 처리해 줄 조수들이 필요하게 될 수도 있어. 그리고 직원들과 그들의 장비를 위한 충분한 공간을 가질 수 있을 거야.

M: That's important, especially when your business starts to grow. 41) And since your business is selling handicraft, you may need a physical office to store your products, or at least keep samples of them.

F: I agree. Some clients may not be satisfied with just looking at online pictures of a product. They may want to see and hold an item they're buying. So, what are the drawbacks of working at a traditional office?

M: Apparently, it will cost to rent one. I heard that a small office here in Wheeler City could cost three thousand dollars a month.

F: Wow, I could use that to promote my products! And there'll be utilities expenses to worry about, too. The rates for water, electricity, and telephone are higher for commercial use.

M: That's right. And having an office is no guarantee that it will help in enhancing the image of your business. 42) If you rent a low-priced office that's in a bad state of repair or in a bad location, people may refuse to visit it.

F: Oh, I wouldn't want that! I may be better off setting up a virtual office!

M: Probably… Since it's just a startup, promoting and selling your business may be more affordable doing online.

F: What are the expenses for setting up a website?

M: Well, you'll have to design a webpage, but you can do it using low-cost or free templates. And then, you'll have to spend for a domain name and the maintenance and update of your website. All of these are very affordable, though.

F: And I can set up a virtual office at home. 43) That will be very convenient, as I won't have to wake up early or drive to work daily. I can work, eat, or take a rest anytime of the day.

M: That's correct. However, an online office has its disadvantages, too. 44) You won't have a business address, and some potential clients may find that "unprofessional." They'd rather transact business in your office than your home.

F: And I'll be working alone. It's a pity because I find social contact an enjoyable part of work.

M: I agree.

F: You know, 45) I think I know what type of office to choose for my business. I'll want people to be able to see and handle my products for themselves, and place their orders! Thanks a lot, William!

M: No problem, Stephanie. Good luck on your business!

M: 그것도 중요하지. 특히 네 사업이 성장하기 시작할 때에 말이야. 그리고 네 사업이 수공예품을 판매하는 것이니까, 너는 네 상품들, 혹은 최소 상품 샘플들을 보관해 둘 물리적인 사무실이 필요할 지도 몰라.

F: 나도 동의해. 41) 어떤 고객들은 상품의 온라인 사진을 보는 것만으로 만족하지 못할 수도 있어. 그들은 그들이 사려는 제품을 직접 보고 들어보고 싶어 할지도 몰라. 그렇다면, 전통적인 사무실에서 작업하는 것의 단점에는 어떤 것들이 있을까?

M: 분명히, 사무실을 빌리는 데엔 지용이 들어가지. 나는 여기 이 Wheeler City의 작은 사무실 하나를 빌리는 데에 한 달에 삼 천 달러까지 든다고 들었어.

F: 와, 그 돈을 내 상품들을 홍보하는 데 쓸 수도 있을 텐데! 그리고 시설 요금에 대해서도 걱정해야 할 거야. 수도 요금, 전기 요금, 전화요금 등은 상업용일 때 더 비싸거든.

M: 맞아. 그리고 사무실을 갖는 것이 네 사업의 이미지를 강화하는 데에 도움이 될 거라고 장담할 수는 없어. 42) 만일 네가 상태가 나쁘거나 위치가 안 좋은 값싼 사무실을 빌린다면, 사람들이 거기를 방문하는 것을 거부할 수도 있어.

F: 오, 그러면 안 되는데! 가상 사무실을 차리는 것이 나을 수도 있겠어!

M: 아마도… 이제 겨우 시작 단계이니까, 네 사업을 홍보하고 판매를 하는 것은 온라인으로 하는 것이 더 저렴할 수도 있겠다.

F: 웹사이트를 만드는 데에 필요한 비용에는 어떤 것들이 있지?

M: 글쎄. 너는 웹페이지를 디자인해야해. 그렇지만 너는 그것을 저렴하거나 무료인 템플릿을 써서 할 수도 있어. 그다음, 너는 도메인 주소를 사고 웹사이트를 업데이트하는 데에 돈을 지불해야 해. 그렇지만 이 모든 것들은 상당히 저렴해.

F: 그리고 나는 가상 사무실을 집에다 차릴 수 있어. 43) 그것은 아주 편리할거야. 내가 매일 아침 일찍 일어나 운전을 해서 출근할 필요가 없을 테니까. 나는 하루 중 아무 때나 먹거나 쉴 수 있을 거야.

M: 맞아. 그렇지만, 온라인 사무실은 단점도 있어. 44) 너는 사업자 주소가 없을 것이고, 일부 잠재 고객들은 그것을 "전문적이지 않다"고 느낄 거야. 그들은 네 집이 아니라 사무실에서 거래를 하고 싶어 할 거야.

F: 그리고 나는 혼자 일을 해야 할 거야. 나는 사회적인 교류를 직장의 즐거운 부분이라고 생각하기 때문에 그것은 유감스러운 일이지.

M: 나도 동의해.

F: 있잖아, 45) 내 생각에 나는 내 사업을 위해 어떤 사무실을 택해야 할지 알 것 같아. 나는 사람들이 직접 내 상품들을 보고 써보고 주문을 넣을 수 있으면 좋겠어! 고마워, William!

M: 천만에, Stephanie. 네 사업에 행운을 빌게!

40.

정답 (d)

What helpful function will a traditional office bring Stephanie?

(a) as an ideal place to look for clients
(b) as a good alternative for coffee shops
(c) as a good place to manufacture products
(d) as a proper place for doing business

전통적인 사무실에 Stephanie에게 가져다주는 이로운 기능은 무엇인가?

(a) 고객을 찾는 데에 이상적인 장소이다.
(b) 카페의 좋은 대안이다.
(c) 상품을 제조하기 좋은 장소이다.
(d) 사업을 하는 데에 적절한 장소이다.

해설 William이 Stephanie에게 전통적인 사무실이 "사업을 운영하는 상업 공간"이 맞느냐고 물었으므로, 정답은 (d)이다. 제시문의 "conduct business"가 (d)에서는 "do business"로 paraphrase된 것이다. 제시문에서 William은 전통적 사무실이 있으면 카페나 레스토랑에 가는 대신에 사무실에서 고객들을 만날 수 있다고 언급하긴 하였으나, 고객을 찾는 것은 직접 언급되지 않았으므로 (a)는 오답이다. 또한 사무실이 카페를 대체할 수 있다는 맥락에서 나온 말이 아니므로 (b)도 오답이다.

41.

정답 (b)

According to the conversation, what do some clients want to do before buying a product?

(a) see its picture online
(b) inspect it in person
(c) bargain for its price
(d) meet its seller at home

대화에 따르면, 어떤 고객들이 제품을 구입하기 전에 무엇을 하고 싶어 하는가?

(a) 온라인에서 그것의 사진을 보기
(b) 그것을 직접 점검하기
(c) 가격 할인받기
(d) 판매자의 가정 방문하기

해설 Stephanie가 어떤 고객들은 "그들이 사려는 제품을 직접 보고 들어보고 싶어 할지도 모른다"고 하였으므로, 정답은 (b)이다. 제시문의 "see and hold"가 (b)에서는 "inspect"로 paraphrase 되었다. Stephanie는 어떤 고객들은 사진을 보는 것 만으로 만족하지 못할 수 있다고 하였으므로 (a)는 오답이다.

42.

정답 (a)

Why does William say that having a traditional office cannot guarantee good business?

(a) It can drive away clients if it isn't presentable.
(b) It can keep away people if it's too elegant.
(c) The operating costs of a good office causes bankruptcy.
(d) Repairing a bad office is too costly.

William은 왜 전통적인 사무실을 갖는 것이 좋은 사업을 담보하지 않는다고 하였는가?

(a) 만약 그것이 그럴싸하지 않으면, 고객들을 쫓아내 버릴 수도 있다.
(b) 그것이 너무 우아할 경우, 사람들이 오지 못할 수도 있다.
(c) 좋은 사무실을 운영하는 데에 드는 비용 때문에 파산할 수도 있다.
(d) 상태가 나쁜 사무실을 수리하는 것은 너무 비싸다.

해설 William은 "만일 네가 상태가 나쁘거나 위치가 안 좋은 값싼 사무실을 빌린다면, 사람들이 거기를 방문하는 것을 거부할 수도 있다"고 하였다. 따라서 정답은 (a)이다. 제시문의 "a low-priced office that's in a bad state of repair or in a bad location," "refuse to visit it"은 (a)에서 각각 "notpresentable," "drive away clients"로 paraphrase된 것이다.

43.

정답 (c)

How can Stephanie benefit from setting up a virtual office in terms of convenience?

(a) by being able to enjoy working alone
(b) by not having to update her website
(c) by being able to set her own work schedule
(d) by not having to promote her business personally

Stephanie가 가상 사무실을 차릴 경우 편리성 특면에서 어떤 이점을 얻을 수 있는가?

(a) 혼자 일하는 것을 즐길 수 있어서
(b) 웹사이트를 업데이트하지 않아도 되어서
(c) 자신만의 작업 스케줄을 세울 수 있어서
(d) 그녀의 사업을 개인적으로 홍보하지 않아도 돼서

해설 Stephanie는 "매일 아침 일찍 일어나 운전을 해서 출근할 필요가 없고, 하루 중 아무 때나 먹거나 쉴 수 있을 것"이기 때문에 가상 사무실을 차리면 편리할 것이라 말했다. 이것은 자신만의 작업 스케줄을 세울 수 있다는 것으로 요약될 수 있으므로 정답은 (c)이다.

44.

정답 (a)

According to William, why do some customers refuse to make transactions through an online office?

(a) It isn't very businesslike.
(b) Doing so leads to failed deals.
(c) They feel uneasy in strange homes.
(d) They haven't tried online purchases yet.

William에 따르면, 왜 어떤 고객들은 온라인 사무실을 통해서 거래하기를 거부하는가?

(a) 그것은 그다지 사무적이지 않아서
(b) 그렇게 하면 계약을 실패하게 되어서
(c) 그들은 이상한 집에 가면 기분이 불편해져서
(d) 그들은 온라인 구매를 해보지 않아서

해설 William은 사무실이 없는 것에 대해 일부 고객들은 "전문적이지 않다"고 느껴서 거래하기를 꺼려할 수도 있다고 하였으므로 정답은 (a)이다. 제시문의 "unprofessional"이 (a)의 "not businesslike"로 paraphrase된 것이다.

45.

정답 (d)

Based on the conversation, what has Stephanie probably decided to do?

(a) find another way to conduct business
(b) prepare a virtual office
(c) improve the quality of her products
(d) set up a traditional office

대화에 따르면, Stephanie가 어떤 결정을 할 것이라 예상되는가?

(a) 사업을 할 다른 방법을 찾는다.
(b) 가상 사무실을 마련한다.
(c) 그녀의 제품의 질을 높인다.
(d) 전통적인 사무실을 차린다.

해설 마지막에 Stephanie는 "사람들이 직접 내 상품들을 보고 써보고 주문을 넣을 수 있으면 좋겠다"고 하였는데, 이를 통해 앞으로 전통적인 사무실을 차릴 것이라 추측할 수 있다. 따라서 정답은 (d)이다.

Part 4.

Now listen to the questions.

46: What is said to be the origin of the Monte Cristo sandwich?

47: According to the speaker, what is true about the turkey meat filling?

48: After gathering the ingredients and utensils, what is the next step in making a Monte Cristo sandwich?

49: How are the fillings arranged in the sandwich?

50: What must one make sure of when coating the sandwich?

51: How most likely should the Monte Cristo sandwich be cooked?

52: Based on the explanation, what is probably best served with the sandwich?

이제 질문을 들려드립니다.

46: the Monte Cristo 샌드위치의 기원에 관하여 뭐라고 전해지는가?

47: 화자에 따를 때, 칠면조 고기와 관련하여 다음 중 사실인 것은?

48: 재료들과 도구들을 준비한 후, the Monte Cristo 샌드위치를 만들기 위한 다음 단계는 무엇인가?

49: 내용물들이 샌드위치 안에서 어떻게 배열되는가?

50: 샌드위치를 코팅할 때 반드시 주의해야 하는 점은 무엇인가?

51: the Monte Cristo 샌드위치는 어떻게 조리되어야 하는가?

52: 설명에 따르면, 이 샌드위치와 가장 잘 어울리는 재료는 무엇인가?

Now you will hear the explanation.

Good day, food-lovers! I'm sure all of you have your favorite sandwich. You may even have "invented" your own sandwiches based on your favorite food as fillings. Today, I would like to introduce to you a very simple yet delicious sandwich— the Monte Cristo—and teach you how to make it.

The Monte Cristo is a popular sandwich in the United States, usually served in diners, bistros and other mid-priced restaurants and eating places. 46) It is said to have originated from a similar French sandwich called *croque-monsieur*, which was served in Parisian cafés and bars in the early 1900s. According to food experts, the Monte Cristo was first served in America at a diner in southern California during the 1940s. It has gained popularity ever since.

The first step in making the Monte Cristo is to prepare its ingredients: three slices of cereal bread, butter, and for the filling: Swiss cheese and ham and turkey meat. 47) If turkey is not available, chicken meat will do. In addition, a main feature of the Monte Cristo is its egg-based coating, which consists of the following ingredients: one raw egg and two tablespoons of milk or cream. Finally, for your cooking tools and equipment, you will need a bread knife, a plate, a bowl, a fork or an egg beater, a frying pan, and a spatula.

48) Once you have prepared all the ingredients and utensils, the next step is to take one slice of bread and spread some butter on one side. 49) Lay it down on a plate, and place a layer of sliced ham on

이제 설명을 들려드립니다.

미식가 여러분, 안녕하십니까! 여러분이 모두 가장 좋아하는 샌드위치를 가지고 있을 것이라 확신합니다. 여러분은 어쩌면 여러분이 가장 좋아하는 재료들을 내용물로 넣어서 스스로의 샌드위치를 "발명"해왔을 수도 있겠네요. 오늘, 저는 여러분께 매우 간단하지만 맛있는 샌드위치 — the Monte Cristo—를 소개하고 그것을 어떻게 만드는지를 가르쳐드리려 합니다.

The Monte Cristo는 미국에서 인기가 많은 샌드위치입니다. 주로 저녁에, 작은 식당이나 중가의 음식점에서 판매가 됩니다. 46) 이것은 croque-monsieur라는 비슷한 프랑스 샌드위치에서 유래했다고 전해집니다. 그것은 1900년대 초반에 파리의 카페나 바에서 제공되었다고 합니다. 음식 전문가들에 따르면, The Monte Cristo는 1940년대에 California 남부 지역에서 저녁 때 최초로 제공되었다고 합니다. 이것은 그 이후로 인기를 끌게 되었습니다.

The Monte Cristo를 만들기 위한 첫 번째 단계는 재료를 준비하는 것입니다: 곡물 빵 세 조각, 버터, 그리고 내용물을 위해서: 스위스 치즈, 햄, 칠면조 고기. 47) 만일 칠면조 고기를 구할 수 없다면, 닭고기도 괜찮습니다. 다음으로, The Monte Cristo의 주된 특징은 그것의 계란 코팅입니다. 그것은 다음의 재료들로 만들어집니다: 날계란 한 개, 우유나 크림 두 스푼. 마지막으로, 요리 도구나 장비로는, 빵칼, 접시, 그릇, 포크 또는 달걀깨기, 프라이팬, 그리고 뒤집개가 필요합니다.

48) 모든 재료와 도구들이 준비가 되었다면, 다음 단계는 빵 한 조각의 한 면에 버터를 바르는 것입니다. 49)그것을 접시 위에 놓고, 그 위에 저민 햄을 버터가 발린 면에 올립니다. 그다음 칠면조나 닭고기를 저민 햄 위에

the buttered side. And then, place a layer of turkey or chicken right on top of the sliced ham. Now, take another slice of bread and spread butter on both sides. Place this slice of bread on top of the layer of turkey or chicken. And then, create yet another layer of filling, this time of Swiss cheese, on top of this second slice of bread. Then get the last slice of bread, spread butter on one side and use it to top off the sandwich. Slice the whole sandwich diagonally, that is, from the upper-left corner straight across to the lower-right corner, and set it aside.

The third step is to coat the sandwich. Crack one raw egg into the bowl. Add two tablespoons of milk or cream to the egg and beat the mixture well using the fork or egg beater. 50) When the liquid becomes smooth, take the two slices of sandwich and carefully dip them, one at a time, in the batter. Make sure to cover each slice of sandwich completely. Then, set the slices aside for frying.

Lastly, heat a small piece of butter in the frying pan. When the butter has melted and the pan is hot enough, fry the sandwich. Make sure to cook all the sides of each slice of the sandwich. Turn the slices around using your spatula. Add more butter to the frying pan when necessary. 51) Keep on frying each slice until they turn golden brown. Once they do, remove the slices from the frying pan and set them onto a plate.

That's it. Your Monte Cristo sandwich is ready. 52) You can also serve the sandwich with maple syrup, powdered sugar, or sweet mustard, according to your taste.

올립니다. 이제, 또 한 쪽을 빵을 가져가 양쪽 면에 버터를 바릅니다. 이것을 칠면조나 닭고기 위에 올립니다. 그다음, 또 다른 층의 내용물을 만듭니다. 이번에는 두 번째 빵 조각 위에 스위스 치즈를 올립니다. 그리고 마지막 조각의 빵의 한 면에 버터를 바르고, 그것을 샌드위치를 덮는 데에 사용합니다. 샌드위치 전체를 대각선으로 자릅니다. 즉, 샌드위치의 왼쪽 상단 모서리부터 오른쪽 아래의 모서리까지 쭉 자르고, 그것을 떼어 놓습니다.

세 번째 단계는 샌드위치를 코팅하는 것입니다. 날계란 한 개를 그릇에 깹니다. 그리고 우유나 크림 두 숟갈을 계란에 넣고, 포크나 계란깨기를 이용해서 그 혼합물을 섞습니다. 50) 액체가 부드러워지면, 두 조각의 샌드위치를 가져와서 조심스럽게 한 개씩 반죽에 담급니다. 두 조각의 샌드위치가 모두 완전하게 덮이도록 주의하세요. 그리고 나서, 조각들을 튀기기 위해 서로 떼어놓습니다.

마지막으로, 작은 조각의 버터를 프라이팬에서 달굽니다. 버터가 녹고 팬이 충분히 뜨거워지면, 샌드위치를 굽습니다. 각각의 조각의 모든 면들이 모두 조리되도록 주의합니다. 뒤집개를 이용해서 조각들을 뒤집어주세요. 필요하다면 프라이팬에 버터를 더 넣습니다. 51) 샌드위치가 황금빛 갈색이 될 때까지 계속해서 굽습니다. 그것들이 색이 그렇게 되면, 조각들을 프라이팬에서 꺼내어 접시에 올립니다.

바로 그것입니다. 여러분의 Monte Cristo 샌드위치가 다 되었습니다. 52) 여러분은 기호에 따라 이 샌드위치를 메이플 시럽, 슈거 파우더, 또는 달콤한 머스터드와 함께 내놓아도 됩니다.

46.

정답 (c)

What is said to be the origin of the Monte Cristo sandwich?

(a) a sandwich from California
(b) a popular Swiss sandwich
(c) a related French sandwich
(d) a sandwich lover's invention

the Monte Cristo 샌드위치의 기원에 관하여 뭐라고 전해지는가?

(a) 캘리포니아에서 온 샌드위치
(b) 유명한 스위스 샌드위치
(c) 관련된 프랑스 샌드위치
(d) 샌드위치 애호가의 발명품

해설 제시문에서 the Monte Cristo 샌드위치는 "croque-monsieur라는 비슷한 프랑스 샌드위치에서 유래했다"고 하였으므로, (c)가 정답이다.

47.

정답 (d)

According to the speaker, what is true about the turkey meat filling?

(a) that this type of meat can be done without
(b) that it can be used in place of ham
(c) that it is a main feature of the sandwich
(d) that it can be replaced with a similar meat type

화자에 따를 때, 칠면조 고기와 관련하여 다음 중 사실인 것은?

(a) 이러한 종류의 고기는 넣지 않아도 된다.
(b) 이것은 햄을 대신해서 쓰일 수 있다.
(c) 이것은 이 샌드위치의 주된 재료이다.
(d) 이것은 비슷한 종류의 고기로 대체될 수 있다.

> **해설** 제시문에서 화자가 칠면조 고기를 구할 수 없다면 닭고기로 대체해도 된다고 하였으므로 (d)가 정답이다. 제시문의 "chicken meat"가 (d)에서는 "a similar meat type"로 paraphrase된 것이다.

48.

정답 (c)

After gathering the ingredients and utensils, what is the next step in making a Monte Cristo sandwich?

(a) preparing the batter
(b) frying the meat fillings
(c) buttering the bread
(d) toasting the bread

재료들과 도구들을 준비한 후, the Monte Cristo 샌드위치를 만들기 위한 다음 단계는 무엇인가?

(a) 반죽 준비하기
(b) 고기 속재료들을 튀기기
(c) 빵에 버터를 바르기
(d) 빵을 토스트하기

> **해설** 화자는 모든 재료와 도구가 준비된 다음 단계는 빵에 버터를 바르는 것이라고 하였으므로, 정답은 (c)이다.

49.

정답 (a)

How are the fillings arranged in the sandwich?

(a) by piling them on top of each other
(b) by combining the cheese with the meat
(c) by placing them alongside each other
(d) by slicing them diagonally

내용물들이 샌드위치 안에서 어떻게 배열되는가?

(a) 각각의 재료들을 위에 쌓아올려서
(b) 치즈를 고기와 섞어서
(c) 각각의 재료들을 옆에 두어서
(d) 그것들을 대각선으로 썰어서

> **해설** 화자는 빵 → 햄 → 칠면조/닭고기 → 빵 → 치즈 → 빵 의 순서로 재료들을 계속해서 쌓아올리라고 하였다. 따라서 정답은 (a)이다. 제시문의 "place A on B"가 (a)에서는 "pile(쌓다)"로 paraphrase된 것이다. 재료들을 다 쌓은 뒤에 샌드위치를 대각선으로 자르라고 하기는 하였으나, 이 문제는 "내용물들이 샌드위치 안에서 어떻게 배열되는지"를 묻고 있으므로 (d)는 오답이다.

50.

정답 (d)

What must one make sure of when coating the sandwich?

(a) that the egg is beaten separately
(b) that the slices are covered with butter first
(c) that the sandwich is fried before coating
(d) that the slices are dipped in batter first

샌드위치를 코팅할 때 반드시 주의해야 하는 점은 무엇인가?

(a) 계란을 따로따로 깨야 한다.
(b) 조각들에 먼저 버터를 발라야 한다.
(c) 샌드위치는 코팅을 하기 전에 구워져야 한다.
(d) 조각들을 먼저 반죽에 담가야 한다.

> **해설** 화자는 반죽이 충분히 부드러워진 뒤에 샌드위치를 하나씩 반죽에 담그라고 하였으므로 정답은 (d)이다. (a)~(c)는 제시문에 언급되지 않은 내용이다.

51.

정답 (a)

How most likely should the Monte Cristo sandwich be cooked?

(a) The sides of the slices should get evenly golden brown.
(b) The meat fillings should be fried well.
(c) The melted cheese must mix well with the meat.
(d) The butter used for frying should turn golden brown.

the Monte Cristo 샌드위치는 어떻게 조리되어야 하는가?

(a) 조각의 모든 면들이 황금빛 갈색으로 균일하게 익어야 한다.
(b) 고기 속재료들도 잘 구워져야 한다.
(c) 녹은 치즈가 고기와 잘 섞여야 한다.
(d) 조리에 사용된 버터가 황금빛 갈색이 되어야 한다.

> **해설** 샌드위치가 황금빛 갈색이 될 때까지 프라이팬에 구우라고 하였으므로 정답은 (a)이다. (b)와 (c)는 제시문에서 언급되지 않은 내용이다. 제시문은 샌드위치가 갈색이 될 때까지 구우라는 것이지, 버터가 갈색이 되어야 된다고 하지는 않았으므로 (d)도 오답이다.

52.

정답 (b)

Based on the explanation, what is probably best served with the sandwich?

(a) something that was sliced
(b) something that is sweet
(c) something with eggs in it
(d) something made of meat

설명에 따르면, 이 샌드위치와 가장 잘 어울리는 재료는 무엇인가?

(a) 썰려 있는 것
(b) 달콤한 것
(c) 계란이 들어간 것
(d) 고기가 들어간 것

> **해설** 화자는 마지막에 "기호에 따라 이 샌드위치를 메이플 시럽, 슈거 파우더, 또는 달콤한 머스터드와 함께 내놓아도 된다"고 하였다. 메이플 시럽이아 슈거 파우더는 모두 달콤한 재료들이고, 머스터드는 직접적으로 "sweet"의 수식을 받고 있으므로 정답은 (b)이다.

READING AND VOCABULARY SECTION
Question 53-80

Question 53-59

VERONICA GUERIN

53) Veronica Guerin was an Irish journalist who was known for her investigative articles on the city's criminal underworld, particularly on Dublin, Ireland's rapidly growing drug trade during the mid-1990s. 57) Her murder by Irish drug dealers stirred public outcry against Dublin's crime syndicates, and prompted authorities to launch one of the largest and most determined operations against crime the country had ever seen.

54) Guerin was born on July 5, 1958 to a Dublin-based accountant, Christopher Guerin, and his wife, Bernadette. She went to a Catholic school in the city and then to Trinity College to study her father's trade. After graduating, she joined her father's accounting firm. When he died in 1983, she left the firm and started her own public relations company. In 1990, Guerin became a business writer for the *Sunday Business Post* and later a news reporter for the *Sunday Tribune*. By 1994, she was already doing stories for the *Sunday Independent*, the largest weekly newspaper in the country.

Guerin focused on doing crime reports, especially those about the trafficking of illegal drugs in the city and the role that the city's organized crime groups played in importing and distributing the drugs. 55) She soon gained renown in Dublin's journalistic circles because the stories she wrote were those other reporters were unwilling to pursue. She was very dedicated to her job, even going as far as approaching the crime bosses themselves to get stories about their rival syndicates.

Guerin's writings eventually proved too perilous for her. 56) 56-c) In October 1995, two gunshots were fired into her house to scare her. Three months later, an unidentified man came to her door, pointed a gun to her head, 56-a) and then shot her thigh. 56-d) She was also beaten up when she went to interview a notorious crime boss at his farm. Finally, on June 26, 1996, Guerin was shot to death inside her car by two men on a motorcycle.

57) Guerin's murder resulted in a public outrage, and more than 150 criminals were consequently arrested, including two men closely linked to her murder. On May 2, 1997, her name and those of other 38 journalists from around the world who all died in the line of duty during the previous year were added to the Freedom Forum Journalists Memorial.

57) Guerin의 죽음은 대중적인 격분으로 이어졌고, 그녀의 살인과 밀접하게 연루되어 있는 두 남자를 포함하여 150명이 넘는 범죄자들이 결과적으로 체포되었다. 1997년 5월 2일, 그 전년도에 공무 집행 중 사망한 그녀와 전 세계 출신의 38명의 다른 기자들의 이름이 Freedom Forum Journalists Memorial에 올랐다.

53.

정답 (b)

How did Veronica Guerin become recognized by the public?

(a) by being involved in illegal trade
(b) by writing stories about city drug operations
(c) by launching an anti-crime operation in Ireland
(d) by being a member of a crime syndicate

Veronica Guerin은 어떻게 대중에게 알려지게 되었습니까?

(a) 불법적인 상업에 관여하면서
(b) 도시 마약 거래에 대한 기사를 쓰면서
(c) 아일랜드 내에서 반-범죄 작전을 개시하면서
(d) 범죄 조직의 일원이 되면서

해설 Verinoca Guerin이 유명해지게 된 계기를 물어보는 질문이다. 첫 번째 단락의 "도시 범죄의 지하세계에 대한 수사 기사들, 특히 1990년대 중반 아일랜드에서 마약 거래가 급속도로 성행하던 도시 더블린에 대한 수사 기사로 유명한 아일랜드 기자였다"는 대목을 확인하면 그녀가 "도시 마약 거래에 대한 기사를 쓰면서" 유명세를 얻었음을 알 수 있다

54.

정답 (d)

What did Veronica study at Trinity College?

(a) public relations
(b) criminal law
(c) journalism
(d) accountancy

Veronica는 Trinity College에서 무엇을 공부했습니까?

(a) 홍보
(b) 범죄법
(c) 저널리즘
(d) 회계

해설 본문에 명시적으로 언급된 것이 아니라 문맥을 통해 추론해야 하는 문제이다. 두 번째 문단의 두 번째 문장에서 Veronica는 "아버지가 종사하는 업계에 대해 공부하기 위해 트리니티 대학에 진학했다"는 내용이 나온다. 바로 앞 문장에서 Veronica의 출생에 대해 언급하면서 아버지가 "회계사 Christopher Guerin"이었다는 이야기가 나오기 때문에 그가 회계를 공부했음을 유추할 수 있다. "졸업 이후 그녀는 아버지의 회계 사무소에 취직했다"는 문장 역시 약간의 힌트가 될 수 있겠다.

55.

정답 (c)

Why did Guerin become famous among her peers in the field of journalism?

(a) She wrote about a wide range of interests.
(b) She was able to get close to crime chiefs.
(c) She covered stories that they avoided.
(d) She helped the police arrest drug traffickers.

Guerin은 어떻게 저널리즘 분야의 동료들 가운데 특히 유명해지게 되었습니까?

(a) 그녀는 다양한 범위의 관심 분야에 대해 썼다.
(b) 그녀는 범죄 조직 보스들에게 접근할 수 있었다.
(c) 그녀는 그들이 기피하는 기사들을 썼다.
(d) 그녀는 경찰이 마약 밀매상들을 체포하는 것을 도왔다.

> **해설** 세 번째 문단을 확인하자. "그녀는 곧 더블린의 기자 집단 내에서 명성을 얻게 되었는데, 그녀가 쓴 기사들은 다른 기자들이 추적하기를 꺼려하는 종류의 것이었기 때문이다"는 대목에서 그녀가 다른 기자들이 기피하는 것들에 대해 기사를 썼음을 확인할 수 있다.

56.

정답 (b)

Aside from her killing, which was not a result of Guerin's writing activities?

(a) a deliberate act to wound her limb
(b) her deciding not to talk to crime bosses anymore
(c) a violent threat against her at home
(d) her being attacked for doing her job

그녀가 살해당한 것과는 별개로, Guerin의 저술활동의 결과가 아닌 것은?

(a) 그녀의 다리에 상해를 입히려는 고의적 행위
(b) 범죄 조직 보스들에게 더 이상 말을 걸지 않겠다는 그녀의 다짐
(c) 집에 있는 그녀를 겨냥한 폭력적인 위협
(d) 일을 했다는 이유로 그녀가 공격을 당한 것

> **해설** 네 번째 문단을 확인하자. "그녀의 허벅지를 쏘아버렸다"는 내용은 (a), "1995년 10월, 그녀를 무섭게 만들기 위해 그녀의 집에 총알 두 발이 쏘아졌다. 세 달 뒤, 신원 미상의 한 남자가 그녀 집의 문 앞에 와서, 총을 그녀의 머리에 겨누고는~"은 (c), "그녀는 한 악명 높은 범죄 조직 보스를 인터뷰하기 위해 그의 농장에 갔다가 구타를 당하기도 했다"는 (d)에 각각 대응한다.

57.

정답 (d)

What most likely prompted the police to make numerous arrests after Veronica Guerin's murder?

(a) their sudden concern about the city's drug problem
(b) a call from drug syndicates to get rid of their rivals
(c) an appeal from Freedom Forum for revenge
(d) a public call for justice for Guerin

다음 중 Veronica Guerin의 살해 이후 경찰로 하여금 수많은 사람들을 체포하도록 이끈 가장 주요한 원인은 무엇인가?

(a) 도시 내 마약 문제에 대한 그들의 갑작스러운 걱
(b) 그들의 라이벌들을 제거해달라는 마약 조직들의 연락
(c) 보복을 해달라는 Freedom Forum의 청원
(d) Guerin을 위한 정의를 요청하는 대중적 요구

> **해설** 첫 번째 문단을 확인하자. "아일랜드의 마약 거래상들에 의한 그녀의 죽음은 더블린의 범죄 조직에 반발하는 대중적인 항의를 촉발했고, 당국으로 하여금 그 나라에서 전적을 찾아볼 수 없을 정도로 범죄에 대항하는 가장 크고 가장 단호한 조치들에 착수하도록 촉진했다"고 서술되어 있다. 또한 Veronica의 죽음 및 그 이후의 반응에 대해 서술하고 있는 마지막 문단을 참고하자면, "Guerin의 죽음은 대중적인 격분으로 이어졌고, 그녀의 살인과 밀접하게 연루되어 있는 두 남자를 포함하여 150명이 넘는 범죄자들이 결과적으로 체포되었다"는 대목이 있는데, 그녀의 대목이 대중적인 분노와 반발로 이어졌다는 서술을 통해 대중들이 Guerin을 위한 정의를 요구했다는 것을 확인할 수 있다.

58.

정답 (b)

In the context of the passage, renown means _____.

(a) dishonor
(b) popularity
(c) success
(d) power

지문의 문맥상 renown은 _____을 의미한다.

(a) 불명예
(b) 인기
(c) 성공
(d) 권력

해설 renown 명성

59.

정답 (a)

In the context of the passage, perilous means _____.

(a) dangerous
(b) harmless
(c) difficult
(d) exciting

지문의 문맥상 perilous는 _____을 의미한다.

(a) 위험한
(b) 무해한
(c) 어려운
(d) 신나는

해설 perilous 위험한, 험준한

Question 60-66

WORLD'S LARGEST CARPET WAS UNVEILED IN IRAN

60) Seeking to revive the once-flourishing carpet industry of Iran, carpet manufacturers, and highly-skilled native carpet weavers teamed up to make the world's largest handwoven carpet. The unveiling of the completed carpet was held on August 1, 2007, at Tehran, Iran's open-air prayer grounds. A great number of spectators, visitors, and government officials attended the public display.

At 5,625 square meters or 60,546 square feet of floor area, the carpet is large enough to cover an entire soccer field. 61) Its size required it to be divided into nine separate pieces, 61-b) which were loaded into two airplanes for transport. The carpet design is called "Toranj Afshan"—a composition with flowers, leaves, branches, and plants scattered all over it. 61-d) This design is said to reflect Iran's history, art, culture, and faith.

62-a) It took 1,200 carpet weavers from three villages in Iran's northwestern Khorasan Province 18 months to complete the carpet. It used 47 metric tons of materials, around 35,000 kilograms of wool, and 12,000 kilograms of cotton, 62-c) and consists of about 2.2 billion knots. The materials used were the best wool and cotton that could be produced from the Iranian towns of Sirjan, 62-d) while others were imported from New Zealand.

The carpet, valued at almost 9.5 million US dollars today, was transported from Tehran to the United Arab Emirates (UAE). 63) Officials from UAE commissioned Iran's state-owned carpet manufacturer to create the carpet for the central prayer hall of the giant Sheikh Zayed mosque, inaugurated in September 2007 in the capital city of Abu Dhabi.

64) During the last few years, the Iranian carpet-making industry has been beaten by carpet manufacturers from other parts of the world, despite the quality and beauty of the industry's carpets. Iran's creation of the world's largest carpet was expected to revive its carpet industry, as well as improve and promote its culture, faith, and image.

세계에서 가장 큰 카펫이 이란에서 공개되다

60) 한때 융성했던 이란의 카펫 산업을 다시 일으키기 위해, 카펫 제조업자들과 현지의 고숙련 카펫 직조공들이 세계에서 가장 큰 수직(手織) 카펫을 만드는 데 힘을 모았다. 완성된 카펫은 2007년 8월 1일 이란의 야외 기도 장소인 Tehran에서 공개되었다. 엄청난 수의 관중, 방문객, 국가 공무원들이 이 공개 전시에 참석했다.

5,625 평방미터 혹은 60,546 평방피트의 바닥에서, 카펫은 하나의 축구장 전체를 뒤덮을 정도로 컸다. 61) 그 크기 때문에 그것은 아홉 개의 분리된 조각으로 나누어져야 했고, 61-b) 그 조각들은 운송 과정에서 두 개의 비행기에 나누어 실렸다. 카펫 디자인은 "Toranj Afshan"이라고 불린다—꽃, 잎, 가지, 식물들이 그 위 전체에 흩뿌려진 작품이다. 61-d) 이 디자인은 이란의 역사, 예술, 문화, 신앙을 반영한다고 한다.

62-a) 이란 북서부 Khorasan 주의 세 마을 출신의 카펫 직조공 1,200명이 이 카펫을 완성하는 데 18개월이 걸렸다. 직물 47 미터 톤, 양모 35,000 킬로그램 가량, 면 12,000 킬로그램이 사용되었으며, 62-c) 22억 개 가량의 매듭으로 구성되어 있다. 사용된 직물은 Sirjan 지역의 이란 마을들에서 생산될 수 있는 최상의 양모와 면이며, 62-d) 한편 다른 것들은 뉴질랜드에서 수입되었다.

오늘날 950만 미국 달러의 가치를 지닌 그 카펫은 Tehran에서 아랍 에미리트 연합국 (UAE)로 운송되었다. 63) UAE의 관리들은 수도 Abu Dhabi에 2007년 9월 개관한, 거대한 Sheikh Zayed 모스크 내의 주 기도 홀을 위한 카펫을 제조해달라고 이란의 국유 카펫 제조사에게 의뢰했다.

64) 지난 몇 년 간, 이란의 카펫 제조 산업은, 그 산업의 카펫들이 자랑하는 질과 아름다움에도 불구하고, 세계 다른 지역의 카펫 제조사들에 의해 참패를 당하고 있었다. 이란이 세계에서 가장 큰 카펫을 만듦으로써 나라의 문화, 신앙, 이미지를 발전하고 홍보할 뿐 아니라, 64) 그들의 카펫 산업을 부흥시킬 것이라고 기대를 모았다.

60.

정답 (a)

What is the main purpose of the creation of the world's largest carpet?

(a) for Iran to restore its carpet industry to its former glory
(b) for the Iranians to show off their skills in hand-weaving
(c) for people to use for their open-air prayer activity
(d) for carpet manufacturers to display Iran's culture

세계에서 가장 큰 카펫을 만들게 된 주요한 목적은 무엇입니까?

(a) 이란의 카페 산업이 예전의 영광을 되찾게 하기 위해서
(b) 이란인들로 하여금 손으로 직조하는 그들의 능력을 과시하도록 하기 위해서
(c) 사람들이 야외 기도 활동에 사용하도록 하기 위해서
(d) 카펫 제조업자들로 하여금 이란의 문화를 전시할 수 있도록 하기 위해서

해설 첫 번째 문단의 첫 번째 문장에 "한때 융성했던 이란의 카펫 산업을 다시 일으키기 위해" 카펫을 만들게 되었다는 대목을 참고하자. 이란의 고숙련 직조공들이 언급된 것은 사실이지만 카펫을 만들게 된 이유는 아니기 때문에 (b)는 오답이며, 카펫이 야외 기도 홀에서 공개된 것은 맞지만 야외 기도 용으로 직조된 것이 아니기 때문에 (c) 역시 오답이다. 또한 카펫에 이란의 문화가 반영된 것은 많지만 문화를 전시하기 위해 카펫을 만든 것은 아니므로 (d)도 사실과 다르다.

61.

정답 (c)

Why was the carpet separated into nine separate pieces?

(a) Its design was too complex to execute on one piece.
(b) It took nine airplanes to ship the carpet.
(c) Its massive size prevented its delivery in one piece.
(d) It portrayed nine areas of Iran's history and culture.

카펫이 아홉 개의 분리된 조각으로 나누어져야 했던 이유는 무엇입니까?

(a) 하나의 조각으로 만들기에 디자인이 너무 복잡했기 때문에
(b) 카펫을 운송하는 데 아홉 대의 비행기가 필요했기 때문에
(c) 거대한 크기 탓에 하나의 조각으로 운송될 수 없었기 때문에
(d) 이란의 역사와 문화 아홉 영역을 묘사했기 때문에

해설 두 번째 문단에서 "그 크기 때문에 그것은 아홉 개의 분리된 조각으로 나누어져야 했"다는 대목을 참고하자. 참고로 "그 조각들은 운송 과정에서 두 개의 비행기에 나누어 실렸"으므로 (b)는 오답이다. 또한 (d)에서 언급한대로 이 카펫이 이란의 역사와 문화를 반영한 것은 맞지만, "아홉 영역의" 역사와 문화를 반영했는지는 확인할 수 없으며, 이것이 카펫이 조각 난 채로 운송된 이유는 아니다.

62.

정답 (b)

Which is not true about the manufacture of the carpet?

(a) Weavers from several localities took part in it.
(b) The materials used were exclusively Iranian.
(c) It took more than two billion knots to make.
(d) Some of the materials were from overseas.

카펫 제조에 대한 설명으로 다음 중 사실이 아닌 것은?

(a) 다양한 지역 출신의 직조공들이 참여했다.
(b) 사용된 직물은 오직 이란산 뿐이었다.
(c) 만드는 데 20억 개가 넘는 매듭이 사용되었다.
(d) 일부 직물들은 해외에서 가져온 것이었다.

해설 세 번째 문단을 참고하자. (a)는 "이란 북서부 Khorasan 주의 세 마을 출신의 카펫 직조공 1,200명"이라는 대목, (c)는 "2억 개 가량의 매듭으로 구성되어 있다"는 대목, (d)는 "한편 다른 것들은 뉴질랜드에서 수입되었다"는 대목에서 사실임을 확인할 수 있다. 뉴질랜드에서 수입된 직물도 있으므로 (b)는 사실이 아니다.

63.
정답 (d)

Why did the UAE officials order the creation of the carpet?

(a) to help keep the Iranian carpet-weavers employed
(b) to cover the entire floor area of their largest mosque
(c) to demonstrate the beauty of Iranian carpets
(d) to adorn the main prayer hall of their mosque

UAE 관리들이 카펫을 만들어달라고 주문했던 이유는 무엇입니까?

(a) 이란의 카펫 직조공들이 계속 일자리를 유지할 수 있도록 하기 위해서
(b) 그들의 가장 큰 모스크 바닥 전체를 덮기 위해서
(c) 이란 카펫의 아름다움을 보여주기 위해서
(d) 모스크의 주 기도 홀을 장식하기 위해서

> **해설** 네 번째 문단에서 UAE의 관리들이 "거대한 Sheikh Zayed 모스크 내의 주 기도 홀을 위한 카펫을 제조해달라고 이란의 국유 카펫 제조사에게 의뢰했다"는 대목을 참고하자.

64.
정답 (a)

Based on the article, what will most likely result from making the carpet?

(a) the creation of more local jobs in Iran
(b) increased mosque attendance in Abu Dhabi
(c) worldwide recognition of UAE's carpet industry
(d) the creation of large carpets by more people

기사에 따르면, 다음 중 카펫을 만든 것의 결과로 가장 적절한 것은 무엇입니까?

(a) 이란 지역 내 더 많은 일자리의 창출
(b) Abu Dhabi 내 높아진 모스크 출석률
(c) UAE의 카펫 산업에 대한 전세계적 인정
(d) 큰 카펫들을 더 많은 사람들이 만들게 됨

> **해설** 다섯 번째 문단을 참고하자. 이란의 직조 산업은 "세계 다른 지역의 카펫 제조사들에 의해 참패를 당하고 있었"으며, 이 카펫 제조를 통하여 직조 산업을 부흥할 수 있을 것이라고 기대를 모으고 있다.

65.
정답 (b)

In the context of the passage, flourishing means _____.

(a) starting
(b) prosperous
(c) declining
(d) traditional

지문의 문맥상 flourishing은 _____을 의미한다.

(a) 출발
(b) 번영하는
(c) 감소하는
(d) 전통적인

> **해설** flourishing 번영하는, 융성한   flourish 번영하다

66.
정답 (d)

In the context of the passage, transported means _____.

(a) retained
(b) spread
(c) expressed
(d) moved

지문의 문맥상 transported는 _____을 의미한다.

(a) 보유하고 있는
(b) 널리 퍼진
(c) 표현된
(d) 운반된

> **해설** transported 운반된, 이송된   transport 운반하다, 이동하다

Question 67-73

BOHEMIAN RHAPSODY

"Bohemian Rhapsody" is a song by the English rock band, Queen, included in its 1975 music album "A Night at the Opera." Written by Queen's lead vocalist, Freddie Mercury, 67) the song gained immense popularity and huge commercial success around the world when it was released, establishing Queen in the international music scene.

"Bohemian Rhapsody" runs for almost six minutes and 68) has a musical structure quite unconventional for rock songs released during its time. It has six different parts, namely: the introduction, which is sung in chorus; the ballad, where Mercury does a solo performance; the guitar solo performed by guitarist, Bryan May; the opera, a multi-voice choir performance featuring the voices of Mercury, May, and the band's drummer, Roger Taylor; the heavy metal interlude; and finally, the outro, whose rhythm goes back to that of the introduction.

When the song was released as a single, "Bohemian Rhapsody" was accompanied by a music video. At the time, music videos were only starting to emerge as a promotional tool. 69) Nonetheless, the video's visuals were groundbreaking enough that it is considered by some as the first true modern music video, helping launch the age of music television or MTV.

70) Through the years, the song has generated much debate with regards to its lyrics' true meaning. Mercury was evasive and refused to make straightforward comments when asked about it. However, a friend of Mercury's, Kenny Everett, who was a popular radio disc jockey in the United Kingdom at the time, claimed that according to Mercury, the lyrics were simply "random rhyming nonsense" written to fit the song's lyrics.

Since its first release, the song has broken many records. The notable ones include being the only UK single to have sold more than a million copies on two separate occasions: 71-a) first during its release in 1975, the second during its re-release in 1991. Additionally, 71-c, d) it ranks third in the official list of best-selling singles in the UK. 71-b) Lastly, in 2004, the song was inducted into the Grammy Hall of Fame.

보헤미안 랩소디

"보헤미안 랩소디"는 영국 락 밴드 Queen의 노래로, 1975년 음반 "A Night at the Opera"에 수록되었다. Queen의 리드 보컬리스트인 Freddie Mercury가 만든 67) 이 노래는 발표되었을 때 국제 음악 무대에서 Queen의 입지를 공고히 하면서, 전세계적으로 대단한 인기와 엄청난 상업적 성공을 얻었다.

"보헤미안 랩소디"는 대략 6분 가량의 길이이며 68) 그 당시에 발표된 락 노래치고는 상당히 독특한 음악 구조를 가지고 있다. 그것은 여섯 개의 다른 부분을 가지고 있다. 즉, 코러스로 노래되는 도입부; Mercury가 솔로 연주를 하는 발라드; 기타리스트 Bryan May에 의해 연주되는 기타 솔로; Mercury, May, 그리고 밴드의 드러머인 Roger Taylor의 목소리가 담긴 다중 음성 합창 연주 오페라; 헤비 메탈 간주; 그리고 마지막으로, 리듬이 다시 도입부의 리듬으로 되돌아가는 아웃트로.

그 노래가 싱글 앨범으로 발표되었을 때 "보헤미안 랩소디"는 뮤직 비디오와 함께 발표가 되었다. 당시 뮤직 비디오들은 이제 막 홍보 수단으로 부상하기 시작한 것에 불과했다. 69) 그럼에도 불구하고, 그 비디오의 시각 효과들은 몇몇 사람들에 의해 음악 텔레비전 혹은 MTV의 시대를 열어주는 데 기여한, 첫 번째 진정한 모던 뮤직 비디오라고 여겨질 정도로 획기적인 것이었다.

70) 몇 년 동안, 그 노래는 가사의 진정한 의미와 관련하여 엄청난 논란을 야기했다. Mercury는 회피적이었고 그것에 대해 질문을 받았을 때 단도직입적인 답변을 하기를 거부했다. 그러나, Mercury의 친구이자 당시 영국의 인기 라디오 디제이였던 Kenny Everett은, Mercury에 따르자면 그 가사들은 단순히 노래의 가사에 맞게 적힌, "임의로 운을 맞추는 허튼소리"에 불과하다고 주장했다.

처음 발표된 이래, 그 노래는 많은 기록들을 깨왔다. 주목할 만한 것들 중 하나는 두 번의 다른 경우들에 각각 백만 장 이상 팔린 유일한 영국의 싱글 앨범이었다는 점이다: 71-a) 먼저 1975년 출시되었을 때, 두 번째로는 1991년 재출시 되었을 때, 뿐만 아니라, 71-c, d) 영국에서 가장 많이 팔린 싱글 앨범들의 공식적인 목록에서 3위를 차지했다. 71-b) 마지막으로, 2004년 그 노래는 Grammy 명예의 전당에 올랐다.

67.

정답 (c)

What did "Bohemian Rhapsody" do for Queen?

(a) It helped them get a recording contract.
(b) It introduced Freddie Mercury as a rock singer.
(c) It made them popular all over the world.
(d) It established rock as the music genre of choice.

"보헤미안 랩소디"는 Queen에게 무엇을 해주었습니까?

(a) 그것은 그들에게 음반 계약을 하도록 도와주었다.
(b) 그것은 Freddie Mercury를 락 가수로서 소개해주었다.
(c) 그것은 그들을 전세계적으로 인기 있게 만들어주었다.
(d) 그것은 락을 음악 장르의 하나로 자리잡게 해주었다.

해설 첫 번째 문단을 참고하자. "이 노래는 발표되었을 때 국제 음악 무대에서 Queen의 입지를 공고히 하면서, 전세계적으로 대단한 인기와 엄청난 상업적 성공을 얻었다"는 대목에서, "보헤미안 랩소디"가 Queen을 전세계적으로 유명하게 만들어주었음을 확인할 수 있다.

68.

정답 (b)

Why was "Bohemian Rhapsody" considered an unusual rock song?

(a) because it was accompanied by a music video
(b) because it didn't follow the rock song format of that time
(c) because it was sung by all the band members
(d) because it is a long song

"보헤미안 랩소디"가 파격적인 락 노래로 여겨진 이유는 무엇입니까?

(a) 뮤직 비디오가 함께 발표되었기 때문에
(b) 당시 락 음악의 포맷을 따르지 않았기 때문에
(c) 밴드의 모든 멤버들이 노래했기 때문에
(d) 긴 노래이기 때문에

해설 두 번째 문단을 참고하자. "그 당시에 발표된 락 노래치고는 상당히 독특한 음악 구조를 가지고 있다"는 대목에서 (b)가 답임을 확인할 수 있다. 베이시스트 John Deacon의 목소리가 담기지 않았을 뿐더러, 밴드 멤버 여러 명의 목소리가 담겼다는 사실이 파격적이었던 것은 아니므로 (c)는 오답이다.

69.

정답 (d)

Based on the article, how most likely did the song's music video affect the music industry?

(a) by revolutionizing the way songs are sung
(b) by decreasing the popularity of other music forms
(c) by replacing TV ads as promotional tools
(d) by inspiring other artists to start making music videos

기사에 따르자면, 다음 중 이 노래의 뮤직 비디오가 음악 산업에 영향을 끼친 방식으로 가장 적절한 것은 무엇입니까?

(a) 노래가 불리는 방식을 획기적으로 전환함으로써
(b) 다른 음악 형식들의 인기를 약화시키면서
(c) 홍보 수단으로 TV 광고들을 대체함으로써
(d) 뮤직 비디오를 만들기 시작하도록 다른 예술가들에게 영감을 제공함으로써

해설 "보헤미안 랩소디"의 뮤직 비디오에 대해 언급하는 세 번째 문단을 참고하자. "그 비디오의 시각 효과들은 몇몇 사람들에 의해 음악 텔레비전 혹은 MTV의 시대를 열어주는 데 기여한, 첫 번째 진정한 모던 뮤직 비디오라고 여겨질 정도로 획기적인 것이었다"는 대목을 확인하면 (d)가 답임을 확인할 수 있다.

70.

정답 (a)

Why was there much debate about "Bohemian Rhapsody?"

(a) People found it difficult to understand the lyrics.
(b) People didn't know why it had different parts.
(c) Kenny Everett thought it was nonsense.
(d) Disc jockeys didn't want to play it on the air.

"보헤미안 랩소디"에 대해 논란이 많았던 이유는 무엇입니까?

(a) 사람들이 가사를 이해하기 어려웠다.
(b) 사람들이 그것이 다양한 부분으로 구성된 이유를 알지 못했다.
(c) Kenny Everett이 그것이 허튼소리라고 생각했다.
(d) 디제이들이 그것을 틀기 싫어했다.

> **해설** 네 번째 문단을 참고하자. "그 노래는 가사의 진정한 의미와 관련하여 엄청난 논란을 야기했다"는 대목, Mercury에게 가사에 대한 질문이 쏟아졌다는 대목에서 사람들이 노래 가사를 이해하기 어려웠고, 이것이 논란을 야기했음을 유추할 수 있다.

71.

정답 (c)

Which is not true about "Bohemian Rhapsody?"

(a) It was released twice.
(b) It was given the highest award in the Grammy's.
(c) It has the highest sales among the singles in the UK.
(d) It is one of the most successful songs in the UK market.

다음 중 "보헤미안 랩소디"에 대한 설명으로 옳지 않은 것은?

(a) 그것은 두 번 출시되었다.
(b) 그것은 Grammy에서 가장 큰 상을 받았다.
(c) 그것은 영국 내 싱글 앨범 중 가장 많이 판매되었다.
(d) 그것은 영국 시장에서 가장 성공적인 노래들 중 하나이다.

> **해설** 다섯 번째 문단을 참고하자. 1975년과 1991년에 각각 출시되었으므로 (a)는 참이며, Grammy 명예의 전당에 올랐으므로 (b)도 참이다. 영국 내 베스트셀러 싱글 앨범 3위를 기록했으므로 (d)도 사실이다. 다만 판매 1위가 아니라 3위이므로 (c)는 사실과 다르다.

72.

정답 (d)

In the context of the passage, emerge means _____.

(a) expand
(b) stop
(c) spread
(d) rise

지문의 문맥상 emerge는 _____을 의미한다.

(a) 확장하다
(b) 멈추다
(c) 퍼뜨리다
(d) 부상하다

> **해설** emerge 부상하다

73.

정답 (a)

In the context of the passage, evasive means _____.

(a) unclear
(b) vocal
(c) definite
(d) offended

지문의 문맥상 evasive는 _____을 의미한다.

(a) 모호한
(b) 의견을 강경하게 밝히는
(c) 분명한
(d) 언짢은

> **해설** evasive 회피적인, 얼버무리는

Question 74-80

August 7, 2017

Mr. Jacob & Ms. Linda Meyers
87 Maltin Street, Dawson District
Calgary, New Hampshire

Dear Mr. and Ms. Meyers:

Greetings! As we all know, summer vacation is fast approaching. We know that this is the time that families usually travel out of town. 74) 78) In this regard, we are pleased to inform you that we are now offering new travel packages to some of the most exciting travel destinations in the world.

We are making the offer to renew our relationship with valued customers such as you. You have entrusted us in the past with all your travel needs: from 75-d) the booking of your flight to 75-c) your hotel accommodations, and even 75-a) your travel itineraries. For this, we are very grateful. 78-a, d) In fact, we consider customers like you as our esteemed partners in this business.

To ensure that you get the maximum value for your hard-earned money, 76) we formed tie-ups with hotels, resorts, and spas at your favorite travel destinations. This has enabled us to cut down on costs, and we have passed these savings to you.

Attached is our easy-to-browse-through catalog, which contains all the information you need on the travel promos and packages that we are offering. If you have any questions or would like to request for more information, please contact us at (32) 762 8233 or visit our web address at www.worldlinks.net. 77) If you wish to make your next travel arrangements with us once more, you may reach us through our website's Customer Care section.

We hope to hear from you soon. Thank you very much.

Very truly yours,

Louise Thompson
Head, Marketing Department
Worldlinks Travel Services, Inc.

2017년 8월 7일

Jacob & Linda Meyers 씨 귀하
87 Maltin Street, Dawson District
Calgary, New Hampshire

Meyers 부부께,

안녕하세요! 모두가 알다시피, 여름휴가가 성큼 다가오고 있습니다. 저희는 가족들이 주로 다른 지역으로 여행을 가는 시기임을 알고 있습니다. 74) 78) 그러한 의미에서, 귀하에게 저희가 현재 전 세계의 가장 신나는 여행 목적지들 중 몇몇으로 향하는, 새로운 여행 패키지를 제공하고 있음을 알려드리게 되어 기쁩니다.

저희는 귀하와 같은 귀중한 고객들과의 인연을 새롭게 정비하고자 제안을 드립니다. 귀하는 과거 75-d) 항공편부터 75-c) 귀하의 호텔 숙박 예약에 이르기까지, 그리고 심지어 75-a) 귀하의 여행 일정까지, 귀하의 모든 관광 관련 요구 사항에 대해 저희를 믿어주셨습니다. 이에 대해 저희는 정말 감사드립니다. 78-a, d) 사실 저희는 귀하와 같은 고객들이야말로 이 사업 분야에서 저희의 존경하는 파트너라고 생각합니다.

귀하가 어렵게 번 돈에 대해 최상의 가치를 얻으실 수 있도록, 76) 저희는 귀하가 선호하는 여행 목적지들의 호텔, 리조트, 스파들과 제휴를 맺었습니다. 이 덕분에 저희는 비용을 절감할 수 있었고, 저희는 이렇게 절약한 것을 귀하에게 넘겨 드립니다.

동봉된 것은 간편하게 훑어보실 수 있는 저희의 카탈로그로, 여행 홍보물 및 저희가 제공해드리는 패키지들에 대해 귀하가 필요로 하는 모든 정보들이 포함되어 있습니다. 77-b, c) 궁금한 점이 있으시거나 더 많은 정보를 알고 싶으시다면, (32) 762 8233으로 저희에게 연락하시거나 저희 웹 주소 www.worldlinks.net에 방문해주십시오. 77) 저희와 다시 한 번 다음 여행 준비를 하고 싶으시다면, 저희 홈페이지의 고객 서비스란을 통해 저희와 연락하실 수 있습니다.

빠른 시일 내에 귀하에게서 소식을 듣기를 바랍니다. 감사합니다.

그럼 안녕히 계십시오.

Louise Thompson
마케팅 부서 책임자
Worldlinks Travel Services, Inc.

74.

정답 (c)

Why is Louise Thompson writing to Mr. and Mrs. Meyers?

(a) to ask them where they'll spend their summer vacation
(b) to have them renew their membership with the company
(c) to tell them about their new summer packages
(d) to ask about the details of their booking

Louis Thompson이 Meyers 부부에게 편지를 쓰는 이유는 무엇입니까?

(a) 그들이 어디서 여름휴가를 보낼 것인지 물어보기 위해서
(b) 그들이 이 회사와 멤버십을 연장하도록 하기 위해서
(c) 그들의 새로운 여름 패키지들에 대해 알려주기 위해서
(d) 그들의 예약에 대한 세부 사항들을 문의하기 위해서

해설 첫 번째 문단을 참고하자. 여름휴가를 맞아, "귀하에게 저희가...새로운 여행 패키지를 제공하고 있음을 알려드리게 되어 기쁩니다"라는 대목에서 (c)가 답임을 확인할 수 있다. 세 번째 문단에서 언급된 내용 때문에 (b) 문항이 다소 헷갈릴 수 있는데, 우선 지텔프 독해 문제에서 각 지문 당 첫 번째 문제의 답은 첫 번째 문단에 있음을 잊지 말자. 뿐만 아니라 "관계를...새롭게 정비"(renew...relationship)한다는 내용이 있기는 하지만 이것이 "멤버십"인지는 확인할 수 없다.

75.

정답 (b)

Which of the following services have Mr. and Mrs. Meyers not used at Worldlinks Travel Services, Inc.?

(a) travel itinerary arrangements
(b) passport renewal
(c) hotel room reservations
(d) flight bookings

다음에 언급된 서비스들 중 Meyers 부부가 Worldlinks Travel Services, Inc.에서 이용한 적 없는 것은 무엇입니까?

(a) 여행 일정 조정
(b) 여권 갱신
(c) 호텔 방 예약
(d) 항공편 예약

해설 두 번째 문단을 참고하자. (a) 여행 일정 조정, (c) 호텔 방 예약, (d) 항공편 예약 등은 Meyers 부부가 이용한 서비스이지만, 여권 갱신 서비스에 대한 언급은 없다.

76.

정답 (a)

Based on the letter, how most likely were they able to reduce their prices for their travel packages?

(a) by getting discounts from partner travel establishments
(b) by using their own hotels and resorts
(c) by partnering up with cheap hotels and resorts
(d) by offering limited itineraries in the packages

편지에 따르면, 다음 중 그들이 여행 패키지의 가격을 절감할 수 있었던 방법으로 가장 적절한 것은 무엇입니까?

(a) 파트너 관계인 여행 숙박 시설로부터 할인을 받아서
(b) 자체적인 호텔과 리조트를 활용해서
(c) 저렴한 호텔 및 리조트들과 파트너 관계를 맺어서
(d) 패키지에 리미티드 여행 일정을 제공해서

해설 세 번째 문단을 참고하자. "호텔, 리조트, 스파들과 제휴를 맺었"으며, "이 덕분에 저희는 비용을 절감할 수 있었고, 저희는 이렇게 절약한 것을 귀하에게 넘겨 드립니다"라는 대목을 보면 (a)가 정답임을 확인할 수 있다.

77.

정답 (d)

What should the Meyers do to arrange a tour with Worldlinks?

(a) read its customer-friendly travel catalog
(b) place a telephone call
(c) make a booking through email
(d) visit its customer care webpage

Worldlinks와 여행을 계획하기 위해서 Meyers 부부가 해야 하는 것은 무엇입니까?

(a) 고객 친화적인 여행 카탈로그 읽기
(b) 전화하기
(c) 이메일을 통해 예약하기
(d) 고객 서비스 웹페이지를 방문하기

해설 네 번째 문단을 참고하자. "저희와 다시 한 번 다음 여행 준비를 하고 싶으시다면, 저희 홈페이지의 고객 서비스란을 통해 저희와 연락하실 수 있습니다"라는 대목에서 (d)가 답임을 확인할 수 있다. (b)번이 헷갈릴 수 있는데, '전화하기'는 여행을 계획할 때가 아니라 "궁금한 점이 있으시거나 더 많은 정보를 알고 싶으시다면" 이용하라고 언급되어 있다. (c) '이메일을 통해 예약하기'는 편지에 언급된 바 없다.

78.

정답 (c)

Based on the letter, what can be said about Worldlinks Travel Services, Inc.?

(a) They are constantly seeking for new customers.
(b) They cater to the high-end market.
(c) They continuously design new travel packages.
(d) They don't have loyal customers.

편지에 따르면, Worldlinks Travel Services, Inc.에 대해 맞는 설명은 무엇입니까?

(a) 그들은 계속 새로운 고객들을 찾고 있다.
(b) 그들은 고급 시장을 상대한다.
(c) 그들은 계속해서 새로운 여행 패키지들을 디자인한다.
(d) 그들에게는 충실한 고객이 없다.

해설 이 회사의 새로운 여행 패키지에 대한 편지이므로 (c)가 정답이다. 새로운 고객을 찾는다기보다는 기존 고객들과의 관계를 이어나가려 하고 있으므로 (a)는 오답이며, Meyers 부부와 같이 충실한 고객을 파트너처럼 생각한다고 하므로 (d) 역시 오답이다. (b)에 대해서는 확인된 바가 없다.

79.

정답 (b)

In the context of the passage, approaching means _____.

(a) moving
(b) coming
(c) leaving
(d) contacting

지문의 문맥상 approaching은 _____을 의미한다.

(a) 이동하는
(b) 다가오는
(c) 떠나는
(d) 연락하는

해설 approaching 다가오는, 임박하는, 가까워지는   approach 다가오다, 임박하다, 가까워지다

80.

정답 (b)

In the context of the passage, <u>maximum</u> means _____.

(a) lowest
(b) highest
(c) discounted
(d) useful

지문의 문맥상 <u>maximum</u>은 _____을 의미한다.

(a) 가장 낮은
(b) 가장 높은
(c) 할인된
(d) 유용한

해설 maximum 가장 높은, 최대의, 최고의

G-TELP BIBLE

모의고사

02

GRAMMAR SECTION

1. ⓐ	2. ⓑ	3. ⓓ	4. ⓒ	5. ⓓ	6. ⓑ	7. ⓐ	8. ⓓ	9. ⓑ	10. ⓐ
11. ⓑ	12. ⓐ	13. ⓓ	14. ⓑ	15. ⓐ	16. ⓒ	17. ⓑ	18. ⓓ	19. ⓒ	20. ⓐ
21. ⓑ	22. ⓒ	23. ⓒ	24. ⓓ	25. ⓑ	26. ⓐ				

LISTENING SECTION

Part 1	27. ⓒ	28. ⓐ	29. ⓓ	30. ⓑ	31. ⓐ	32. ⓑ	33. ⓓ
Part 2	34. ⓒ	35. ⓑ	36. ⓓ	37. ⓑ	38. ⓐ	39. ⓒ	
Part 3	40. ⓐ	41. ⓓ	42. ⓒ	43. ⓑ	44. ⓒ	45. ⓑ	
Part 4	46. ⓓ	47. ⓑ	48. ⓐ	49. ⓒ	50. ⓑ	51. ⓓ	52. ⓐ

READING AND VOCABULARY SECTION

Part 1	53. ⓒ	54. ⓓ	55. ⓐ	56. ⓑ	57. ⓓ	58. ⓐ	59. ⓒ
Part 2	60. ⓐ	61. ⓓ	62. ⓒ	63. ⓐ	64. ⓑ	65. ⓑ	66. ⓓ
Part 3	67. ⓓ	68. ⓒ	69. ⓐ	70. ⓑ	71. ⓐ	72. ⓑ	73. ⓒ
Part 4	74. ⓑ	75. ⓑ	76. ⓓ	77. ⓑ	78. ⓒ	79. ⓒ	80. ⓐ

GRAMMAR SECTION
Question 1-26

1. 정답 (a)

해석 Shore's Fine Confections는 연휴 동안에 마을에서 가장 많은 사람들이 찾는 사탕 가게들 중 하나이다. 1920년부터 유럽 스타일의 초콜릿들로 유명한, Shore's는 그것들(초콜릿들)을 거의 백 년 동안 팔아오고 있는 중이다.

해설 시제를 묻는 유형이다. 이 문제에서 힌트가 되는 시간 표현은 바로 'since 1920'와 'for almost a hundred years'이다. 이 사탕 가게가 1920년 전부터 현재에 이르기까지, 약 100 여 년 간 계속해서 초콜릿을 팔아오고 있다는 점을 강조하고 있는 문장이므로 빈칸에는 현재 완료 진행형이 적절하다.

2. 정답 (b)

해석 귀 청소용으로 면봉이 널리 마케팅되고 있음에도 불구하고, 의사들은 귀지를 제거하기 위해 그 제품을 사용하는 것을 지양하라고 한다. 사실, 이비인후과 의사들은 일반적으로 어떠한 외부 물질도 귀에 집어넣어져서는 안 된다고 말한다.

해설 조동사를 묻는 유형이다. 문맥상 이비인후과 의사들이 '외부 물질을 귀에 집어넣어져서는 안 된다'고 당위성에 대해 주장하고 있으므로 당위를 나타내는 조동사인 should not이 빈칸에 들어가는 것이 적절하다.

3. 정답 (d)

해석 Jenny는 10월에서부터 이미 좋은 크리스마스 세일 품목들을 찾기 시작했다. 그러나 그녀는 가격들이 더 낮았던 지난주까지도 쇼핑을 시작하지는 않았다.(지난주에서야 비로소 쇼핑을 시작하였다.) 만약 그녀가 더 일찍 쇼핑을 했더라면, 그녀는 더 많은 돈을 썼을 것이다.

해설 가정법을 문제 유형이다. 우선 빈칸이 있는 문장에 if 절이 포함되어 있는데, if 절의 시제가 과거완료(had shopped)이기 때문에 이 문장이 가정법 과거완료 시제라고 추론이 가능하다. 가정법 과거완료 문장에서 주절 동사는 would/should/could/might + V현재완료의 형식으로 쓰이기 때문에 (d)가 정답이다. 의미를 따져볼 경우 가정법 과거완료 문장임을 더 확실하게 알 수 있다. 실제 사실은 Jenny가 쇼핑을 늦게 시작해서 돈을 적게 썼다는 것이고, 이것은 이미 과거에 발생한 사건이다. 그런데 빈칸 문장은 Jenny가 (과거에) 쇼핑을 좀 더 일찍 했을 때의 상황을 가정하고 있으므로, 가정법 과거완료 시제로 서술해야 한다.

4. 정답 (c)

해석 Dr.Smith의 정치과학 수업의 학생들 대부분은 그들의 기말고사를 패스하지 못했다. 그들은 기회를 한 번 더 달라고 요청했고, 그(Dr.Smith)는 만일 그들이 연방 정부에 관한 보고서를 제출한다면 그들에게 보너스 점수를 주기로 약속했다.

해설 가정법을 묻는 유형이다. 정확히는, 가정법을 묻는 문제는 아니지만 수험생들이 가정법 문제라고 착각하기 쉬운 문제이다. 우선 'provided that'이 '만일 ~라는 조건이 제공된다면'이라고 직역될 수 있으며, if와 비슷한 용도로 사용된다는 점을 알아야 한다. 이를 알고 'provided that'을 'if'와 동치시켜 가정법 문제로 착각, (b)를 고를 수도 있으나, 한국어로 '만약/만일'이라고 해석되는 모든 문장이 가정법 문장인 것은 아니다. '만일 그들이 연방정부에 관한 보고서를 제출한다면'에서 가정하고 있는 바는 실제 사실의 반대이거나, 반대가 될 확률이 높은 내용이 아니다. 따라서 provided that절은 (현실적으로 충족이 가능한) 어떤 조건이 만족될 경우를 상정하는 조건절이다. 학생들이 보고서를 제출하는 것이 미래 시점에 발생할 일이기 때문에 (d)를 고른 수험생도 있을 수 있다. 그러나 조건절에서는 미래에 발생할 일이라 할지라도 현재 시제를 쓰는 것이 원칙이다.

5.   정답 (d)

해석 지난주에, Alex는 잘 알려진 미디어 회사의 제작 보조 일을 그만두었다. 그가 다른 회사에서 현장 리포터 일을 제안 받았을 때, 그는 그곳(사직한 회사)에서 거의 4년간 일해온 것이었다.

해설 시제를 묻는 유형이다. 이 문제에서 힌트가 되는 시간 표현은 'for almost four years', 'when he got a job offer'이다. '거의 4년 동안'이라는 힌트를 보고 괄호 안에 완료 시제가 들어가야 함을 알 수 있다. 이 문제는 이것만으로도 정답을 고를 수 있으나, 만일 보기에 현재완료와 과거완료가 모두 있다면 한 번 더 생각이 필요하다. Alex는 다른 회사의 스카웃 제의를 받고 이미 사직을 했다. 즉 Alex가 이전 회사에서 일을 하는 행위는 현 시점까지는 이어지고 있지 않다. 따라서 괄호 안에는 먼 과거(4년 전)에서부터 가까운 과거(지난 주)까지 이어져온 동작의 지속을 나타내는 과거완료 시제가 들어가야 한다.

6.   정답 (b)

해석 황금이 귀한 까닭은 그것이 아름답기 때문만은 아니고, 그것이 상당히 희소하다는 데에도 있다. 만일 황금이 철처럼 공급이 풍부하다면, 사람들은 그 금속(황금)을 그들이 현재에 그렇게 여기는 것처럼 절실하게 귀하게 여기지 않을 것이다.

해설 가정법을 묻는 유형이다. 우선 빈칸이 있는 문장에 if 절이 포함되어 있는데, if 절의 시제가 단순과거(abounded)이기 때문에 이 문장이 가정법 과거 시제라고 추론이 가능하다. 가정법 과거 문장에서 주절 동사는 would/should/could/might + V원형의 형식으로 쓰이기 때문에 (b)가 정답이다. 의미를 따져볼 경우 가정법 과거 문장임을 더 확실하게 알 수 있다. 실제 사실은 (현재에) 황금이 상당히 희소하며, 사람들이 그것을 귀하게 여긴다는 것이다. 그런데 빈칸 문장은 황금이 풍부할 경우를 가정하고 있으므로(현재 사실의 반대), 가정법 과거 시제로 서술해야 한다.

7.   정답 (a)

해석 Sam은 나에게 그가 커피숍에서 누군가를 만났다고 이야기했다. 그는 그가 심지어 그녀에게 저녁 식사를 제안했다고도 말했다. 그녀의 이름을 알고 나서, 나는 그에게 그가 방금 데이트 신청을 한 여성이 나의 상사라고 말했다.

해설 관계대명사를 묻는 유형이다. 빈칸 문장의 구조를 분석해보면, that 절의 주어가 'the woman'이고 빈칸에는 관계대명사 절이 들어가 그 주어를 수식하며, that 절의 동사는 'was'이다. 우선 선행사가 'the woman'이기 때문에 다음에 올 수 있는 관계사에는 whom과 that이 있다. 그런데 의미상 Sam이 그 여성에게 데이트 신청을 한 것이다. 즉, 'the woman'이 관계대명사 절의 동사 'asked out'의 목적어이므로, 정답은 목적격 관계대명사 (a)이다. 빈칸에 주격관계대명사 (b)가 들어가게 되면 'the woman'이 'asked out'이라는 동작의 주체가 되어 해석이 어색해진다.

8.   정답 (d)

해석 Matt는 그의 아파트 근처에 있는 Global Bank 지점이 닫아서 짜증이 난다. 지금 가장 가까운 지점은 시내에 있다. 그 지점의 줄은 언제나 길기 때문에, 그는 그의 은행 업무를 그곳에서 처리하는 것을 싫어한다.

해설 준동사를 묻는 유형이다. 동사 'hate'는 목적어로 동명사를 가지기 때문에 정답은 (d)이다.

9.   정답 (b)

해석 온라인 프로그램에 등록하는 학생들의 수는 1990년대 말로부터 두 배로 증가하였다. 온라인 교육은 보통보다 일찍 학위를 끝마칠 방법을 찾고 있는 학생들에게 가능한 대안인 것으로 보인다.

해설 시제를 묻는 유형이다. 빈칸이 있는 문장이 현재 시제로 쓰여 있고, 문맥상 '일찍 학위를 끝마칠 방법을 찾고 있는' 학생들에게 가능한 대안인 것으로 보인다는 것이므로 현재진행시제 (b)가 정답이다.

10.   정답 (a)

해석 최근의 바르셀로나 테러 공격 이후, 전 세계 스페인 대사관들은 그들의 보안을 강화했다. 그들은 이제 방문객들로 하여금 그들의 휴대폰과 여타 배터리로 작동하는 전자 기기들을 대사관 로비에 두고 가도록 요청한다.

해설 준동사를 묻는 유형이다. 동사 'require A to V'는 'A에게 V를 하도록 요구하다'는 의미이다. 이때 require는 5형식 동사로, 목적격 보어로 to 부정사를 취한 것이다. 문맥상 '방문객들로 하여금 두고 가도록 요청한' 것이므로 정답은 (a)이다.

11. 정답 (b)

해석 미국의 다수의 학생과 어른 집단들은 현재 경찰의 폭력에 대항하여 집회를 열고 있다. 이 운동은 경찰이 단지 범죄를 저지른 것으로 의심되기만 하는 사람들을 다치게 하는 것을 삼가야 한다고 주장한다.

해설 당위 표현을 묻는 유형이다. 문맥상 이 운동이 '경찰이 사람들을 다치게 하는 것을 삼가야 한다'고 주장하는 내용이고, 빈칸 문장의 동사가 'urge'이기 때문에 that절 주어 다음에 should가 생략되어 있는 것임을 파악할 수 있다. 따라서 동사 원형인 (b)가 정답이다.

12. 정답 (a)

해석 어린 소녀들은 패션과 뷰티 광고에 쉽게 영향을 받는 것으로 보인다. 실제로, 최근의 한 연구는 약 40 퍼센트나 되는 어린 영국 여성들이 이러한 광고 때문에 뷰티 제품들을 사고 다양한 뷰티 시술을 받는다는 점을 보였다.

해설 접속사/연결어를 묻는 유형이다. 첫 문장은 어린 소녀들이 패션과 뷰티 광고에 쉽게 영향을 받는다는 사실을 주장하고 있으며, 두 번째 문장은 그와 동일한 내용을 조금 더 구체적으로 입증하고 있다. 따라서 그 사이에 들어가기에 알맞은 것은 (a)의 'in fact(사실, 실제로)'이다.

13. 정답 (d)

해석 Derek의 의사는 그에게 그가 현재 과체중의 위험에 있기 때문에 규칙적으로 운동을 하라고 조언했다. 그의 의사의 충고를 따라, 그는 자신의 운동으로 사이클링을 택했다. 왜냐하면 그는 이미 러닝머신이 있기 때문이다.

해설 준동사를 묻는 유형이다. 동사 'choose'는 목적어로 동명사를 취하므로 정답은 (d)이다.

14. 정답 (b)

해석 Bahamas로 함께 여행을 가는 것으로 Mark를 놀라게 하려던 Alice의 계획은 그가 중요한 출장을 가야하게 되어서 망쳐졌다. 만약 그가 이것에 대해 더 일찍 알았더라면, 그녀는 여행을 예약하는 수고를 낭비하지 않았을 것이다.

해설 가정법을 묻는 유형이다. 우선 빈칸은 문장의 if 절의 동사 자리에 뚫려 있는데, 주절의 동사가 would/should/could/might + V현재완료의 형식으로 쓰여 있으므로(wouldn't have wasted) 이 문장이 가정법 과거완료 시제라고 추론할 수 있다. 가정법 과거완료 문장에서 if절 동사는 V과거완료의 형식으로 쓰이기 때문에 (b)가 정답이다. 의미를 따져볼 경우 가정법 과거완료 문장임을 더 확실하게 알 수 있다. 실제 사실은 Alice가 (과거에) Mark가 출장을 가야하는 것을 몰랐기 때문에, 여행을 예약하는 수고를 낭비했다는 것이다. 그런데 빈칸 문장은 Alice가 출장에 대해 더 일찍 알았었을 경우를 가정하고 있으므로(과거 사실의 반대), 가정법 과거완료 시제로 서술해야 한다.

15. 정답 (d)

해석 Timmy는 어제 그의 운전면허증을 가지러 집에 돌아가야 했었기 때문에 직장에 지각을 했다. 그가 그것을 가져오는 것을 잊었다는 사실을 깨달았을 때, 그는 이미 고속도로를 달리는 중이었다.

해설 시제를 묻는 유형이다. when 절에는 과거 시제가 오고, 주절에는 과거 진행 시제가 와서 '~했을 때, ~하는 중이었다'라고 해석되는, 자주 사용되는 시제 표현이다. 정답은 과거진행시제인 (a)이다.

16. 정답 (c)

해석 많은 게이머들을 Battlefield 1:Apocalypse라는 컴퓨터게임을 하는 것을 좋아한다. 게임 전문가들의 리뷰에 따르면, 그것이 속편임에도 불구하고, 그 게임은 여전히 플레이어들로 하여금 "그것의 이전 편들과 마찬가지로 똑같이 신나는 전투를 경험하게 해준다."

해설 접속사/연결어를 묻는 유형이다. 빈칸 다음에 오는 'its being a sequel'은 동명사구이다. 여기에서 'its'는 'it(Battlefield 1:Apocalypse)'의 소유격으로 동명사의 의미상 주어이다. 동명사구를 목적어로 갖기 위해서 빈칸에는 전치사가 와야 한다. 따라서 (c) 또는 (d)가 답이다(since는 전치사로 쓰여 명사구를 목적어로 가질 수도 있고, 절을 이끌 수도 있다). 'as long as'나 'provided that' 다음에는 구가 아닌 절이 와야 하기 때문이다. 그런데 의미상 그 게임은 '속편임에도 불구하고' 여전히(still) 재미있다는 것이므로, 정답은 (c)이다.

17.　　　　　　　　　　　　　　　　　정답 (b)

해석 Katie의 비행편이 연기되었는데, 내가 책을 챙겨오기를 잘했다. 나는 그녀를 기다리는 동안에 지루하지 않을 것이다. 그녀의 비행기가 도착할 때쯤이면, 나는 이곳에 두 시간동안이나 앉아있는 것이 될 것이다.

해설 시제를 묻는 유형이다. 빈칸 문장의 'by the time' 절과 'for+일정 시간'은 모두 완료시제와 자주 함께 쓰이는 시간표현들이다. 'by the time' 절이 가리키는 시점이 'wait'라는 동작이 지속되다가 종료되는 시점인데, 'by the time'이나 'when' 절에서는 현재 시제가 미래 시제를 대신하므로, 'by the time her plane arrives'는 미래의 시점을 의미한다. 따라서 'wait'라는 동작은 미래 시점까지 지속되는 것이므로 정답은 미래완료진행시제인 (b)이다.

18.　　　　　　　　　　　　　　　　　정답 (d)

해석 Jeff는 걸어가면서 커피 마시는 것을 좋아한다. 그는 때때로 그 뜨거운 음료를 흘려서 그의 팔에 화상을 입는다. 만약 그가 이 습관을 그만두고 커피를 마실 때 움직이지 않을 작정이라면, 그는 데지 않을 것이다.

해설 가정법을 묻는 유형이다. 우선 빈칸이 있는 문장에 if절이 포함되어 있는데, if절의 시제가 단순과거(if he were)이고, 또 주어가 he임에도 be동사가 were형태로 쓰여 있으므로 이 문장은 가정법 과거 문장임을 알 수 있다. 가정법 과거 문장에서 주절의 동사는 would/should/could/might + V원형의 형식으로 쓰이기 때문에 (d)가 정답이다. 의미를 따져볼 경우 가정법 과거 문장임을 더 확실하게 알 수 있다. 실제 사실은 (현재에) Jeff는 걸어다니면서 커피를 마시는 습관을 가지고 있으며, 자주 팔을 덴다는 것이다. 그런데 빈칸 문장은 Jeff가 그 습관을 그만두는 경우를 가정하고 있으므로 (현재 사실의 반대), 가정법 과거 시제로 서술해야 한다. 참고로 'be to V원형'은 'V할 예정이다'라는 의미이다.

19.　　　　　　　　　　　　　　　　　정답 (c)

해석 Ernest는 오늘 버스에서 지갑과 함께 그의 신용카드를 잃어버렸다. 나는 그에게 그의 카드를 막아놔서 누구도 그것을 쓰지 못하도록 하기 위해 그가 반드시 카드사에 그 카드를 잃어버린 사실을 알려줘야 한다고 말했다.

해설 조동사를 묻는 유형이다. 문맥상 내가 Ernest에게 '카드를 막아놔야 한다'고 강력하게 조언을 하고 있는 것이므로, 당위성을 나타내는 조동사인 must가 빈칸에 들어가는 것이 적절하다.

20.　　　　　　　　　　　　　　　　　정답 (a)

해석 최고의 스턴트를 해내서 대중들에게 인기가 높음에도 불구하고, Woodrow Cheerleading Squad는 대회에서 졌다. 이것은 Jane이 공연 발표 중에 넘어졌기 때문이다. 만일 그 실수가 일어나지 않았더라면, 그들은 분명히 그 대회에서 이겼을 것이다.

해설 가정법을 묻는 유형이다. 우선 빈칸이 있는 문장에 if절이 포함되어 있는데, if절 동사의 시제가 과거완료(had not happened)이기 때문에 이 문장이 가정법 과거완료 시제라고 추론이 가능하다. 가정법 과거완료 문장에서 주절 동사는 would/should/could/might + V현재완료의 형식으로 쓰이기 때문에 (a)가 정답이다. 의미를 따져볼 경우 가정법 과거완료 문장임을 더 확실하게 알 수 있다. 실제 사실은 (과거에) Jane이 넘어지는 실수가 발생했고, 팀이 대회에서 졌다는 것이다. 그런데 빈칸 문장은 그 실수가 일어나지 않았을 경우를 가정하고 있으므로(과거 사실의 반대), 가정법 과거완료 시제로 서술해야 한다.

21.　　　　　　　　　　　　　　　　　정답 (b)

해석 MMA 격투선수 Connor McGregor는 Floyd Mayweather와의 경기에서 졌다. 그러나 그는 그가 매우 훌륭한 선수라는 것을 보였다. 첫 복싱 경기에 참가한, McGregor는 전 시대를 통틀어 최고의 복서들 중의 한 명(Floyd Mayweather)을 상대로 뒤지지 않았다.

해설 관계대명사를 묻는 유형이다. 빈칸 문장의 주어는 McGregor, 동사는 'was'이다. 주어와 동사 사이에 관계대명사절이 삽입되어 주어를 부연 설명해주는 구조이다. 따라서 선행사인 주어 McGregor를 수식해줄 수 있는 인칭관계대명사절이 들어가는 것이 적절하므로 정답은 (b)이다.

22.　　　　　　　　　　　　　　　　　정답 (c)

해석 자신의 종목을 하는 것 외에도, 많은 전문 운동선수들은 그들의 사업과 브랜드를 관리하느라고 바쁘다. 놀랍게도, 그들은 여전히 여가생활을 위한 시간도 있다. 그들 대부분은 남는 시간에 비디오 게임을 하는 것을 언급한다.

해설 준동사를 묻는 유형이다. 동사 'mention'은 목적어로 동명사를 취하므로 정답은 (c)이다.

23. 정답 (c)

해석 The Thespian Theater Guild는 노래도 하고 춤도 출 수 있는 배우들을 찾고 있다. 12월부터 시작해서, 이 그룹은 한 달 동안 크리스마스 뮤지컬을 선보일 예정이고, 몇몇 배역을 채울 사람들이 필요하다.

해설 시제를 묻는 유형이다. 문맥상 크리스마스 뮤지컬을 선보이는 것은 미래 시점(12월부터)의 일이며, 한 달 동안 계속될 예정이다. 따라서 정답은 미래진행시제인 (c)이다.

24. 정답 (d)

해석 온라인 카드 수집 비디오 게임 Hearthstone은 최근 새로운 카드 세트를 발매했다. 그러나, 이것은 불균등한 게임을 초래했고, 플레이어들은 이제 변화를 원한다. 이 게임 개발자들은 따라서 새로운 카드들을 개정하겠다고 약속했다.

해설 준동사를 묻는 유형이다. 동사 'mention'은 목적어로 동명사를 취하므로 정답은 (d)이다.

25. 정답 (c)

해석 Michael은 그의 차고에 주차된, 사용하지 않은 빈티지 Corvette를 한 대 가지고 있는데, 그는 그것을 고칠 시간이 없다. 만약에 내가 그 Vette를 가지고 있다면, 나는 그것을 즉시 고쳐서 그것을 타고 달릴 수 있게 할 것이다. (Corvette는 차종이고, Vette와 같은 말임)

해설 가정법을 묻는 유형이다. 우선 빈칸이 있는 문장에 if 절이 포함되어 있는데, if 절 동사의 시제가 단순과거(owned)이므로 이 문장은 가정법 과거 문장일 것이라고 추측할 수 있다. 가정법 과거 문장에서 주절의 동사는 would/should/could/might + V원형의 형식으로 쓰이기 때문에 (b)가 정답이다. 의미를 따져볼 경우 가정법 과거 문장임을 더 확실하게 알 수 있다. 실제 사실은 (현재에) 나는 그 자동차가 없다는 것이다. (문맥을 통해 Michael은 Corvette를 가지고 있지만 나는 없음을 추론할 수 있다.) 그런데 빈칸의 문장은 내가 그 차를 가지고 있는 경우를 가정하고 있으므로(현재 사실의 반대), 가정법 과거 시제로 서술해야 한다.

26. 정답 (b)

해석 많은 사람들은 이를 닦는 것만으로도 충분히 충치를 예방할 수 있다고 생각한다. 사실, 사람들은 이를 매일 닦음에도 불구하고 여전히 충치가 생길 수 있다. 그렇기 때문에 의사들이 사람들이 치실도 해야 한다고 권유하는 것이다.

해설 당위 표현을 묻는 유형이다. that 절을 목적어로 하는 동사가 'recommend'이고 의미상으로도 의사들이 '사람들이 치실도 해야 한다'고 주장하는 내용이므로, that 절의 주어 people 다음에 should가 생략된 것으로 보아야한다. 따라서 정답은 동사 원형인 (b)이다.

LISTENING SECTION
Question 27-52

Part 1.

Now listen to the questions.

27: Why is Susie feeling anxious?

28: What does Will think of Susie?

29: According to Susie, why does her uncle consider the lake special?

30: What kind of activity does Susie plan to include in the event?

31: How did Susie come up with the funds for the event?

32: Based on the conversation, why most likely did Susie hire her uncle's favorite chef?

33: What is most likely the reason why Susie initially found the preparations difficult?

Now you will hear the conversation.

[F] Hi, Will!

[M] Hello, Susie! What's up?

[F] I'm a little stressed out, actually. 27) I've been busy preparing a birthday bash for my uncle who is leaving for London next week.

[M] Ah, I see. You and your uncle are really close. Don't feel stressed out. I know you can pull off a great party.

[F] Well, this will be the last birthday he'll celebrate here because he'll be migrating to London. That's why I want to make his birthday a big celebration.

[M] I see. 28) That's really caring of you. Very few nieces would do something like that for their uncles.

[F] He's like a father to me. In fact, I always go to him for advice or help and he's never let me down.

이제 문제를 들려드립니다.

27: Susie가 초조해하는 이유는 무엇입니까?

28: Will은 Susie에 대해 어떻게 생각합니까?

29: Susie에 따르면, 그녀의 삼촌이 그 호수가 특별하다고 생각하는 이유는 무엇입니까?

30: Susie가 이 행사에 포함시키려고 계획하고 있는 활동에는 어떤 것이 있습니까?

31: Susie는 어떻게 이 행사를 위한 자금을 충당하게 되었습니까?

32: 대화에 따르면, 다음 중 Susie가 삼촌이 가장 좋아하는 요리사를 고용한 이유로 가장 적절한 것은 무엇입니까?

33: Susie가 처음에 준비 과정이 어렵다고 생각했던 이유로 가장 적절한 것은 무엇입니까?

이제 대화를 들려드립니다.

[F] 안녕, Will!

[M] 안녕, Susie! 무슨 일이야?

[F] 사실 나는 조금 스트레스를 받고 있어. 27) 다음 주에 런던으로 떠나시는 우리 삼촌을 위해 생일 파티를 준비하느라 바빴어.

[M] 아, 그렇구나. 너와 네 삼촌은 정말 가까운 사이지. 스트레스 받지 마. 나는 네가 대단한 파티를 성공시킬 수 있다는 걸 알아.

[F] 글쎄, 그가 런던으로 이주할 것이기 때문에 이번이 그가 여기에서 축하하는 마지막 생일이야. 그게 내가 그의 생일을 성대하게 축하하고 싶어 하는 이유가 바로 그거야.

[M] 알겠어. 28) 넌 정말 다정하구나. 조카들 중 아주 적은 수의 사람만이 그들의 삼촌을 위해 그런 일을 할 거야.

[F] 그는 나에게는 아버지와 같아. 사실, 나는 조언이나 도움을 위해 항상 삼촌을 찾고 그는 나를 실망시키는 법이 없거든.

M	I can see why this means so much to you. So, what are you planning for the party?
F	Well, I'm planning to hold it at a private resort my uncle loves to go to, near Greenwood Lake. The resort has a perfect view of the lake, so I think he will enjoy it there. Besides, Greenwood Lake is special to him for a sentimental reason.
M	Really? May I know what that reason is?
F	Well, 29) it's by the lake where he proposed to his wife, and they recently got married at the church just beside it.
M	Wow! That's romantic! So what else do you have planned for the party?
F	Well, 30) I'll be inviting a soloist to serenade us with classical music while we're having dinner. I'm also having a jazz band perform for us after that.
M	You seem to be spending a lot of money for this party. A private party at an exclusive resort with professional performers… Are you sure you have enough money to pay for all of this? Are you borrowing from the bank or your parents?
F	Actually, no. 31) I've been saving some of my allowance for it. Plus, I also have some bank savings I can draw from if ever I would need to.
M	That's so nice of you. By the way, what about the food? Is the resort going to cater it?
F	32) No. I'm hiring the chef from my uncle's favorite restaurant in Philadelphia. He cooks great food, and he also mixes delicious cocktails!
M	It sounds like you have been thinking about this for a while now. I'm impressed! Oh, before I forget, whom did you invite?
F	So far, I've only been able to invite his close friends and relatives. I'm also planning to invite friends of his that he hasn't seen for ages. That way, they'll be able to get together one last time before he leaves.
M	That's a good idea! Your uncle will definitely be pleased!
F	Thank you. 33) I've been working on this for the last four months. It wasn't easy because I had a lot of ideas, but thankfully, I was able to get everything together with the help of my cousins.
M	Well, you're definitely doing an amazing job, Susie.
F	Thanks, Will! Well, I have to go. See you around!

M	이게 너한테 그렇게 큰 의미를 가지는 이유를 알겠다. 그래서, 너는 파티를 위해서 어떤 것을 계획하고 있어?
F	글쎄, Greenwood 호수 근처에, 삼촌이 가기 좋아하시는 프라이빗 리조트에서 파티를 열려고 계획 중이야. 완벽한 호수 뷰가 있는 리조트이고, 그래서 나는 그가 거기서 즐거워할 것이라고 생각해. 게다가, Greenwood 호수는 감정적인 이유에서 그에게 특별해.
M	정말? 이유가 뭔지 알 수 있을까?
F	음, 29) 그가 그의 아내에게 청혼한 곳이 바로 그 호수 근처이고, 그들은 바로 옆에 있는 교회에서 얼마 전 결혼했거든.
M	우와! 로맨틱하다! 그래서 너는 파티를 위해 그것 외에 또 어떤 것을 계획했어?
F	음, 30) 우리가 저녁을 먹는 동안 클래식 음악으로 우리에게 세레나데를 연주해 줄 독주자를 초대할 거야. 또 그 다음에는 우리를 위해 연주해 줄 재즈 밴드를 불렀어.
M	너는 이 파티를 위해 많은 돈을 쓰는 것처럼 보인다. 전문 연주자들과 함께 하는, 고급 리조트에서의 프라이빗 파티… 네가 이 모든 것에 대해 지불할 충분한 돈을 가지고 있다고 확신하는 거야? 은행이나 너의 부모님으로부터 돈을 빌리는거야?
F	사실, 아니야. 31) 나는 이것을 위해서 내 용돈의 일부를 저축해오고 있었어. 게다가, 필요하다면 인출할 수 있는 은행 저축액도 조금 있어.
M	그것 참 고마운 일이네. 그건 그렇고, 음식은? 리조트가 음식을 공급하는 거야?
F	32) 아니. 삼촌이 가장 좋아하시는 필라델피아 레스토랑의 요리사를 고용할 거야. 그는 요리를 잘하고, 또한 그는 맛있는 칵테일들을 섞어.
M	이제 네가 이것에 대해 정말 많이 생각해본 것처럼 들린다. 나는 감명 받았어! 오, 내가 잊어버리기 전에, 너는 누구를 초대했어?
F	지금까지는, 나는 그의 친한 친구와 친척들만을 초대할 수 있었어. 나는 그가 오랫동안 보지 못했던 그의 친구들도 초대하려고 계획 중이야. 그렇게 하면, 그들은 그가 떠나기 전에 마지막으로 한번 모일 수 있게 될 거야.
M	좋은 생각이다! 너희 삼촌은 분명히 기뻐하실 거야!
F	고마워. 33) 나는 지난 네 달 동안 이 일을 해왔어. 많은 아이디어들을 가지고 있었기 때문에 쉽지는 않았지만, 감사하게도, 나는 사촌들의 도움으로 모든 것을 훌륭히 해낼 수 있었어.
M	음, 너는 틀림없이 훌륭하게 해낼 거야, Susie.
F	고마워, Will! 음, 나는 가야 해. 또 보자!

27.

정답 (c)

Why is Susie feeling anxious?

(a) Her birthday is coming up next week.
(b) A relative wants her to plan an event.
(c) She is organizing an event for a close relative.
(d) She will be leaving for London next week.

Susie가 초조해하는 이유는 무엇입니까?

(a) 다음 주가 그녀의 생일이다.
(b) 어느 친척이 그녀가 하나의 행사를 계획해주기를 바란다.
(c) 그녀는 가까운 친척을 위해서 행사 하나를 계획하고 있다.
(d) 그녀는 다음 주 런던으로 떠날 예정이다.

해설 Susie는 "가까운 친척"인 그녀의 삼촌을 위하여 생일 파티를 준비하고 있으므로 (c)가 정답이다. 친척이 행사를 계획해달라고 부탁한 것이 아니라 Susie 자신의 의지에 의하여 준비하는 것이므로 (b)는 오답이다. 다음 주 런던으로 이주하는 것은 Susie가 아니라 삼촌이기 때문에 (d)도 오답이다.

28.

정답 (a)

What does Will think of Susie?

(a) that she is thoughtful
(b) that she is uncaring
(c) that the task she's planning is too much for her
(d) that the task she's planning is unnecessary

Will은 Susie에 대해 어떻게 생각합니까?

(a) 그녀가 사려 깊다고
(b) 그녀가 배려 깊지 못하다고
(c) 그녀가 계획하고 있는 일이 그녀에게 너무 무리라고
(d) 그녀가 계획하고 있는 일이 불필요한 것이라고

해설 Will이 Susie에게 "넌 정말 다정하구나"라고 말하는 대목을 참고하면 (a)가 답이다. Will이 그녀의 배려심과 다정함에 계속 감탄하고 있다는 점에서 (b)와 (d)는 오답이다. 이 문제에서 헷갈릴 수 있는 선택지는 (c)이다. 대화의 후반부에서 Will이 Susie에게 이 모든 것을 감당할 돈이 있는지 걱정하는 대목이 있기 때문이다. 그렇지만 모아둔 돈이 있다는 Susie의 이야기를 통해 안심한 Will은 이후 계속하여 Susie의 다정함을 칭찬한다는 점을 잊지 말자.

29.

정답 (d)

According to Susie, why does her uncle consider the lake special?

(a) because he owns a resort near the lake
(b) because he met his wife by the lake
(c) because he went to a church near the lake
(d) because he held his wedding beside the lake

Susie에 따르면, 그녀의 삼촌이 그 호수가 특별하다고 생각하는 이유는 무엇입니까?

(a) 호수 근처에 있는 리조트를 그가 소유하고 있기 때문에
(b) 그가 그의 아내를 호수 근처에서 만났기 때문에
(c) 그가 호수 근처에 있는 교회에 다녔기 때문에
(d) 그가 호수 근처에서 결혼식을 올렸기 때문에

해설 Susie의 삼촌이 호수 근처에서 아내에게 청혼했고, 얼마 전 호수 근처의 교회에서 결혼했다는 대목을 참고하자. (c)가 헷갈리는 선택지일 수 있다. 그렇지만 그 교회에서 결혼식을 올린 것일 뿐, 삼촌이 신자로서 그 교회에 다녔는지 확인할 방법은 없다.

30.

What kind of activity does Susie plan to include in the event?

(a) swimming
(b) dinner with music
(c) fishing in the lake
(d) a solo singing contest

정답 (b)

Susie가 이 행사에 포함시키려고 계획하고 있는 활동에는 어떤 것이 있습니까?

(a) 수영
(b) 음악을 들으며 저녁 먹기
(c) 호수에서 낚시하기
(d) 솔로 노래 경연

해설 Susie는 크게 두 가지 활동을 계획하고 있는데, 클래식 음악 라이브를 듣는 것과 재즈 밴드를 초대한 것 모두 "음악을 들으며 저녁 먹기"에 해당하는 활동이다.

31.

How did Susie come up with the funds for the event?

(a) by drawing from her savings
(b) by spending her uncle's money
(c) by taking a loan from the bank
(d) by asking her parents for money

정답 (a)

Susie는 어떻게 이 행사를 위한 자금을 충당하게 되었습니까?

(a) 그녀의 저축으로부터 인출해서
(b) 삼촌의 돈을 사용해서
(c) 은행으로부터 대출을 받아서
(d) 부모님에게 돈을 요구해서

해설 Susie는 용돈도 모아두었고, 필요하면 언제든 인출할 수 있는 은행 예금도 가지고 있으므로 정답은 (a)이다. (c)와 (d)는 Will이 Susie에게 물어본 내용이지만, 사실과는 다르다. Susie는 은행 대출을 받거나 부모님으로부터 돈을 빌리지 않고, 혼자만의 힘으로 자금을 충당했다.

32.

Based on the conversation, why most likely did Susie hire her uncle's favorite chef?

(a) because he also cooks for the resort
(b) because he can cook her uncle's preferred food
(c) because he was recommended by her uncle
(d) because she can afford to pay for his services

정답 (b)

대화에 따르면, 다음 중 Susie가 삼촌이 가장 좋아하는 요리사를 고용한 이유로 가장 적절한 것은 무엇입니까?

(a) 그가 리조트에서도 고용되어 요리를 하기 때문에
(b) 그가 그녀의 삼촌이 선호하는 음식을 요리할 수 있기 때문에
(c) 그녀의 삼촌이 그를 추천했기 때문에
(d) 그녀가 그의 서비스에 대해 지불할 능력이 있기 때문에

해설 이 요리사가 Susie의 삼촌이 가장 좋아하는 필라델피아의 한 레스토랑의 요리사이며, 요리를 잘한다는 대목을 참고하면 (b)가 가장 가까운 정답임을 유추할 수 있다. 헷갈릴 수 있는 선택지는 (d)이다. Susie가 저축을 통해서 지불할 능력이 있는 것은 사실이지만, 이것이 그녀가 이 요리사를 고용하는 이유는 아니다. 문제에서 사실 관계를 묻는 것이 아니라, '이유'를 묻고 있음을 다시 한 번 확인하자.

33.

정답 (d)

What is most likely the reason why Susie initially found the preparations difficult?

(a) She had no idea how prepare the event.
(b) Her cousins refused to help her.
(c) She didn't know whom to invite to the occasion.
(d) She didn't know which of her ideas to choose.

Susie가 처음에 준비 과정이 어렵다고 생각했던 이유로 가장 적절한 것은 무엇입니까?

(a) 그녀는 어떻게 행사를 준비할지 전혀 아이디어가 없었다.
(b) 그녀의 사촌들이 그녀를 돕기를 거부했다.
(c) 그녀는 이 일에 누구를 초대해야 할지 알지 못했다.
(d) 그녀의 아이디어들 중에서 어떤 것을 택할지 몰랐다.

해설 우선 네 개의 선택지 중 (a)와 (d)가 서로 상반되는 서술을 하고 있으므로, 둘 중 하나가 정답일 확률이 크다. Susie는 아이디어가 너무 많아서 고민이었으므로 (d)가 정답이다. 그녀의 사촌들 덕분에 아이디어를 고를 수 있었으므로 (b)는 오답이다.

Part 2.

Now listen to the questions.

34: What describes the gondola?

35: Why did gondolas use to have cabins?

36: What is the purpose of the leather covers used in the new gondola?

37: What is the builder's objective for keeping the customary construction of the gondola?

38: How will the new paint job primarily help the new gondola?

39: Why most likely is a two-year warranty given to the product?

이제 문제를 들려드립니다.

34: 곤돌라에 대한 묘사로 옳은 것은 무엇입니까?

35: 과거 곤돌라에 객실이 있었던 이유는 무엇입니까?

36: 새로운 곤돌라에 사용된 가죽 커버들의 용도는 무엇입니까?

37: 곤돌라의 관습적인 건축 방식을 유지한 건축자의 목표는 무엇입니까?

38: 새로운 페인트칠은 주로 어떻게 새로운 곤돌라를 도울 것입니까?

39: 제품에 이 년의 보증 기간이 주어진 이유로 가장 적절한 것은 무엇입니까?

Now you will hear the talk.

Good morning, everyone! Welcome to the Venice Boating Convention. This is our fifth year now, and I'm sure you're all excited about new boats and the improvements in the boating technology to be shown here. But for now, I'm going to talk about the improvements of one our city's most famous attractions: the gondola.

As you all know, the gondola has been one of the pillars of Venice. 34) It has been used since the 11th century as our city's main mode of transportation. Throughout history, improvements to the boat have been made to accommodate the needs of passengers. 35) For example, a few decades ago, most of the gondolas had small open-ended cabins that served to protect passengers against the sun and rain. Today, most gondolas no longer use cabins, as their makers think that cabins prevent the tourists from seeing the beauty of the waterways and the architecture of Venice.

In our effort to improve the current gondola design, we have taken note of the history of the changes in the gondola and the needs of passengers. Our first objective is to improve the comfort of the passengers. New leather-covered memory foam cushions are used for the seats of our new gondolas. Memory foam was chosen to improve the seating comfort of passengers, 36) and the leather covering was chosen to protect the seats from water spills and splashes.

37) Despite these changes, we choose to keep the construction of the gondola the same as a gesture of respect for tradition. It will continue to be made out of eight different types of wood and handcrafted by our best boat builders. It will still be traditionally

이제 본문을 들려드립니다.

좋은 아침입니다, 여러분! Venice Boating Convention에 오신 것을 환영합니다. 저희는 현재 오 년 차이고, 저는 여러분들 모두가 이곳에서 선보일 새로운 보트들 및 보트 기술의 발전에 대해 들떠 계시리라고 확신합니다. 하지만 우선 지금, 저는 저희 도시의 가장 유명한 명물 중 하나인 곤돌라의 발전에 대해 이야기하겠습니다.

다들 아시는 것처럼, 곤돌라는 Venice의 기둥 중 하나로 기능해왔습니다. 34) 그것은 11세기부터 저희 도시의 주 교통수단으로 사용되어왔습니다. 역사상, 보트의 발전은 승객의 요구를 수용하기 위해 이루어졌습니다. 35) 예를 들어, 몇 세기 전, 대부분의 곤돌라들은 해와 비로부터 승객들을 보호하기 위해 작은 개방형 객실을 가지고 있었습니다. 오늘날, 관광객들이 수로의 아름다움과 Venice의 건축을 보는 데 객실이 방해가 된다고 제작자들이 생각하기 때문에, 대부분의 곤돌라들은 더 이상 객실을 사용하지 않습니다.

현재의 곤돌라 디자인을 개선하려는 노력의 일환으로, 저희는 곤돌라의 변화사와 승객들의 요구에 주목해왔습니다. 저희의 첫 번째 목표는 승객의 편의를 개선하는 것입니다. 저희의 새로운 곤돌라의 좌석에는 새로운 가죽 커버의 메모리폼 쿠션이 사용됩니다. 메모리폼은 승객들이 앉아 있을 때의 편의를 개선하기 위해 선택되었고, 36) 가죽 커버는 물이 유출되고 튀는 것으로부터 좌석들을 보호하기 위해 선택되었습니다.

37) 이러한 변화들에도 불구하고, 전통을 존중한다는 의미에서 저희는 곤돌라의 건축 방식을 그대로 유지하기로 결정했습니다. 그것은 계속하여 여덟 개 다른 종류의 나무로 만들어지고, 저희의 최고의 보트 제작자들에 의해 수공예로 만들어질 것입니다. 노를 젓는 사람이나 곤돌라 사공의 조종

unevenly shaped, with the left side longer than the right side, to accommodate steering by the rower or gondolier.

We will also be retaining the iron ornament in front of the boat, which serves as decoration as well as protection for the boat. However, we are applying additional plating to it to make it more resistant to rust.

With all these traditional features retained, you may wonder what other modern changes we've done with the boat. With the help and approval of the city government, we have combined lightweight and strong materials with the boat's components. For example, carbon fiber was added at the ends of the paddle to make it lighter but stronger. This improvement will help steer the gondola more easily through the 150 canals and waterways of Venice.

38) We also improved the paint job of the gondola. It remains traditionally black, but we've made it a bit more reflective and sleeker to enhance its visibility at night. It also makes the gondola more visually appealing to tourists, which we hope would lead to more gondola rentals in the future. The curves along the length of the gondola will also be slightly altered to further minimize the boat's contact with the water, making the ride smoother.

These new gondolas will be available summer of next year. It will be priced around $2500. For those who already have their own gondolas, you may trade in your old one with us to get a 25% discount off the new boat's price. All gondolas are designed to last long. 39) As we have full confidence in our products, each gondola comes with a standard two-year warranty.

을 수용할 수 있도록, 그것은 왼편이 오른편보다 길게, 여전히 전통적으로 비대칭적인 모양을 갖출 것입니다.

저희는 보트를 보호할 뿐 아니라 장식의 기능도 하는, 보트 앞 편의 철 장식 역시 유지할 것입니다. 그러나, 부식에 강하게 버틸 수 있도록 저희는 그것에 추가적인 도금을 입힙니다.

이러한 전통적인 요소들이 모두 유지된다니, 여러분은 저희가 이 보트에 적용한 다른 현대적인 변화들이 무엇인지 궁금해 하실 것입니다. 도시 당국의 도움과 승인 덕분에, 저희는 보트의 부품에 무게가 가볍고 튼튼한 물질들을 결합했습니다. 예컨대, 노를 더 가볍지만 튼튼하게 만들기 위해 탄소 섬유가 더해졌습니다. 이 발전이 Venice에 있는 150개의 운하와 수로를 통과할 때 더 쉽게 곤돌라를 조종할 수 있도록 도움을 줄 것입니다.

38) 저희는 또한 곤돌라의 채색 작업도 개선했습니다. 전통에 따라 검정색을 유지하지만, 저희는 밤에도 잘 보일 수 있도록 더 반사를 하고 더 매끈하게 만들었습니다. 이는 관광객들에게 곤돌라를 시각적으로 더욱 매력 있게 만들어주기도 하는데, 저희는 이 점이 미래에 더 많은 곤돌라 대여로 이어질 수 있기를 바랍니다. 곤돌라의 긴 면을 따라 있는 곡선들 역시 보트가 물에 닿는 것을 더욱 최소화하여 탑승감이 더욱 부드러울 수 있도록 조금 수정이 될 것입니다.

이 새 곤돌라들은 내년 여름에 출시가 될 것입니다. 2500달러 전후로 가격대가 형성될 것입니다. 이미 곤돌라를 소유하고 있는 분들의 경우, 저희에게 옛 것을 주시고 교환해 가셔서 새 보트 가격의 25%를 할인 받으실 수 있습니다. 모든 곤돌라들은 오래 갈 수 있도록 디자인되었습니다. 39) 저희가 저희 제품에 대해 완벽하게 신뢰하고 있기 때문에, 모든 곤돌라는 평균 이 년의 보증 기간이 있습니다.

34.

정답 (c)

What describes the gondola?

(a) It is Venice's only mode of transportation.
(b) It has stayed the same through the centuries.
(c) It has been used for around 1000 years.
(d) It is a modern type of boat.

곤돌라에 대한 묘사로 옳은 것은 무엇입니까?

(a) 그것은 Venice의 유일한 교통수단이다.
(b) 몇 세기 동안 그것은 계속 같은 형태를 유지해왔다.
(c) 그것은 1000년 가량 사용되어왔다.
(d) 그것은 현대적인 종류의 보트이다.

해설 약간의 추론 능력이 필요한 문제이다. 11세기부터 사용되었으므로 21세기인 현재를 기준으로 1000년 가량 사용되었다는 (c)가 정답이다. 곤돌라는 도시의 주요 교통 수단 중 하나이므로 (a)는 오답이며, 전통의 양상은 있지만 계속 개량되어 왔다는 점에서 (b) 역시 오답이다. 오래 전부터 사용된 보트이므로 (d)도 사실이 아니다.

35.

정답 (b)

Why did gondolas use to have cabins?

(a) to protect sailors from the canal waters
(b) to shield its riders from the sun and rain
(c) to prevent people from seeing the waterways
(d) to improve the boats' design

과거 곤돌라에 객실이 있었던 이유는 무엇입니까?

(a) 운하의 물로부터 사공들을 보호하기 위해서
(b) 해와 비로부터 탑승객들을 막아주기 위해서
(c) 사람들이 수로를 보지 못하게 하기 위해서
(d) 보트의 디자인을 개선하기 위해서

해설 지문에 명시적으로 "해와 비로부터 승객들을 보호하기 위해" 객실이 있었다고 언급되어 있으므로 어렵지 않게 풀 수 있는 문제이다. 헷갈릴 수 있는 선택지는 (c)이다. 객실의 존재가 수로의 감상을 방해한 것은 사실이지만, 그것은 객실의 문제점일 뿐, 과거 곤돌라에 객실이 존재했던 이유는 아니다.

36.

정답 (d)

What is the purpose of the leather covers used in the new gondola?

(a) to make the seats more comfortable
(b) to make the boat beautiful for the customers
(c) to continue the gondola's tradition
(d) to protect the seats from water damage

새로운 곤돌라에 사용된 가죽 커버들의 용도는 무엇입니까?

(a) 좌석을 더 편리하게 만들기 위해서
(b) 보트가 탑승객들에게 더 아름다워 보이도록 하기 위해서
(c) 곤돌라의 전통을 잇기 위해서
(d) 물 피해로부터 좌석들을 보호하기 위해

해설 가죽 커버는 "물이 유출되고 튀는 것으로부터" 좌석을 보호하기 위해 선택되었다는 대목을 참고하자. (a)는 가죽 커버가 아니라 메모리폼 쿠션을 선택한 이유이며, (b)는 보트의 겉면을 더 반사되고 미끈한 채색을 더한 이유이므로 오답이다.

37.

정답 (b)

What is the builder's objective for keeping the customary construction of the gondola?

(a) keeping the boat easy to steer
(b) maintaining Venetian tradition
(c) preventing rust from developing
(d) keeping the boat's strength

곤돌라의 관습적인 건축 방식을 유지한 건축자의 목표는 무엇입니까?

(a) 보트를 조종하기 쉽게 유지하는 것
(b) Venice의 전통을 유지하는 것
(c) 부식이 진행되는 것을 막는 것
(d) 보트의 튼튼함을 유지하는 것

> **해설** "전통을 존중한다는 의미에서" 관습적인 건축 방식을 유지하기로 했다는 대목을 참고하면 쉽게 풀 수 있는 문제이다. 다만 (a), (c), (d)가 모두 한 번씩은 본문에서 언급되었던 내용이기 때문에 헷갈릴 수 있다. 이럴 때는 문제에서 제시한 '맥락'이 무엇인지 다시 한 번 생각해보자. "관습적인 건축 방식을 유지"하는 것의 목표가 무엇인가?

38.

정답 (a)

How will the new paint job primarily help the new gondola?

(a) by making it more visible
(b) by helping to attract more customers
(c) by making the boat ride smoother
(d) by making the boat stand out from other boats

새로운 페인트칠은 주로 어떻게 새로운 곤돌라를 도울 것입니까?

(a) 더 잘 보이게 함으로써
(b) 더 많은 고객을 끌도록 도와줌으로써
(c) 보트의 승차감을 더욱 부드럽게 함으로써
(d) 보트가 다른 보트 사이에서 눈에 잘 띄게 함으로써

> **해설** 본문에서 "채색 작업"이라는 단어가 명시적으로 사용되고 이에 대한 설명이 뒤따르므로, 귀 기울여 들었다면 쉽게 풀 수 있는 문제이다. 다만 유의할 것은 "주로" 어떤 방식으로 도움을 줄 것인지 묻고 있다는 점이다. 고객을 더 이끌 수 있으리라는 점을 기대하고 있기는 하지만, "주로" 도움을 주는 방식은 (a)이다.

39.

정답 (c)

Why most likely is a two-year warranty given to the product?

(a) to make it more valuable
(b) because it will only sail well for two years
(c) to prove the quality of its build
(d) because it is the industry standard

제품에 이 년의 보증 기간이 주어진 이유로 가장 적절한 것은 무엇입니까?

(a) 더 가치가 있도록 만들기 위해서
(b) 그것은 이년동안만 잘 항해할 것이기 때문에
(c) 그 만듦새가 뛰어나다는 것을 증명하기 위해서
(d) 이것이 업계의 기준이기 때문에

> **해설** "저희가 저희 제품에 대해 완벽하게 신뢰하고 있기 때문에" 새로운 곤돌라에 이 년간의 보증 기간을 두었다는 대목을 참고하자. 이를 적절하게 paraphrase하여 "그 만듦새가 뛰어나다는 것을 증명하기 위해서"라고 표현한 (c)가 정답이다.

Part 3.

Now listen to the questions.

40: What is Madeleine confused about?

41: Why most likely does the university require Madeleine to teach after finishing her Ph.D. in Spain?

42: Why did Madeleine take a master's degree?

43: According to Richard, how can teaching at the university be beneficial for Madeleine?

44: What mostly makes the public relations job appealing to Madeleine?

45: Based on the conversation, what has Madeleine probably decided to do?

Now you will hear the conversation.

F Hey, Richard!

M Hey, Madeleine! How are you?

F Okay, I guess. I am a little confused about my career options, though.

M Oh, how come?

F Well, you know that I have just finished my master's degree, right? After graduation, job offers have come up here and there. They are all promising.

M That's great! So what's the problem?

F 40) I am having trouble deciding whether to continue my education or just take the best job offer I have now.

M Now, that's an interesting problem. Why don't you discuss the details of each choice further?

F Sure. You see, the university where I received my master's degree from is offering me a Ph.D. scholarship grant to a university in Spain. That university will provide me with everything that I'll need while I'm studying in Spain.

M That's great! 41) What's stopping you from taking it if everything is for free??

F 41) Well, not really… Once I receive my Ph.D., I must commit to teaching at the university here for three years.

이제 문제를 들려드립니다.

40: Madeleine은 무엇에 대해 혼란을 느끼고 있습니까?

41: 다음 중 대학이 Madeleine에게 Spain에서 박사 과정을 끝내고 난 뒤 가르칠 것을 요구하는 이유로 가장 적절한 것은 무엇입니까?

42: Madeleine이 석사 학위를 받은 이유는 무엇입니까?

43: Richard에 따르면, 대학에서 가르치는 것이 Madeleine에게 어떻게 도움이 될 수 있습니까?

44: Madeleine에게 홍보 쪽 직업이 매력적으로 느껴지는 가장 주된 이유는 무엇입니까?

45: 대화에 따르면, Madeleined은 아마도 어떻게 하기로 결정했을 것 같습니까?

이제 대화를 들려드립니다.

F 안녕, Richard!

M 안녕, Madeleine! 잘 지내?

F 응, 괜찮은 것 같아. 하지만 나의 커리어 선택에 있어서 약간 혼란스러운 상태야.

M 오, 어째서?

F 음, 너는 내가 막 석사 학위를 끝냈다는 것을 알고 있어, 그렇지? 졸업 이후에 여기저기서 취직 제안이 들어왔어. 그것들은 모두 전망이 좋아.

M 잘됐다! 그래서 문제가 뭐야?

F 40) 나는 학업을 계속할지, 아니면 그냥 현재 내가 받고 있는 것 중 최선의 취직 제안을 받아들일 것인지 정하는 데 어려움을 겪고 있어.

M 자, 그거 정말 흥미로운 문제네. 각 선택의 세부 사항들에 대해 더 논의해보는 게 어때?

F 좋아. 보다시피, 내가 석사 학위를 받은 대학이 나에게 Spain에 있는 한 대학으로의 박사 과정 장학 보조금을 지원해줘. 그 대학은 내가 Spain에서 공부하는 동안 필요로 할 모든 것을 제공해줄 거야.

M 그거 좋다! 41) 모든 게 다 공짜라면, 네가 그걸 받기를 주저하는 이유는 뭐야?

F 41) 음, 꼭 그럴지는 않아… 내가 박사 학위를 받으면, 나는 이곳의 대학에서 3년간 가르쳐야 할 의무가 생겨.

M	I see. Are you considering the job at the university as one of your options?
F	It's an appealing choice, but to tell you the truth, I'm more of a corporate person. I took my master's degree because aside from learning more, 42) I also wanted to make my CV more impressive.
M	I get your point. Another downside to teaching is it isn't the best-paying job you can get. But there are a lot of perks to being in the academe.
F	Really?
M	43) Yeah, you get to travel to different places to present papers at conferences, and the university will shoulder all of your expenses. Plus, teaching college students isn't as taxing as straining your eyes working with your office computer for eight hours.
F	You have a point there. I've never thought about that.
M	How about the corporate work? Can you tell me more about it?
F	44) Well, the job offer I'm considering is a public relations job. I like it a lot because it entails a lot of traveling to different cities of my choice. I'd be meeting a lot of people from many different backgrounds as well as see some interesting sights.
M	Sound exciting! Although, since you'll always be on the road, that would really be exhausting. Will you be driving for those trips?
F	Yeah, mostly, I will be driving to my destination. But there will also be meetings that will involve flying to other states. Why do you ask?
M	Driving long distances can be very tiring. Plane rides may have the same effect. That may affect your health and performance.
F	That's a real possibility. Also, taking the job could mean having less time with my friends.
M	Yeah, I know how much you enjoy going out with your buddies from high school.
F	But you know what? 44) I can start, and even fast-track, my career from there. There's a chance that they'd make me an assistant manager as soon as I complete the probationary period.
M	Wow! That really sounds good.
F	I really think so, too. Well, thank you for helping me. 45) I think I know what I need to choose. Either option is great, but I want to apply my education in the corporate world and be a manager soon.

M	알겠어. 너는 대학에서의 직업을 너의 선택지들 중 하나로 고려하고 있는 거야?
F	그건 매력적인 선택지지만 너에게 진실을 말하자면, 나는 기업적인 사람에 더 가까워. 내가 석사 학위를 받은 이유도, 더 배우려는 것 외에 42) 내 CV를 더 인상적으로 만들고 싶기도 했기 때문이야.
M	무슨 말인지 알겠어. 가르치는 것의 또 다른 단점은, 그것이 네가 구할 수 있는, 가장 연봉을 높게 주는 직업이 아니라는 점이야. 하지만 학계에 있음으로써 얻게 되는 이점도 많아
F	정말?
M	43) 응, 학회에서 논문들을 발표하기 위해 여러 곳으로 여행을 할 수 있을 거고, 대학이 네 경비를 모두 부담할 거야. 게다가, 대학생들을 가르치는 것은 여덟 시간동안 사무실에서 일하느라 너의 눈을 긴장시키는 것만큼 힘든 일은 아니야.
F	맞는 말이야. 그것에 대해 생각해본 적은 없네.
M	기업 일은 어떤데? 그것에 대해 나에게 더 말해줄 수 있어?
F	44) 음, 내가 고려하고 있는 취직 제안은 홍보 쪽 일이야. 나는 그것이 정말 마음에 드는데, 그것이 내가 선택한 여러 도시로의 빈번한 여행을 수반하기 때문이야. 나는 흥미로운 구경거리들을 보는 것은 물론이고, 여러 다양한 배경 출신의 사람들을 많이 만날 수 있게 될 거야.
M	흥미롭게 들린다! 하지만, 네가 언제나 거리를 전전할 것이기 때문에, 정말 피곤할 거야. 너는 그런 여행들을 운전해서 갈 거니?
F	응, 대부분, 나는 내 목적지까지 운전을 해서 갈 거야. 하지만 다른 주들로의 비행이 필요한 미팅들 역시 있겠지. 왜 물어보는 거야?
M	장거리를 운전하는 것은 굉장히 피곤할 수 있어. 비행기를 타는 것도 마찬가지 결과를 가져올 거야. 그것은 너의 건강과 일 수행에 영향을 줄 거야.
F	정말 있을 법한 일이다. 게다가, 직업을 가진다는 것은 내 친구들과 시간을 덜 보내게 된다는 것을 의미할 수 있어.
M	그래, 나는 네가 고등학교 친구들과 시간을 보내기를 얼마나 좋아하는지 알고 있어.
F	그런데 있잖아, 44) 나는 거기서 내 커리어를, 심지어는 고속승진 코스로 시작할 수 있어. 견습 기간을 마치자마자 그들이 나를 보조 매니저로 만들어줄 가능성도 있어.
M	우와! 정말 좋게 들린다.
F	나도 정말 그렇게 생각해. 음, 나를 도와줘서 고마워. 45) 나는 내가 무엇을 선택해야 하는지 알고 있다고 생각해. 두 가지 선택지가 다 좋지만, 나는 내가 받은 교육을 기업의 세계에 적용해서 빠르게 매니저가 되고 싶어.

40.

정답 (a)

What is Madeleine confused about?

(a) deciding what to do after her post-graduate studies
(b) determining the best post-graduate course
(c) why she isn't receiving any job offer
(d) which job offer for her to accept

Madeleine은 무엇에 대해 혼란을 느끼고 있습니까?

(a) 대학원 공부가 끝난 뒤 무엇을 할지 정하기
(b) 최고의 대학원 과정을 결정하기
(c) 그녀가 어떠한 취직 제안도 받지 못하는 이유
(d) 어떤 취직 제안을 선택할 것인지

> **해설** 대화의 핵심 소재를 파악했는지를 묻는 문제이다. Madeleine은 현재 석사 과정을 마친 상태로, 학업을 계속 하기 위해 박사 과정에 진학할지, 아니면 취직 제안 중 하나를 선택할지 고민하고 있다.

41.

정답 (d)

Why most likely does the university require Madeleine to teach after finishing her Ph.D. in Spain?

(a) because the school needs teachers
(b) because she needs the job right away
(c) for Madeleine to complete the Ph.D. program
(d) for Madeleine to pay for her education

다음 중 대학이 Madeleine에게 Spain에서 박사 과정을 끝내고 난 뒤 가르칠 것을 요구하는 이유로 가장 적절한 것은 무엇입니까?

(a) 학교에 선생님들이 필요하기 때문에
(b) 그녀가 즉시 직업을 필요로 하기 때문에
(c) Madeleine으로 하여금 박사 과정을 끝내게 하기 위해서
(d) Madeleine으로 하여금 그녀의 교육에 대해 대가를 치르게 하려고

> **해설** 장학금 지원 소식을 듣고 스페인에서의 모든 것이 공짜가 아니냐고 묻는 남자의 말에 Madeleine이 "음, 꼭 그렇지는 않아"라고 대답하는 부분에 주목하다. 이때 공짜가 아니라는 의미는, 장학금을 지원받는 대신 Madeleine이 그 대가로 졸업 이후 이 학교에서 선생으로 3년간 근무해야 한다는 것을 의미한다.

42.

정답 (c)

Why did Madeleine take a master's degree?

(a) It was required for a corporate job.
(b) It will get her more pay.
(c) She wanted to improve her job credentials.
(d) She wanted to be able to study further.

Madeleine이 석사 학위를 받은 이유는 무엇입니까?

(a) 기업에서 일을 하기 위해 필요했다.
(b) 더 많은 봉급을 받도록 해줄 것이다.
(c) 그녀는 자신의 직업적 신임을 높이고 싶었다.
(d) 그녀는 더 많이 공부할 수 있기를 바랐다.

> **해설** Madeleine은 자신이 공부를 더 하는 것 외에도 자신이 석사 학위를 받은 주된 이유로, 자신의 CV가 인상적으로 보이기를 바랐다고 말한다.

43.

정답 (b)

According to Richard, how can teaching at the university be beneficial for Madeleine?

(a) by giving her a higher pay than corporate jobs
(b) by allowing her to have a less demanding job
(c) by only having to work with a computer
(d) by having the school pay her living expenses

Richard에 따르면, 대학에서 가르치는 것이 Madeleine에게 어떻게 도움이 될 수 있습니까?

(a) 기업에 취직하는 것보다 더 높은 봉급을 제공함으로써
(b) 덜 힘든 직업을 가질 수 있도록 함으로써
(c) 오직 컴퓨터로만 일을 해야 함으로써
(d) 학교가 그녀의 생활비를 대주게 함으로써

해설 남자는 Madeleine에게 대학에서 일하는 것이 사무실에 앉아 여덟 시간동안 컴퓨터와 씨름하는 것보다는 덜 피곤한 일이며, 출장으로 인한 여독도 적다고 말한다. Madelein도 이에 동의하고 있으므로 정답은 (b)이다. 헷갈릴 수 있는 선택지는 (d)이다. 학교가 경비를 부담한다는 언급이 나오기는 하지만, Madeleine의 생활비를 지원하는 것이 아니라 학회에 참석할 경우 참석 경비를 지원한다는 것이다. 헷갈리지 않도록 주의하자.

44.

정답 (c)

What mostly makes the public relations job appealing to Madeleine?

(a) the short probationary period
(b) being able to work with different people
(c) the chance to land a managerial post quickly
(d) having more time to spend with her friends

Madeleine에게 홍보 쪽 직업이 매력적으로 느껴지는 가장 주된 이유는 무엇입니까?

(a) 짧은 견습 기간
(b) 다양한 사람들과 함께 일할 수 있다는 것
(c) 매니저급의 자리로 빨리 승진할 수 있다는 것
(d) 친구들과 더 많은 시간을 보낸다는 것

해설 Madeleine은 이 직장에서 커리어를 시작하고, 심지어 고속승진 코스로 시작할 수도 있다는 사실에 기대를 가지고 있다.

45.

정답 (b)

Based on the conversation, what has Madeleine probably decided to do?

(a) think about her choices again
(b) accept the public relations job
(c) look for part-time consultation jobs
(d) take the Ph.D. program in Spain

대화에 따르면, Madeleined은 아마도 어떻게 하기로 결정했을 것 같습니까?

(a) 그녀의 선택지들에 대해 다시 생각한다
(b) 홍보 쪽 취직 제안을 받아들인다
(c) 파트타임 상담 직업을 찾아본다
(d) 스페인에서 박사 과정을 밟는다

해설 Madeleine은 고속 승진할 수 있다는 희망을 가지고 홍보 쪽 취직 제안을 받아들일 것으로 보인다.

Part 4.

Now listen to the questions.

46: What is the university's objective in offering the Achievers Exchange program?

47: Why should a student attend the Achievers Exchange orientation?

48: How can students who fail to meet the grade requirement still be approved for the program?

49: How can the advisor help a student join the program successfully?

50: Why most likely does the speaker advise to apply for the scholarship programs immediately?

51: Which is not a part of the pre-departure orientation?

52: What type of students are most likely listening to the talk?

이제 문제를 들려드립니다.

46: 대학이 Achievers Exchange 프로그램을 제공하는 목적은 무엇입니까?

47: 학생이 Achievers Exchange 오리엔테이션에 참석해야 하는 이유는 무엇입니까?

48: 요구된 점수를 만족하는 데 실패한 학생들이 여전히 이 프로그램에 승인될 수 있는 방법은 무엇입니까?

49: 상담자가 학생이 프로그램에 성공적으로 참여할 수 있도록 어떻게 도와줄 수 있습니까?

50: 다음 중 화자가 장학 프로그램에 당장 지원하라고 조언하는 이유로 가장 적절한 것은 무엇입니까?

51: 다음 중 출국 전 오리엔테이션의 일부가 아닌 것은 무엇입니까?

52: 다음 중 어떤 종류의 학생들이 이 발화를 듣고 있을 법 합니까?

Now you will hear the explanation.

Good afternoon! I am from the university's Office of Academic Affairs. Today, I'll talk about Achievers Exchange, our university's "study-abroad" program. 46) The program was created to provide the students with an opportunity to go abroad and learn from different schools of thought in a wide variety of disciplines. The program is designed for students to take classes that would otherwise be unavailable in our campus. And now, I'll discuss the steps that will allow you to join this study-abroad program.

First, you need to attend the Achievers Exchange orientation. 47) Here, you will learn about all of the study options that our university provides for you. These options cover the available courses, scholarship programs, financial planning, and many others. The orientation will also provide you information about the requirements to be eligible for the program, such as academic standing. You need to attend the orientation before your meeting with an Achievers Exchange advisor for you to know what to discuss with him or her.

Second, you need to do a self-evaluation. You must carefully assess the kind of person that you are. Closely examine your willingness to step out of your comfort zone into a new and different culture. Remember, studying abroad will be both rewarding and difficult.

이제 설명을 들려드립니다.

좋은 오후입니다! 저는 대학의 Office of Academic Affairs에서 나왔습니다. 오늘, 저는 우리 대학의 "해외 수학" 프로그램인, Achievers Exchange에 대해 이야기 하겠습니다. 46) 이 프로그램은 학생들에게 해외에 갈 기회를 제공하고 다양한 범위의 학문 분야에서 다양한 과목들로부터 배움을 얻도록 하기 위해 만들어졌습니다. 이것이 없다면 우리 캠퍼스에서 가능하지 않은 수업들을 학생들이 들을 수 있도록 하기 위해 이 프로그램이 설계되었습니다. 그리고 이제, 저는 여러분이 이 해외 수학 프로그램에 참여할 수 있도록 하기 위해 밟아야 할 단계들에 대해 논하겠습니다.

먼저, 여러분들은 Achievers Exchange 오리엔테이션에 참가해야 합니다. 47) 이곳에서, 당신은 우리 대학이 여러분에게 제공하는 모든 학업 선택지들에 대해 알게 될 것입니다. 이 선택지들은 가능한 강좌, 장학 프로그램들, 재정적 계획, 그리고 다른 여러 가지 것들을 망라합니다. 오리엔테이션은 또한 학문적 위치 등 이 프로그램에 자격을 갖추기 위한 요구 사항들에 대한 정보도 제공할 것입니다. 여러분이 Achievers Exchange 상담자를 만나기 전에, 그 또는 그녀와 무엇에 대해 이야기할지 알기 위해 여러분은 오리엔테이션에 참석해야 합니다.

두 번째로, 당신은 자기평가를 해야 합니다. 여러분은 자신이 어떤 종류의 사람인지 조심스럽게 검토 평가해야 합니다. 당신이 편안함을 느끼는 영역에서 벗어나 새롭고 다른 문화에 들어가 보려는 당신의 의지를 주의 깊게 검토해보세요. 기억하세요, 해외에서 공부하는 것은 보람이 있는 동시에 어려운 일입니다.

An important qualifying factor for the Achievers Exchange program is the student's grades. Make sure that your grade average meets the requirements of the program for a higher chance of approval. 48) If your grade average doesn't meet the criteria, you must have proofs of excellent work in extracurricular activities related to the subjects you want to study abroad. These can be used to reconsider the approval of your application for the program.

Third, after attending the orientation meeting and doing a self-evaluation, you may schedule a session with a study-abroad advisor. Your consultation with the advisor will help you decide whether your options are the best ones for your goals. 49) Your advisor will be able to provide you with alternatives, so that you can choose the option that would best suit you. Always remember to consider all options given and choose carefully.

Fourth, explore ways to finance your study abroad. There are various scholarship programs offered by the university. Most of these programs are subsidized by the government, while the others are provided by private individuals who are university alumni. The scholarship programs funded by the alumni generally provide better financial support. 50) If you are interested in applying through the alumni program, you must hurry before slots run out.

Fifth, turn in your study-abroad application. The deadline for the submission of your application is always on the second week of the second month of each semester. The deadline is set this way in order to give the university ample time to process your applications. Once your application is approved, you will be sent a letter indicating that you have been accepted into the program.

Sixth, attend the pre-departure orientation sessions. 51) Once approved, you will be invited to attend a meeting with students who have already studied abroad. The orientation meetings also include talks regarding cultural adaptation and preparation, health and safety, insurance, contacts in case of emergencies, and other important issues.

Do you have any questions? Okay, I will hand over the microphone to the director of the university scholarship program.

Achievers Exchange 프로그램의 중요한 자격 요건은 학생들의 성적입니다. 승인될 확률을 높이기 위해 여러분의 성적 평균이 프로그램의 요구 조건을 만족시키도록 확인해주세요. 48) 여러분의 성적 평균이 조건을 만족시키지 않는다면, 여러분은 자신이 해외에서 공부하고자 하는 과목들과 관련된 과외 활동을 훌륭하게 했다는 증거들을 가지고 있어야 합니다. 이것들은 당신의 프로그램 지원서의 승인에 대해 다시 한 번 고려하는 데 사용될 수 있습니다.

세 번째로, 오리엔테이션 모임에 참석하고 자기 평가를 한 뒤에, 여러분은 해외 수학 상담자와 함께 하는 세션 하나를 계획할 수 있습니다. 상담자와의 상담은 당신의 선택들이 여러분의 목표를 위해 가장 좋은 것인지 여부를 판단하는 데 도움을 줄 것입니다. 49) 여러분의 상담자는 여러분이 스스로에게 가장 적합한 선택지를 선택할 수 있도록 대안을 제시할 수도 있을 것입니다. 주어진 모든 선택지들을 고려하고 조심스럽게 선택해야 한다는 점을 늘 기억하세요.

네 번째로, 여러분의 해외 수학을 재정적으로 뒷받침할 방법을 찾아보세요. 대학이 제공하는 다양한 장학 프로그램들이 있습니다. 이 프로그램들 대부분은 정부의 지원금을 받고, 나머지들은 대학 동창회의 개인에 의해 지원됩니다. 동창회의 지원을 받는 장학 프로그램들이 주로 더 나은 재정적 지원을 제공합니다. 50) 만약 여러분이 동창회 프로그램을 통해 지원하는 데 관심이 있다면, 자리가 다 마감되기 전에 서두르셔야 합니다.

다섯 번째로, 여러분의 해외 수학 지원서를 제출하세요. 지원서 제출 마감일은 언제나 매학기 두 번째 달의 두 번째 주에 있습니다. 마감일은 대학으로 하여금 여러분의 지원서들을 처리할 충분한 시간을 주기 위해 이렇게 설정이 되었습니다. 여러분의 지원서가 승인되면, 여러분은 프로그램 참여에 승인을 받았음을 알리는 편지를 받을 것입니다.

여섯 번째로, 이륙 전 오리엔테이션 시간에 참석하세요. 우선 승인을 받으면, 51) 여러분은 이미 해외에서 수학하고 온 학생들과의 모임에 초대를 받게 될 것입니다. 오리엔테이션 모임에는 문화적 적응과 준비, 건강과 안전, 보험, 비상 연락망, 그리고 다른 중요한 문제들에 대한 대화 역시 포함됩니다.

질문이 있으신가요? 좋습니다, 저는 대학의 장학 프로그램 담당자에게 마이크를 넘기겠습니다.

46.

정답 (d)

What is the university's objective in offering the Achievers Exchange program?

(a) to teach students how to be disciplined
(b) to help students create their own study programs
(c) to continue the students' current studies abroad
(d) to give students a broader view about subjects

대학이 Achievers Exchange 프로그램을 제공하는 목적은 무엇입니까?

(a) 학생들에게 어떻게 교육을 받을 수 있는지 가르쳐주기 위해
(b) 그들 스스로의 공부 계획을 세우는 데 학생들에게 도움을 주기 위해
(c) 학생들이 현재 해외에서 공부하고 있는 것을 계속하게 하기 위해
(d) 학생들에게 과목들에 대해 더 넓은 시야를 제공하기 위해서

해설 첫 번째 문단에서 학생들에게 "다양한 범위의 학문 분야에서 다양한 과목들로부터" 배울 수 있도록 하고자 한다는 대목을 참고하자. discipline과 subject가 모두 '(특히 대학의) 학과목'을 의미하는 단어들이라는 것을 파악하면 어렵지 않게 (d)를 답으로 고를 수 있을 것이다.

47.

정답 (b)

Why should a student attend the Achievers Exchange orientation?

(a) to apply for an available course abroad
(b) to get information about the program
(c) to know when to schedule for an advisor
(d) to learn about the student's academic standing

학생이 Achievers Exchange 오리엔테이션에 참석해야 하는 이유는 무엇입니까?

(a) 해외에서 수학 가능한 강좌에 지원하기 위해서
(b) 이 프로그램에 대해 정보를 얻기 위해서
(c) 상담자와 언제 스케줄을 잡을 것인지 알기 위해서
(d) 학생의 학문적 입지가 어느 정도인지 알기 위해서

해설 두 번째 문단을 참고하자. 프로그램에서 가능한 선택지들, "가능한 강좌들, 장학 프로그램들, 재정적 계획, 그리고 다른 여러 가지 것들", 프로그램 관련 정보들에 대해 오리엔테이션에서 알 수 있다고 설명되어 있다.

48.

정답 (a)

How can students who fail to meet the grade requirement still be approved for the program?

(a) by showing proofs of excellence in other activities
(b) by asking an advisor for other choices
(c) by looking at alternative steps to qualify
(d) by studying harder to get better grades

요구된 점수를 만족하는 데 실패한 학생들이 여전히 이 프로그램에 승인될 수 있는 방법은 무엇입니까?

(a) 다른 활동들에 있어서 뛰어나다는 증거를 보여줌으로써
(b) 상담자에게 다른 선택지들에 대해 문의함으로써
(c) 자격 조건을 만족하기 위해 대안적인 단계를 모색함으로써
(d) 더 나은 성적을 위해 더 열심히 공부함으로써

해설 네 번째 문단을 참고하자. 화자는 "과외 활동을 훌륭하게 했다"는 증거가 "당신의 프로그램 지원서의 승인에 대해 다시 한 번 고려하는 데 사용될 수 있"다고 말한다.

49.

정답 (c)

How can the advisor help a student join the program successfully?

(a) by helping student make a self-evaluation
(b) by deciding the best fit for the student
(c) by giving the student the best options
(d) by introducing the student to government sponsors

상담자가 학생이 프로그램에 성공적으로 참여할 수 있도록 어떻게 도와줄 수 있습니까?

(a) 학생들이 자기 평가를 하도록 도와줌으로써
(b) 학생들에게 가장 적합한 것을 판단함으로써
(c) 학생들에게 최상의 선택지들을 제공함으로써
(d) 학생을 정부 스폰서에게 소개함으로써

해설 다섯 번째 문단을 참고하자. 화자는 "여러분의 상담자는 여러분이 스스로에게 가장 적합한 선택지를 선택할 수 있도록 대안을 제시할 수도 있을 것"이라고 말한다. "alternatives"(대안)과 "당신에게 가장 적합한 선택지"가 "best options"로 paraphrase 되어 있다.

50.

정답 (b)

Why most likely does the speaker advise to apply for the scholarship programs immediately?

(a) It is difficult to apply for one.
(b) The slots are limited.
(c) They prioritize university alumni.
(d) The best programs are the ones taken first.

다음 중 화자가 장학 프로그램에 당장 지원하라고 조언하는 이유로 가장 적절한 것은 무엇입니까?

(a) 지원하기가 어렵다.
(b) 자리가 제한적이다.
(c) 대학 졸업생들을 우선시한다.
(d) 최상의 프로그램들은 먼저 마감이 된다.

해설 여섯 번째 문단을 참고하자. 화자는 "만약 여러분이 동창회 프로그램을 통해 지원하는 데 관심이 있다면, 자리가 다 마감되기 전에 서두르셔야 합니다"라고 말한다. 이는 자리가 제한적이라는 것을 의미한다.

51.

정답 (c)

Which is not a part of the pre-departure orientation?

(a) talks with former Achievers Exchange participants
(b) discussion about adapting to a country's culture
(c) application for financial aid
(d) information for emergency contacts

다음 중 출국 전 오리엔테이션의 일부가 아닌 것은 무엇입니까?

(a) 이전의 Achievers Exchange 참가자들과 이야기 나누기
(b) 나라의 문화에 적응하는 것에 대해 논의하기
(c) 재정적 도움을 받고자 지원하기
(d) 긴급 연락망에 대한 정보

해설 여덟 번째 문단을 참고하자. 화자는 "이미 해외에서 수학하고 온 학생들"과 대화를 나눌 수 있다고 하는데, 이는 (a)에 대응된다. 또한 "오리엔테이션 모임에는 문화적 적응과 준비, 건강과 안전, 보험, 비상 연락망, 그리고 다른 중요한 문제들에 대한 대화 역시 포함됩니다"라고 말하는데, "문화적 적응"은 (b)에 "비상 연락망"은 (d)에 대응된다.

52.

정답 (a)

What type of students are most likely listening to the talk?

(a) current university students
(b) incoming university students
(c) foreign exchange students
(d) former university students

다음 중 어떤 종류의 학생들이 이 발화를 듣고 있을 법 합니까?

(a) 현재의 대학생들
(b) 곧 입학할 대학생들
(c) 외국인 교환 학생들
(d) 예전에 대학생이었던 사람들

해설 유추하는 문제이다. 전체적인 맥락을 파악했다면 어렵지 않게 풀 수 있다. 학생들이 해외에서 수학할 수 있는 프로그램에 대해 소개하고 있으므로 이 발화의 대상은 현재 대학에 재학 중인 학생들이다.

READING AND VOCABULARY SECTION
Question 53-80

Question 53-59

HELEN KELLER

53) Helen Adams Keller was the first deaf and blind person to earn both a bachelor's degree and the prestigious scholastic title of *magna cum laude*. She was also one of the pillars of the American Foundation for the Blind, lobbying for the improvement of the quality of life and working conditions for the blind. She labored for several years, raising funds to realize these objectives.

Keller was born on June 27, 1880 in Tuscumbia, Alabama, to Arthur Keller and Kate Adams. She was born with perfect eyesight and hearing. She was already talking at six months of age, and began walking when she turned one. 54) However, 19 months after she was born, Keller got sick. This sickness eventually led to her blindness and hearing loss.

As a result of her inability to communicate with others, Keller grew up exhibiting severe temper tantrums—smashing dishes, screaming, and acting out. 55) However, her behavior was later rectified by a teacher named Anne Sullivan, who taught her how to do finger-spelling. At first, Keller was only able to imitate the finger movements without understanding what they meant. However, she soon realized that these finger movements stood for objects and ideas, and that she could use them to communicate with other people. Eventually, she was able to learn how to read and write using both standard and Braille typewriters.

As a writer, Keller showed phenomenal progress. 56) In 1811, her short story entitled "The Frost King" was published, and it has since become an important part of American literary history. In 1900, she entered Radcliffe College. While at school, she wrote her autobiography entitled *The Story of My Life*. After graduating with honors in 1904, Keller continued writing. She authored the book *The World I Live In* and a series of essays entitled *Out of the Dark*, which made her political views known to the public.

헬렌 켈러

53) Helen Adams Keller는 학사 학위와 높은 학업적 명예인 *magna cum laude*(우등)를 전부 취득한, 최초의 시청각 장애인이었다. 그녀는 맹인의 삶의 질 및 노동 조건을 개선하기 위해 청원하는, American Foundation for the Blind(맹인을 위한 미국 재단)의 주축 중 하나이기도 했다. 그녀는 이러한 목표들을 실현하기 위해 기금을 모으면서 몇 년을 일했다.

Keller는 1880년 6월 27일 Alabama Tuscumbia에서, Arthur Keller와 Kate Adams 사이에서 태어났다. 그녀는 완벽한 시각과 청각을 지니고 태어났다. 그녀는 6개월이 되었을 때 이미 말을 하고 있었고, 한 살이 되었을 때 걷기 시작했다. 54) 그러나 태어난 지 19개월 뒤, Keller는 아프게 되었다. 이 아픔은 결국 그녀가 시각과 청각을 잃도록 만들었다.

다른 이들과 소통할 수 있는 능력의 부재로 인하여, Keller는 접시를 깨고, 소리를 지르고, 부적절하게 행동하는 등 심각한 울화를 내보이면서 성장했다. 55) 그러나, 그녀의 행동은 그녀에게 손짓으로 대화하는 법을 가르쳐 준 Anne Sullivan이라는 선생님에 의해서 추후 교정되었다. 처음에, Keller는 그것들의 의미를 이해하지 못한 채 손가락의 움직임을 흉내 낼 수 있을 뿐이었다. 하지만, 그녀는 이 손가락 움직임이 대상과 생각을 의미하며, 그녀가 다른 사람들과 소통하는 데 그것들을 사용할 수 있다는 것을 곧 깨달았다. 마침내, 그녀는 표준과 Braille 타자기 모두를 이용해서 읽고 쓰는 법을 배울 수 있었다.

작가로서, Keller는 경이로운 발전을 보였다. 56) 1811년, 그녀의 단편 "The Frost King"이 출판되었으며, 그것은 그 이래로 미국 문학사의 중요한 일부분이 되었다. 1900년, 그녀는 Radcliffe College에 진학했다. 학교에 있으면서, 그녀는 *The Story of My Life*라는 제목의 자서전을 집필했다. 1904년 영예롭게 졸업한 뒤, Keller는 글쓰기를 계속했다. 그녀는 *The World I Live In*이라는 책과 *Out of the Dark*라는 제목의 에세이 시리즈들을 집필했으며, 이는 그녀의 정치적 의견들을 대중들에게 알려주었다.

From 1913 onwards, Keller and Sullivan toured the world to conduct lectures about the deaf and blind. The proceeds from these lectures went to the American Foundation for the Blind. In 1964, the Presidential Medal of Freedom, America's highest civilian recognition, was conferred to Keller by President Lyndon Johnson. 57) A year later, she was elected to the Women's Hall of Fame at the New York World's Fair. Helen Keller died peacefully in her sleep on June 1, 1968.

1913년부터 계속, Keller와 Sullivan은 시청각 장애인들에 대해 강연하기 위해 전세계를 투어했다. 이 강연에서 얻은 수익금은 American Foundation for the Blind에게 갔다. 1964년 미국의 가장 큰 민간인 표창인 Presidential Medal of Freedom이 Lyndon Johnson 대통령에 의해 Keller에게 수여되었다. 57) 일 년 뒤, 그녀는 New York World's Fair에서 여성 명예의 전당에 올랐다. Helen Keller는 1968년 6월 1일 수면 상태에서 평화롭게 사망했다.

53.

정답 (c)

Which distinction did Helen Keller attain first as a blind and deaf person?

(a) sympathizing with people with disabilities
(b) improving the lives of disabled persons
(c) holding a degree and being a *magna cum laude*
(d) raising money for the benefit of the blind

Hellen Keller가 시청각 장애인으로서 처음으로 이룩한 특출난 점은 무엇입니까?

(a) 장애를 가진 사람들과 공감하기
(b) 장애인들의 삶을 발전시키기
(c) 학위를 받고 *magna cum laude*를 받기
(d) 시각 장애인들을 위해 돈을 모금 받기

> **해설** 첫 번째 문단을 참고하면 쉽게 풀 수 있는 문제이다. "Helen Adams Keller는 학사 학위와 높은 학업적 명예인 *magna cum laude*(우등)를 전부 취득한, 최초의 시청각 장애인이었다"라고 명시적으로 언급되어 있다.

54.

정답 (d)

What happened more than a year after Keller was born?

(a) She learned how to walk.
(b) She began talking.
(c) She developed a keen eyesight and hearing.
(d) She was stricken with a disease.

Keller가 태어난 지 일 년도 더 되었을 때 무슨 일이 일어났습니까?

(a) 그녀는 걷는 법을 배웠다.
(b) 그녀는 말하기 시작했다.
(c) 그녀는 예리한 시각과 청각을 발전시켰다.
(d) 그녀는 병에 걸렸다.

> **해설** 두 번째 문단을 참고하자. 19개월이 되었을 때, 즉 생후 일 년도 더 지난 뒤, 그녀는 병에 걸렸고 결국 시각과 청각을 잃게 된다. 걷기 시작한 것과 말하기 시작한 것은 생후 일 년이 되기 전에 있었던 일이므로 (a)와 (b)는 정답이 아니다.

55.

정답 (a)

How was Keller able to communicate with other people when she had her condition?

(a) by spelling with her fingers
(b) by having tantrums
(c) by using standard typewriters
(d) by using Braille

이러한 조건을 갖추게 되었을 때 Keller는 어떻게 다른 이들과 소통할 수 있었습니까?

(a) 손가락으로 철자를 씀으로써
(b) 울화증을 보이면서
(c) 표준 타자기를 사용함으로써
(d) Braille를 사용함으로써

> **해설** 세 번째 문단을 참고하자. 그녀는 사람들과 소통하는 법을 몰라 울화를 보였으나, Sullivan 선생님을 만나 손가락으로 이야기하는 법을 배운 뒤 사람들과 소통할 수 있게 되었다.

56.

정답 (b)

Which is most likely a fictional book written by Keller?

(a) *The Story of My Life*
(b) "The Frost King"
(c) *Out of the Dark*
(d) *The World I Live In*

다음 중 Keller가 쓴 소설로 가장 적절한 것은 무엇입니까?

(a) *The Story of My Life*
(b) "The Frost King"
(c) *Out of the Dark*
(d) *The World I Live In*

> **해설** 네 번째 문단을 참고하자. (a)는 자서전이며, (c)와 (d)는 에세이다. 이 중 소설은 단편인 "The Frost King" 뿐이다.

57.

정답 (d)

Why most likely was Keller elected to the Women's Hall of Fame?

(a) because of her academic excellence
(b) because of her fiction books
(c) because of her political views
(d) because of her numerous accomplishments

Keller가 여성 명예의 전당에 오른 이유로 가장 적절한 것은 무엇입니까?

(a) 그녀의 학문적 뛰어남 때문에
(b) 그녀의 소설책들 때문에
(c) 그녀의 정치적 견해 때문에
(d) 그녀의 다양한 성취들 때문에

> **해설** 그녀가 어떻게 명예의 전당에 올랐는지 구체적으로 언급된 대목이 없기 때문에 다소 헷갈릴 수 있는 문제이다. 이럴 때는 단락 구분에 유의하여, 이 내용이 언급된 맥락을 다시 살펴보는 것이 좋다. 그녀의 학문적 뛰어남은 첫 번째 단락에서, 소설책들 및 정치적 견해에 대한 내용은 네 번째 단락에서 언급되고 있다. 그런데 명예의 전당은 마지막 단락에서 언급되고 있으므로 (a), (b), (c)와 같이 앞서 언급되었던 구체적 내용과 연결된다기보다는, 그녀의 삶 전반에 대한 존경의 표시로서 수여되었다고 보는 것이 타당하다.

58.

정답 (a)

In the context of the passage, rectified means _____.

(a) corrected
(b) cured
(c) replaced
(d) removed

지문의 문맥상 rectified는 _____을 의미한다.

(a) 교정된
(b) 치료된
(c) 대체된
(d) 제거된

해설 rectified 교정된   rectify 교정하다

59.

정답 (c)

In the context of the passage, conferred means _____.

(a) recognized
(b) selected
(c) awarded
(d) honored

지문의 문맥상 conferred는 _____을 의미한다.

(a) 지각된
(b) 선택된
(c) 상을 받은
(d) 영광을 얻은

해설 conferred 상을 받은, 수상한   confer 수여하다, 상을 주다

Question 60-66

SCIENTISTS FIND "DEVIL FROG" IN MADAGASCAR

60) In 1993, scientists found some fossils of the *Beelzebufo ampinga*—or "devil frog"— possibly the biggest frog ever to have existed. However, these fossils were incomplete, and it was only recently that scientists were able to piece together enough bones to reconstruct the skeleton of the whole frog.

The name *Beelzebufo* is derived from the word *Beelzebub*, which means "devil" in Greek, and 61) *bufo*, the Latin word for "toad." *Ampinga* is the Malagasy (the national language of Madagascar) word for "shield."

American paleontologist, David Krause, and his team found the fossils in Madagascar, a large island off the coast of Africa. 62) They studied the bones and figured out that the *Beelzebufo ampinga* lived during the Cretaceous Period or towards the end of the dinosaur era about 65 to 70 million years ago.

Compared with the Goliath Frog of West Africa, the largest living frog, which is about 12.5 inches long and weighs 7.2 pounds, the *Beelzebufo ampinga* was a lot bigger. It was 16 inches long and weighed about 10 pounds. It had a robust build and an armor-like body structure. Unlike modern-day frogs, which live in water, it inhabited a semi-arid region.

63) Scientists also described the *Beelzebufo ampinga* as an extremely aggressive predator with skin colors that allowed it to blend with its surroundings, and "lie in wait for food to walk past it." Its wide mouth and strong jaws made it possible for it to feed on lizards, small mammals, smaller frogs, and possibly even newborn dinosaurs.

64) Meanwhile, another American paleontologist, Susan Evans, said that the *Beelzebufo ampinga* may be a close relative of the *Ceratophryinae*, a frog group living in South America today. Also called "Pac-man Frogs," the *Ceratophryinae* have large mouths like the *Beelzebufo ampinga*. Some even have small horns, which she believes the devil frog might have had as well. According to Evans, this discovery supports the theory that all of the world's continents, many years ago, may have been connected.

과학자들이 Madagascar에서 "마왕 개구리"를 발견하다

60) 1993년, 과학자들은 아마도 지금까지 존재했던 것 중에 가장 큰 개구리일 *Beelzebufo ampinga*—혹은 "마왕 개구리"—의 화석 몇 개를 발견했다. 그러나 이 화석들은 온전하지 않았으며, 과학자들이 완전한 개구리의 뼈대를 다시 만들 수 있을 정도로 충분한 뼈들을 이어 붙일 수 있었던 것은 불과 최근의 일이다.

*Beelzebufo*라는 이름은 그리스어로 "마왕"을 뜻하는 단어 *Beelzebub*과 61) "두꺼비"를 뜻하는 라틴어 단어 *bufo*에서 유래한다. *Ampinga*는 Malagasy (Madagascar의 토착어)로 "방패"를 뜻한다.

미국 고생물학자인 David Krause와 그의 팀은 아프리카 앞바다의 거대한 섬인 Madagascar에서 화석들을 찾았다. 62) 그들은 뼈를 연구했고 *Beelzebufo ampinga*가 대략 6,500만에서 7,000만 년 전인 백악기 혹은 공룡 시대의 마지막 시기에 살았다는 점을 발견했다.

12.5 인치 길이에 7.2 파운드로 현존하는 가장 거대한 개구리인 서아프리카의 Goliath Frog와 비교했을 때, *Beelzebufo ampinga*는 훨씬 컸다. 그것은 16인치 길이에 10 파운드가 나갔다. 이것은 우람한 골격과 갑옷 같은 신체 구조를 가지고 있었다. 물에서 사는 오늘날의 개구리들과는 다르게, 이것은 반건조 지대에서 살았다.

63) 과학자들은 또한 *Beelzebufo ampinga*가 배경과 자연스럽게 섞이고 "먹이가 그것을 지나쳐 가는 것을 기다리며 누워 있"도록 해주는 피부색을 지닌, 굉장히 공격적인 포식자라고 묘사했다. 그 거대한 입과 강한 턱은 도마뱀, 작은 포유류, 더 작은 개구리들, 심지어 신생 공룡들까지 잡아먹을 수 있도록 해주었다.

64) 한편, 또다른 미국 고생물학자인 Susan Evans는 *Beelzebufo ampinga*가 오늘날 남미에서 서식하는 *Ceratophryinae*의 가까운 친척일 수도 있다고 말했다. "Pac-man Frogs"라고도 불리는 *Ceratophryinae*는 *Beelzebufo ampinga*처럼 거대한 입을 가지고 있다. 일부는 심지어 마왕 개구리 역시 가지고 있었을 수도 있다고 그녀가 믿고 있는 작은 뿔도 가지고 있다. Evans에 따르면, 이 발견은 세계의 모든 대륙들이 오래 전에는 연결되어 있었을지도 모른다는 이론을 뒷받침한다.

60.
정답 (a)

What is the article about?

(a) probably the biggest frog to have lived
(b) the rebuilding of fossilized animal skeletons
(c) most likely the world's most evil frog
(d) a comparison between modern and ancient frogs

이 기사는 무엇에 대한 것입니까?

(a) 아마도 지금까지 존재했던 것 중 가장 큰 개구리
(b) 화석화된 동물 뼈대를 복원하기
(c) 아마도 세계에서 가장 사악할 개구리
(d) 오늘날과 과거 개구리 사이의 비교

해설 글의 핵심 소재만 파악했다면 쉽게 풀 수 있는 문제이다. 소재가 헷갈릴 경우, 글의 제목이 무엇인지 다시 한 번 확인해보자. "과학자들이 Madagascar에서 "마왕 개구리"를 발견하다"라는 제목 및 이것이 가장 큰 개구리라는 첫 문단의 논지를 결합하면 (a)가 답임을 확인할 수 있다.

61.
정답 (d)

Why is the word *bufo* included in the devil frog's name?

(a) because it means "devil"
(b) to suggest that it was gigantic
(c) because it means "shield" in Latin
(d) to state what type of animal it was

*bufo*라는 단어가 마왕 개구리의 이름에 포함된 이유는 무엇입니까?

(a) "마왕"을 뜻하기 때문에
(b) 그것이 거대했다는 것을 시사하기 위해서
(c) 그것이 라틴어로 "방패"를 의미하기 때문에
(d) 그것이 어떤 종류의 동물인지 서술하기 위해서

해설 두 번째 문단을 참고하자. bufo는 라틴어로 "두꺼비"라는 뜻이므로, "그것이 어떤 종류의 동물인지" 알려주는 표현이다.

62.
정답 (c)

Based on the fossils discovered by scientists, what can be said about the "devil frog"?

(a) It did not have a complete skeletal structure.
(b) It was a relative of the dinosaur.
(c) It lived at the same period as the dinosaurs.
(d) It looked like the devil.

과학자들에 의해 발견된 화석에 의하면, "마왕 개구리"에 대한 설명으로 옳은 것은 무엇입니까?

(a) 온전한 뼈대 구조를 가지고 있지 않았다.
(b) 그것은 공룡의 친척이었다.
(c) 공룡과 같은 시기에 살았다.
(d) 그것은 악마처럼 생겼다.

해설 세 번째 문단을 참고하자. "백악기 혹은 공룡 시대의 마지막 시기에 살았다는 점을 발견했다"는 대목에서 그것이 공룡과 같은 시기에 살았다는 점을 확인할 수 있다.

63.
정답 (a)

How most likely was the *Beelzebufo ampinga* able to catch prey?

(a) by attacking them unknowingly
(b) by pursuing them aggressively
(c) by jumping on them
(d) by hunting them near the water

*Beelzebufo ampinga*가 먹이를 잡았던 방식에 가장 가까운 것은 무엇입니까?

(a) 부지불식간에 공격하기
(b) 그들을 공격적으로 추격하기
(c) 그들 위로 뛰어오르기
(d) 물가에서 사냥하기

해설 다섯 번째 문단을 참고하자. "배경과 자연스럽게 섞이고 "먹이가 그것을 지나쳐 가는 것을 기다리며 누워 있""으면서 먹이를 사냥할 수 있었다고 되어 있으므로, (a)가 정답이라고 쉽게 유추할 수 있다.

64.
정답 (b)

What is Susan Evans' theory about the "devil frog"?

(a) that its scientific name is *Ceratophryinae*
(b) that it was related to a similar South American frog
(c) that there are some living in South America today
(d) that it had small horns inside its mouth

"마왕 개구리"에 대한 Susan Evans의 이론은 무엇입니까?

(a) 그 과학적 명칭이 *Ceratophryinae*라는 것
(b) 비슷한 남미 개구리와 친척 사이라는 것
(c) 오늘날 남미에 그들 중 일부가 살고 있다는 것
(d) 입 안에 작은 뿔들을 가지고 있었다는 것

해설 마지막 문단을 참고하자. "Susan Evans는 *Beelzebufo ampinga*가 오늘날 남미에서 서식하는 *Ceratophryinae*의 가까운 친척일 수도 있다고 말했다"는 대목을 적절히 paraphrase 한 (b)가 정답이다.

65.
정답 (b)

In the context of the passage, inhabited means _____.

(a) protected
(b) occupied
(c) covered
(d) represented

지문의 문맥상 inhabited는 _____을 의미한다.

(a) 보호했다
(b) 거주했다
(c) 뒤덮이다
(d) 대표했다

해설 inhabit 거주하다

66.
정답 (d)

In the context of the passage, blend means _____.

(a) unite
(b) reveal
(c) control
(d) merge

지문의 문맥상 blend는 _____을 의미한다.

(a) 통합하다
(b) 밝히다
(c) 통제하다
(d) 섞다

해설 blend 섞다

ALZHEIMER'S DISEASE

67) Alzheimer's disease is a brain disorder common among older people. It targets the brain cells, causing problems with perception and language, and may sometimes even affect a person's social behavior.

Alzheimer's disease is a progressive and incurable disease. 68) The illness manifests itself through symptoms. At first, the only symptom may be mild forgetfulness, such as having trouble remembering recent events or solving simple mathematical problems. This initial symptom is often confused with aging. As the disease worsens, symptoms become more evident. People suffering from Alzheimer's may forget how to do simple things like combing their hair or brushing their teeth. They may even have trouble speaking, walking, and eating and may also become anxious or aggressive.

The disease was first discovered by a German physician named Alois Alzheimer. At a meeting of physicians in 1906, Alzheimer presented the case of a woman who had initially developed problems with memory. Later, she had difficulty speaking and understanding things that were said to her. The symptoms continued to grow, and she eventually died. 69) Alzheimer discovered the strange cause of the woman's death after he conducted an autopsy.

70) In the woman's brain, Alzheimer discovered severe decrease in size of the cortex—the outer portion of the brain—which is involved in memory, thinking, judgment, and speech. He also found many brain cells that were in various stages of decline and observed widespread fatty deposits in small blood vessels. The symptoms that were seen in the old woman have become the basis of identifying Alzheimer's disease.

Treatment for Alzheimer's disease mainly consists of drugs that can help control behavioral symptoms like sleeplessness, anxiety, and depression and help improve the patient's quality of life. These treatments help victims deal with the symptom but do not cure the disease itself.

Until today, the exact causes of the disease have yet to be discovered. Doctors can only diagnose a probable Alzheimer's case because of the symptoms a patient shows. 71) However, they are continuously conducting research to better understand the causes of the disease in order to find a way to stop it from developing.

알츠하이머병

67) 알츠하이머병은 노인들 사이에서 흔한 뇌장애이다. 이것은 지각과 언어 관련 문제들을 일으키면서 뇌 세포들을 겨냥하고, 때때로 그 사람의 사회적 행동까지도 영향을 끼친다.

알츠하이머병은 진행성이며 치료 불가능한 질환이다. 이 질병은 증상들을 통해 발현된다. 68) 처음에는, 유일한 증상은 최근의 기억들을 기억하거나 간단한 수학 문제를 푸는 데 어려움을 겪는 것처럼 가벼운 건망증 정도일 수 있다. 이 초기의 증상은 흔히 노화와 혼동된다. 질병이 심각해지면서, 증상들은 더 분명해진다. 알츠하이머를 앓는 사람들은 머리카락을 빗거나 이를 닦는 등 간단한 일을 어떻게 하는지 잊어버릴 수 있다. 그들은 심지어 말하고, 걷고, 먹는 데 어려움을 겪을 수 있으며, 또한 초조해하거나 공격적으로 변할 수 있다.

이 질병은 독일 내과 의사 Alois Alzheimer에 의해 처음 발견되었다. 1906년 내과 의사들의 한 모임에서, Alzheimer는 처음에는 기억하는 데 문제를 겪었던 한 여성의 사례를 제시했다. 이후, 그녀는 말을 하거나 그녀에게 말해진 것들을 이해하는 데 어려움을 겪었다. 그 증상들은 심해졌고, 그녀는 결국 사망했다. 69) Alzheimer는 부검을 실시한 뒤 이 여성의 죽음에 있어서 기이한 원인을 발견했다.

70) 이 여성의 뇌에서, Alzheimer는 기억, 생각, 판단, 발화에 관여하는 피질—뇌의 상기 외측부—의 크기가 심각하게 감소했음을 발견했다. 그는 다양한 퇴보 단계에 있는 많은 뇌 세포들 역시 발견했고, 작은 혈관들에 퍼진 지방 침전물들을 관찰했다. 그 노년 여성에게서 발견된 증상들은 알츠하이머병을 식별하는 근거가 되었다.

알츠하이머병에 대한 치료 방법은 주로 불면증, 초조함, 우울증과 같은 행동적 증상들을 조절하는 데 도움을 주고 환자의 삶의 질을 개선하는 데 도움을 주는 약물로 구성된다. 이 치료 방법들은 피해자가 증상들에 대처하는 데 도움을 주지만 질병 자체를 치료해주지는 않는다.

오늘날까지, 이 질병의 정확한 원인들은 아직 규명되지 않았다. 의사들은 환자가 보이는 증상들 때문에 알츠하이머의 유력한 사례를 진단할 수 있을 뿐이다. 71) 그러나, 그들은 그것이 심해지는 것을 막을 방법을 찾기 위해서 이 질병의 원인들을 더욱 잘 이해할 수 있도록 지속적으로 연구를 진행하고 있다.

67.

정답 (d)

What is the main topic of the article?

(a) the symptoms of a disease
(b) the study of memory loss
(c) the signs of aging
(d) a type of brain illness

이 기사의 핵심 주제는 무엇입니까?

(a) 어느 질병의 증상
(b) 기억 상실에 대한 연구
(c) 노화의 징후
(d) 뇌 관련 질병의 일종

> **해설** 글 전반에 걸쳐서, 그리고 첫 번째 문단에서 확인할 수 있듯, 이 기사는 뇌장애의 일종인 알츠하이머 병에 대해 다루고 있다.

68.

정답 (c)

When can Alzheimer's disease be first identified?

(a) when a person becomes old
(b) when a person becomes violent
(c) when a person becomes forgetful
(d) when a person starts having difficulty walking

알츠하이머 병은 언제 처음 식별될 수 있습니까?

(a) 한 사람이 나이가 들 때
(b) 한 사람이 폭력적으로 변할 때
(c) 한 사람의 건망증이 심해질 때
(d) 한 사람이 걷는 데 어려움을 느끼기 시작할 때

> **해설** 두 번째 문단을 참고하자. 초기 증상은 가벼운 건망증에서 시작하지만, 병이 심해질수록 가장 기초적인 것까지 잊어버린다는 대목에서 (c)가 정답임을 확인할 수 있다.

69.

정답 (a)

How did Alois Alzheimer find out the reason for his patient's disease?

(a) by examining the patient's brain after she died
(b) by checking deposits of fat in the patient's blood vessels
(c) by comparing the patient's symptoms with others
(d) by checking the extent of the patient's memory loss

Alois Alzheimer는 어떻게 그의 환자가 걸린 질병의 원인에 대해 알아낼 수 있었습니까?

(a) 사후에 환자의 뇌를 검사함으로써
(b) 환자의 혈관에 있는 지방 침전물을 검토함으로써
(c) 환자의 증상을 다른 이들과 비교함으로써
(d) 환자의 기억 상실 정도를 검토함으로써

> **해설** 세 번째 문단을 확인하자. Alzheimer는 한 여성의 사례를 제시하는데, 그녀가 사망한 뒤에 뇌 부검을 통하여 그 지병의 원인을 알아낼 수 있었다.

70.

정답 (b)

What could be concluded from the case that Alzheimer presented?

(a) The disease can be diagnosed only after death.
(b) The disease mainly destroys the brain cells.
(c) Symptoms of the disease don't show at an early stage.
(d) The disease is caused by eating fatty food.

알츠하이머가 있었던 사례에서 어떠한 결론을 이끌어 낼 수 있습니까?

(a) 그 질병은 단지 사후에만 진단될 수 있다.
(b) 그 질병은 주로 뇌 세포를 파괴한다.
(c) 질병의 증상들은 초기 단계에서는 드러나지 않는다.
(d) 그 질병은 지방이 많이 포함된 음식을 먹어서 생긴다.

해설 네 번째 문단을 확인하자. "Alzheimer는 . . . 피질―뇌의 상기 외측부―의 크기가 심각하게 감소했음을 발견했다"는 대목 및 뇌 세포 수의 감소를 발견했다는 점에서, 이것이 주로 뇌 세포의 파괴와 연관된다는 것을 유추할 수 있다.

71.

정답 (a)

Why most likely are studies still being done about Alzheimer's disease?

(a) to help prevent people from acquiring the disease
(b) to control the symptoms of the disease
(c) to be able to cure patients with the disease
(d) to quickly identify the disease

알츠하이머 병에 대해 연구들이 계속되고 있는 이유로 가장 적절한 것은 무엇입니까?

(a) 사람들이 질병에 걸리는 것을 막는 데 도움을 주기 위해서
(b) 질병의 증상들을 제어하기 위해서
(c) 질병에 걸린 환자들을 치료하기 위해서
(d) 질병을 빨리 규명하기 위해서

해설 마지막 단락을 참고하자. "그들은 그것이 심해지는 것을 막을 방법을 찾기 위해서 이 질병의 원인들을 더욱 잘 이해할 수 있도록 지속적으로 연구를 진행하고 있다"는 대목을 적절히 paraphrase 한 (a)가 답이다.

72.

정답 (b)

From the context of the passage, manifests means _____.

(a) causes
(b) shows
(c) suffers
(d) controls

지문의 문맥상 manifests는 _____을 의미한다.

(a) 야기하다
(b) 보여주다
(c) 고통스러워하다
(d) 제어하다

해설 manifest 보여주다

73.

정답 (c)

From the context of the passage, diagnose means _____.

(a) analyze
(b) explore
(c) identify
(d) overlook

지문의 문맥상 diagnose는 _____을 의미한다.

(a) 분석하다
(b) 탐구하다
(c) 진단하다
(d) 간과하다

해설 diagnose 진단하다   diagnosis 진단

Question 74-80

Ms. Charlotte Myers
Human Resources Manager
Graphics Technology

Dear Ms. Myers:

Through the Fort Lauderdale Daily, I learned that Graphics Technology will be conducting a series of interviews at Fort Lauderdale College on Tuesday, August 23. 74) I am writing to express my interest in meeting with you for an interview.

Your requirements for the graphic arts designer position strongly match my educational background. Last month, I received my bachelor's degree in Fine Arts from Fort Lauderdale College. As a student, I worked on several school team projects ranging from logo design to promotional materials for advertising companies. 75) My knowledge about art theory and aesthetics, combined with my expertise using several types of computer graphics software, will enable me to be a productive member of your design team.

I have served as an intern for two years with Antel Advertising. In that position, I gained valuable experience working with several staff members to design and create brochures, billboards, and other materials for promotional campaigns. 76) I also have freelanced designing press kits and posters. Through that experience, I have come to realize the value of communication in producing high-quality designs.

I hope that I will be able to schedule an interview with you during your visit to the Fort Lauderdale College campus. If your interview schedule is filled up, I would be more than happy to travel to your office for a meeting. 77) Should you have questions about my resume, or would like to personally discuss my qualifications, please feel free to contact me at (085) 562-8790. Thank you for considering my candidacy for this position.

Sincerely, **Evan Cowell**

Fine Arts Graduate
Fort Lauderdale College

Ms. Charlotte Myers
인사부 매니저
Graphics Technology

Ms. Meyers 귀하:

Fort Lauderdale Daily를 통해서, 저는 Graphics Technology가 8월 23일 화요일에 Fort Lauderdale College에서 일련의 인터뷰들을 진행할 것임을 알게 되었습니다. 74) 저는 인터뷰를 위해 당신을 만나는 데 있어서 저의 관심을 표명하기 위해 편지를 씁니다.

그래픽 아트 디자이너 자리에 대한 당신의 요구 사항들은 저의 교육적 배경과 강력하게 일치합니다. 저번 달에, 저는 Fort Lauderdale College에서 미술 학사 학위를 받았습니다. 학생으로서, 저는 로고 디자인에서부터 광고 회사를 위한 홍보물에 이르기까지, 몇몇 학교 팀 프로젝트에서 일했습니다. 75) 몇몇 종류의 컴퓨터 그래픽 소프트웨어에 대한 저의 전문성과 결합하여, 예술 이론과 미학에 대한 저의 지식은, 저로 하여금 당신의 디자인 팀의 생산적인 멤버가 될 수 있도록 해줄 것입니다.

저는 이 년 간 Antel Advertising의 인턴으로 일했습니다. 그 자리에서, 저는 브로셔와 간판, 홍보 캠페인을 위한 기타 자료들을 디자인하고 제작하기 위해 여러 스태프들과 일하면서 귀중한 경험을 얻었습니다. 76) 저는 보도 자료와 포스터들을 프리랜서로서 디자인하기도 했습니다. 그 경험을 통하여, 저는 고품질의 디자인을 만드는 데 있어서 소통의 가치를 깨달았습니다.

저는 제가 당신이 Fort Lauderdale College 캠퍼스를 방문하는 동안 당신과의 인터뷰를 잡을 수 있기를 소망합니다. 만약 당신의 인터뷰 스케줄이 꽉 차 있다면, 저는 미팅을 위해 당신의 사무실로 기꺼이 여행하겠습니다. 77) 제 이력서에 대해 질문이 있으시거나, 저의 자격 요건에 대해 개인적으로 상의하고 싶으시다면, (085) 562-8790으로 편하게 연락 부탁드립니다. 이 자리의 후보자로서 저를 고려해주셔서 감사합니다.

마음을 다해, **Evan Cowell**

미술 전공 졸업자
Fort Lauderdale College

74.

정답 (b)

Why is Evan Cowell writing to Charlotte Myers?

(a) to invite her to speak at Fort Lauderdale College
(b) to express his wish for an interview
(c) to apply for a job with Fort Lauderdale Daily
(d) to request assistance in a project that he is doing

Evan Cowell이 Charlotte Myers에게 편지를 쓰는 이유는 무엇입니까?

(a) Fort Lauderdale College에서 연설을 해달라고 그녀를 초청하기 위해서
(b) 인터뷰에 대한 그의 소망을 표출하기 위해서
(c) Fort Lauderdale College의 일자리에 지원하기 위해서
(d) 그가 하고 있는 프로젝트에 대해 도움을 구하기 위해서

해설 첫 번째 문단을 참고하자. "저는 인터뷰를 위해 당신을 만나는 데 있어서 저의 관심을 표명하기 위해 편지를 씁니다"라고 명시되어 있으므로 어렵지 않게 (b)를 답으로 꼽을 수 있다.

75.

정답 (b)

What makes Cowell a potentially useful member of Graphics Technology?

(a) He had developed his own art theories.
(b) He is skilled in computer graphics software.
(c) He graduated from college.
(d) He is a Fort Lauderdale graduate.

Cowell이 Graphics Technology의 전도유망한 쓸모 있는 일원이 되도록 만들어주는 것은 무엇입니까?

(a) 그는 자신만의 예술 이론을 발전시켰다.
(b) 그는 컴퓨터 그래픽 소프트웨어에 능통하다.
(c) 그는 대학을 졸업했다.
(d) 그는 Fort Lauderdale 졸업생이다.

해설 두 번째 문단을 참고하자. Cowell은 자신이 "컴퓨터 그래픽 소프트웨어에 대한...전문성" 및 "예술 이론과 미학에 대한...지식"을 어필하고 있다.

76.

정답 (d)

When did Cowell probably learn that communication is an important part of his work?

(a) after graduating from Fort Lauderdale College
(b) while working at Graphics Technology
(c) during his internship in an advertising firm
(d) while working as an independent designer

그의 직업에서 소통이 중요한 요소라고 Cowell이 배우게 된 것은 아마도 언제입니까?

(a) Fort Lauderdale College를 졸업한 뒤
(b) Graphics Technology에서 일하면서
(c) 광고 회사에서 인턴 활동을 하는 동안
(d) 독자적 디자이너로 일하는 동안

해설 세 번째 문단을 참고하자. 프리랜서로 일하는 동안 소통의 가치를 깨달았다고 언급되어 있다. 이때 "프리랜서"가 "독자적 디자이너"로 paraphrase 되어 있다는 것만 포착하면 무리 없이 문제를 풀 수 있다.

77.
정답 (b)

How can Charlotte Meyers get information about Evan Cowell?

(a) by asking his former teachers and trainers
(b) by calling him through his number
(c) by letting her visit the campus
(d) by scheduling another meeting

Charlotte Meyers가 Even Cowell에 대한 정보를 얻을 수 있는 방식은 무엇입니까?

(a) 그의 옛 선생님과 교육자에게 물어봄으로써
(b) 그의 전화번호로 그에게 전화를 함으로써
(c) 그녀가 캠퍼스를 방문하도록 함으로써
(d) 다른 미팅 스케줄을 잡음으로써

해설 네 번째 문단을 참고하자. Cowell은 자신의 전화번호를 남기면서, 궁금한 점이 있으면 연락해달라고 적고 있다.

78.
정답 (c)

Based on the letter, what job level could Cowell be seeking?

(a) a managerial position
(b) a supervisor position
(c) an entry-level position
(d) a team leader position

편지에 따르면, Cowell은 어떤 직무 수준을 찾는 것입니까?

(a) 매니저급 직위
(b) 총괄 관리자의 지위
(c) 초보자의 직위
(d) 팀 리더의 직위

해설 지문에 명시적으로 언급되어 있지 않은 사항에 대해 묻는 문제이므로 다소 헷갈릴 수 있다. 그러나 Cowell이 대학을 막 졸업한 상태이며, 본인의 인턴 경험 등을 어필하고 있다는 사실에서 그가 초보 말단 직원에 지원하고 있음을 유추할 수 있다.

79.
정답 (c)

In the context of the passage, expertise means _____.

(a) enthusiasm
(b) experience
(c) capability
(d) performance

지문의 문맥상 expertise는 _____을 의미한다.

(a) 열의
(b) 경험
(c) 역량
(d) 수행

해설 expertise 역량

80.
정답 (a)

In the context of the passage, candidacy means _____.

(a) application
(b) interest
(c) experience
(d) resume

지문의 문맥상 candidacy는 _____을 의미한다.

(a) 지원
(b) 흥미
(c) 경험
(d) 이력서

해설 candidacy 지원, 입후보, 출마   candidate 후보, 지원자

G-TELP BIBLE 모의고사

GRAMMAR SECTION

1. ⓐ 2. ⓑ 3. ⓓ 4. ⓒ 5. ⓒ 6. ⓐ 7. ⓒ 8. ⓑ 9. ⓑ 10. ⓐ
11. ⓑ 12. ⓒ 13. ⓓ 14. ⓒ 15. ⓐ 16. ⓑ 17. ⓑ 18. ⓓ 19. ⓑ 20. ⓒ
21. ⓓ 22. ⓐ 23. ⓑ 24. ⓓ 25. ⓒ 26. ⓐ

LISTENING SECTION

Part 1 27. ⓒ 28. ⓓ 29. ⓑ 30. ⓐ 31. ⓑ 32. ⓒ 33. ⓐ

Part 2 34. ⓑ 35. ⓐ 36. ⓓ 37. ⓒ 38. ⓑ 39. ⓓ

Part 3 40. ⓑ 41. ⓓ 42. ⓒ 43. ⓐ 44. ⓒ 45. ⓓ

Part 4 46. ⓑ 47. ⓑ 48. ⓒ 49. ⓐ 50. ⓓ 51. ⓐ 52. ⓓ

READING AND VOCABULARY SECTION

Part 1 53. ⓑ 54. ⓒ 55. ⓐ 56. ⓓ 57. ⓐ 58. ⓒ 59. ⓑ

Part 2 60. ⓒ 61. ⓓ 62. ⓑ 63. ⓐ 64. ⓓ 65. ⓒ 66. ⓑ

Part 3 67. ⓐ 68. ⓓ 69. ⓑ 70. ⓒ 71. ⓓ 72. ⓒ 73. ⓐ

Part 4 74. ⓐ 75. ⓓ 76. ⓑ 77. ⓐ 78. ⓓ 79. ⓒ 80. ⓑ

GRAMMAR SECTION
Question 1-26

1.　　　　　　　　　　　　　　　　　　정답 (a)

해석 어젯밤, Linda는 그녀의 집에서 몇 블록 떨어진 새로 오픈한 디스코 바에 갔다. 그녀가 바에 다가가는 동안에, 그녀는 바텐더가 그녀의 예전 대학 동기인 것을 보고 놀랐다.

해설 시제를 묻는 유형이다. while 절은 진행 시제와 자주 함께 쓰인다. 이 문제는 전체적으로 과거 시점(last night)에 발생한 일을 설명하고 있으므로 과거진행시제인 (a)가 정답이다.

2.　　　　　　　　　　　　　　　　　　정답 (b)

해석 우리의 식당은 너무 비좁아서 식탁의 한쪽 끝이 냉장고 문을 막고 있다. 냉장고를 열어야 할 때마다 누군가가 일어나서 의자를 옮겨야 한다.

해설 연결어/접속사를 묻는 유형이다. 선택지로 제시된 표현들은 모두 시간/시점과 관련된 표현이다. 의자를 옮겨야 하는 것과 냉장고를 여는 것의 시간적 관계를 따져 본다면, 의미상 냉장고를 '열 때마다' 의자를 옮겨야 한다고 하는 것이 가장 적절하므로 (b)가 정답이다.

3.　　　　　　　　　　　　　　　　　　정답 (d)

해석 공항에 일찍 도착하기 위해 서둘러서, Barrie는 그녀의 노트북을 집에 두고 왔다. 만일 그녀가 차에 타기 전에 그것을 가방에 잘 챙겼었더라면, 그녀는 그것을 두고 오지 않았을 것이다.

해설 가정법을 묻는 유형이다. 우선 빈칸이 있는 문장에 if 절이 포함되어 있는데, 주절 동사의 시제가 조동사+현재완료(would not have left)이므로 이 문장은 가정법 과거완료 문장일 것이라고 추측할 수 있다. 가정법 과거 문장에서 if 절의 동사는 V과거완료의 형식으로 쓰이기 때문에 (d)가 정답이다. 의미를 따져볼 경우 가정법 과거 문장임을 더 확실하게 알 수 있다. 실제 사실은 (과거에) 그녀가 그것을 가방에 잘 챙기지 않았으며, 따라서 그것을 두고 왔다는 것이다. 그런데 빈칸 문장은 그것을 잘 챙겼을 경우를 가정하고 있다.

4.　　　　　　　　　　　　　　　　　　정답 (c)

해석 Alexander는 지금 그의 아침을 만들고 있다. 비록 그가 어젯밤에 늦게 잤지만, 그는 여전히 오늘 일찍 일어나야 했다. 그는 오전 7:30까지 그의 회계사와 회의를 하기 위해 직장에 가야 한다.

해설 준동사를 묻는 유형이다. 'have to V'는 'V 해야 한다'는 의미이다. 따라서 정답은 (c)이다.

5.　　　　　　　　　　　　　　　　　　정답 (c)

해석 Herbert와 Cherry는 도서관에서 시험공부를 할 계획이다. Herbert는 이미 거기에 와있고, 이미 공부를 시작했다. Cherry가 도착할 때쯤이면, Herbert는 삼십 분 동안 공부를 해오고 있는 것이 될 것이다.

해설 시제를 묻는 유형이다. 빈칸 문장의 'by the time' 절과 'for+일정 시간'은 모두 완료 시제와 자주 함께 쓰이는 표현이다. 'by the time' 이나 'when' 절에서는 현재 시제가 미래 시제를 대신하므로, 'by the time Cherry arrives'는 미래의 시점을 나타낸다. 따라서 주절 동사인 'study'라는 동작은 현재로부터 미래에 Cherry가 도착하는 시점까지 지속되는 것이다. 따라서 미래완료진행 시제인 (c)가 정답이다.

6.　　　　　　　　　　　　　　　　　　정답 (a)

해석 어떤 사람들은 Leonardo da Vinci가 최초의 동물 인권 옹호자들 중 한 명이라고 생각한다. 이탈리아의 르네상스 시기에 살았던, Da Vinci는 길거리 시장에서 새장에 갇힌 새들을 풀어주기 위해 그것들을 샀다고 전해진다.

해설 관계대명사를 묻는 유형이다. 콤마 사이에 관계대명사절이 삽입되어 주어 'Da Vinchi'를 수식해주어야 한다. 선행사가 사람이기 때문에 우선 (c)와 (d)는 오답으로 거를 수 있다. 그런데 선택지의 동사 'lived'는 자동사이고, 의미상으로도 선행사 'Da Vinchi'가 이 동작의 주어이다. 따라서 정답은 주격관계대명사절인 (a)이다.

7. 정답 (c)

해석 Margaret은 좋은 의사소통 능력을 가지고 있지만, 그것을 연습할 방법이 없다. 만일 그녀의 작은 마을이 즉흥 연설 대회를 열기만 한다면, 그녀는 최소 상위 10등 안에 들 것이라 자신한다.

해설 가정법을 묻는 유형이다. 우선 빈칸이 있는 문장에 if 절이 포함되어 있는데, if 절 동사의 시제가 단순과거(were)이고, 특히 주어가 단수(her small town)임에도 be 동사가 복수형태(were)로 쓰여 있으므로 이 문장이 가정법 과거 문장임을 알 수 있다. 가정법 과거 문장에서 주절의 동사는 would/should/could/might + V원형의 형식으로 쓰이기 때문에 (c)가 정답이다. 의미를 따져볼 경우 가정법 과거 문장임을 더 확실하게 알 수 있다. 실제 사실은 (현재에) 그녀의 마을은 즉흥 연설 대회를 열 계획이 없으며, 따라서 그녀가 상위 10등 안에 들 일도 없다는 것이다.

8. 정답 (b)

해석 인적자원관리자인 Sandra Brown은 새롭게 만들어진 부서의 새 직원들을 고용하는 것을 담당하고 있다. 그녀는 오늘 아침 8시부터 인터뷰를 실시해오고 있는 중인데, 여전히 더 인터뷰해야 하는 지원자들이 남아있다.

해설 시제를 묻는 유형이다. 빈칸 문장의 'since+특정 시점'은 완료 시제와 자주 쓰이는 표현이다. 'conduct'라는 동작은 since 절이 나타내는 과거 시점(오늘 아침 8시)부터 시작된 것이다. 그런데 아직도 더 인터뷰해야 하는 지원자들이 남아있다는 내용을 통해 'conduct'라는 동작이 현 시점에도 계속 진행 중이라는 사실을 알 수 있다. 따라서 정답은 현재완료진행 시제인 (b)이다.

9. 정답 (b)

해석 여러 차례 사용되면, 칫솔의 털들은 닳아버리거나 망가질 수 있어서 치아를 닦는 효율성이 감소하게 된다. 따라서 6개월에 한 번씩 칫솔을 교체할 것이 권고된다.

해설 당위 표현을 묻는 유형이다. 빈칸 문장이 'It is +당위성을 갖는 형용사 that ~'의 형태이고, 의미를 해석해 보아도 '6개월에 한 번 씩 칫솔을 교체해야 한다'는 내용이므로 that절의 주어 one 다음에 should가 생략되어 있다고 보아야 한다. 따라서 정답은 동사 원형인 (b)이다.

10. 정답 (a)

해석 Bridget은 터키의 주요 관광지들에 대한 신문 기사를 읽고 Aspendos Theater에 깊은 인상을 받았다. 그녀는 만일 그녀가 터키에 방문하고 싶은 곳이 있다면, 그것은 잘 보존된 고대 로마 구조물일 것이라고 결심했다.

해설 가정법을 묻는 유형이다. 우선 빈칸이 있는 문장에 if 절이 포함되어 있는데, if 절 동사의 시제가 단순과거(were)이고, 특히 주어가 단수(a tourist destination)임에도 불구하고 be 동사가 복수형(were)으로 쓰여 있으므로 이 문장이 가정법 과거 문장임을 알 수 있다.. 가정법 과거 문장에서 주절의 동사는 would/should/could/might + V원형의 형식으로 쓰이기 때문에 (a)가 정답이다. 의미를 따져볼 경우 가정법 과거 문장임을 더 확실하게 알 수 있다. 실제 사실은 (현재에)그녀가 터키에 가고 싶은 장소가 없으며, 따라서 그것이 고대 로마 구조물도 아니라는 것이다,

11. 정답 (b)

해석 Michael Adams는 그의 뛰어난 자격들 때문에 그 도시에서 가장 인기가 많은 건축가이다. 사실, 이 도시에서 볼 수 있는 높이 올라오는 빌딩들은 그의 디자인이다.

해설 접속사/연결어를 묻는 유형이다. 첫 문장은 Michael Adams가 그 도시에서 가장 인기가 많은 건축가라는 이야기를 하고 있고, 두 번째 문장은 더 구체적으로 같은 이야기를 입증하고 있다. 따라서 빈칸에는 선택지들 중 (a) In fact가 들어가는 것이 가장 적절하다.

12. 정답 (c)

해석 달력에 의하면, 우리는 다음 두 달 동안 더 긴 밤을 보내게 될 것이다. 이것은 태양이 평소보다 더 늦게 뜰 것이라는 것을 의미한다. 가장 이른 일출 시간은 오전 6시가 될 것이다.

해설 시제를 묻는 유형이다. 첫 문장에서는 '다음 두 달 동안에' 우리가 더 긴 밤을 보내게 될 것이라고 미래 시점에 대한 이야기를 하고 있다. 따라서 태양이 평소보다 더 늦게 뜨는 것 역시 미래 시점의 이야기이다. 따라서 정답은 미래진행 시제 (c)이다. 완료와 어울리는 시간 표현이 보이지 않고 태양이 뜨는 동작이 미래의 어느 시점까지 지속될 것이라는 맥락도 아니기 때문에 미래완료진행 시제 (a)는 오답이다.

13. 정답 (d)

해석 수업 첫 날에, "Queer Cinema" 수업 교수님은 그의 학생들에게 그 강의가 영화 제작을 요구할 것이라고 말했다. 그는 영화 전공이 아닌 학생들은 이것이 너무 과한 요구라면 다른 강의를 등록하라고 조언했다.

해설 당위 표현을 묻는 유형이다. 빈칸 문장의 주절 동사가 'advise'이고 문맥상으로도 교수님이 '타 전공 학생들은 다른 강의를 등록하는 것을 고려하라'고 충고하는 것이므로, that절의 주어 'the non-film majors' 다음에 should가 생략된 것으로 보아야 한다. 따라서 정답은 동사 원형 (d)이다.

14. 정답 (c)

해석 Martin과 Dolly는 Luxembourg에서 그들의 노년에 결혼을 기념하고 싶어 했다. 그러나 그들의 계획은 금전적인 제약들 때문에 구체화되지는 못했다. 그들은 분명 무척이나 실망했을 것임이 틀림없다.

해설 조동사(+have p.p)를 묻는 유형이다. 일반적으로 'should have p.p'를 제외한 다른 모든 '조동사+have p.p'는 그 강도에는 차이가 있지만 모두 과거 사실에 대한 추측의 의미라고 해석하면 된다. 이 문제에서는 Martin과 Dolly 부부가 노년에 결혼을 기념하고 싶어 했으나, 금전적 제약 때문에 그렇게 하지 못했다고 그들이 실망했을 만한 이유들이 구체적으로 제시되어 있다. 따라서 이 경우에는 강한 추측을 나타내는 'must have p.p(~했음이 틀림 없다)'가 들어가는 것이 적절하다. 따라서 정답은 (c)이다.

15. 정답 (a)

해석 "Pareidolia"는 이미지나 소리에서 실제로는 그것이 존재하지 않을 때조차도 어떠한 패턴을 보는 정신적인 경험이다. 하나의 사례는, 우리가 얼굴의 특징을 발견할 때이다. 뇌는 인간의 움직이지 않는 사물에서조차 인간의 얼굴을 인지하려는 경향이 있다.

해설 준동사를 묻는 유형이다. 동사 'tend'는 목적어로 to 부정사의 형태를 취하므로 정답은 (a)이다. 'tend to V'는 'V하는 경향이 있다'는 의미이다.

16. 정답 (b)

해석 John의 부모님은 그가 가고 싶어 하지 않았음에도 불구하고 그를 여름 캠프에 보냈다. 만일 그가 활동들에 참여하는 것에 좀 더 열정적이었더라면, 많은 것들을 배웠을 텐데, 유감이다.

해설 가정법을 묻는 유형이다. 우선 빈칸이 있는 문장에 if 절이 포함되어 있는데, 주절 동사가 'would +V현재완료'의 형태이므로, 이 문장은 가정법 과거완료 문장일 것이라고 추측할 수 있다. 가정법 과거완료 문장에서 if절의 동사는 V과거완료의 형식으로 쓰이기 때문에 (b)가 정답이다. 의미를 따져볼 경우 가정법 과거완료 문장임을 더 확실하게 알 수 있다. 실제 사실은 (과거에)그는 활동들에 참여하는 것에 열정적이지 않았고, 따라서 많은 것을 배우지도 못했다는 것이다, 그런데 이 문장은 열정적이었을 경우를 가정하고 있으므로 가정법 과거완료 시제가 쓰인 것이다.

17. 정답 (b)

해석 Fred는 수염이 나기 시작했다. 그래서 오늘 오후에 그의 아버지가 그에게 면도기와 면도 크림을 사주었다. 그는 Fred에게 베는 것을 피하기 위해서 털이 자라나는 방향으로 면도를 해야 한다고 조언했다.

해설 준동사를 묻는 유형이다. 동사 'avoid'는 목적어로 준동사를 취하기 때문에 정답은 (b)이다.

18. 정답 (d)

해석 Angie Duncan은 시내의 많은 펍들에서 인기 많지만 특이한 대중 가수였다. 그녀가 갑자기 음악계에서 완전히 사라졌을 때, 그녀는 삼 년 정도 동안 공연을 해온 상태였다.

해설 시제를 묻는 유형이다. 우선, 빈칸 문장에 'for about three years'라는 시간 표현이 있기 때문에 완료시제가 들어가야 함을 알 수 있다. 어떤 완료시제가 들어가야 하는지는 동작의 종료/지속되는 시점을 통해 알 수 있다. 'when she suddenly disappeared(과거 시점)'이 바로 'perform'이라는 동작이 3년 간 지속되고 종료된 시점이다. 따라서 먼 과거~가까운 과거까지 지속되었음을 나타내기 위해서 (d)과거완료진행 시제가 빈칸에 들어가야 한다.

19.
정답 (b)

해석 매장 관리자인 Martha는 식료품점이 문을 닫자마자 집에 가지 않는다. 그녀는 집에 가기 전에 매장 주인에게 일일 보고를 해줄 수 있도록 하기 위해서, 판매 기록을 재검토한다.

해설 조동사를 묻는 유형이다. ', so that S can'은 관용적으로 함께 쓰이는 표현이다. 앞에 나온 일을 하는 목적을 나타내기 위해 사용된다. 이 문장에서는 '그녀가 기록을 재검토하는' 이유가 바로, 그것을 통해서 일일 보고를 할 수 있도록 하는 것이라는 의미이다. 따라서 정답은 (b)이다.

20.
정답 (c)

해석 Richard는 그의 인기 없는 정책들 때문에 대학 학생의회 선거에서 졌다. 만일 그가 학생들의 관심사를 고려해서 학생들에게 자문을 구했더라면, 그는 아마 학생회장 자리를 차지했을 수도 있다.

해설 가정법을 묻는 유형이다. 우선 빈칸이 있는 문장에 if 절이 포함되어 있는데, 주절 동사가 'would+V현재완료'의 형태로 쓰여 있으므로, 이 문장이 가정법 과거완료 문장일 것이라고 추측할 수 있다. 가정법 과거완료 문장에서 if 절의 동사는 V과거완료의 형식으로 쓰이기 때문에 (c)가 정답이다. 의미를 따져볼 경우 가정법 과거완료 문장임을 더 확실하게 알 수 있다. 실제 사실은 (과거에) 그가 학생들의 관심사를 고려해 학생들에게 자문을 구하지 않았고, 따라서 학생회장 자리도 차지하지 못했다는 것이다. 그런데 빈칸 문장은 그가 자문을 구했을 경우를 가정하고 있으므로 가정법 과거완료 시제가 사용된 것이다.

21.
정답 (d)

해석 가장 오랜 세월 동안, 사람들은 편지나 전화를 통해서 원거리 의사소통을 했다. 그러나 이제는, 많은 사람들이 사용하기를 선호하는 원거리 소통수단은 SMS 메시지나 문자이다. 왜냐하면 그것은 더 쉽고, 더 빠른 전달 수단이기 때문이다.

해설 관계대명사를 묻는 유형이다. 빈칸 문장에서 주어는 'a popular method of long-distance communication'이고 동사는 'is'이다. 빈칸에는 'a method'를 수식하는 관계대명사 절이 들어가야 한다. 선행사가 사물이므로 which 절과 that 절 중에서 고민을 하면 된다. 의미상 선행사 'a method'가 'using'의 목적어가 되는 것이 적절하므로 목적격관계대명사 절인 (d)가 정답이다. (c)는 관계대명사절임에도 불구하고 모든 문장 구성요소들이 갖추어진 완벽한 절이기 때문에 문법적으로 틀린 표현이다.

22.
정답 (a)

해석 Paul은 그의 현재 직장에는 성장할 기회가 없다고 생각한다. 왜냐하면 그가 매일 같은 일을 하기 때문이다. 그는 또한 더 많은 돈을 벌고 싶기 때문에, 해외의 촉망되는 직장 제안을 수락하는 것을 고려하고 있다.

해설 시제를 묻는 유형이다. 다소 까다로웠을 수도 있는 문제이다. since는 '~이래로'라는 의미도 있지만, '~ 때문에(because와 같은 뜻)'라는 의미로 사용될 때도 있다. 이 문제에서 since는 후자의 의미로 사용되었다. 따라서 since만 보고 바로 완료 시제를 고르면 틀리게 되는 것이다. 이 문제는 전체적으로 현재 시제로 쓰여 있고, 문맥상 Paul이 해외의 직장 제안을 수락하는 것을 고려하는 것도 현재 시점에서 진행 중인 일이므로 정답은 현재진행 시제인 (a)이다.

23.
정답 (b)

해석 Helena는 그녀의 집 밖에서 10대 무리들이 Ultimate 경기를 하는 것을 지나칠 때 부러움을 느꼈다. 그녀는 임신 6개월 차에 접어들고서 일시적으로 그 빠른 속도의 경기를 하는 것을 중단했다.

해설 준동사를 묻는 유형이다. 동사 stop 다음에는 to 부정사와 동명사가 모두 올 수 있다. 그러나 stop이 to 부정사와 동명사를 모두 목적어로 가진다는 것은 아니다. stop은 타동사(목적어를 갖는 동사)로 쓰일 수도 있고, 자동사(목적어를 갖지 않는 동사)로 쓰일 수도 있는데, 타동사일 경우 목적어로 동명사만을 취한다. 단, stop이 자동사로 쓰였는데 이 stop을 수식해주는 부사어로 to 부정사(부사적 용법)가 사용되는 경우가 있을 수 있다. 이 문제에서는 stop이 타동사이고 '그 경기를 하는 것'이 'stop(멈추다)'의 목적어, 즉 멈추는 대상이기 때문에 정답은 동명사 (b)이다. 만일 'stop to play'가 되면 해석이 '경기를 하기 위해서 멈추다'가 되어 어색하다.

24.
정답 (d)

해석 현재 크기의 두 배인 지구는 더 튼튼한 생물체들을 가지고 있을 것이다. 만일, 우리 행성의 현재 지름의 두 배라면, 약 16000마일의, 그 결과로 발생하는 강화된 중력의 당김에서 생존하기 위해 더 강한 동식물들이 존재할 것이다.

해설 가정법을 묻는 유형이다. 우선 빈칸이 있는 문장에 if 절이 포함되어 있는데, if 절 동사의 시제가 단순과거(had)이므로 이 문장은 가정법 과거 문장일 것이라고 추측할 수 있다. 가정법 과거 문장에서 주절의 동사는 would/should/could/might + V원형의 형식으로 쓰이기 때문에 (d)가 정답이다. 의미를 따져볼 경우 가정법 과거 문장임을 더 확실하게 알 수 있다. 실제 사실은 (현재에) 지구 지름은 현재의 두 배가 아니며, 따라서 더 강한 동식물도 존재하지 않는다는 것이다. 그런데 빈칸 문장은 지구의 지름이 두 배인 경우를 가정하고 있으므로 가정법 과거 시제가 사용된 것이다.

25.　　　　　　　　　　　　　　　　정답 (c)

해석 그 회사의 관리자는 직원들에게 분기별 보고서가 곧 제출될 것임을 일깨워주고 있다. 그는 모든 부서가 그것의 능숙한 상태를 유지해서 그 멤버들이 그에 합당한 성과급을 받을 수 있도록 해야 한다고 주장한다.

해설 당위 표현을 묻는 유형이다. 주절의 동사가 'insist'이고 의미상으로도 관리자가 '멤버들이 합당한 성과급을 받을 수 있도록 해야 한다'고 주장하는 내용이므로, that절의 주어 'every department' 다음에 should가 생략되어 있다고 보아야 한다. 따라서 정답은 동사원형 (c)이다. that 절의 주어가 3인칭 단수(evert department)이기 때문에 (a)를 오답으로 유도하는 전형적인 유형이다.

26.　　　　　　　　　　　　　　　　정답 (a)

해석 나와 밴드를 함께 하는 친구는 우리에게 그가 지난 한 주 동안 작업한 노래의 데모를 들려주었다. 나는 그 노래에 더 풍성하고 업된 비트를 더하기 위해 드럼 루프를 덧씌울 것을 제안했다.

해설 준동사를 묻는 유형이다 빈칸 문장의 동사 'suggest'는 목적어로 준동사를 가질 때, 동명사하고만 결합하는 동사이다. 따라서 정답은 동명사인 (a)이다.

LISTENING SECTION
Question 27-52

Part 1.

Now listen to the questions.

27: Why does Matthew need a letter of recommendation?
28: According to Matthew, how can Miranda help him with his situation?
29: Why does Matthew want Dr. Bright to be one of his references?
30: What prompted a university in England to invite Dr. Bright to be a guest lecturer?
31: Why did Dr. Bright accept the invitation?
32: Based on the conversation, what will Matthew probably do next?
33: Based on the conversation, how is Matthew related to Miranda?

이제 문제를 들려드립니다.

27: Matthew가 추천서를 필요로 하는 이유는 무엇입니까?
28: Matthew에 따르면, 그가 처한 상황을 Miranda가 도울 수 있는 방법은 무엇입니까?
29: Dr. Bright가 추천인이 되어주기를 Matthew가 바라는 이유는 무엇입니까?
30: 영국에 있는 대학이 Dr. Bright를 객원 강연자로 초청하도록 촉발한 것은 무엇입니까?
31: Dr. Bright가 초대를 수락한 이유는 무엇입니까?
32: 대화에 따르면, 다음 중 Matthew가 다음에 할 것으로 가장 적절한 것은 무엇입니까?
33: 대화에 따르면, Matthew와 Miranda의 관계는 무엇입니까?

Now you will hear the conversation.

[F] Hi, Matthew!

[M] Hello, Miranda! It's a good thing I bumped into you. I've been calling you at your office, but you're always out.

[F] Really? I'm sorry I missed your calls. I don't report to the office as often as I used to because I always have business meetings with clients. Anyway, why did you call? Is there a problem?

[M] It's not really a problem. I was just wondering if you could help me. 27) You see, I'm applying as a physics instructor at a university. I need a letter of recommendation from one of our college professors and one from my employer.

[F] Okay, how can I help?

[M] I already have a letter from my boss, but I don't have one from our college professor yet.

[F] Who do you plan to get a recommendation letter from?

이제 대화를 들려드립니다.

[F] 안녕, Matthew!

[M] 안녕, Miranda! 너를 만나게 돼서 잘 됐다. 네 사무실로 계속 전화를 했는데, 매번 네가 없더라고.

[F] 정말? 네 전화를 못 받아서 미안해. 나는 예전에 그랬던 것처럼 사무실에 자주 가지는 않아. 항상 고객들과의 비즈니스 미팅이 있거든. 어쨌든, 왜 전화한 거야? 문제라도 있어?

[M] 사실 문제는 아니야. 네가 나를 도와줄 수 있을지 궁금해 하고 있었어. 27) 있잖아, 나는 한 대학에 물리학 강사로 지원하려고 해. 나는 우리 대학 교수님들로부터 하나, 그리고 내 상사로부터 하나의 추천서가 필요해.

[F] 좋아, 내가 어떻게 도울 수 있어?

[M] 나는 내 상사의 추천서를 이미 가지고 있는데, 아직 우리 대학 교수로부터의 추천서는 가지고 있지 않아.

[F] 너는 누구로부터 추천서를 받으려고 계획하고 있는데?

[M] 29) Well, I received good grades from Dr. Bright, so I'm hoping that she will write one for me. But the thing is, I can't reach her at her number. 28) I was wondering if you had her number. After all, you were always her favorite student.

[F] Oh, come on. Just because I got the highest grade in her class doesn't mean that I was her favorite. I studied extra hard in her class, after all. That's why I received good grades.

[M] Of course, I was just kidding. Anyway, have you seen her lately?

[F] Yeah, I saw her just a week ago. She told me that she was invited by a university in England to be a guest lecturer there.

[M] That's great! Well, I'm not surprised that of all of the professors in our university, she was the one that was invited to be a guest lecturer there. Dr. Bright is such an intelligent professor. Did she tell you why she was chosen to be a guest lecturer?

[F] 30) Yeah. She submitted a research paper on quantum physics to an international organization. The university's director of the Institute of Physics read her paper. He was impressed with her work, so he called the dean of our college to ask permission for her to be a guest lecturer.

[M] Yes, she always did write excellent research papers. So, who will be replacing her then?

[F] She told me that a senior faculty member will be taking her classes while she is away.

[M] I see. Since Dr. Bright has been invited to be a guest lecturer in England, is there a possibility that she will be staying there for good?

[F] I don't think so. Dr. Bright likes teaching here in the United States. 31) She took the invitation because it's a once-in-a-lifetime opportunity that would add to her credentials.

[M] That's true. Well, since she isn't around, I guess I will need to look for another professor to make a letter of recommendation for me.

[F] You don't have to. 32) She gave me her e-mail address in case I'd need anything from her. Here it is, just copy it.

[M] You're heaven sent! Thanks a lot, Miranda!

[F] You're welcome, Matthew. Good luck on your application!

[M] 29) 글쎄, 나는 Dr. Bright로부터 좋은 점수를 받았고, 그렇기 때문에 그녀가 나를 위해 추천서 하나를 써주기를 바라고 있어. 하지만 문제는, 그녀의 전화번호로 그녀에게 연락을 할 수 없다는 거야. 28) 나는 네가 그녀의 연락처를 가지고 있을지 궁금해 하던 중이었어. 무엇보다, 너는 항상 그녀가 가장 아끼던 학생이었잖아.

[F] 오, 왜 이래. 내가 그녀의 수업에서 가장 높은 점수를 받았다고 해서, 그게 내가 그녀가 가장 아끼던 학생이라는 것을 의미하는 건 아니야. 무엇보다, 나는 그녀의 수업에서 정말 열심히 공부했어. 그게 내가 좋은 점수를 받았던 이유야.

[M] 당연하지, 농담이었어. 어쨌든, 최근에 그녀를 본 적이 있니?

[F] 응, 불과 일주일 전에 그녀를 봤어. 그녀는 영국의 한 대학에 그곳의 객원 강연자로 초청되었다고 나에게 말해주었어.

[M] 잘 됐다! 음, 우리 대학의 모든 교수들 중에서도, 그녀가 바로 그곳의 객원 강연자로 초청된 사람이라는 점이 나는 놀랍지 않아. Dr. Bright는 정말 똑똑한 교수야. 그녀가 객원 강연자로 초청된 이유에 대해 그녀가 너에게 말해주었니?

[F] 30) 응. 그녀는 국제기관에 양자 물리학 관련한 연구 논문을 제출했어. 그 대학의 Institute of Physics 원장이 그녀의 논문을 읽었어. 그는 그녀의 작업에 감동 받았고, 따라서 그는 그녀를 객원 강연자로 모시는데 허락을 받기 위해 우리 대학의 학장에게 전화를 걸었어.

[M] 그래, 그녀는 언제나 훌륭한 연구논문을 썼어. 그래서, 그럼 누가 그녀를 대체하게 될 거야?

[F] 그녀가 자리를 비운 동안 고참 교수가 그녀의 수업을 대신할 것이라고 그녀가 내게 말해주었어.

[M] 알겠어. Dr. Bright가 영국의 객원 강연자로 초청 받은 이상, 그녀가 거기에 영원히 머물게 될 가능성도 있을까?

[F] 그럴 것 같지는 않아. Dr. Bright는 여기 미국에서 가르치는 것을 좋아하셔. 31) 그녀가 초대를 수락한 것은 이것이 그녀의 자격 증명에 더 도움이 될 수 있는 평생 한 번 뿐인 기회이기 때문이야.

[M] 그건 사실이야. 음, 그녀가 여기 없으니까, 나를 위해 추천서를 써줄 다른 교수님을 찾아봐야겠다.

[F] 그럴 필요는 없어. 32) 그녀는 내가 그녀에게 필요한 것이 있을 경우 쓰라고 나에게 이메일 주소를 알려주었어. 자 여기, 이것을 베껴 가.

[M] 너는 하늘이 내려준 사람이야! 정말 고마워, Miranda!

[F] 천만에, Matthew. 지원에 행운을 빌어!

27.

정답 (c)

Why does Matthew need a letter of recommendation?

(a) He is applying for a scholarship grant.
(b) His new boss needs one from him.
(c) He is applying for a job.
(d) He is entering college at a physics institute.

Matthew가 추천서를 필요로 하는 이유는 무엇입니까?

(a) 그는 장학금에 지원한다.
(b) 그의 새로운 상사가 그의 추천서를 필요로 한다.
(c) 그는 취직을 위해 지원한다.
(d) 그는 대학의 물리 연구소에 들어간다.

> **해설** "나는 한 대학에 물리학 강연자로 지원하려고 해"라고 말하는 대목을 참고하자.

28.

정답 (d)

According to Matthew, how can Miranda help him with his situation?

(a) by helping him enroll in Dr. Bright's class
(b) by calling Dr. Bright for him
(c) by telling him when she last saw Dr. Bright
(d) by giving him Dr. Bright's contact details

Matthew에 따르면, 그가 처한 상황을 Miranda가 도울 수 있는 방법은 무엇입니까?

(a) Dr. Bright의 수업을 등록할 수 있게 돕는 것
(b) 그를 이해 Dr. Bright에게 대신 전화를 걸어주는 것
(c) 그가 Dr. Bright를 언제 마지막으로 보았는지 그에게 알려줌으로써
(d) 그에게 Dr. Bright의 연락 정보를 알려줌으로써

> **해설** Matthew는 Dr. Bright에게 추천서를 받고 싶지만 그녀에게 연락을 할 수 없었다고 말하며, "나는 네가 그녀의 연락처를 가지고 있을지 궁금해 하던 중이었어"라고 말한다. "연락처"를 "연락 정보"로 paraphrase 한 사례이다.

29.

정답 (b)

Why does Matthew want Dr. Bright to be one of his references?

(a) because he admires Dr. Bright's intelligence
(b) because he did well in her class
(c) because he was Dr. Bright's favorite in college
(d) because he did Dr. Bright a favor in college

Dr. Bright가 추천인이 되어주기를 Matthew가 바라는 이유는 무엇입니까?

(a) 그가 Dr. Bright의 똑똑함을 존경하기 때문에
(b) 그가 그녀의 수업에서 잘 했기 때문에
(c) 그가 대학에서 Dr. Bright가 가장 아끼는 학생이었기 때문에
(d) 대학에서 그가 Dr. Bright에게 도움을 주었기 때문에

> **해설** "나는 Dr. Bright로부터 좋은 점수를 받았고, 그렇기 때문에 그녀가 나를 위해 추천서 하나를 써주기를 바라고 있어"라고 말하는 Matthew의 대사를 참고하자.

30.
정답 (a)

What prompted a university in England to invite Dr. Bright to be a guest lecturer?

(a) her impressive research paper read by a school official
(b) an excellent lecture she delivered recently
(c) winning a competition in research writing
(d) contacting the dean of the university herself

영국에 있는 대학이 Dr. Bright를 객원 강연자로 초청하도록 촉발한 것은 무엇입니까?

(a) 학교 관계자가 읽은, 아주 인상적인 그녀의 논문
(b) 그녀가 최근 한 뛰어난 강연
(c) 논문 작성 관련 경쟁에서 이긴 것
(d) 그녀가 직접 대학 학장에게 연락한 것

해설 양자 물리학에 대해 쓴 그녀의 논문을 대학 관계자가 읽었고, 감명을 받아 그녀를 초청하기 위해 현 대학의 학장에게 전화까지 했다는 대목을 참고하자.

31.
정답 (b)

Why did Dr. Bright accept the invitation?

(a) She disliked teaching in the United States.
(b) She thought that it was a rare and helpful work experience.
(c) She wanted to migrate to England eventually.
(d) She was going to be replaced by a senior faculty member.

Dr. Bright가 초대를 수락한 이유는 무엇입니까?

(a) 그녀는 미국에서 가르치는 것을 싫어했다.
(b) 그녀는 이것이 흔치 않고 자신에게 도움이 되는 직무 경험이라고 생각했다.
(c) 그녀는 결국 영국으로 이주하고 싶어했다.
(d) 그녀는 고참 교수에 의해 대체될 것이다.

해설 Dr. Bright는 영국에 정착할 생각은 없지만 이것이 인생에 한 번 있을 기회라고 생각했기 때문에 초대를 수락했다.

32.
정답 (c)

Based on the conversation, what will Matthew probably do next?

(a) go to his alma mater to find another reference
(b) travel to England to meet with Dr. Bright
(c) send an email to Dr. Bright
(d) wait for Dr. Bright to come back

대화에 따르면, 다음 중 Matthew가 다음에 할 것으로 가장 적절한 것은 무엇입니까?

(a) 다른 추천서를 받으러 모교로 가기
(b) Dr. Bright를 만나기 위해 영국으로 여행 가기
(c) Dr. Bright에게 이메일을 보내기
(d) Dr. Bright가 돌아오기를 기다리기

해설 Matthew가 Dr. Bright의 추천서를 포기하려 하자 Miranda는 급한 일이 있을 경우 연락하라며 받았던 이메일 주소를 공유한다.

33.

정답 (a)

대화에 따르면, Matthew와 Miranda의 관계는 무엇입니까?

(a) They were former classmates.
(b) They are in a relationship.
(c) They are former officemates.
(d) They are business partners.

대화에 따르면, Matthew와 Miranda의 관계는 무엇입니까?

(a) 그들은 전 동급생 사이였다.
(b) 그들은 사귀는 사이다.
(c) 그들은 전 직장 동료이다.
(d) 그들은 사업 파트너이다.

해설 전체적인 문맥을 파악하면 쉽게 풀 수 있는 문제이다. 두 사람은 Dr. Bright의 수업을 같이 들은 사이로, Matthew는 Miranda가 Dr. Bright가 가장 아끼는 학생이었다고 주장한다.

Part 2.

Now listen to the questions.

34: What is the talk about?

35: What is the advantage of immersion blenders over countertop blenders?

36: According to the speaker, why is the blending wand of the Blender-Sharp removable?

37: How does the product's blade design prevent problems while blending?

38: Why most likely will one buy other Philly Marx kitchen appliances after buying the Blender-Sharp?

39: Why most likely will people want to buy the device during the first month after its launch?

이제 문제를 들려드립니다.

34: 무엇에 대한 이야기입니까?

35: 카운터톱 믹서기에 비해 담금식 믹서기의 장점은 무엇입니까?

36: 발화자에 따르면, Blender-Sharp의 믹서 봉을 떼어낼 수 있는 이유는 무엇입니까?

37: 제품의 믹서 날 디자인이, 섞는 동안의 문제점을 어떻게 막아줍니까?

38: 다음 중 Blender-Sharp를 구매한 이후 구매할만한 다른 Philly Marx 주방 도구로 가장 적절한 것은 무엇입니까?

39: 다음 중 사람들이 런칭 후 첫 번째 달 안에 이 제품을 구매하기를 희망할 이유로 가장 적절한 것은 무엇입니까?

Now you will hear the talk.

Good day! Our company, Philly Marx, is one of the fastest-rising manufacturers of quality kitchen appliances for the past three years, 34) and today, I am here to introduce our first product of the year: the Blender-Sharp. The Blender-Sharp is not a countertop blender with a motor base and a container; it is an immersion blender, which is essentially a combination of a whisk, which whips up food, and a knife. In other words, it combines the tasks of cutting *and* mixing your food.

For those of you who are not familiar with an immersion blender, it is also known as a "stick blender" or "wand blender." It works by placing the handheld stick-like device itself into a container with ingredients. While holding the blender, you press and hold the button on the device's handle, and let go of the button when you're finished.

35) Unlike with countertop blenders, you don't need to transfer the ingredients into a blending jar anymore. You can use the Blender-Sharp to work directly on the ingredients in the container, such as a salad bowl or a cooking pot! It is so easy to use since you just plug it in and you're ready to go.

The Blender-Sharp has a sleek and minimalist design. Test subjects have agreed that it looks very modern, which means it can be perfect even as a kitchen display. With a length of just 15 inches and a state-of-the-art compact technology, the Blender-Sharp is lightweight, and therefore, quite portable. With its rubber handle, the Blender-Sharp also provides a good, steady grip for its user.

이제 본문을 들려드립니다.

좋은 날입니다! 저희 회사, Philly Marx는, 지난 삼 년 간 가장 빠르게 부상하는 고급 주방 도구 제조사 중 하나이며, 34) 오늘 저는 올해 저희의 첫 제품인 Blender-Sharp를 소개하고자 이 자리에 섰습니다. Blender-Sharp는 모터를 기반으로 하면서 용기를 가지고 있는 카운터톱 믹서기가 아닙니다; 이것은 담금식 믹서기로, 근본적으로 음식을 젓는 거품기와 칼날의 조합입니다. 말하자면 이것은 음식을 자르는 것 *그리고* 섞는 것의 작업을 결합합니다.

담금식 믹서기에 친숙하지 않은 분들을 위해, 이것은 "막대 믹서기" 혹은 "봉 믹서기"로도 알려져 있습니다. 이것은 손으로 잡는 막대 같은 도구 자체를 재료가 담긴 용기에 넣는 방식으로 작동합니다. 믹서기를 들고 있는 동안, 당신은 도구의 손잡이에 있는 버튼을 누르고 잡으며, 당신이 끝마쳤을 때 버튼을 놓게 됩니다.

35) 카운터톱 믹서기의 경우와는 다르게, 당신은 더 이상 믹서 병에 재료들을 옮겨 담을 필요가 없습니다. 당신은 샐러드 볼이나 요리 냄비 등 용기에 담긴 재료들에 Blender-Sharp가 직접 작동하도록 사용할 수 있습니다! 이것은 코드만 꽂으면 바로 사용할 수 있기 때문에 사용하기 정말 쉽습니다.

Blender-Sharp는 날렵하고 미니멀리스트적인 디자인을 가지고 있습니다. 테스트 대상들은 이것이 매우 현대적으로 보인다고, 즉 심지어 주방 진열용으로도 완벽할 수 있다고 동의했습니다. 불과 15인치 길이 및 최신식의 소형 기술로, Blender-Sharp는 가벼우며, 따라서 휴대가 상당히 용이합니다. 이것의 고무 핸들로, Blender-Sharp는 사용자를 위해 좋으며 안정적인 손잡이를 제공하기도 합니다.

Because we want our customers to have the most effortless blending experience in the kitchen, the Blender-Sharp is designed to remain stain-free. 36) With a removable blending wand, the Blender-Sharp allows for an easier cleanup. It is simple to maintain even for people who are new to cooking.

The Blender-Sharp has more features that allow it to have a flexible and stress-free use in the kitchen. 37) Its blade is placed inside a small no-suction guard so it won't scratch surfaces and cause problems during the blending process. This blade can also withstand hot and cold temperatures and is strong enough to crush ice. You can also choose between three blending speeds so you can test out which is ideal for cutting, mixing, or pureeing food. The Blender-Sharp produces smoother textures for soups and smoothies.

38) Moreover, the Blender-Sharp has a one-year warranty, which will not only include a free product repair. Throughout the warranty period, other Philly Marx items will be offered at a discounted rate. That means that within a year, you can buy other Philly Marx kitchen appliances at affordable prices. All of our products are designed to complement the Blender-Sharp. We also have compatible cups and attachable choppers to make blending an even easier task.

39) The Blender-Sharp will be available next week in all appliance stores nationwide at the low introductory price of $60. Our hotlines will then be open all night to accommodate pre-orders and to address any questions or requests for information. Please be advised that after the first month of Blender-Sharp's release, its price will rise to $75, so make sure to get one now so you can enjoy a hefty discount.

So, get that perfect kitchen experience that you deserve. Order a Blender-Sharp now!

우리 고객 분들이 주방에서 가장 편리한 믹싱 경험을 누리기를 저희가 바라기 때문에, Blender-Sharp는 얼룩 방지 상태를 유지하도록 디자인 되었습니다. 36) 탈착이 가능한 믹싱 봉을 통해, Blender-Sharp는 더 용이한 세척을 가능하게 합니다. 심지어 요리를 처음 하는 사람들에게도 관리하기가 쉽습니다.

Blender-Sharp는 주방에서 더 상황 대처가 용이하고 스트레스 없이 사용할 수 있도록 해주는 요인들을 더 가지고 있습니다. 37) 이것의 날은 흡입을 막는 작은 보호 장치 안에 위치하고 있어서 이것이 믹싱 작업 중에 표면을 긁고 문제를 일으키지 않도록 합니다. 이것의 칼날은 또한 덥고 추운 온도를 견딜 수 있도록 설계되었고, 얼음을 깰 수 있을 정도로 강력합니다. 당신은 또한 세 가지 믹싱 속도 사이에서 선택을 할 수 있어서 음식을 자르고 섞거나 퓌레로 만드는 데 무엇이 이상적인지 시험해볼 수 있습니다. Blender-Sharp는 수프와 스무디를 위해 더 부드러운 질감을 생산합니다.

38) 더 나아가, Blender-Sharp는 단순히 무상 제품 수리만을 포함하지 않는, 일 년 간의 보증 기간이 있습니다. 보증 기간 동안, 다른 Philly Marx 제품들이 할인된 가격으로 제공될 것입니다. 이는 일 년 내에, 당신이 다른 Philly Marx 주방 도구들을 저렴한 가격에 구입할 수 있다는 것을 의미합니다. 저희 제품들 전부는 Blender-Sharp를 보완하기 위해 디자인 되었습니다. 저희는 또한 믹싱을 더욱 쉬운 작업으로 만들기 위해 호환되는 컵과 부착 가능한 큰 칼 역시 보유하고 있습니다.

39) Blender-Sharp는 다음 주 중에 전국의 모든 도구 가게들에서, 저렴한 출시 기념 가격인 60달러에 구입 가능합니다. 그때 저희 직통 전화는 사전 주문을 수용하고 질문이나 정보를 위한 요구를 다루기 위해 밤새도록 열려 있을 것입니다. Blender-Sharp가 출시된 뒤 한 달이 지나면, 이것의 가격이 75달러로 오를 것임을 알아두시기 바라며, 따라서 두둑한 할인을 즐기실 수 있도록 지금 구매할 수 있도록 해주시길 바랍니다.

그러면, 당신이 충분한 자격을 가지고 있는 그 완벽한 주방 경험을 누리세요. 지금 Bleder-Sharp를 주문하십시오!

34.

정답 (b)

What is the talk about?

(a) the use of different kitchen appliances
(b) a company's new kitchen product
(c) the process of blending food ingredients
(d) a comparison of two kinds of blenders

무엇에 대한 이야기입니까?

(a) 다른 주방 도구들을 사용하는 것
(b) 회사의 새로운 주방 도구
(c) 음식 재료들을 섞는 과정
(d) 두 종류의 믹서기 비교

해설 이 회사의 올해 첫 제품인 Blender-Sharp를 소개하고 있다.

35.

정답 (a)

What is the advantage of immersion blenders over countertop blenders?

(a) They can work on ingredients in any container.
(b) They do not need to be plugged in for electricity.
(c) They only need a whisk and a knife to be used well.
(d) They only need a few seconds to blend ingredients.

카운터톱 믹서기에 비해 담금식 믹서기의 장점은 무엇입니까?

(a) 어떤 용기든 상관없이 그 안에 있는 재료들에 대해 작업을 할 수 있다.
(b) 전기를 위해 코드를 꼽아야 할 필요가 없다.
(c) 잘 사용하기 위해서 거품기와 칼날만이 필요하다.
(d) 재료들을 섞는 데 몇 초밖에 걸리지 않는다.

해설 "카운터톱 믹서기의 경우와는 다르게, 당신은 더 이상 믹서 병에 재료들을 옮겨 담을 필요가 없습니다. 당신은 샐러드 볼이나 요리 냄비 등 용기에 담긴 재료들에 Blender-Sharp가 직접 작동하도록 사용할 수 있습니다!"라고 홍보하는 대목을 참고하자. 이러한 용기에서 직접 재료를 섞을 수 있다는 것이 이 스타일 믹서기의 장점이다.

36.

정답 (d)

According to the speaker, why is the blending wand of the Blender-Sharp removable?

(a) so it can be displayed in the kitchen
(b) so it can be gripped with ease
(c) so it can be carried anywhere
(d) so it can be easily cleaned

발화자에 따르면, Blender-Sharp의 믹서 봉을 떼어낼 수 있는 이유는 무엇입니까?

(a) 주방에 진열될 수 있도록
(b) 쉽게 잡을 수 있도록
(c) 어디든지 가지고 다닐 수 있도록
(d) 쉽게 세척할 수 있도록

해설 "탈착이 가능한 믹싱 봉을 통해, Blender-Sharp는 더 용이한 세척을 가능하게 합니다"라는 대목에서 (d)가 답임을 어렵지 않게 확인할 수 있다.

37.

정답 (c)

How does the product's blade design prevent problems while blending?

(a) by being compatible for soups only
(b) by having different speed options
(c) by having a safeguard around it
(d) by being strong enough to crush ice

제품의 믹서 날 디자인이, 섞는 동안의 문제점을 어떻게 막아줍니까?

(a) 오직 수프에만 사용 가능함으로써
(b) 다양한 스피드 옵션을 보유함으로써
(c) 그 주변에 보호 장치를 가지고 있음으로써
(d) 얼음을 깨부술 정도로 강력함으로써

해설 "이것의 날은 흡입을 막는 작은 보호 장치 안에 위치하고 있어서 이것이 믹싱 작업 중에 표면을 긁고 문제를 일으키지 않도록 합니다"라는 대목을 확인하면 쉽게 풀 수 있는 문제이다.

38.

정답 (b)

Why most likely will one buy other Philly Marx kitchen appliances after buying the Blender-Sharp?

(a) because they are covered by the warranty period
(b) because they will be sold at a discounted rate for a year
(c) because they are designed to work with the Blender-Sharp
(d) because they are required to make blending easier

다음 중 Blender-Sharp를 구매한 이후 구매할만한 다른 Philly Marx 주방 도구로 가장 적절한 것은 무엇입니까?

(a) 보증 기간이 있기 때문에
(b) 1년 동안 할인된 가격에 판매될 것이기 때문에
(c) Blender-Sharp와 함께 작동하게 디자인되었기 때문에
(d) 섞는 작업을 더 쉽게 하기 위해 그것들이 필요하기 때문에

해설 이 제품의 보증 기간을 일 년인데, "보증 기간 동안, 다른 Philly Marx 제품들이 할인된 가격으로 제공될 것"이라고 말하는 대목을 참고하자.

39.

정답 (d)

Why most likely will people want to buy the device during the first month after its launch?

(a) The product will be sold out after that time.
(b) They will get other Philly Marx products for free.
(c) Orders will not be accepted after that period.
(d) They will get a $15 discount within that time.

다음 중 사람들이 런칭 후 첫 번째 달 안에 이 제품을 구매하기를 희망할 이유로 가장 적절한 것은 무엇입니까?

(a) 그 시간이 지나면 제품이 품절될 것이기 때문에
(b) 다른 Philly Marx 제품을 무료로 받게 될 것이기 때문에
(c) 그 기간이 지나면 주문을 받지 않을 것이기 때문에
(d) 그 기간 내에는 15달러 할인을 받을 것이기 때문에

해설 출시 기념으로 한 달 동안만 60달러에 판매될 예정이고, 한 달이 지나면 75달러에 판매될 예정이다.

Part 3.

Now listen to the questions.

40: How will Susan's relocation to Hawaii affect her relationship with her fiancée?

41: Why doesn't Susan's fiancée want to leave Miami?

42: What is a possible drawback of Susan staying in Miami?

43: How does John suggest that Susan take advantage of her move to Hawaii?

44: What will happen to Susan if she relocates to Hawaii?

45: Based on the conversation, what will Susan probably do next?

이제 문제를 들려드립니다.

40: Susan이 Hawaii로 재배치된 것이 약혼자와의 관계를 어떻게 바꿀 것입니까?

41: Susan의 약혼자가 Miami를 떠나고 싶어하지 않는 이유는 무엇입니까?

42: Susan이 Miami에 머무는 것의 가능한 문제점은 무엇입니까?

43: Susan이 Hawaii로 이주함으로써 장점을 누릴 수 있다고 John이 제안하는 방식은 무엇입니까?

44: 그녀가 Hawaii로 재배치되면 Susan에게는 어떤 일이 생길 것입니까?

45: 대화에 따르면, Susan이 이 다음에 아마도 할 것으로 적절한 것은 무엇입니까?

Now you will hear the conversation.

[F] Hey, John. Thank you for finding time to see me today. I know how busy you are at work, but I really want to consult with you about something.

[M] Don't mention it, Susan. What are best friends for, right? So, what's up?

[F] Well… I'm faced with a huge problem. My company is sending me to Hawaii because our president is opening a new branch there. He wants to make me the general manager there.

[M] You mean you're being promoted? How is that a problem, though?

[F] Yes, but as I told you over the telephone, my long-time boyfriend recently proposed to me.

[M] Oh yeah, I almost forgot about that proposal. I see… You want the job, but you want to get married as well.

[F] 40) Yes, so it's either accepting the promotion but postponing our marriage or staying here in Miami and finally getting married.

[M] Let's weigh your options then. Well, the good thing about staying here is that you *will* finally get married. After all, you always talk about how much you've been waiting for marriage.

[F] Right. 40) My fiancée and I have been postponing our wedding for two years because we have been busy working and saving up for our marriage, but we are prepared to settle down now. 41) Another advantage of staying here is that my fiancée can focus on his business. He doesn't want to leave Miami because his business here is doing really well.

이제 대화를 들려드립니다.

[F] 이봐, John. 오늘 나를 만날 시간을 내줘서 고마워. 나는 네가 직장에서 얼마나 바쁜지 알지만, 무언가에 대해 너에게 진심으로 상담을 받고 싶어.

[M] 그런 말 마, Susan. 가장 친한 친구 좋다는 게 뭐야, 안 그래? 그래서, 무슨 일이야?

[F] 음... 나는 엄청난 문제와 직면했어. 우리 회장이 거기 새로운 지사를 열기 때문에 내 회사가 나를 Hawaii로 보내. 그는 나를 그곳의 총지배인으로 삼고 싶어 해.

[M] 네가 승진된다는 말이야? 그런데 그게 어떻게 문제가 된다는 거야?

[F] 응, 하지만 너한테 전화로 말했던 것처럼, 내 오래 된 남자친구가 최근 나에게 청혼을 했어.

[M] 오 맞아, 나 그 청혼에 대해서 거의 잊고 있었어. 그렇구나... 너는 그 직업을 원하지만, 동시에 결혼하고 싶어하는구나.

[F] 40) 응, 그러니까 승진을 받아들이고 우리 결혼을 미루든지, 여기 Miami에 머물면서 마침내 결혼을 하든지 둘 중 하나야.

[M] 그럼 너의 선택지들을 서로 비교해보자. 음, 여기 머무는 것의 좋은 점은 네가 마침내 결혼을 할 *있으리라*는 거야. 무엇보다, 너는 네가 얼마나 결혼을 기다려왔는지 항상 이야기 해왔잖아.

[F] 맞아. 40) 내 약혼자와 나는 2년동안 우리의 결혼을 미루어왔는데, 우리가 일을 하고 우리 결혼을 위해서 저축을 하느라 바빴기 때문이야. 하지만 이제 우리는 정착할 준비가 되었어. 41) 여기 머무는 것의 또 다른 장점은 내 약혼자가 그의 사업에 집중할 수 있다는 거야. 그는 여기서 그의 사업이 정말 잘 되고 있기 때문에 Miami를 떠나고 싶어 하지 않아.

M	It looks like the both of you are experiencing good fortune in your respective careers!
F	Yes, in fact, he is planning to open another branch right after our wedding.
M	But a disadvantage of staying in Miami is that here, 42) <u>it is unsure that you're going to get another career opportunity like this one.</u>
F	Yeah, I'd be missing out on that great opportunity. Another drawback of staying here is that I might also miss the chance to live in a beautiful tropical place. I've spent most of my life living in Miami. Hawaii could offer a wonderful and welcome change.
M	I understand what you're saying.
F	On the other hand, the benefit of relocating to Hawaii is having a pay raise. My boss also informed about the added incentives that come with the position.
M	That's nice. 43) <u>Additionally, you might as well enjoy your move there. Hawaii is a beautiful state and it has many beautiful places to visit.</u>
F	You're right. I'll get to do market research there and I'll be doing so with the same people that I have enjoyed working with since some of them are also willing to be relocated.
M	That's reassuring…
F	I agree. However, a disadvantage of relocating to Hawaii is that the contract is for three years. That will be a long wait for us once again.
M	Wow, three years? That would be difficult for you both as a couple. I guess the second disadvantage with Hawaii is having a busier schedule. 44) <u>Being appointed as the general manager means more responsibilities and less free time.</u>
F	Yes, it would involve a heavier workload overall.
M	So, have you decided on your best course of action?
F	45) <u>I would like to accept the promotion and get married at the same time. Maybe I'll have to talk my fiancée into it.</u>
M	I hope he understands whatever decision you make.
F	I hope so, too.

M	너희 둘 다 각자의 직장 생활에서 행운을 경험하고 있는 것 같다!
F	응, 사실, 그는 우리 결혼 직후에 다른 지사 하나를 열려고 계획 중이야.
M	하지만 Miami에 머무는 것의 단점은 여기서, 42) 네가 이번 것과 같은 커리어 상의 기회를 또 얻을 수 있을지 불확실하다는 거지.
F	응, 나는 그 엄청난 기회를 놓치는 셈이야. 여기 머무는 것의 또 다른 단점은 내가 아름다운 열대 지역에 살 기회 또한 놓치게 될 거라는 점이야. 나는 내 삶의 대부분을 Miami에 살면서 보냈어. Hawaii는 경이롭고 반가운 변화를 제공할 수 있어.
M	네가 무슨 말을 하는 거지 알겠다.
F	반대로, Hawaii로 재이주하는 것의 장점은 봉급이 오른다는 거야. 내 상사는 이 직책에 따라오는 추가적인 인센티브에 대해서도 알려줬어.
M	잘 됐다. 43) 게다가, 너는 또한 그곳으로의 이주를 즐기기도 할 거야. Hawaii는 아름다운 주이고, 방문할 아름다운 장소들이 많아.
F	네 말이 맞아. 나는 거기서 시장 조사를 하게 될 거고, 내가 함께 일하는 것을 즐겼던 바로 그 사람들과 함께 그것을 하게 될 건데, 그들 중 일부 역시 재배치를 받고자 하기 때문이야.
M	그것 참 안심된다...
F	동의해. 하지만, Hawaii로 재이주하는 것의 단점은 삼 년 계약이라는 거야. 우리에게는 다시 한 번 긴 기다림이 될 거야.
M	와, 삼 년? 커플로서 너희 둘 모두에게 어려운 일이겠네. Hawaii와 관련된 두 번째 단점은, 더 바쁜 스케줄을 가지게 된다는 점이라고 나는 추측해. 44) 총지배인으로 임명된다는 것은 더 많은 책임과 더 적은 자유 시간을 의미하지.
F	응, 그리고 전반적으로 가중된 업무량을 수반할 거야.
M	그럼, 네가 취할 최상의 행동 방침이 무엇인지 결정했니?
F	45) 나는 승진도 받아들이고 동시에 결혼도 하고 싶어. 아마 이에 대해 내 약혼자와 이야기를 해봐야 할 것 같아.
M	네가 어떤 선택을 할지 그가 이해해주기를 바라.
F	나도 그러길 바라.

40.

정답 (b)

How will Susan's relocation to Hawaii affect her relationship with her fiancée?

(a) They will have to get married as soon as possible.
(b) They will have to postpone their marriage again.
(c) They will have to cancel their engagement.
(d) They will both have to move to Hawaii.

Susan이 Hawaii로 재배치된 것이 약혼자와의 관계를 어떻게 바꿀 것입니까?

(a) 그들은 최대한 빠른 시간 내에 결혼해야 할 것이다.
(b) 그들은 결혼을 다시 한 번 연기해야 할 것이다.
(c) 그들은 약혼을 파기해야 할 것이다.
(d) 그들은 함께 Hawaii로 이사해야 할 것이다.

해설 Hawaii로 가서 결혼을 미루든지, Miami에 머물면서 승진을 포기하든지, 둘 중 하나를 선택해야 한다는 Susan의 대사를 참고하자. 특히 두 사람은 2년동안 결혼을 미루어왔으므로, 이번에 결혼을 포기할 경우 "결혼을 '다시 한 번' 연기해야" 한다는 것을 의미한다.

41.

정답 (d)

Why doesn't Susan's fiancée want to leave Miami?

(a) because he is starting a company in Miami
(b) because he doesn't like the business climate in Hawaii
(c) because he doesn't want to leave his family in Miami
(d) because his company in Miami is very successful

Susan의 약혼자가 Miami를 떠나고 싶어하지 않는 이유는 무엇입니까?

(a) 그가 Miami에서 회사를 열기 때문에
(b) 그가 Hawaii의 사업 환경을 좋아하지 않기 때문에
(c) 그가 Miami에 있는 가족을 떠나고 싶어하지 않기 때문에
(d) Miami에 있는 그의 회사가 매우 성공적이기 때문에

해설 "그는 여기서 그의 사업이 정말 잘 되고 있기 때문에 Miami를 떠나고 싶어 하지 않아"라고 Susan이 말하는 대목을 참고하면 어렵지 않게 (d)를 고를 수 있다.

42.

정답 (c)

What is a possible drawback of Susan staying in Miami?

(a) not being able to get married
(b) getting dissatisfied with her current job
(c) not being certain about a career advancement
(d) missing the chance to travel abroad

Susan이 Miami에 머무는 것의 가능한 문제점은 무엇입니까?

(a) 결혼할 수 없다는 것
(b) 그녀의 현재 직업에 대해 불만을 가지고 있다는 것
(c) 직업적인 성취에 대해 확신할 수 없다는 것
(d) 해외로 여행을 갈 기회를 놓친다는 것

해설 Miami에 머물게 될 경우 이번과 같이 특별한 커리어 상의 기회를 다시 얻지 못할 수도 있다.

43.

정답 (a)

How does John suggest that Susan take advantage of her move to Hawaii?

(a) by traveling around in different places
(b) by inviting her friends for a vacation
(c) by finding a new boyfriend to marry
(d) by calling her workmates in Miami

Susan이 Hawaii로 이주함으로써 장점을 누릴 수 있다고 John이 제안하는 방식은 무엇입니까?

(a) 다양한 장소를 여행함으로써
(b) 휴가를 위해 친구들을 초대함으로써
(c) 결혼할 새 남자친구를 찾음으로써
(d) Miami의 동료들을 부름으로써

> **해설** Miami라는 한 장소에 오랫동안 정착해서 살아왔다는 Susan의 말에 동의하며 John은 "게다가, 너는 또한 그곳으로의 이주를 즐기기도 할 거야. Hawaii는 아름다운 주이고, 방문할 아름다운 장소들이 많아"라고 말한다.

44.

정답 (c)

What will happen to Susan if she relocates to Hawaii?

(a) She will have more time for herself.
(b) She will become a permanent employee.
(c) She will be assigned with more duties.
(d) She will get the same salary as her boss.

그녀가 Hawaii로 재배치되면 Susan에게는 어떤 일이 생길 것입니까?

(a) 스스로를 위해 더 많은 시간을 갖게 될 것이다.
(b) 그녀는 정규직 사원이 될 것이다.
(c) 그녀는 더 많은 임무를 맡게 될 것이다.
(d) 그녀는 그녀의 상사와 똑같은 연봉을 받게 될 것이다.

> **해설** Hawaii로 이주하여 승진하게 되면 Susan은 더 많은 책임을 맡게 될 것이고, 더 적은 자유 시간을 누리게 될 것이다.

45.

정답 (d)

Based on the conversation, what will Susan probably do next?

(a) settle for her job in Miami
(b) resign from her current job.
(c) refuse the job offer in Hawaii
(d) convince her fiancée to move to Hawaii

대화에 따르면, Susan이 이 다음에 아마도 할 것으로 적절한 것은 무엇입니까?

(a) Miami의 직장을 위해 정착하기
(b) 그녀의 현재 직장에서 사퇴하기
(c) Hawaii의 직업 제안을 거절하기
(d) Hawaii로 이주하라고 약혼자를 설득하기

> **해설** "나는 승진도 받아들이고 동시에 결혼도 하고 싶어. 아마 이에 대해 내 약혼자와 이야기를 해봐야 할 것 같아"라고 말하는 대목을 참고하자. 그녀는 Hawaii로 이주하자고 약혼자를 설득할 것이다.

Part 4.

Now listen to the questions.

46: Why is it essential to have a good credit rating?

47: How can one ensure that his loan application is not rejected?

48: Why does the speaker suggest that a buyer get a realtor through referral?

49: What does a disclosure statement indicate?

50: Why should buyers inform the realtor about their loan application?

51: Based on the talk, why most likely can a buyer ask for a lower price if the house has a major problem?

52: When should one manage the payment of the property?

Now you will hear the explanation.

Good day! I'm Michael Doolittle, director of the Commission on National Housing. Today, I will discuss the procedure on how to find and buy a home on loan. Before we proceed, please prepare your pens and paper. Make sure to write down the procedure as I enumerate them. Please reserve your questions for after this talk. Now, let's start.

The first step is very simple. Get a copy of your credit reports from your bank. Make sure that your credit rating is excellent before applying for a home loan. 46) If you have a poor credit rating, your chances of getting a home loan are poor. Good credit ratings increase the likelihood of your loan approval.

Second, go to the bank and speak with a loan officer. Tell the loan officer that you want to buy a house; hence, you need a loan. Fill out an application form. 47) Make sure that all of the information you write on the form is valid and true. If the bank finds out that some of the information is untrue, you may lose your chance of getting a loan.

The third step is to find a realtor. You may ask your friends if they can recommend a good realtor. 48) Referrals are good because that means that the realtor's reputation has already been established. You don't have to pay the realtor for the assistance that he or she will be giving you. Remember that the realtor is paid on a commission basis by the seller of the property. Your realtor will assist you by showing you homes that you may be interested in.

Fourth, tell the realtor the features of the house that you want to buy. These should include the town or city that you want to live in, the kind of house you want, and your price range. 49) Be sure to get the "disclosure," or the list of the house's known problems, from the realtor. Remember, the law requires your realtor to give you a copy of the disclosure. 50) Also, don't forget to tell the realtor the amount that the bank is willing to give you for a loan. Doing so will give the realtor an idea of which houses are within your price range.

Once your realtor endorses a property, the next thing to do is to have the property checked by an architect and an engineer to make sure that everything about the house is in good condition. 51) If the architect or engineer discovers any major problems not listed in the disclosure, then you may want to negotiate with the realtor to give you the house at a lower price. Otherwise, you can ask for the owner to fix the property before you sign the contract.

Sixth, if the house that you are interested in acquiring has been professionally inspected, then you are ready to sign the contract with the realtor. Make sure to read and re-read all the terms and conditions in the contract. If you have any concerns, they can still be addressed by the realtor. 52) Upon signing the contract, the realtor will coordinate with your bank to arrange your payment plans.

And seventh, go back to your bank, and sign all of the necessary documents for the loan.

Those are the seven steps. Now, let me answer some of your questions.

네 번째로, 당신이 사고 싶은 집의 특징들을 중개인에게 말하세요. 이것들은 당신이 살고 싶은 마을이나 도시, 당신이 사고자 하는 집의 종류, 가격 범위 등을 포함합니다. 49) 부동산 중개인으로부터 "공시", 혹은 집들에 대해 알려져 있는 문제점의 리스트를 받을 수 있도록 하세요. 기억하세요, 법은 당신의 부동산 중개인이 당신에게 공시 관련한 복사본을 제공해야 한다고 규정하고 있습니다. 50) 또한, 부동산 중개인에게 은행이 당신에게 제공하고자 하는 대출의 규모를 말하는 것을 잊지 마세요. 이렇게 하는 것은 당신의 가격 범위 내에 어떤 집들이 있는지에 대해 부동산 중개인에게 아이디어를 줄 것입니다.

당신의 부동산 중개인이 부동산을 보증하고 나면, 다음에 할 것은 건축가와 엔지니어가 집의 모든 것이 좋은 상태에 있다는 것을 분명히 하기 위해 부동산을 점검하는 것입니다. 51) 건축가나 엔지니어가 공시에 언급되지 않은 중요한 문제점을 발견하게 된다면, 그때 당신은 더 낮은 가격에 집을 제공하라고 부동산 중개인과 협상을 해야 할 것입니다. 그렇지 않으면, 당신은 계약서에 서명을 하기 전에 부동산을 수리해 놓으라고 주인에게 요청할 수도 있습니다.

여섯 번째로, 당신이 구매에 관심 있는 집이 전문적으로 검사를 받았다면, 그럼 당신은 부동산 중개인과 함께 계약서에 서명할 준비가 되었습니다. 반드시 계약서의 모든 조건들을 읽고 또 읽으세요. 어떤 것이라도 걱정이 있다면, 그것들은 부동산 중개인에 의해 문제 제기될 수 있습니다. 52) 계약서에 서명을 하고서, 부동산 중개인은 당신의 지불 계획을 조절하기 위해 당신의 은행과 조정을 할 것입니다.

그리고 일곱 번째로, 은행으로 돌아가서, 대출을 위해 필요한 서류 전부에 서명하세요.

이것들이 일곱 단계입니다. 이제, 여러분의 질문들 몇 개에 답을 하겠습니다.

46.

정답 (b)

Why is it essential to have a good credit rating?

(a) It allows one to find a house easily.
(b) It increases one's chances of acquiring a loan.
(c) The borrower can re-apply for a loan easily.
(d) It speeds up approval of the loan.

좋은 신용 등급을 가지는 것이 필수적인 이유는 무엇입니까?

(a) 집을 쉽게 찾도록 해준다.
(b) 대출을 받을 기회를 높여준다.
(c) 대출자는 쉽게 대출에 재도전 할 수 있다.
(d) 더 빨리 대출을 승인 받을 수 있다.

해설 "당신의 신용 평가가 형편없다면, 당신이 주택 대출을 받을 가능성도 형편없습니다. 좋은 신용 등급은 당신이 대출 승인을 받을 가능성을 높여줍니다"라는 대목에서 (b)가 정답임을 어렵지 않게 확인할 수 있다.

47.　　　　　　　　　　　　　　　　　　　　　　　　　　　　　　　　　　정답 (b)

How can one ensure that his loan application is not rejected?

(a) by filling out an application form
(b) by providing factual personal information
(c) by consulting with a loan officer
(d) by contacting his local bank

대출 신청이 거절되지 않도록 어떻게 보장할 수 있습니까?

(a) 지원서를 작성함으로써
(b) 실제 사실에 근거한 개인 정보를 제공함으로써
(c) 대출 담당 직원에게 상담을 함으로써
(d) 이용하는 지역 은행에 연락을 함으로써

해설 허구의 정보를 기재할 경우 대출 신청이 거절될 수 있으므로 반드시 사실에 입각하여 서류를 작성하라고 조언하고 있다.

48.　　　　　　　　　　　　　　　　　　　　　　　　　　　　　　　　　　정답 (c)

Why does the speaker suggest that a buyer get a realtor through referral?

(a) Referred realtors offer a better selection of properties.
(b) Referred realtors usually ask for smaller fees.
(c) Referred realtors have earned a good reputation.
(d) Referred realtors are easier to work with.

구매자가 소개를 통해 부동산 중개인을 찾을 것을 화자가 제안하는 이유는 무엇입니까?

(a) 소개 받은 중개인이 더 나은 부동산 선택지들을 제공한다.
(b) 소개 받은 중개인이 흔히 더 적은 수수료를 요구한다.
(c) 소개 받은 중개인은 좋은 평판을 얻은 것이다.
(d) 소개 받은 중개인은 함께 일하기 더 편하다.

해설 친구에게 소개를 받는다는 것은 그 중개인이 이미 신뢰를 얻은 사람이라는 것을 의미하기 때문에 화자는 소개 받은 중개인과 계약을 할 것을 추천한다.

49.　　　　　　　　　　　　　　　　　　　　　　　　　　　　　　　　　　정답 (a)

What does a disclosure statement indicate?

(a) the known structural problems of a house being sold
(b) the locations of the houses for sale
(c) the complete profile of the realtor
(d) the laws regarding real estate sales

공시 성명서가 보여주는 것은 무엇입니까?

(a) 판매되는 집에 대해 알려져 있는 구조적 문제들
(b) 판매 중인 집들의 위치
(c) 중개인의 온전한 프로필
(d) 부동산 판매 관련된 법들

해설 "부동산 중개인으로부터 "공시", 혹은 집들에 대해 알려져 있는 문제점의 리스트를 받을 수 있도록 하세요"라는 대목에서 (a)가 정답임을 어렵지 않게 확인할 수 있다.

50.

정답 (d)

Why should buyers inform the realtor about their loan application?

(a) so the realtor can suggest ideal home specifications
(b) so the realtor can help with the approval of the loan
(c) so the realtor will give them a copy of the disclosure
(d) so the realtor can show houses that they can afford

구매자들이 부동산 중개인에게 그들의 대출 신청에 대해 알려주어야 하는 이유는 무엇입니까?

(a) 중개인이 이상적인 집의 사양을 제안할 수 있도록
(b) 중개인이 대출 승인을 도울 수 있도록
(c) 중개인이 공시 성명서 사본을 그들에게 줄 수 있도록
(d) 그들이 구매할 여력이 있는 집들을 중개인이 보여줄 수 있도록

해설 "또한, 부동산 중개인에게 은행이 당신에게 제공하고자 하는 대출의 규모를 말하는 것을 잊지 마세요. 이렇게 하는 것은 당신의 가격 범위 내에 어떤 집들이 있는지에 대해 부동산 중개인에게 아이디어를 줄 것입니다"라는 대목을 확인하면 이를 적절하게 paraphrase 한 (d)를 정답으로 고를 수 있을 것이다.

51.

정답 (a)

Based on the talk, why most likely can a buyer ask for a lower price if the house has a major problem?

(a) The buyer will fix the problem himself.
(b) The owner is more than willing to sell the house.
(c) The saved amount will be used to pay the inspectors.
(d) The problem can no longer be fixed.

발화에 따르면, 다음 중 집에 중요한 문제가 있을 경우 구매자가 더 낮은 가격을 제시해야 하는 이유로 가장 적절한 것은 무엇입니까?

(a) 구매자가 스스로 고칠 것이다.
(b) 주인이 간절하게 집을 팔고 싶어 할 것이다.
(c) 절약한 비용은 감독관에게 비용을 지불하는 데 사용될 것이다.
(d) 그 문제는 더 이상 고쳐질 수 없다.

해설 약간의 유추 능력이 필요한 문제이다. "건축가나 엔지니어가 공시에 언급되지 않은 중요한 문제점을 발견하게 된다면, 그때 당신은 더 낮은 가격에 집을 제공하라고 부동산 중개인과 협상을 해야 할 것입니다. 그렇지 않으면, 당신은 계약서에 서명을 하기 전에 부동산을 수리해 놓으라고 주인에게 요청할 수도 있습니다"을 참고하자. 더 낮은 가격을 제시하는 대신 주인이 수리해주는 옵션과 더 낮은 가격을 위해 협상하는 옵션이 있으므로, 후자의 경우 주인이 집을 수리해주는 것이 아니라 세입자가 직접 수리하는 것임을 유추할 수 있다.

52.

정답 (d)

When should one manage the payment of the property?

(a) after inspecting the property
(b) before speaking with the realtor
(c) while the home's problems are being fixed
(d) after signing the contract with the realtor

부동산에 대해 지불을 마무리 지어야 하는 시기는 언제입니까?

(a) 부동산을 점검한 뒤에
(b) 중개인과 이야기를 나누기 전에
(c) 집에 있는 문제들이 해결되는 동안
(d) 중개인과 계약서에 서명을 한 뒤에

해설 "계약서에 서명을 하고서, 부동산 중개인은 당신의 지불 계획을 조절하기 위해 당신의 은행과 조정을 할 것입니다"라는 대목을 참고하자.

READING AND VOCABULARY SECTION

Question 53-80

Question 53-59

SYLVIA PLATH

Sylvia Plath was an American poet, novelist, and short story writer. 53) She is best known for writing poems that combine violent or disturbing imagery with playful use of literary effects and rhyme. The first poet to be awarded a Pulitzer Prize posthumously, Plath went through many difficult life experiences that she used in her writings.

Plath was born to middleclass parents Otto Emil Plath and Aurelia Schober on October 27, 1932 in Jamaica Plain, Massachusetts. From an early age, she showed an aptitude for English, particularly creative writing. She published her first poem when she was eight, and received straight As in high school. In 1950, Plath won a scholarship to Smith College, where she also received her first writing award for her fiction story, "Sunday at the Mintons." 54) The pressures of college life proved too much for her, however, causing her to attempt to commit suicide. Despite this incident, Plath returned to Smith College, where she graduated summa cum laude in 1955. She then earned a Fulbright Scholarship to study literature in Cambridge, England.

At Cambridge, Plath met the English poet Ted Hughes, whom she married in 1956. 55) The marriage started off well and inspired Plath to write "Johnny Panic and the Bible of Dreams" and "The Daughters of Blossom Street," two of her most enduring short stories. She also wrote a poem about her father, "The Colossus," which later became the title of her first collection of poems. However, the marriage soon began to fall apart and eventually ended in 1962. It was around this time that Plath started writing some of her most powerful poems, such as "Lady Lazarus," "Daddy," and "The Night Dances." 56) Due to her sentimental exploration of personal topics, she is often noted as a pioneer of the "confessional poetry" genre.

57) In January 1963, Plath published the semi-autobiographical novel, The Bell Jar, under the pen name "Victoria Lucas." The novel is considered as a powerful depiction of the restricted role of women, and includes many elements of Plath's own experiences. However,

the initial reviews were not as positive as Plath had hoped for, plunging her into a deep depression that <u>culminated</u> in her suicide on February 11, 1963. After her death, however, her works increased in popularity. In 1982, Plath was awarded the Pulitzer Prize for her book, *The Collected Poems*.

그녀의 자살로 이르게 된 깊은 우울증으로 그녀를 던져 넣었다. 그러나 그녀의 죽음 이후 그녀의 작품들의 인기는 커져갔다. 1982년 Plat는 그녀의 책 *The Collected Poems*로 Pulitzer Prize를 수상했다.

53.

정답 (b)

What is Sylvia Plath best known for?

(a) writing short stories with playful themes
(b) writing poems with contrasting elements
(c) being the first poet to receive a Pulitzer Prize
(d) being a poet with a difficult life

Sylvia Plath가 무엇으로 가장 잘 알려져 있습니까?

(a) 장난스러운 주제들로 단편을 쓴 것
(b) 서로 대조적인 요소들로 시를 쓴 것
(c) Pulitzer Prize를 수상한 첫 번째 시인이라는 것
(d) 어려운 삶을 살았던 시인이라는 것

해설 첫 번째 문단을 참고하자. "그녀는 과격하고 충격적인 이미지들을, 문학적인 효과 및 운율의 장난스러운 사용과 결합한 시들을 쓰는 것으로 가장 잘 알려져 있다"고 언급되어 있다. "과격하고 충격적인 이미지들"과 "문학적인 효과 및 운율의 장난스러운 사용"이라는, 서로 대조적인 요소로 시를 쓴 것으로 잘 알려져 있으므로 (b)가 정답이다.

54.

정답 (c)

What prompted Plath's first suicide attempt?

(a) having high expectations in high school
(b) being pressured as a Fulbright Scholar
(c) undergoing a stressful college life
(d) writing her first fictional story

Plath의 첫 번째 자살 시도를 촉진한 것은 무엇입니까?

(a) 고등학교에서 사람들의 높은 기대를 받은 것
(b) Fulbright 학자로서 압박을 받은 것
(c) 스트레스가 많은 대학 생활을 겪은 것
(d) 그녀의 첫 번째 허구적 이야기를 쓴 것

해설 두 번째 문단을 참고하자. "대학 생활의 스트레스는 자살을 시도하게 만들 정도로 그녀에게는 너무 과중했던 것으로 드러났다"고 언급되어 있다는 대목만 확인하면 어렵지 않게 풀 수 있는 문제이다.

55.

정답 (a)

How was Plath's marriage to Ted Hughes beneficial to her?

(a) It motivated her to write two major short stories.
(b) It inspired her to compose a poem for her father.
(c) He helped her enroll at Cambridge.
(d) He helped her publish her first collection of poems.

Ted Hughes와의 결혼 생활이 그녀에게 도움을 준 방식은 어떤 것이었습니까?

(a) 그녀의 주요 단편 두 개를 쓰도록 동기 부여를 해주었다.
(b) 아버지를 위한 시를 쓰도록 영감을 주었다.
(c) 그녀가 Cambridge에 등록할 수 있도록 그가 도와주었다.
(d) 그녀의 첫 번째 시 모음집을 출간하도록 그가 도와주었다.

해설 세 번째 문단을 참고하자. "결혼 생활은 좋게 시작했고 Plath에게 그녀가 쓴 가장 불후의 단편 두 가지인 "Johnny Panic and the Bible of Dreams"와 "The Daughters of Blossom Street"에 대한 영감을 주었다"고 언급되어 있다. Plath가 아버지에 대한 시들을 창작한 것은 맞지만 이것이 결혼 생활의 영향이라는 언급은 없다. "inspire"라는 단어에 속아서 (b)를 고르지 않도록 주의하자.

56.

정답 (d)

Why most likely is Plath regarded as a pioneer of confessional poetry?

(a) She published a poem about her life.
(b) She wrote poems about her loved ones.
(c) She encouraged other writers to confess through poems.
(d) She declared her sentiments through poems.

Plath가 고백 시의 선구자로 여겨지는 이유로 가장 적절한 것은 무엇입니까?

(a) 그녀의 삶에 대한 시를 출간했다.
(b) 그녀는 사랑하는 사람들에 대해 시를 썼다.
(c) 그녀는 다른 작가들이 시를 통해 고백할 수 있도록 용기를 불어넣어주었다.
(d) 그녀는 시들을 통하여 그녀의 감정을 공표했다.

해설 세 번째 문단을 참고하자. "개인적인 주제들에 대한 그녀의 감성적인 탐구 때문에, 그녀는 "고백시" 장르의 개척자로 주로 알려져 있다"고 언급되어 있다. "그녀의 감성적인 탐구"가 "그녀의 감정을 공표"했다는 것으로 paraphrase 되어 있다.

57.

정답 (a)

Based on the passage, what does the novel *Bell Jar* probably suggest about Plath?

(a) the limitations she suffered as a woman
(b) her fight for equal rights for both genders
(c) the instability of her emotional state
(d) her desire to receive a Pulitzer Prize

지문에 따르면, 소설 *Bell Jar*가 Plath에 대해 아마도 암시하는 것은 무엇입니까?

(a) 그녀가 고통을 받았던 여성으로서의 한계들
(b) 모든 성별의 사람들의 동등한 권리를 위한 그녀의 투쟁
(c) 그녀의 감정적 상태의 불안정함
(d) Pulitzer Prize를 받고 싶어하는 그녀의 욕망

해설 마지막 문단을 참고하자. "1963년 1월, Plath는 필명인 "Victoria Lucas"로 준-자서전적 소설인 *The Bell Jar*을 출판했다. 이 소설은 여성의 제한된 역할에 대한 강렬한 묘사로 간주되고, Plath 자신의 경험 다수를 포함하고 있다"고 언급되어 있다. "여성의 제한된 역할" 및 "Plath 자신의 경험 다수"가 "그녀가 고통을 받았던 여성으로서의 한계들"fh paraphrase 되어 있다.

58.

정답 (c)

In the context of the passage, aptitude means _____.

(a) fitness
(b) dislike
(c) talent
(d) class

지문의 문맥상 aptitude는 _____을 의미한다.

(a) 적합성
(b) 불호
(c) 재능
(d) 계급

해설 aptitude 재능

59.

정답 (b)

In the context of the passage, culminated means _____.

(a) followed
(b) resulted
(c) started
(d) aborted

지문의 문맥상 culminated는 _____을 의미한다.

(a) 뒤따랐다
(b) 결과를 가져왔다
(c) 시작했다
(d) 무산시켰다

해설 culminate ~에 이르다, ~로 끝을 맺다

"DINOSAUR MUMMY" IS DISCOVERED IN NORTH DAKOTA

The extraordinarily preserved remains of a 67-million-year-old hadrosaur have been discovered in the Hell Creek Formation in North Dakota. 60) Nicknamed "Dakota," the remains still has much of its tissues and bones encased in an intact envelope of skin, just like human mummies. Unlike mummies, however, Dakota is actually a fossil of a dinosaur, where the animal's dried tissues have been hardened into minerals through fossilization.

The discovery of Dakota is significant because, unlike most vertebrate fossils, it permits the rare opportunity for researchers to study more than bones. Peggy Ostorm, a zoologist at Michigan State University, says that it is rare to find an almost intact skeleton and most specially one with fossilized tissue. 61) Because the remains are almost in their original shape, the find also lets scientists conduct a three-dimensional analysis of the dinosaur. The discovery of Dakota and other "dinosaur mummies" have allowed scientists to calculate muscle volume and mass for the first time. 62) The skin's mostly intact condition also allows for the exciting possibility that some of its original chemistry is still present, which could provide clues as to the dinosaur's descendants.

Preliminary analysis of the remains has revealed several findings that have altered scientist's comprehension of how dinosaurs looked and moved. Using a large scale CT scanner, the scientists were able to calculate the size of Dakota's rear end, which is about 25 percent larger than previously believed. 63) A more muscular rear end means more powerful legs, and the scientists estimated that Dakota could reach speeds of up to 28 miles per hour, even though it was roughly 35 feet long and weighed 3.5 tons.

64) The skin envelope also shows evidence that hadrosaurs may have been striped and did not merely have one set color. The dinosaur may also have had a striped camouflage pattern on some of its parts. The scientists also discovered a fleshy pad on its "palms," the hooves on its feet made of keratin, and well-preserved skin scales that vary in size and shape across the dinosaur's body, tail, arms, and legs.

60.

정답 (c)

What was the state of the remains of the "Dinosaur Mummy"?

(a) barely dried up
(b) with its real tissues intact
(c) mostly undamaged
(d) with body parts missing

"공룡 미라" 유해의 상태는 어떠했습니까?

(a) 거의 말라붙지 않은 채로
(b) 그것의 실제 조직들이 온전한 상태로
(c) 거의 파괴되지 않은 채로
(d) 신체 기관들이 없어진 채로

> **해설** 첫 번째 문단을 참고하자. "유해는 인간 미라와 동일하게 온전한 피부의 포피로 감싸진 조직과 뼈의 상당 부분을 여전히 가지고 있다"고 언급되어 있다. 따라서 이를 "거의 파괴되지 않은 채로"라고 paraphrase 한 (c)가 정답이다.

61.

정답 (d)

How is Dakota more noteworthy than most fossil discoveries?

(a) Dinosaur remains are usually vertebrates.
(b) The fossil was found without a skeleton.
(c) Scientists still have no knowledge about the species.
(d) Its tissue remains can help produce 3D images.

어떤 점에서 Dakota가 대부분의 화석 발견들보다 더 주목할 만 합니까?

(a) 공룡의 유해는 주로 척추동물이다.
(b) 이 화석은 뼈가 없는 상태로 발견되었다.
(c) 과학자들은 이 종류에 대해서 여전히 어떠한 지식도 가지고 있지 않다.
(d) 이것의 조직 유해는 3D 이미지들을 만드는 데 도움을 줄 수 있다.

> **해설** 두 번째 문단을 참고하자. "유해가 원형을 거의 유지하고 있기 때문에, 이 발견은 과학자들로 하여금 공룡에 대한 삼차원의 분석을 시행할 수 있도록 하기도 한다"는 대목을 paraphrase 한 (d)가 정답이다. 헷갈릴 수 있는 선택지는 (c)이다. 하지만 현재 제한된 지식만을 가지고 있는 것이지 "어떠한 지식도 가지고 있지 않다"는 것은 사실이 아니며, 이처럼 극단적으로 서술하는 선택지는 우선 의심해보는 습관을 들이도록 하자.

62.

정답 (b)

How will scientists be able to learn more about Dakota's offspring?

(a) by reconstructing its original shape
(b) by analyzing its chemical properties
(c) by estimating its muscle volume and mass
(d) by studying its possible present-day relatives

과학자들은 어떻게 Dakota의 자손에 대해 더 많이 알게 될 것입니까?

(a) 그것의 원형을 복원함으로써
(b) 그것의 화학적 성질들을 분석함으로써
(c) 그것의 근육 부피와 질량을 측정함으로써
(d) 오늘날 그것의 가능한 친척들을 연구함으로써

> **해설** 두 번째 문단을 참고하자. "피부의 거의 온전한 상태는 그 원래의 화학적 성질이 여전히 존재할지도 모른다는 신나는 가능성을 허락해주는데, 이는 공룡의 후손들에 대한 실마리를 제공할 수 있다"고 언급되어 있으므로 (b)가 정답이다. 헷갈릴 수 있는 선택지는 (d)이다. 하지만 가능한 친척들에 대해 알게 되는 것은 화학적 성질을 분석한 것의 결과일 뿐이다.

63.

정답 (a)

What did scientists most likely used to believe about Dakota?

(a) that it was a much slower runner
(b) that it was bigger than most dinosaurs
(c) that it had a much larger rear end
(d) that it was a much faster runner

과학자들이 과거 Dakota에 대해 믿었음직한 것으로 가장 적절한 것은 무엇입니까?

(a) 달리기가 훨씬 느렸을 것이라는 점
(b) 대부분의 공룡들보다 컸으리라는 점
(c) 훨씬 큰 엉덩이를 가졌으리라는 점
(d) 달리기가 훨씬 빨랐을 것이라는 점

해설 세 번째 문단을 참고하자. "더 근육질인 엉덩이는 더 기운 좋은 다리를 의미하고, 과학자들은 Dakota가 대략 35 피트 길이에 3.5톤의 무게임에도 불구하고, 시간 당 28 마일의 스피드를 내 수 있었을 것이라 추정했다"는 대목에서 Dakota의 달리기 속도가 이전에 예상했던 것보다 빨랐다는 것을 확인할 수 있다. 또한 (a)와 (d) 선택지가 서로 상반되는 이야기를 하고 있으므로 둘 중 하나가 답일 가능성이 크다는 것 역시 놓치지 말자.

64.

정답 (d)

Based on the passage, what can be concluded about the skin of hadrosaurs?

(a) It had a colorful pattern.
(b) It was composed of keratin.
(c) It resembled the skin of humans.
(d) It had stripes on several skin areas.

지문에 따르면, 하드로사우루스의 피부와 관련해서 어떻게 결론지을 수 있습니까?

(a) 그것은 화려한 패턴을 가지고 있었다.
(b) 이것은 케라틴으로 구성되어 있었다.
(c) 인간의 피부를 닮았다.
(d) 피부의 여러 구석에 줄무늬를 가지고 있었다.

해설 네 번째 문단을 참고하자. 피부의 포피는 하드로사우루스가 줄무늬였을지도 모른다는 것을 보여주며, 몸의 곳곳에 위장용 줄무늬 패턴을 가지고 있었을 것임을 보여준다고 언급되어 있다. 따라서 (d)가 정답이다.

65.

정답 (c)

In the context of the passage, <u>encased</u> means _____.

(a) exposed
(b) arranged
(c) covered
(d) gathered

지문의 문맥상 <u>encased</u>는 _____을 의미한다.

(a) 노출된
(b) 중매된
(c) 뒤덮인
(d) 모인

해설 encased 덮인, 뒤덮인   encase 덮다

66.

정답 (b)

In the context of the passage, <u>altered</u> means _____.

(a) confirmed
(b) changed
(c) decreased
(d) tainted

지문의 문맥상 <u>altered</u>는 _____을 의미한다.

(a) 확고부동한
(b) 변한
(c) 감소한
(d) 오염된

해설 altered 변한   alter 변화시키다, 바꾸다   alteration (n.) 변화, 수정

Question 67-73

THE CANTERBURY TALES

The Canterbury Tales is a collection of original and fictitious stories written in the late 14th century by the English poet Geoffrey Chaucer. Told in Middle English, many scholars consider the work as one of the finest examples of English literature. 67) The Canterbury Tales is widely credited with popularizing the literary use of the English language rather than French or Latin, which were more often used during that time.

68) The "Tales" is the story of a group of 30 people on a pilgrimage from Southwark to visit the shrine of St. Thomas Becket at Canterbury Cathedral in England. The pilgrims, who come from all layers of society and practice different trades, tell stories to each other while they are traveling to Canterbury. 69) Although the 30 characters were supposed to tell four tales each, only 24 tales were actually written. Scholars believe that Chaucer either planned to revise the structure to cap the work at 24 tales, or unintentionally left it incomplete when he died on October 25, 1400.

The stories told in The Canterbury Tales were varied, with some being serious and others comical. 70) Each character told a story in a style different from the others that reflected their own personality. In addition, some characters told stories that reacted against, or argued with, the story of another character. Although diverse, the stories contained some common themes, specifically the themes of courtly love, disloyalty, and greed. Two of the stories were written in prose, a literary medium that uses no metrical structure, and the rest were presented in verse.

Aside from popularizing the literary use of English, The Canterbury Tales is also significant for 71-c) reflecting the social tensions and common beliefs of 14th century England. The fictional characters and the political undertones in the stories' themes, while not based on specific real-life individuals or events, generally reflected 71-a) the personalities of people and 71-b) their attitudes towards the trades. 71-d) Furthermore, the characters' stories showed the belief of Chaucer's society in the supernatural, such as witchcraft, fairies and elves, and magic.

캔터베리 이야기

The Canterbury Tales (캔터베리 이야기)는 14세기 말에 영국 시인 Geoffrey Chaucer가 쓴 독창적인 허구의 이야기들 모음집이다. 중세 영어로 쓰였으며, 많은 학자들이 이 작품을 영문학의 가장 뛰어난 예 중 하나로 간주한다. 67) The Canterbury Tales는 당대 더 자주 사용되었던 프랑스어나 라틴어 대신 영어의 문학적 사용을 대중화한 것으로 널리 인정된다.

68) Tales"는 영국의 Canterbury Cathedral의 St. Thomas Becket 영전을 방문하기 위해 순례 길에 오른 Southwark 출신 30명에 대한 이야기이다. 사회의 각계각층 출신이며 서로 다른 직업을 가진 순례자들은 Canterbury를 여행하는 동안 서로에게 이야기를 들려준다. 69) 30명의 등장인물들이 각각 네 개의 이야기를 들려주기로 예정되어 있었음에도 불구하고, 24개의 이야기들만이 실제로 쓰였다. 학자들은 Chaucer가 24개 이야기로 제한할 수 있도록 구조를 수정하리라고 계획했거나, 1400년 10월 26일 그가 사망했을 때 의도치 않게 그것을 미완성 상태로 남겨두었을 것이라고 믿는다.

The Canterbury Tales의 이야기들은 다양하며, 몇몇은 진지하고 나머지는 코믹하다. 70) 각각의 등장인물은 그들 자신의 성격을 반영하여 다른 이들과는 다른 스타일로 이야기를 들려주었다. 더 나아가, 일부 등장인물들은 다른 인물의 이야기에 대하여 반발하거나 언쟁을 벌이는 방식으로 이야기를 들려주었다. 다양하기는 하지만, 이야기들은 특히 궁정식 사랑, 불충, 탐욕 등 특정한 공통 주제를 담고 있다. 이야기들 중 두 개는 운율 있는 구조를 사용하지 않는 문학 매체인 산문으로 쓰였고, 나머지는 운문 식으로 제시되었다.

영어의 문학적 사용을 대중한 것 외에도, The Canterbury Tales는 14세기 영국의 71-c)사회적 긴장과 공통된 믿음을 반영하고 있다는 점에서도 중요하다. 실존하는 특정 인물이나 사건에 기반을 둔 것은 아니지만, 허구적 등장인물들, 그리고 이야기들의 주제에 담긴 정치적 함의는 71-a)사람들의 개성과 71-b) 직업에 대한 그들의 태도 전반을 반영했다. 71-d) 더 나아가, 등장인물들의 이야기들은 마녀, 요정, 엘프, 마법 등 초자연적인 것들에 대한 Chaucer 시대 사회의 믿음을 보여주었다.

67.

정답 (a)

How did *The Canterbury Tales* impact English literature?

(a) It made literary use of English acceptable.
(b) It made the English language superior to French and Latin.
(c) It improved the quality of literature in English.
(d) It introduced more English poets to the public.

*The Canterbury Tales*는 영문학에 어떻게 영향을 주었습니까?

(a) 영어의 문학적 사용이 용인되도록 만들었다.
(b) 영어가 프랑스어나 라틴어에 비해 월등해지도록 만들었다.
(c) 영어로 쓰인 문학 작품의 질을 개선했다.
(d) 더 많은 영국 시인들을 대중에게 소개했다.

> **해설** 첫 번째 문단에 "*The Canterbury Tales*는 당대 더 자주 사용되었던 프랑스어나 라틴어 대신 영어의 문학적 사용을 대중화한 것으로 널리 인정된다"라고 명시적으로 언급되었으므로 어렵지 않게 풀 수 있는 문제이다.

68.

정답 (d)

What is the unifying narrative of *The Canterbury Tales*?

(a) people of different backgrounds gathering around a cathedral
(b) people sharing stories about their own pilgrimages
(c) different characters telling the same story
(d) characters being on a journey to the same destination

*The Canterbury Tales*의 내러티브를 일관되게 만들어주는 것은 무엇입니까?

(a) 대성당 주변에 모이는, 다양한 배경 출신의 사람들
(b) 그들 자신의 순례에 대한 이야기들을 공유하는 사람들
(c) 같은 이야기를 들려주는 다른 등장인물들
(d) 같은 목적지를 향해 여행을 가는 등장인물들

> **해설** 두 번째 문단을 참고하자. *The Canterbury Tales*는 "Canterbury Cathedral의 St. Thomas Becket 영전"이라는 같은 목적지를 향해 가는 등장인물들이 나와 서로 다른 이야기를 하는 구조이므로, (d)가 정답이다.

69.

정답 (b)

Why most likely do literary experts believe that the Tales is incomplete?

(a) There were only 30 pilgrims.
(b) 120 stories should have been told.
(c) Chaucer died in 1400.
(d) Not all trades were written about.

Tales가 미완성이라고 문학 전문가들이 믿는 이유로 가장 적절한 것은 무엇입니까?

(a) 오직 30명의 순례자만이 있었기 때문에
(b) 120개의 이야기가 전해졌어야만 하기 때문에
(c) Chaucer가 1400년에 사망했기 때문에
(d) 모든 직종에 대해 쓴 것은 아니기 때문에

> **해설** 두 번째 문단을 참고하자. 약간의 유추 능력이 필요한 문제이다. "30명의 등장인물들이 각각 네 개의 이야기를 들려주기로 예정되어 있었"다는 것을 참고하면 원래 120개의 이야기가 전해졌어야만 하는 것임을 유추할 수 있다. 하지만 실제로는 24개만 전해지고 있기에, 학자들은 이것이 미완성이라고 믿는다.

PART 03 해설편 **291**

70.

정답 (c)

Why were the stories in the Tales written in different styles?

(a) to avoid showing similarities between stories
(b) to display a single central theme
(c) to present characters with different traits
(d) to utilize as many writing techniques as possible

Tales에 있는 이야기들이 여러 스타일로 쓰였던 이유는 무엇입니까?

(a) 이야기들 사이의 비슷함을 보여주는 것을 피하기 위해서
(b) 하나의 단일한 중심 주제를 보여주기 위해서
(c) 다양한 특징을 가진 등장인물들을 제시하기 위해서
(d) 가능한 한 많은 기법들을 활용하기 위해서

> **해설** 세 번째 문단을 참고하면 어렵지 않게 풀 수 있는 문제이다. "각각의 등장인물은 그들 자신의 성격을 반영하여 다른 이들과는 다른 스타일로 이야기를 들려주었다"고 언급되어 있으므로 이를 적절하게 paraphrase한 (c)가 정답이다.

71.

정답 (d)

Which aspect of 14th century England is not reflected in the work?

(a) the character of the English people
(b) the livelihood of the different classes
(c) the conflicts in English society
(d) the lack of superstitious beliefs among the people

14세기 영국의 특징 중 작품에 반영되지 않은 것은 무엇입니까?

(a) 영국인들의 성격
(b) 다양한 계층의 생계
(c) 영국 사회의 갈등
(d) 사람들 사이에서 미신적인 믿음의 부족함

> **해설** 마지막 문단을 참고하자. "사람들의 개성"은 (a) 선택지에서 "영국인들의 성격"으로, "직업에 대한 그들의 태도 전반"은 (b) 선택지에서 "다양한 계층의 생계"로, "사회적 긴장"은 (c) 선택지에서 "영국 사회의 갈등"으로 paraphrase 되었다. 글의 마지막 부분에 Chaucer가 당대 사람들이 미신적인 면모에 반발하는 내용을 글에 담았다고 언급되어 있으므로 아예 반대의 내용을 잘못 서술하고 있는 (d)가 답이다.

72.

정답 (c)

In the context of the passage, cap means _____.

(a) count
(b) arrange
(c) limit
(d) move

지문의 문맥상 cap은 _____을 의미한다.

(a) 세다
(b) 정돈하다
(c) 제한하다
(d) 움직이다

> **해설** cap 제한하다

73.

정답 (a)

In the context of the passage, common means _____.

(a) shared
(b) frequent
(c) ordinary
(d) different

지문의 문맥상 common은 _____을 의미한다.

(a) 공통된
(b) 빈번한
(c) 평범한
(d) 다른

> **해설** common 공통된, 공유하는

Question 74-80

Dr. Jody Falster
Executive Director
Baltimore Medical Institute

Dear Madam,

74) You are cordially invited to be one of the resource speakers at the seminar that our organization, The Good Health Foundation, will be conducting during Health Consciousness Week. Entitled "Fight Diabetes Now," the seminar will be held at our office next Saturday from 8 a.m. to 12 noon.

The Good Health Foundation is a non-profit organization that aims to raise funds in order to provide health benefits to the less privileged residents of our community. These benefits include free medicine and 75-c) free access to public hospitals, 75-b) bi-annual free vaccination for toddlers, and 75-a) free health seminars.

You have been chosen by our organization because of your extensive background in diabetes treatment. 76) Your expertise would be vital in raising awareness about the dreadful effects of diabetes, and in teaching the community residents how to recognize the symptoms. We hope that the information you will provide will help in controlling the spread of the disease in our community.

77) In exchange for your participation, our organization will pay you the amount of $1,500. You will be the third speaker, and are assigned an hour for your talk. We would like you to focus your discussion on the preventive measures for diabetes. 78) Should you accept our offer, please arrive at least thirty minutes prior to your talk so that you have ample time to prepare your presentation.

If you have any questions, you may reach me at 786-90-98, or through email at xx@gmail.com.

We look forward to your favorable response to this invitation.

Sincerely,

Edward Craig
Director
The Good Health Foundation

Dr. Jody Falster
전무 이사
Baltimore Medical Institute

사모님께,

74) 저희 단체인 The Good Health Foundation이 건강 관심 주간에 시행할 세미나의 자원 연설자로 모시게 된 당신을 환영합니다. "지금 당뇨병과 싸우자"라고 명명된 이 세미나는 다음 토요일 오전 8시부터 정오까지 저희 사무실에서 개최될 것입니다.

The Good Health Foundation은 우리 사회의 소외된 주민들에게 의료 혜택을 제공하기 위한 기금 모으기를 목표로 하는 비영리 단체입니다. 이 혜택들은 무상 의약품, 75-c) 공공의료기관에 대한 무상출입, 75-b) 신생아들을 위한 연2회의 백신 접종, 75-a) 무료 건강 세미나들을 포함합니다.

당신은 당뇨병 대책과 관련하여 당신의 광범위한 배경 때문에 선택되었습니다. 76) 당신의 전문적 지식은 당뇨병의 끔찍한 영향에 대한 지각을 높이고 그 증상들을 알아챌 수 있는 방법을 지역 거주민들에게 알려주는 데 필수적일 것입니다. 저희는 당신이 제공한 정보가 우리 사회에서 질병의 확산을 제어하는 데 도움이 되기를 희망합니다.

77) 당신의 참여에 대한 대가로, 저희 기관은 1,500달러를 지불해드리겠습니다. 당신은 세 번째 연설자일 것이며, 당신의 연설을 위해 1시간이 주어집니다. 저희는 당신의 논의가 당뇨병의 예방 대책에 집중되기를 희망합니다. 78) 저희 제안을 받아들여주신다면, 최소한 연설 30분 전에 도착하셔서 발표를 준비하는 데 충분히 시간을 가질 수 있도록 해주시기를 바랍니다.

궁금한 점이 있으시다면, 786-90-98 혹은 이메일 xx@gmail.com으로 저에게 연락 주십시오.

이 초청에 대해 당신의 긍정적인 답변을 기대합니다.

진심을 담아,

Edward Craig
책임자
The Good Health Foundation

74.

정답 (a)

Why is Edward Craig writing to Jody Falster?

(a) to ask her to deliver a talk during an event
(b) to ask her to treat diabetes patients
(c) to inquire about diabetes prevention
(d) to invite her to hold a workshop on diabetes

Edward Craig가 Jody Falster에게 글을 쓰는 이유는 무엇입니까?

(a) 한 행사에서 연설을 해달라고 부탁하기 위해서
(b) 당뇨 환자들을 돌봐달라고 부탁하기 위해서
(c) 당뇨 예방책에 대해 질문하기 위해서
(d) 당뇨에 대한 워크샵을 열어달라고 초청하기 위해서

해설 첫 번째 문단을 참고하면 어렵지 않게 해결할 수 있는 문제이다. The Good Health Foundation 행사의 자원 연설자로 Jody Falster를 초대하고 있다.

75.

정답 (d)

Which is not a benefit of the fund-raising programs of The Good Health Foundation?

(a) receipt of helpful information
(b) medication for children
(c) access to healthcare institutions
(d) annual supply of medicines

다음 중 The Good Health Foundation의 기금 모금 프로그램들의 장점이 아닌 것은 무엇입니까?

(a) 유용한 정보를 얻는다는 것
(b) 아이들을 위한 약
(c) 의료기관에의 접근
(d) 연례적으로 약을 공급한다는 것

해설 두 번째 문단을 참고하자. 다른 선택지는 크게 어렵지 않은데 (b)가 다소 헷갈릴 수 있다. "신생아들을 위한 연2회의 백신 접종"이 "아이들을 위한 약"으로 paraphrase되어 있음에 주의하자. 또한 약을 공급하는 것은 맞지만 "1년에 한번씩" 약을 공급한다는 이야기는 명시되어 있지 않으므로 답은 (d)이다.

76.

정답 (b)

What can be said about the health situation in the community?

(a) No one has been affected by diabetes yet.
(b) Diabetes hasn't become widespread there yet.
(c) The locals don't consult their doctors.
(d) Diabetes can no longer be contained there.

지역 사회의 건강 상황에 대해 어떠한 설명이 가능합니까?

(a) 당뇨의 영향을 받은 사람은 아직 없다.
(b) 당뇨는 아직 그곳에서 많이 퍼지지 않았다.
(c) 현지인들은 그들의 의사에게 상담을 가지 않는다.
(d) 당뇨는 더 이상 그 안에서만 제한적으로 논의될 수 없는 문제이다.

해설 세 번째 문단을 참고하자. 약간의 유추 능력이 필요한 문제이다. 이 연설을 통해서 지역 사회 내 당뇨병에 대한 지각을 키우는 것을 목표로 하고 있으므로, 아직 당뇨 확산 및 인식 고취가 이루어지지 않은 상태임을 확인할 수 있다. 따라서 이를 적절하게 paraphrase한 (b)가 답이다.

77.
정답 (a)

How will Falster be compensated?

(a) by receiving a certain amount of money
(b) by getting referrals for future patients
(c) by being able to choose her own topic
(d) by being allowed to promote her practice

Falster는 어떻게 보상을 받을 것입니까?

(a) 일정 양의 돈을 받음으로써
(b) 미래의 환자들을 의뢰 받음으로써
(c) 그녀 스스로 주제를 정할 수 있게 됨으로써
(d) 그녀의 시도를 홍보할 수 있게 됨으로써

해설 네 번째 문단을 참고하면 쉽게 풀 수 있는 문제이다. 이들은 연설의 대가로 Falster에게 1500달러를 제공할 예정이다.

78.
정답 (d)

What will Falster probably do at the event if she decides to accept the invitation?

(a) ask Craig to allow her to speak first
(b) arrive thirty minutes after her assigned time
(c) deliver her talk for less than an hour
(d) arrive half an hour at the latest before her talk

그녀가 초대를 수락하기로 결정할 경우 Falster는 이 행사에서 아마도 무엇을 할 것입니까?

(a) 먼저 연설을 하게 해달라고 Craig에게 요청한다.
(b) 정해진 시간보다 삼십 분 뒤에 도착한다.
(c) 1시간보다 짧은 시간동안 연설을 한다.
(d) 늦어도 연설하기 30분 전에 도착한다.

해설 네 번째 문단의 마지막 부분을 참고하면 쉽게 풀 수 있다. "30분"이 "half an hour"로 paraphrase되어 있다는 것에만 주의하면 된다. 또한 (b)와 (d)가 서로 상반된 이야기를 하고 있으므로 둘 중 하나가 정답일 가능성이 크다.

79.
정답 (c)

In the context of the passage, expertise means _____.

(a) ignorance
(b) cooperation
(c) knowledge
(d) education

지문의 문맥상 expertise는 _____을 의미한다.

(a) 무지
(b) 협력
(c) 지식
(d) 교육

해설 expertise 전문 지식, 기술   expert 전문가

80.
정답 (b)

In the context of the passage, ample means _____.

(a) little
(b) enough
(c) extended
(d) many

지문의 문맥상 ample은 _____을 의미한다.

(a) 약간의
(b) 충분한
(c) 길어진
(d) 많은

해설 enough 충분한

G-TELP BIBLE

모의고사

GRAMMAR SECTION

1. ⓐ 2. ⓓ 3. ⓑ 4. ⓑ 5. ⓐ 6. ⓒ 7. ⓓ 8. ⓒ 9. ⓑ 10. ⓓ
11. ⓐ 12. ⓐ 13. ⓒ 14. ⓑ 15. ⓒ 16. ⓒ 17. ⓓ 18. ⓐ 19. ⓑ 20. ⓒ
21. ⓐ 22. ⓓ 23. ⓐ 24. ⓑ 25. ⓒ 26. ⓓ

LISTENING SECTION

Part 1	27. ⓓ	28. ⓑ	29. ⓐ	30. ⓑ	31. ⓐ	32. ⓒ	33. ⓐ	
Part 2	34. ⓒ	35. ⓓ	36. ⓐ	37. ⓒ	38. ⓑ	39. ⓐ		
Part 3	40. ⓑ	41. ⓐ	42. ⓒ	43. ⓒ	44. ⓓ	45. ⓑ		
Part 4	46. ⓓ	47. ⓒ	48. ⓐ	49. ⓐ	50. ⓑ	51. ⓒ	52. ⓓ	

READING AND VOCABULARY SECTION

Part 1	53. ⓐ	54. ⓐ	55. ⓑ	56. ⓓ	57. ⓐ	58. ⓓ	59. ⓒ
Part 2	60. ⓑ	61. ⓒ	62. ⓐ	63. ⓐ	64. ⓑ	65. ⓐ	66. ⓓ
Part 3	67. ⓒ	68. ⓓ	69. ⓐ	70. ⓑ	71. ⓓ	72. ⓑ	73. ⓒ
Part 4	74. ⓓ	75. ⓐ	76. ⓑ	77. ⓒ	78. ⓒ	79. ⓐ	80. ⓑ

GRAMMAR SECTION
Question 1-26

1.
정답 (a)

해석 음파는 광파보다 밀도가 더 높게 모여 있는 입자들을 가지고 있다. 바로 그 때문에 음파가 햇빛보다 더 멀리 이동하고 바다의 가장 깊은 곳까지 도달할 수 있는 것이다. 따라서 심해 생물들은 서로 소통을 할 때 소리에 의존한다.

해설 접속사/연결어를 묻는 유형이다. 첫 번째 문장은 음파가 광파보다 입자들의 밀도가 더 높다는 이야기를 하고 있고, 두 번째 문장은 음파가 먼 곳까지 이동할 수 있다는 이야기를 하고 있다. 의미상 첫 문장이 두 번째 문장의 원인, 이유이므로 두 문장을 연결하기 위해서는 'Hence(따라서)'가 빈칸에 들어가는 것이 가장 적절하다.

2.
정답 (d)

해석 그 지도교사는 Peter에게 경영학 강의를 들으라고 조언했다. 그러나 그는 그 대신 과학 강의를 들었고, 그 결과로 나쁜 성적을 받았다. 만일 그가 지도교사의 조언을 들었더라면, 그는 아마도 더 잘했을 수도 있었다.

해설 가정법을 묻는 유형이다. 우선 빈칸이 있는 문장에 if 절이 포함되어 있는데, 그 문장 주절 동사의 시제가 조동사+현재완료(would have managed) 형태이기 때문에 이 문장이 가정법 과거완료 시제라고 추론이 가능하다. 가정법 과거완료 문장에서 if절 동사는 과거완료의 형식으로 쓰이기 때문에 (d)가 정답이다. 의미를 따져볼 경우 가정법 과거 문장임을 더 확실하게 알 수 있다. 실제 사실은 (과거에) 그가 지도교사의 조언을 듣지 않았고, 따라서 더 잘하지 못했다는 것이다. 그런데 빈칸 문장은 그가 지도교사의 조언을 들었을 경우를 가정하고 있으므로(과거 사실의 반대), 가정법 과거완료 시제로 서술해야 한다.

3.
정답 (b)

해석 나의 동거인인 Linda와 Ashley는 보통 서로 아주 친하다. 그러나 그들은 Ashley가 설거지를 하지 않아서 지난밤에 과열된 논쟁을 벌였다, 그들은 내가 잘 시간이 지나서 도착했을 때에도 여전히 다투는 중이었다.

해설 시제를 묻는 유형이다. 선택지들에 포함된 'still'은 진행 시제와 자주 함께 쓰이는 표현이다. 빈칸 문장은 '~했을 때, ~하는 중이었다'의 형태, 즉 동작의 동시 동작을 나타내는 경우이다. 이 경우 when 절에는 단순 과거시제가, 주절에는 과거 진행 시제가 사용된다. 따라서 정답은 과거 진행 시제인 (b)이다.

4.
정답 (b)

해석 어제 우리 이웃에서 불이 났다. 두 시간 동안 지속된 그 불은 그 주변에 있는 모든 집들을 거의 파괴해버렸다. 우리의 시장은 그동안 집을 잃은 피해자들을 근처 학교로 이동시킬 것을 제안했다.

해설 준동사를 묻는 유형이다. 동사 'suggest'는 목적어로 동명사를 취하기 때문에 정답은 (b)이다.

5.
정답 (a)

해석 왼손잡이인 운동선수들은 오른손잡이인 상대편을 상대로 훈련을 할 기회가 더 많다고 알려져 있다. 따라서 어떤 사람들은 왼손잡이인 것이 복싱이나 테니스와 같이 두 명의 상대가 서로를 마주보고 하는 경기를 하는 데에 있어서 이점을 준다고 믿는다.

해설 관계대명사를 묻는 유형이다. 빈칸에 들어갈 관계대명사절은 선행사 'sports'를 수식하는 것이다. (b)의 'who'나 (c)의 'when'은 선행사 'sports'를 수식하기에 부적절하다. (b)는 관계부사절이면서 주어 성분이 누락되어 있어 문법적으로 잘못된 구조이다. 따라서 정답은 관계대명사절인 (a)이다. (a)의 'that'이 주격관계대명사로 사용된 것이다.

6.
정답 (c)

해석 William은 그가 30세가 되기 전에 박사 학위를 끝내려고 계획하고 있었다. 그러나 그는 할 일이 너무 많았기 때문에 그렇게 할 수 없었다. 만일 그가 그의 논문에 더 많은 시간을 할당했었더라면, 그는 27세에 그의 학위를 받았을 수도 있다.

해설 가정법을 묻는 유형이다. 우선 빈칸이 있는 문장에 if 절이 포함되어 있는데, if 절의 시제가 과거완료(had allotted)이기 때문에 이 문장이 가정법 과거완료 시제라고 추론이 가능하다. 가정법 과거완료 문장에서 주절 동사는 'would/should/could/might + V현재완료'의 형식으로 쓰이기 때문에 (c)가 정답이다. 의미를 따져볼 경우 가정법 과거 문장임을 더 확실하게 알 수 있다. 실제 사실은 (과거에) 그가 논문에 더 많은 시간을 할당하지 않았고, 따라서 27세에 학위를 받지 못했다는 것이다. 그런데 빈칸 문장은 더 많은 시간을 할당했을 경우를 가정하고 있으므로(과거 사실의 반대), 가정법 과거완료 시제로 서술해야 한다.

7.
정답 (d)

해석 수십 년 동안, San Francisco에서 공공장소에서 알몸 노출은 규제받고 있지 않았다. 그러나, 2012년에 공직자들은 시가 공공장소에서의 알몸 노출을 규제해야 한다고 로비를 하는 데에 성공했다. 그 이후로 공공장소 알몸 노출은 경찰이 발행한 가두 행진 허가가 있어야지만 허락되고 있다.

해설 당위 표현을 묻는 유형이다. 앞서 문법 이론 부분 ch.4에서 "형식에 얽매이지 말고 문제를 해석해 보았을 때 '~해야 한다'는 뉘앙스가 느껴질 경우 그 문제가 당위 표현을 묻는 유형이 아닌지 생각해보아야 한다"고 언급한 바 있다. 이 문제의 동사 'lobby(로비하다)'는 그 자체로 설득/주장/권고의 의미는 약하고, 당위 표현 문법서들에서 암기해야 할 동사로 등장하지도 않을 것이다. 그러나 이 문장을 해석해보면, 문맥상 공직자들이 '공공장소 알몸 노출을 규제해야 한다고' 당위성을 가지고 로비를 한 것이므로, that 절에서 should가 생략될 수 있다. 이렇듯 당위표현 유형은 동사/형용사를 암기해서 기계적으로 접근하는 데에는 한계가 있으며, 해석을 통해 접근을 해야지만 모든 문제를 정확하게 풀 수 있다.

8.
정답 (c)

해석 Muhammad Ali는 그의 인생에서 인상적이고 유용한 말들을 많이 남겨왔다. 그러나 "나비처럼 날아서, 벌처럼 쏴라"보다 인상적인 것은 없다. 이 명언은 그때부터 많은 도전(어려움)들에도 불구하고 사람들이 잘 해나가도록 동기를 부여하는 데에 사용되어오고 있다.

해설 시제를 묻는 유형이다. 조금 까다로운 문제이다. 문법 시험에 자주 출제되는 'use'와 들어간 상용표현은 1)be used to Ving 2)be used to V 3)used to V 의 세 가지가 있다. 1)은 'V하는 것에 익숙하다'는 의미이고 2)는 'V하는 데에 사용되다'라는 의미이고, 3)은 '(과거에)V하곤 했다'는 의미의 관용 표현이다. 이 문제에서는 그중 2)를 묻고 있는 것이다. 2)에서 'be used'는 동사 use의 수동태 형태로, '사용되다'라는 의미이며, 'to V'는 to 부정사의 부사적 용법으로 사용되는 목적(~하는 데에, ~하기 위해)을 나타낸다. 따라서 정답은 (c)이다. 참고로 여기에서는 동사 'be used'가 현재완료시제라서 'has been used'의 형태가 된 것이다. 이 부분을 해석하면 '동기를 부여하는 데에 사용되어오고 있다'가 된다.

9.
정답 (b)

해석 미디어 윤리 수업의 일환으로, Lizzy는 그녀의 아버지와 그가 기억할 수 있는 가장 최근의 뉴스에 대해 이야기하는 중이다. 그는 18개월의 나이에 물에 빠진 아기 Jessica가 58시간 만에 구조된 것에 관한 계속적인 보도를 본 것을 기억한다고 말한다.

해설 관계대명사를 묻는 유형이다. 선행사 Baby Jessica를 수식하기 위해서는 빈칸에 인칭관계대명사 절이 오는 것이 적절하므로 정답은 (b)이다. 관계대명사 'that'도 사람인 선행사를 수식할 수는 있지만 계속적 용법에서는 쓰일 수 없다. 즉, 콤마(,)다음에는 that 절이 올 수 없으므로 (c)는 오답이다. 참고로 빈칸이 포함된 문장의 동사 recall은 목적어로 동명사를 취하는 동사이다(~한 것을 회상하다).

10. 정답 (c)

해석 Mark는 Virginia의 아주 조용한 교외 지역에 살았었다. 그는 그곳의 조용함 때문에 그곳을 좋아했다. 그가 직장을 얻기 위해 북적거리는 Chicago로 이주하기로 결정했을 때, 그는 그 곳에서 십년 간 머물러오는 중이었다.

해설 시제를 묻는 유형이다. 빈칸 문장의 'for+일정 기간'은 완료 시제와 자주 함께 쓰이는 시간 표현이다. 'stay'라는 동작은 문맥상 10년 동안 지속되다가 그가 Chicago로 이주하기로 결정한 시점에 종료된 것이다. 즉, 'stay'는 먼 과거에서 가까운 과거까지 지속된 것이므로 정답은 과거완료진행 시제인 (d)이다. 참고로 이 문제의 첫 문장에 쓰인 'used to live'는 8번 문항에서 설명한 동사 'use'와 관련된 표현 세 개 중 3)에 해당하는 것이다. 'used to V'는 '(과거에)~하곤 했다, (지금은 더 이상 하지 않음)'라고 해석하면 된다.

11. 정답 (d)

해석 Smith 가족은 지금 새로운 집을 구하기 위해 지금 시장에 와있다. 그들은 한 훌륭한 단층집에 관심이 있지만, 요구하는 금액이 너무 높다. 만일 가격이 합리적이라면, 그들은 그 집을 당장 살 것이다.

해설 가정법을 묻는 유형이다. 우선 빈칸이 있는 문장에 if 절이 포함되어 있는데, if 절의 시제가 단순과거(were)이기 때문에 이 문장이 가정법 과거 시제라고 추론이 가능하다. 가정법 과거 문장에서 주절 동사는 'would/should/could/might + V원형'의 형식으로 쓰이기 때문에 (a)가 정답이다. 의미를 따져볼 경우 가정법 과거 문장임을 더 확실하게 알 수 있다. 실제 사실은 (현재에) 집 가격은 합리적이지 않으며, 따라서 Smith 가족은 그 집을 바로 사지 못한다는 것이다. 그런데 빈칸 문장은 집값이 합리적인 경우를 가정하고 있으므로(현재 사실의 반대), 가정법 과거 시제로 서술해야 한다.

12. 정답 (a)

해석 Randy는 그의 연설을 위해 필요한 참고문헌들을 모으는 것을 막 끝냈다. 그는 그것들을 오늘 밤에 읽어서 연설문을 내일 쓸 수 있도록 할 계획이다. 그는 다음 주에 그의 모교 졸업식에서 그 연설을 할 예정이다.

해설 시제를 묻는 유형이다. 빈칸 문장에 'next week'라는 미래 시점을 나타내는 표현이 들어 있으므로 선택지들 중 미래 시제를 정답으로 골라야 한다. 따라서 미래진행 시제인 (a)가 정답이다. 참고로 연설을 하다는 의미로는 동사 'deliver'이 사용된다는 것을 기억하자.

13. 정답 (c)

해석 Patricia는 Boston에 있는 명문 대학의 입학시험을 칠 준비가 되어 있다. 그녀는 상위 10%에 들고 싶어 한다. 그렇기 때문에 그녀는 아무리 어렵더라도 모든 문제에 답하려고 계획 중이다.

해설 연결어/접속사를 묻는 유형이다. 이러한 유형은 해석을 통해 접근해야 한다. 처음 두 문장을 통해 Partricia가 상위 10%에 들기 위해 입학 시험을 최선을 다해 볼 것이라는 점을 알 수 있다. 따라서 빈칸 문장은 그녀가 '문제가 아무리 어려워도' 모든 문제에 답하려 할 것이라고 해석이 되어야 자연스럽다. 따라서 정답은 (c)이다. 의미만 가지고 보면 (a) even though를 답으로 고를 수도 있을 것이다. 그러나 'even though' 다음에는 완전한 절이 와야 하기 때문에 'even though it is difficult'와 같은 형식이 되어야 가능하다. 'no matter how' 뒤에도 본래는 절이 와야 하지만 경우에 따라서 주어와 동사가 생략될 수도 있다. 이 문제에서는 'no matter how difficult (it is)'와 같이 'it is'가 생략된 것이다. 참고로 (b)의 'in so far as'는 '~하는 한에 있어서는'이라는 뜻이다.

14. 정답 (b)

해석 Eurovision은 European Broadcast Union의 회원들 간의 연간 대회이다. 이 대회는 TV와 라디오에서 라이브로 노래를 하는 것과 관련된 것인데, 승자는 인기 투표를 통해서 결정된다.

해설 준동사를 묻는 유형이다. 동사 'invilve(~를 포함하다, 수반하다)'는 목적어로 동명사를 취한다.

15. 정답 (c)

해석 Morgan 가족은 아무런 예약 없이 Real Surf Beach에 갔다. 비어 있는 호텔 방을 찾을 수 없어서, 그들은 결국 오두막집을 빌리고 말았다. 만일 비가 오고 있지 않다면, 그들은 오늘밤에 텐트에서 자는 것도 마다하지 않을 것이다.

해설 가정법을 묻는 유형이다. If 절의 동사가 be 동사의 과거 시제인 were이고, 주어가 3인칭인 it임에도 불구하고 were의 형태로 쓰여 있는 것을 통해 빈칸 문장이 가정법 과거 문장이라는 것을 알 수 있다. 가정법 과거 문장 주절 동사는 'would/should/could/might+V원형'의 형식이므로 정답은 (c)이다. 첫 문장과 두 번째 문장이 과거로 서술되어 있어서 빈칸이 포함된 가정법 문장이 과거 사실의 반대를 나타내는 가정법 과거완료 시제로 서술되어야 하는 것은 아닌지 의문을 가질 수도 있다. 그러나 문맥상 Morgan 가족이 놀러 와서 오두막을 빌린 것까지는 과거의 사실이지만, 비가 오고 있고 텐트에서 자는 것이 꺼려지는 것은 현재의 상황이다. 빈칸 문장의 'tonight'이라는 표현을 통해 이를 알 수 있다.

16. 정답 (c)

해석 Derek은 자전거에서 넘어졌을 때 팔뒷굼치를 깊게 베었다. 나에게 괜찮다고 말했음에도 불구하고, 나는 그 상처가 꿰맬 필요가 있는 것으로 보여서 그에게 즉시 병원에 가야만 한다고 말했다.

해설 조동사를 묻는 유형이다. 문맥상 Derek이 반드시 병원에 가야한다고 조언하고 있는 것이므로 빈칸에는 '~해야 한다'는 의미의 조동사 'must'가 들어가야 한다. 참고로 이 문장은 당위 표현의 문장이므로 'must'를 생략해도 괜찮다. (I told him that he (should) see a doctor immediately.)

17. 정답 (d)

해석 시 당국은 최근 상업 지구 도로의 교통체증을 완화하기 위해서 주차 미터기를 설치했다. 그러나 사업주들은 오토바이 운전자들이 다른 곳에 주차를 하게 되면서 고객들을 잃을까봐 두려워하고 있다. 그들은 지금 시 광장에서 항의 집회를 주최하고 있다.

해설 시제를 묻는 유형이다. 문제의 선택지들에 'now'라는 표현이 포함되어 있는데, 'now'는 일반적으로 현재 진행 시제와 자주 함께 사용된다. 문맥상으로도 사업주들이 현재 고객들을 잃을까봐 두려워하고 있으며, 지금 항의 집회를 여는 중이라는 것이므로 정답은 (d)이다.

18. 정답 (a)

해석 Mercator 도법은 지구를 원통형으로 보여주는 도법이다. 이것의 한계에도 불구하고, 이 도법은 전 세계에서 가장 유명한 도법이다. 만일 지구가 타원체가 아니라면, 지도 제작자들은 지도를 그리기가 더 쉬울 것이다.

해설 가정법을 묻는 유형이다. 우선 빈칸이 있는 문장에 if 절이 포함되어 있는데, if 절의 시제가 단순과거(were)이기 때문에 이 문장이 가정법 과거 시제라고 추론이 가능하다. 가정법 과거 문장에서 주절 동사는 'would/should/could/might + V원형'의 형식으로 쓰이기 때문에 (a)가 정답이다. 의미를 따져볼 경우 가정법 과거 문장임을 더 확실하게 알 수 있다. 실제 사실은 (현재에) 지구는 타원체이며, 따라서 지도 제작자들이 이를 그리기 어렵다는 것이다. 그런데 빈칸 문장은 지구가 타원체가 아닐 경우를 가정하고 있으므로(현재 사실의 반대), 가정법 과거 시제로 서술해야 한다.

19. 정답 (b)

해석 한 건축 회사가 여러 채의 건물 건설과 관련된 정부 프로젝트에 입찰을 하고자 한다. 경험이 거의 없는 회사의 사장은 그의 재무 담당자가 입찰과정에서 그와 동행해야 한다고 주장한다.

해설 당위 표현을 묻는 유형이다. 빈칸 문장의 주절 동사가 'urge'이고, 문맥상 사장이 '그의 재무 담당자가 그와 동행해야 한다'고 주장하는 내용이므로, that절의 주어 'his financial officer' 다음에 should가 생략된 것으로 보아야 한다. 따라서 동사 원형 (b)가 정답이다.

20. 정답 (c)

해석 나의 조카는 오늘 아침에 거실에서 농구공을 가지고 놀고 있었다. 불행하게도, 그는 실수로 내가 이탈리아에서 사온 비싼 조각을 깨트리고 말았다. 나는 오늘 아침부터 그것을 고치고 있는 중이다.

해설 시제를 묻는 유형이다. 빈칸 문장에서 주목해야 할 시간 표현은 'since this morning'이다. 오늘 아침이라는 과거 시점에 조카가 조각상을 깨트렸고, 문맥상 나는 그 때로부터 지금까지 계속해서 고치는 중이기 때문에 현재완료진행시제인 (c)가 빈칸에 들어가는 것이 적절하다.

21. 정답 (a)

해석 The Heisman Memorial Trophy는 매년 미국에서 가장 뛰어난 대학생 축구선수에게 주어지는 상이다. 이 상의 화려함에도 불구하고, 많은 선수들은 이 상을 받는 것을 싫어한다. 왜냐하면 많은 수상자들이 생산적인 전문 축구 커리어를 가지고 있지 않기 때문이다.

해설 준동사를 묻는 유형이다. 동사 'dislike(싫어하다)'는 목적어로 동명사를 취한다. 참고로 'like'의 경우에는 목적어로 to 부정사와 동명사를 모두 취할 수 있다. 다만 각각의 경우 의미가 다르다. 'like to V'의 경우에는 '(앞으로) V 하고싶다'라고 해석되는 반면, 'like Ving'는 '(과거에 V를 해봤는데) V하는 것을 좋아한다'라고 해석된다. 그러나 'dislike'는 미래에 무엇을 하고 싶다는 의미로 사용되지 않으며, 따라서 to 부정사를 목적어로 취하지 않는다.

22. 정답 (d)

해석 1974년까지, 여성은 그들의 남편의 허락 없이는 신용 카드를 발급받는 것이 거부되었다. 첫 번째 여성 은행이 일 년 뒤에 문을 열었는데, 그곳에서 여성들은 그들 스스로 신용 카드를 신청할 수 있었다.

해설 조동사를 묻는 유형이다. 첫 문장은 1974년까지 여성들이 남편의 허락 없이 신용카드를 발급받을 수 없었다는 내용을 담고 있다. 빈칸 문장은 여성들이 스스로 신용카드를 발급받을 수 있게 된 사건을 설명하고 있으므로 가능성/능력을 나타내는 조동사 could가 빈칸에 들어가는 것이 적절하다. 따라서 정답은 (d)이다.

23. 정답 (a)

해석 가금류 고기는 165° F이상에서 조리될 경우 조류 독감 바이러스로부터 안전하다. 고기가 덜 익지 않도록 확실하게 하기 위해서, 식품안전국은 고기가 더 이상 분홍색을 띠지 않을 때까지 조리되어야 한다고 강력하게 권고했다.

해설 당위 표현을 묻는 유형이다. 문맥상 식품안전국이 '고기가 더 이상 분홍색을 띠지 않을 때까지 조리되어야 한다'고 주장하는 내용이고, 빈칸 문장의 동사가 'strongly advise'이기 때문에 that절 주어 다음에 should가 생략되어 있는 것임을 파악할 수 있다. 문법 이론 4.당위 표현에서, 당위 표현과 관련하여 that 절의 동사가 be동사인 경우가 자주 출제된다고 설명하였다. be동사는 일반적으로 거의 항상 주어에 알맞은 형태(am/are/is 등)로 사용되기 때문에, 수험생들로서는 주어 다음에 be 원형이 오는 문장을 평소 거의 접해보지 못한 경우가 많다. 따라서 주어 다음에 be가 오는 것에 어색함을 느낄 수 있으나, 당위 표현이 포함된 문장의 that 절에서는 'S (should) be'의 형식이 오는 것이므로, (a) be cooked 를 정답으로 골라야 한다. 참고로, that절의 주어 it이 가금류 고기를 의미하기 때문에 동사 'cook'이 수동태로 쓰인 것이다.

24. 정답 (b)

해석 Luke는 아침에 Red River County에 있는 부모님의 집을 떠났다. 그는 아직도 Austin에 돌아가기 위해서 다섯 시간 이상 운전을 해야 하기 때문이다. 10시가 되면, 그는 네 시간째 운전을 해오고 있을 것이다.

해설 시제를 묻는 유형이다. 빈칸이 포함된 문장에서 주목해야 할 시간 표현은 'by 10a.m.'과 'for four hours'이다. 두 가지 표현 모두 완료시제와 자주 함께 쓰이는 표현들이다. 빈칸이 포함된 문장의 이전 문장이 현재 시제로 쓰여 있기 때문에 Luke가 다섯 시간 동안 운전을 해서 Austin에 돌아가야 하는 것이 현재의 상황임을 알 수 있다. 따라서 'by 10a.m.'은 운전하는 동작이 지속되는 미래의 시점을 의미하며, 빈칸에는 미래완료진행시제인 (b)가 들어가는 것이 적절하다.

25. 정답 (c)

해석 영어 단어에는 긍정적인 감정을 나타내는 단어보다 부정적인 감정을 나타내는 단어가 더 많다. 이것은 사람들이 부정적인 속성을 가지는 것에 더 집중하는 경향이 있다는 것을 뜻하는 개념인 "부정적인 편향" 때문일 수도 있다.

해설 준동사를 묻는 유형이다. 동사 'tend(경향이 있다, 하기 쉽다)'는 목적어로 to 부정사를 취한다. 'tend to V'는 'V하는 경향이 있다'는 뜻이다.

26. 정답 (d)

해석 Celine과 그녀의 그룹 친구들은 과학전람회에 출전을 마칠 수 없었다. 그들은 "Open Mic Night"를 준비하느라 바빴기 때문이다. 만일 그들이 시간을 현명하게 관리하였더라면, 그들은 마감기한을 지킬 수 있었을 수도 있다.

해설 가정법을 묻는 유형이다. 우선 빈칸이 있는 문장에 if 절이 포함되어 있는데, if 절의 시제가 과거완료(had managed)이기 때문에 이 문장이 가정법 과거완료 시제라고 추론이 가능하다. 가정법 과거완료 문장에서 주절 동사는 'would/should/could/might + V현재완료'의 형식으로 쓰이기 때문에 (d)가 정답이다. 의미를 따져볼 경우 가정법 과거 문장임을 더 확실하게 알 수 있다. 실제 사실은 (과거에) 그들이 시간을 현명하게 관리하지 못했고, 따라서 마감기한을 지키지 못했다는 것이다. 그런데 빈칸 문장은 관리를 현명하게 했을 경우를 가정하고 있으므로(과거 사실의 반대), 가정법 과거완료 시제로 서술해야 한다.

LISTENING SECTION
Question 27-52

Part 1.

Now listen to the questions.

27: Why has Cynthia been traveling often?

28: According to her, how did Japan gain a reputation for being the world's top manufacturer of gadgets?

29: What is the importance of advertising?

30: What did Cynthia find out after analyzing the advertising strategies used in Japan?

31: How did a Japanese firm's advertising technique help Cynthia's company?

32: Why is her company probably copying the strategies in Japanese ads?

33: Where is the conversation probably taking place?

이제 문제를 들려드립니다.

27: Cynthia가 여행을 자주 해왔던 이유는 무엇입니까?

28: 그녀에 따르면, 일본은 어떻게 세계 제일의 장치 생산자로서 명성을 얻게 되었습니까?

29: 광고의 중요성은 어떤 것입니까?

30: 일본에서 사용되는 광고 전략들을 분석한 뒤 Cynthia가 찾아낸 것은 무엇입니까?

31: 일본 회사의 광고 기술이 Cynthia 회사를 어떻게 도와주었습니까?

32: 그녀의 회사가 일본 광고에 사용되는 전략을 따라하는 이유는 무엇입니까?

33: 이 대화는 어디에서 이루어지고 있는 것 같습니까?

Now you will hear the conversation.

[F] Hi, Mark!

[M] Hello, Cynthia! Great to see you shopping here. How are you?

[F] I'm fine. I've just arrived from an advertising conference in Tokyo, Japan.

[M] Really? So, that's why I haven't seen you lately. You seem to have been traveling a lot in the last few months.

[F] 27) Yeah. My boss has asked me to attend all the advertising conferences abroad this year. He wants our company to keep up-to-date of the new trends in advertising.

[M] That's great! Attending those conferences is a wonderful way to gain experience and exposure. You are very fortunate to have been given the opportunity.

[F] Definitely. In fact, the conference in Tokyo was really enlightening. 28) Everyone says that Japan is the leading manufacturer of some

이제 대화를 들려드립니다.

[F] 안녕, Mark!

[M] 안녕, Cynthia! 여기서 쇼핑하는 너를 만나니 좋다. 잘 지내?

[F] 잘 지내. 나는 일본 Tokyo에서 열리는 광고 컨퍼런스에서 지금 막 돌아왔어.

[M] 정말? 그럼, 그게 요즘 내가 너를 못 봤던 이유구나. 너는 지난 몇 달 간 여행을 많이 다니는 것처럼 보였어.

[F] 27) 맞아. 내 보스는 올해의 모든 광고 컨퍼런스에 참여하라고 나한테 요구했어. 그는 우리 회사가 광고에 있어서 최신 트렌드를 따라갈 수 있기를 원해.

[M] 잘 됐다! 그런 컨퍼런스에 참석하는 것은 경험을 얻고 정보에 노출되기 위한 훌륭한 방법이야. 이런 기회를 얻다니 넌 정말 운이 좋다.

[F] 단연 그렇지. 사실, Tokyo의 컨퍼런스는 정말 깨달음을 주는 경험이었어. 28) 모두가 일본이 세계에서 가장 발전된 장치들을 생산하는 선구

PART 03 해설편 303

of the most advanced gadgets in the world. Apparently, it's because of the way Japanese firms market their products worldwide.

M Really? I always thought that it was simply because it was the Japanese manufacturers who were responsible for inventing those hi-tech gadgets.

F I thought so, too. And while the Japanese did invent a lot of those gadgets, it was the huge sum of money they spent on aggressive advertising that got people to buy their products rather than those of their competitors.

M I get your point. 29) Their advertising set them apart from the competition.

F Right! Nowadays, there is little difference in terms of quality between manufacturers. That's why advertising is so important. It creates the impression that one manufacturer's products are of better quality than the others.

M Wow, it sounds like you learned a lot from the conference. So, what part did you like the most?

F Well, we looked at and compared the advertising strategies used by Japanese firms from 1980 to present.

M That sounds interesting. So what did you find?

F It was. 30) I found out that the strategies have been constantly changing. Every decade has different market demands, so advertising strategies must be changed regularly to meet the demands.

M That makes sense.

F Yes. I found out that in the late 1990s, my company used one advertising technique that a Japanese advertising firm developed.

M Really? How did it turn out?

F 31) Based on my research, the advertisement was a huge success. As a result, our company was able to enter the Asian and European markets.

M Wow! That's impressive. 32) And it was all because of the advertising technique?

F Definitely. That's why our company has patterned some of our advertising techniques after Japanese advertisements, especially if the products were to be sold in the international market.

M I see. It's a good thing that the Japanese advertising firms are willing to share their successful techniques.

F	That's true. The advertising conference opened a lot of good opportunities for our local advertising industry. I just hope we'll be able to take advantage of them.	F	맞아. 광고 컨퍼런스는 우리 지역 광고업계를 위해 좋은 기회를 많이 제공했어. 나는 우리가 그것들에게서 이득을 얻을 수 있길 바랄 뿐이야.
M	Well, from what you've told me, your company seems really committed to improving its techniques, so I'm sure you'll do well.	M	음, 네가 말해준 것으로 보건대, 너희 회사는 전략을 발전시키는 데 정말 최선을 다하고 있는 것처럼 보이고, 따라서 나는 너희가 잘해낼 거라고 확신해.
F	Thanks! 33) Hey, I'll go ahead to the checkout counter.	F	33)고마워! 저기, 나는 먼저 계산대로 가볼게.
M	Okay. See you around!	M	그래. 또 보자!

27.

정답 (d)

Why has Cynthia been traveling often?

(a) She has business deals in Tokyo.
(b) She gives talks on advertising to companies overseas.
(c) She owns advertising agencies everywhere.
(d) She joins advertising seminars.

Cynthia가 여행을 자주 해왔던 이유는 무엇입니까?

(a) Tokyo에서 사업 거래를 한다.
(b) 그녀는 해외 회사를 대상으로 광고하는 것에 대해 연설한다.
(c) 그녀는 각지에 광고 대행사를 소유하고 있다.
(d) 그녀는 광고 세미나들에 참가한다.

해설 그동안 자주 보이지 않았던 것에 대해 묻자 Cynthia는 "내 보스는 올해의 모든 광고 컨퍼런스에 참여하라고 나한테 요구했어."라고 말한다. 따라서 답은 (d)임을 쉽게 유추할 수 있다.

28.

정답 (b)

According to her, how did Japan gain a reputation for being the world's top manufacturer of gadgets?

(a) by developing its knowledge of advanced gadgets
(b) by how it promoted its products
(c) by spending a large amount of money in inventing products
(d) by participating in advertising conferences

그녀에 따르면, 일본은 어떻게 세계 제일의 장치 생산자로서 명성을 얻게 되었습니까?

(a) 발전된 장치들에 대한 지식을 발전시키면서
(b) 자신의 상품들을 홍보한 방식으로
(c) 제품을 개발하는 데 돈을 많이 사용하면서
(d) 광고 컨퍼런스에 참여하면서

해설 "일본 회사들이 전세계적으로 그들의 제품들을 마케팅하는 방식 때문"에 일본 제품이 전세계적으로 인기를 얻게 되었다는 대목을 확인하자.

29.
정답 (a)

What is the importance of advertising?

(a) It gives the manufacturer a good reputation.
(b) It improves the quality of the products.
(c) It makes selling products worldwide easier.
(d) It discourages competition.

광고의 중요성은 어떤 것입니까?

(a) 생산자에게 좋은 평판을 심어준다.
(b) 제품의 퀄리티를 발전시킨다.
(c) 전세계적으로 제품을 판매하는 것을 더 쉽게 만든다.
(d) 경쟁을 약화한다.

> **해설** 일본 제품의 퀄리티보다도 그 광고 방식이 독보적이었다고 설명하는 맥락에서, 광고가 "한 생산자의 제품들이 다른 것들보다 더 질적으로 우월하다는 인상을 만든다"는 대목을 참고하자.

30.
정답 (b)

What did Cynthia find out after analyzing the advertising strategies used in Japan?

(a) that Japan created the first advertising techniques
(b) that advertising techniques vary based on the needs of the time
(c) that Japan's strategies are better than most countries
(d) that market demands don't change

일본에서 사용되는 광고 전략들을 분석한 뒤 Cynthia가 찾아낸 것은 무엇입니까?

(a) 일본이 가장 처음의 광고 기술을 만들었다는 것
(b) 시간의 필요에 따라 광고 기술이 다양하게 달라진다는 것
(c) 일본의 전략이 대부분의 나라들보다 우월하다는 것
(d) 시장의 수요가 변하지 않는다는 것

> **해설** 다양한 시기에 일본의 광고 전략이 어떻게 변해왔는지 분석하면서 Cynthia는 시간의 흐름에 따라 광고 기술도 변화해왔다고 언급한다.

31.
정답 (a)

How did a Japanese firm's advertising technique help Cynthia's company?

(a) It enabled them to sell their products in Asia and Europe.
(b) It inspired them to invent new products.
(c) It allowed them to open their own advertising agency.
(d) It helped them sell their outdated products.

일본 회사의 광고 기술이 Cynthia 회사를 어떻게 도와주었습니까?

(a) 그들의 상품들을 아시아와 유럽에 판매할 수 있도록 해주었다.
(b) 새로운 제품들을 발명하도록 그들에게 영감을 주었다.
(c) 그들의 독자적인 광고 대행사를 설립하도록 해주었다.
(d) 그들의 낡은 제품들을 팔도록 도와주었다.

> **해설** 일본의 과고 기술을 벤치마킹한 덕분에 "결과적으로, [Cynthia의] 회사는 아시아와 유럽 시장에 진출할 수 있었"다는 대목을 참고하면 어렵지 않게 풀 수 있는 문제이다.

32.

정답 (c)

Why is her company probably copying the strategies in Japanese ads?

(a) because the ads are less expensive to make
(b) because Japanese firms don't mind sharing their techniques
(c) because the strategies proved to be effective
(d) because they want to enter the Japanese market

그녀의 회사가 일본 광고에 사용되는 전략을 따라하는 이유는 무엇입니까?

(a) 광고를 만드는 데 비용이 덜 들기 때문에
(b) 일본 기업들의 그들의 기술을 공유하는 데 거부감을 느끼지 않기 때문에
(c) 그 전략들이 유용하다고 증명이 되었기 때문에
(d) 그들이 일본 시장에 진출하고 싶어하기 때문에

해설 광고 전략 덕에 성공을 거둔 일본 기업들의 사례를 보며 Cynthia의 회사도 열심히 벤치마킹을 하고 있다.

33.

정답 (a)

Where is the conversation probably taking place?

(a) in a department store
(b) at the advertising conference in Tokyo
(c) in a European advertising firm
(d) at Cynthia's office

이 대화는 어디에서 이루어지고 있는 것 같습니까?

(a) 백화점에서
(b) Tokyo의 광고 컨퍼런스에서
(c) 유럽의 광고 회사에서
(d) Cynthia의 사무실에서

해설 Cynthia가 먼저 계산대로 가보겠다고 말하는 대목을 참고하자. 백화점인지 혹은 다른 쇼핑센터인지 구체적으로 명시되어 있지는 않지만, 주어진 선택지 중에서 계산대가 장소는 백화점 뿐이므로 정답은 (a)이다.

Part 2.

Now listen to the questions.

34: What is the seminar about?

35: How does the speaker guarantee that the participants of the seminar will be taught well?

36: When will the participants of the seminar be asked to make their own literary piece?

37: What makes a literary work fiction?

38: How is today's poetry different from poetry of earlier times?

39: Who will probably be attending the seminars?

이제 문제를 들려드립니다.

34: 세미나는 무엇에 관한 것입니까?

35: 화자는 세미나의 참가자들이 잘 배울 수 있으리라고 어떻게 보장합니까?

36: 세미나의 참가자들에게 그들 고유의 문학 작품을 창작하라고 언제 요구될 것입니까?

37: 문학 작품을 소설로 만드는 것은 무엇입니까?

38: 이전 시기의 시와 비교했을 때 오늘날의 시가 어떻게 다릅니까?

39: 아마도 세미나에 참석할 사람은 누구입니까?

Now you will hear the talk.

Good morning! As part of Literacy Month, 34) we will be offering a series of seminars about how to improve your writing skills. I know you will all agree when I say that writing is really a craft more than a talent. It takes a lot of practice to be able to write well. That's why today, I'd like to talk about the New Writers Seminar.

The seminar will cover four major literary genres or categories. The genres, or topics, to be discussed are fiction, poetry, drama, and nonfiction. 35) To ensure that you will get the best possible instruction, each genre will be taught by experienced writers. Fiction genre will be taught by famous short story writer, Chris Noble. Mr. Noble is the author of "Writer's Block," which was recently nominated for "Short Story of the Year" by Delta Magazine.

Poetry will be handled by notable poet Ophelia Lock, a winner of the prestigious National Circle Award for Poetry. We also have invited renowned stage actress and playwright Ann Austen to give a lecture on drama. Lastly, the discussion on the nonfiction genre will be led by popular nonfiction author and three-time National Writer Awardee, John Peterson.

The seminar will be done over a period of four weeks, with the first three weeks devoted to discussing the genres, 36) and the last week to creating an original work on the particular category you are most comfortable writing in. For example, if you love writing poems, then you may choose to submit a poetry entry, which will then be published as part of the official manuscript of this year's writing seminar.

이제 본문을 들려드립니다.

좋은 아침입니다! Literacy Month(문학의 달)의 일환으로, 34) 저희는 어떻게 당신의 글쓰기 실력을 발전할 수 있을지에 대한 일련의 세미나들을 제공할 것입니다. 저는 글쓰기가 실제로는 재능보다는 기술에 의한 것이라고 말하면 여러분들이 모두 동의할 것임을 알고 있습니다. 이것이 오늘, 제가 New Writers Seminar에 대해 이야기하고자 하는 이유입니다.

이 세미나는 네 개의 주요 문학 장르들이나 카테고리들을 다룰 것입니다. 논의될 장르들, 혹은 주제는 소설, 시, 희곡, 논픽션입니다. 35) 여러분이 가능한 한 최고의 교육을 받도록 보장할 수 있도록, 각각의 장르는 숙련된 작가들에 의해 교육될 것입니다. 소설 장르는 유명한 단편 작가인 Chris Noble가 가르칠 것입니다. Noble 씨는 Delta Magazine인 "Short Story of the Year"(올해의 단편)로 최근 노미네이트 된, "Writer's Block"의 작가입니다.

시는 명예로운 National Circle Award for Poetry의 우승자로서, 유명한 시인인 Ophelia Lock가 담당할 것입니다. 또한 저희는 희곡에 대해 강연하도록 유명한 연극배우이자 극작가인 Ann Austen을 초청했습니다. 마지막으로, 논픽션 장르에 대한 논의는 인기 있는 논픽션 작가이자 National Writer Award를 세 차례 수상한 John Peterson에 의해 진행될 것입니다.

세미나는 장르들에 대해 논의하는 첫 삼 주, 36) 그리고 여러분이 가장 편안하게 글을 쓸 수 있는 특정한 카테고리로 독창적인 작품을 만드는 마지막 주까지, 총 사 주에 걸쳐 진행될 것입니다. 예를 들어, 여러분이 시 쓰기를 좋아하면, 당신은 시의 도입부 제출을 선택할 수 있으며, 이는 곧 올해의 글쓰기 세미나의 공식 원고 일부로 출판될 것입니다.

To give you an idea of the content of the actual seminar, I would like to talk briefly about each of the three literary genres. The first one is fiction. Fiction is simply the writing of stories or narratives that are not based on facts. The word "fiction" itself is derived from the Latin word *fingo*, which means to form or to create.

However, works of fiction are not necessarily all made-up or imaginary. 37) The writing may still be considered fictional even if it contains references to actual people, places, or events as long as the actual story is only imaginary. The main elements of a fictional story are the following: the plot, the character, and the place or setting. These elements will be discussed as you go along the seminar.

The second literary form to be discussed is poetry. In contrast to fiction, poetry has a strict form and pattern. Its composition follows a certain measurement and rhyming schemes. 38) Nowadays, however, poetry's structure is more relaxed, and more and more poets are writing in what we call "free-verse" poetry. Free-verse poetry does not follow a strict poetic form and structure.

Next, the writing seminar will discuss drama, the only form of fiction that requires representation by a performance. Dramas are usually performed in various media such as theater, radio, film, and television.

Lastly, the seminar will discuss nonfiction. If fiction is fake, nonfiction is real. Nonfiction writing is based in real-life experiences. Examples of works of nonfiction include news stories, essays, diaries, and biographies.

Now, if you don't have any questions, let's have a break before we talk about the other seminars we will be offering.

실제 세미나의 내용에 대해 감을 잡으실 수 있도록, 저는 각각의 세 문학 장르에 대해 간략하게 언급하겠습니다. 첫 번째는 소설입니다. 소설은 단순히 사실에 기반을 두지 않은 이야기나 서사를 적는 것입니다. "fiction"(소설)이라는 단어 자체가 만들거나 창작하는 것을 의미하는 라틴어 단어인 *fingo*에서 기인했습니다.

그러나, 소설 작품이 반드시 완전히 꾸며내거나 상상에 의한 것일 필요는 없습니다. 37) 그것이 실제의 사람, 지역, 혹은 사건을 언급하고 있다 할지라도, 실제 이야기가 상상에 의한 것이기만 하다면 그 글은 여전히 소설로 간주될 수 있습니다. 소설적 이야기의 주요 구성 요소는 다음과 같습니다: 줄거리, 등장인물, 장소 혹은 배경. 이 요소들은 당신이 세미나를 따라가면서 논의될 것입니다.

논의될 두 번째 문학 형식은 시입니다. 소설과 대조적으로, 시는 엄격한 형식과 양식을 가지고 있습니다. 그 구성은 특정한 마디 구성과 압운 형식을 따릅니다. 38) 하지만 오늘날, 시의 구조는 보다 자유로우며, 더욱더 많은 시인들이 우리가 "자유시"라고 부르는 형식으로 쓰고 있습니다. 자유시는 엄격한 시적 형식과 구조를 따르지 않습니다.

다음으로, 글쓰기 세미나는 소설 장르 중 유일하게 퍼포먼스를 통한 재현을 요구하는 형식인 희곡을 다룰 것입니다. 희곡은 주로 극장, 라디오, 영화, 텔레비전과 같은 다양한 미디어를 통해 공연됩니다.

마지막으로, 세미나는 논픽션을 다룰 것입니다. 소설(픽션)이 허구라면, 논픽션은 사실입니다. 논픽션 글쓰기는 실제 삶의 경험들에 기반을 두고 있습니다. 논픽션 작품들의 예로는 뉴스 이야기, 에세이, 다이어리, 전기가 포함됩니다.

이제, 질문이 없으시다면, 저희가 제공하게 될 다른 세미나들에 대해 이야기를 하기에 앞서 휴식 시간을 가지겠습니다.

34.

정답 (c)

What is the seminar about?

(a) how to improve one's reading skills
(b) how to register for the seminar
(c) how to become a better writer
(d) how to put one's talent to good use

세미나는 무엇에 관한 것입니까?

(a) 독해 능력을 향상시키는 방법
(b) 세미나에 등록하는 방법
(c) 더 좋은 작가가 되는 방법
(d) 개인의 재능을 잘 사용하는 방법

해설 "저희는 어떻게 당신의 글쓰기 실력을 발전할 수 있을지에 대한 일련의 세미나들을 제공할 것입니다"라는 대목을 참고하면 어렵지 않게 (c)를 정답으로 고를 수 있다.

35.

정답 (d)

How does the speaker guarantee that the participants of the seminar will be taught well?

(a) They will exclusively teach the major categories.
(b) They hired talented people to write their poems and stories.
(c) They will focus on the main literary genres.
(d) They have asked the best writers to conduct the seminar.

화자는 세미나의 참가자들이 잘 배울 수 있으리라고 어떻게 보장합니까?

(a) 그들이 주요 카테고리들에 대해 독점적으로 가르칠 것이다.
(b) 그들은 시와 이야기들을 쓰도록 재능 있는 사람들을 고용했다.
(c) 그들은 주요 문학 장르들에 집중할 것이다.
(d) 그들은 최고의 작가들에게 세미나를 진행해달라고 부탁했다.

해설 "여러분이 가능한 한 최고의 교육을 받도록 보장할 수 있도록, 각각의 장르는 숙련된 작가들에 의해 교육될 것입니다"라는 이야기를 적절히 paraphrase 한 (d)가 정답이다.

36.

정답 (a)

When will the participants of the seminar be asked to make their own literary piece?

(a) during the final week of the seminar
(b) every week of the seminar
(c) every day for the first three weeks of the seminar
(d) once every four weeks

세미나의 참가자들에게 그들 고유의 문학 작품을 창작하라고 언제 요구될 것입니까?

(a) 세미나의 마지막 주간에
(b) 세미나가 진행되는 매주
(c) 세미나의 첫 삼주동안 매일
(d) 사 주에 한 번씩

해설 세미나는 총 사 주에 걸쳐 진행되는데, 여러 장르에 대해 논의하는 첫 삼주와, "가장 편안하게 글을 쓸 수 있는 특정한 카테고리로 독창적인 작품을 만드는 마지막 주"로 구성된다.

37.

정답 (c)

What makes a literary work fiction?

(a) focusing on current events
(b) being 100% imaginary
(c) having a made-up story
(d) not referring to actual people

문학 작품을 소설로 만드는 것은 무엇입니까?

(a) 현재의 사건에 집중하는 것
(b) 100% 상상력에 기반한 것
(c) 만들어진 이야기를 갖는 것
(d) 실제의 사람들에 대해 거론하지 않는 것

> **해설** "그것이 실제의 사람, 지역, 혹은 사건을 언급하고 있다 할지라도, 실제 이야기가 상상에 의한 것이기만 하다면 그 글은 여전히 소설로 간주될 수 있습니다"라는 대목에서 (c)가 정답임을 확인할 수 있다. 헷갈릴 수 있는 선택지는 (b)와 (d)이다. 하지만 이는 소설에 대한 잘못된 편견에 불과하며, 화자는 100% 상상력에 기반한 것이 아니더라도, 혹은 실제의 사람들에 대해 언급하더라도, "실제 이야기가 상상에 의한 것이기만 하다면" 소설이 될 수 있다고 주장한다.

38.

정답 (b)

How is today's poetry different from poetry of earlier times?

(a) It has more patterns and schemes.
(b) It is less strict in form.
(c) It contains fewer verses and lines.
(d) It has lesser rhymes.

이전 시기의 시와 비교했을 때 오늘날의 시가 어떻게 다릅니까?

(a) 더 많은 패턴과 양식을 가지고 있다.
(b) 형식에 있어서 덜 엄격하다.
(c) 더 적은 연과 행을 포함한다.
(d) 운율이 더 적다.

> **해설** 오늘날은 형식과 운율 등에서 비교적 자유로운 "자유시"가 많이 창작된다고 언급되므로 (b)가 정답이다.

39.

정답 (a)

Who will probably be attending the seminars?

(a) aspiring writers
(b) playwrights
(c) renowned poets
(d) publishers

아마도 세미나에 참석할 사람은 누구입니까?

(a) 작가 지망생들
(b) 극본가들
(c) 유명한 시인들
(d) 출판업자들

> **해설** 전체적인 맥락을 파악했다면 쉽게 해결할 수 있는 문제이다. 글쓰기가 재능이 아니라 교육에 의한 것이라고 강조한다는 점, 세미나의 마지막에 실제로 글을 써보는 시간을 가진다는 점 등에서 이것이 작가 지망생들을 겨냥한 세미나임을 유추할 수 있다.

Part 3.

Now listen to the questions.

40: Why is Jack looking for a place in the city?

41: Why does Jack's father want him to stay in a dormitory?

42: What makes dormitories charge higher fees?

43: According to Linda, what won't an apartment's landlord be concerned about?

44: How can getting his own place require more responsibility from Jack?

45: Based on the conversation, what will Jack probably decide to do?

이제 문제를 들려드립니다.

40: Jack이 도시에서 머물 곳을 찾는 이유는 무엇입니까?

41: 그가 기숙사에 머물기를 Jack의 아버지가 바라는 이유는 무엇입니까?

42: 기숙사들로 하여금 더 많은 비용을 청구하게 하는 것은 무엇입니까?

43: Linda에 따르면, 아파트 주인이 걱정하지 않을 것은 무엇입니까?

44: 자신의 집을 얻는 것이 Jack에게 더 많은 책임감을 필요로 하는 이유는 무엇입니까?

45: 대화에 따르면, Jack은 아마도 어떤 결정을 내릴 것 같습니까?

Now you will hear the conversation.

[F] Hello, Jack! How are you?

[M] Hi, Linda! I'm okay. I was accepted in a college scholarship program in the city. 40) My house is very far from the school so I've been looking for a place to stay somewhere nearer starting next semester.

[F] Congratulations on the scholarship! So, what have you found so far?

[M] Well, I found a nice apartment downtown of the city, just ten minutes away from the university by bus. There's also a dormitory inside the campus that my dad suggests I stay in. I can't decide between the two right now.

[F] Why don't we discuss the pros and cons of each type of housing? That might help you choose.

[M] Okay. Let's start with the dormitory.

[F] 41) One advantage of living in dormitories inside the campus is safety. Dorms have security guards, and resident police officers roam inside the campus.

[M] That's exactly why my dad wants me to live in the dorm. I guess another advantage is its closeness to learning facilities. If I live there, I'll be nearer my classes, libraries, sports activities, and other areas.

이제 대화를 들려드립니다.

[F] 안녕, Jack! 잘 지내?

[M] 안녕, Linda! 난 괜찮아. 나는 도시에 있는 대학 장학 프로그램에 합격했어. 40) 우리 집은 학교에서 굉장히 멀어서 나는 다음 학기부터 더 가까운 어딘가, 머물 장소를 찾고 있었어.

[F] 장학금 축하해! 그래서, 지금까지 어떤 것을 찾아냈어?

[M] 음, 나는 대학으로부터 버스로 고작 10분 거리에, 시내에 있는 좋은 아파트를 하나 찾았어. 그리고 우리 아버지가 나에게 머물라고 제안하고 있는, 캠퍼스 안의 기숙사도 있어. 지금 나는 둘 중에서 고를 수가 없어.

[F] 각각의 주택 유형의 장점과 단점을 논의해보는 건 어때? 네가 결정하는 데 도움을 줄 수 있어.

[M] 좋아. 기숙사부터 시작해보자.

[F] 41) 캠퍼스 내 기숙사에서 사는 것의 장점 한 가지는 안전이야. 기숙사에는 경비원이 있고, 상주 경찰이 캠퍼스 안을 돌아 다녀.

[M] 그게 바로 우리 아버지가 내가 기숙사 안에 살기를 바라는 이유야. 내가 생각하기로 또 다른 장점은 교육 시설과 가깝다는 점이야. 내가 거기 살면, 나는 강의실, 도서관, 스포츠 활동 혹은 다른 장소들에 가까워질 거야.

[F] Right. Another benefit of the dorm is that it offers a lot of opportunities for social interaction. That's because you'll be surrounded by other students. Dorm managers also organize social activities to help students meet new people and make friends.	[F] 맞아. 기숙사에 사는 것의 또 다른 장점은 사회적 상호 작용을 하는 데 많은 기회를 제공한다는 점이야. 네가 다른 학생들에게 둘러싸이기 때문이야. 기숙사 책임자들은 학생들이 새로운 사람들을 만나고 친구를 사귈 수 있도록 사회적 활동들을 조직하기도 해.
[M] I like that. What about the disadvantages of dorm living?	[M] 난 그게 마음에 드네. 기숙사에 사는 것의 단점은?
[F] Well, one drawback of dorms is their strict rules and regulations. They have set curfews and restrictions on who can visit you and what time. If you're the type who wants to stay out all night or hold parties at your place, then a dorm might not be right for you.	[F] 음, 기숙사의 단점 하나는 엄격한 규칙과 규제야. 통행금지시간 및 누가 너를 언제 방문할 수 있는지에 대한 규제도 설정했어. 네가 밤을 새서 밖에 있거나 네 거주지에서 파티를 열고 싶어하는 타입이라면, 기숙사는 너에게 적절하지 않을 수 있어.
[M] 42) You're right. Another disadvantage is that the dorm charges a higher fee because of their services like security and concierge.	[M] 42) 네 말이 맞아. 다른 단점은 경비나 수위 등의 서비스 때문에 기숙사가 더 비싸다는 거야.
[F] Yes, and they'll also provide your meals and pay for utilities.	[F] 맞아, 그들은 또한 식사를 제공하고 공과금을 내줄 거야.
[M] Yeah, another drawback of the dorm is that it has smaller living space. Apart from the common areas where other students can also roam, all I'll really have is a 250-square-foot room.	[M] 응, 기숙사의 또 다른 장점은 생활공간이 더 좁다는 거야. 다른 학생들 역시 돌아다닐 수 있는 공용 공간을 제외하고, 내가 실제로 갖고 있는 것은 250 평방 피트 방 하나야.
[F] What about choosing the apartment instead?	[F] 대신 아파트를 선택하는 것은 어때?
[M] Well, the apartment has the advantage of a bigger living space. Besides the bedroom, I'll have my own kitchen, living room, and bathroom. I think it'll feel more grown-up to live there!	[M] 음, 아파트는 생활공간이 넓다는 장점이 있어. 침실 외에도, 나는 내 전용 부엌, 거실, 욕실을 가지게 될 거야. 거기에 살면 더 어른이 된 기분일 거야.
[F] Ha-ha! I get what you mean. Living in an apartment will also give you more freedom. 43) I bet your landlord won't mind your activities as long as you're paying your rent.	[F] 하하! 무슨 의미인지 알겠다. 아파트에 사는 것은 너에게 더 많은 자유 또한 제공할 거야. 43) 네가 렌트비를 내기만 한다면 주인은 네가 하는 활동들에 신경 쓰지 않을 거라고 나는 확신해.
[M] Yeah. The apartment also seems quieter because there aren't other students around. It's easier to study that way when there are no distractions.	[M] 응. 주위에 다른 학생들이 없기 때문에 아파트는 조용해 보이기도 해. 그렇게 되면 방해하는 것이 없을 때 공부하기 용이할 거야.
[F] You have a point. However, an apartment also has its disadvantages. One of them is that it won't have the security features that dorms offer.	[F] 맞는 말이야. 하지만 아파트는 단점들도 있어. 그들 중 하나는 기숙사가 제공하는 보안 요소들을 가지고 있지 않다는 거야.
[M] That's true. Another disadvantage of the apartment is that I'll have to travel to the university every day because it's located outside the campus.	[M] 맞아. 아파트의 또 다른 단점은 캠퍼스 바깥에 위치하고 있기 때문에 매일 대학으로 통학해야 한다는 점이야.
[F] 44) Having your own apartment would also require more responsibility. You'll have to cook your own meals, clean the apartment, and pay the bills.	[F] 44) 네 자신의 아파트를 갖는 것은 더 많은 책임감을 요구하기도 해. 너는 네 음식을 직접 요리하고, 아파트를 청소하고, 비용을 지불해야 할 거야.
[M] Hmmm…. I never thought of that. Thanks for your help!	[M] 음… 그 점에 대해서는 생각을 못했다. 도와줘서 고마워!
[F] No problem. So, where have you decided to live?	[F] 천만에. 그래서, 어디에 살기로 결정했어?
[M] Well, this will be the first time I'll be living away from home. 45) I guess I'll feel more secure inside the campus.	[M] 음, 내 집에서 떨어져 나와 사는 건 처음이야. 45) 캠퍼스 안에서 내가 더 안전하다고 느낄 것 같아.

40.

정답 (b)

Why is Jack looking for a place in the city?

(a) He doesn't have a house.
(b) He needs to stay close to the school he will be attending.
(c) He prefers city-living.
(d) He wants to apply for a scholarship grant there.

Jack이 도시에서 머물 곳을 찾는 이유는 무엇입니까?

(a) 그는 집이 없다.
(b) 그는 그가 다니게 될 학교 근처에서 살아야 한다.
(c) 그는 도시에서 사는 것을 선호한다.
(d) 그는 그곳에서 주는 장학금에 지원하고자 한다.

해설 "우리 집은 학교에서 굉장히 멀어서 나는 다음 학기부터 더 가까운 어딘가, 머물 장소를 찾고 있었어"라고 말하는 대목을 확인하면, 이를 적절하게 paraphrase 한 (b)가 정답임을 확인할 수 있다.

41.

정답 (a)

Why does Jack's father want him to stay in a dormitory?

(a) because dormitories are more secure than apartments
(b) because dormitories have libraries
(c) because the dormitory is near his school
(d) because the school requires it

그가 기숙사에 머물기를 Jack의 아버지가 바라는 이유는 무엇입니까?

(a) 기숙사는 아파트보다 안전하기 때문에
(b) 기숙사에는 도서관이 있기 때문에
(c) 기숙사는 학교 근처에 있기 때문에
(d) 학교가 그것을 요구하기 때문에

해설 Linda가 기숙사에 사는 것의 장점 중 하나로 안전을 꼽자 Jack은 이에 동의하면서 그의 아버지가 바로 그 이유 때문에 그가 기숙사에 살기를 원한다고 말한다.

42.

정답 (c)

What makes dormitories charge higher fees?

(a) the various social activities that the manager planned
(b) the freedom to hold parties in the dorm
(c) the cost of providing support services
(d) the larger rooms available

기숙사들로 하여금 더 많은 비용을 청구하게 하는 것은 무엇입니까?

(a) 총관리자가 계획한 다양한 사회적 활동들
(b) 기숙사에서 파티를 열 수 있는 자유
(c) 지원 서비스를 제공하는 비용
(d) 더 큰 방

해설 "경비나 수위 등의 서비스 때문에 기숙사가 더 비싸다"고 설명하는 대목을 참고하자.

43.

정답 (c)

According to Linda, what won't an apartment's landlord be concerned about?

(a) how Jack designs the apartment
(b) whether Jack pays the rent
(c) what Jack does in the apartment
(d) whether the apartment is safe

Linda에 따르면, 아파트 주인이 걱정하지 않을 것은 무엇입니까?

(a) Jack이 아파트를 디자인하는 방식
(b) Jack이 렌트비를 낼 수 있을지 여부
(c) Jack이 아파트에서 하는 것
(d) 아파트가 안전한지 여부

해설 "네가 렌트비를 내기만 한다면 주인은 네가 하는 활동들에 신경 쓰지 않을 거야"라고 말하는 대목을 참고하자.

44.

정답 (d)

How can getting his own place require more responsibility from Jack?

(a) He must learn self-defense.
(b) He has to commute to school daily.
(c) He is forced to study more.
(d) He needs to do the household chores.

자신의 집을 얻는 것이 Jack에게 더 많은 책임감을 필요로 하는 이유는 무엇입니까?

(a) 스스로를 방어하는 방식을 배워야 한다.
(b) 학교에 매일 통학해야 한다.
(c) 그는 더 많이 공부해야만 한다.
(d) 그는 가사 일을 해야 한다.

해설 "네 자신의 아파트를 갖는 것은 더 많은 책임감을 요구하기도 해. 너는 네 음식을 직접 요리하고, 아파트를 청소하고, 비용을 지불해야 할 거야"라는 대목을 참고하자. "음식을 직접 요리하고, 아파트를 청소하"는 것이 "가사 일"을 하는 것으로 paraphrase 되어 있다.

45.

정답 (b)

Based on the conversation, what will Jack probably decide to do?

(a) ask his dad for advice
(b) live in a dormitory
(c) stay in their house
(d) rent an apartment

대화에 따르면, Jack은 아마도 어떤 결정을 내릴 것 같습니까?

(a) 아버지에게 조언을 구하기
(b) 기숙사에 살기
(c) 본가에 머물기
(d) 아파트를 렌트하기

해설 어떻게 할 것인지 묻는 Linda에게 Jack이 본가에서 나와 사는 것이 처음이며, 캠퍼스 안에 사는 것이 더 안전하다는 느낌을 줄 것 같다고 말하는 대목을 참고하면 (b)가 정답임을 확인할 수 있다.

Part 4.

Now listen to the questions.

46: What advice does the speaker give about getting a loan?

47: What is the first step in getting a loan?

48: How most likely will using the Internet help in the loan application process?

49: Why most likely do banks ask borrowers for collateral?

50: According to the speaker, what might happen if the borrower gives incorrect information in the application form?

51: What does the bank do in a pre-approval process?

52: What will the speaker be discussing next?

이제 문제를 들려드립니다.

46: 더 좋은 대출을 위해 화자는 어떠한 조언을 합니까?

47: 대출을 받는 데 첫 단계는 무엇입니까?

48: 다음 중 대출 신청 과정에서 인터넷 사용이 도움을 줄 방식으로 가장 적절한 것은 무엇입니까?

49: 은행이 대출자에게 담보물을 요구할 이유로 가장 적절한 것은 무엇입니까?

50: 화자에 따르면, 대출자가 지원 서류에서 부정확한 정보를 쓸 경우 어떤 일이 발생할 수 있습니까?

51: 사전 승인 절차에서 은행이 하는 것은 무엇입니까?

52: 화자가 다음으로 논의할 것은 무엇입니까?

Now you will hear the explanation.

Good day! My name is Nathan Carpenter. I'm the director of the City Finance Office. Some of you may think that getting hold of money fast is not possible. That's not always the case. 46) But in order to get a loan quickly, you must know the bank's procedures for getting a loan. Here are the six simple steps that will help you borrow money from the bank in the shortest amount of time possible.

47) First, determine how much money you need. Calculate the amount of the purchase or debt that you need to pay for. If you borrow an amount that's too big, you will later on be paying huge interests than is necessary. On the other hand, if you take out a loan that's too small, you won't have enough to pay for your financial needs.

Second, before you go to the bank, gather all the relevant documents that the bank might require you to submit. These documents include bank statements, employment records, housing documents, and tax records. Secure both the original and photocopies of those documents so that you'll be prepared with whichever the bank requires.

Third, after preparing all the documents, compare the terms and conditions that the banks offer. 48) The easiest way to do this is by using the Internet. There, you can find websites that have tools for comparing the rates and terms of different banks. This step shouldn't take you too long; you should be able to find the best deal in less than an hour.

이제 설명을 들려드립니다.

좋은 날입니다! 제 이름은 Nathan Carpenter입니다. 저는 City Finance Office의 책임자입니다. 어떤 분들은 빠르게 돈을 수중에 넣는 것이 가능하지 않다고 생각하실지도 모릅니다. 46) 하지만 대출을 빠르게 받기 위해서, 당신은 대출을 받는 데 은행의 절차를 아셔야 합니다. 가능한 한 짧은 시간 내에 은행에서 돈을 빌리는 데 여러분에게 도움이 될 수 있는 여섯 가지의 간단한 단계들에 대해 말씀드리겠습니다.

47) 먼저, 여러분이 돈을 얼마나 필요로 할지 결정하세요. 여러분이 돈을 지부해야 할 구매나 빚이 어느 정도인지 계산하세요. 지나치게 많은 돈을 빌리면, 필요한 것보다 과한 이자를 나중에 지불해야 하실 겁니다. 반면에, 너무 적게 대출을 받으면, 여러분은 재정적 필요에 대해 지불하는 데 충분한 돈을 가지지 못하게 될 것입니다.

두 번째로, 은행에 가시기 전에, 은행이 당신에게 제출을 요구할 수 있는, 관련 서류들을 모두 모으세요. 이 서류들은 은행 보고서, 고용 기록, 주택 서류, 세금 기록들을 포함합니다. 은행이 무엇을 요구하든 준비할 수 있게 이 서류들의 원본과 사본 모두를 확보하세요.

세 번째로, 모든 서류들을 준비한 뒤에, 은행들이 제공하는 조건을 비교하세요. 48) 이를 하는 가장 쉬운 방법은 인터넷을 사용하는 것입니다. 거기서, 여러분은 다양한 은행들의 요금과 조건들을 비교해주는 도구들을 보유하고 있는 웹사이트들을 찾을 수 있습니다. 이 단계는 오래 걸리지 않습니다; 여러분은 한 시간 내로 최상의 딜을 찾으실 수 있을 겁니다.

Fourth, once you have chosen the bank with the best deal, secure collateral. 49) Collateral is what you promise to give the bank in case you are unable to pay the loan. This is usually in the form of property like a house or a piece of land. This step is important because banks do not rely on your annual income alone when deciding on whether or not to grant a loan. Having a property that you can use as collateral will speed up the approval of your loan application because it gives the bank added security. However, using collateral is risky. If you do not pay your monthly amortization religiously, you might end up losing your collateral to the bank.

Fifth, go to the bank and apply for a loan. Look for a bank officer who can answer your loan inquiries, and verify the information you found in your research. The bank officer can also guide you in filling out the application form. When filling out the form, make sure that you have filled out all the details that the form requires, and that all the information is correct. 50) Incorrect or incomplete information may cause delay in the application process.

Sixth, ask the bank for pre-approval. 51) Pre-approval is the process where the bank quickly checks your credit information, not necessarily your credit standing. Based on your credit information, the bank will tell you whether or not you qualify for the loan. Though seeking for pre-approval doesn't always work, it's still worth a try, especially if you are in a hurry to get a loan.

Those are the six simple steps in getting a loan from a bank. 52)I will now discuss the effects of borrowing money. If you have any questions, please reserve them for the open forum.

네 번째로, 최상의 딜을 제공하는 은행을 찾으시게 되면, 담보물을 확보하세요. 49) 담보물은 여러분이 대출을 갚지 못하게 될 경우 여러분이 은행에게 제공하기로 약속하는 것입니다. 이는 주로 주택이나 땅의 일부 등 부동산의 형식을 취합니다. 대출을 해줄지 여부를 정할 때 은행들이 여러분의 연 수입만을 고려하는 것은 아니기 때문에 이 단계는 중요합니다. 담보물로 사용할 수 있는 부동산을 가지고 있는 것이 은행에게 더 많은 안정성을 제공하기 때문에 여러분의 대출 신청을 더 빠르게 해줄 것입니다. 그러나, 담보물을 사용하는 것은 위험합니다. 월별 할부 상환액을 꼬박꼬박 지불하지 않으면, 여러분의 담보물을 은행에게 잃는 결과를 낳을 수 있습니다.

다섯 번째로, 은행에 가서 대출을 신청하세요. 여러분의 대출 관련 질문들에 대답하고 조사해서 여러분이 찾은 정보를 입증해줄 만한 은행 임원을 찾으세요. 은행 임원은 또한 지원 서류를 작성하는 데 여러분에게 도움을 줄 수 있습니다. 서류를 작성할 때, 서류가 요구하는 모든 디테일들을 기입했는지, 그리고 모든 정보가 맞는지 확인하세요. 50) 잘못되거나 불완전한 정보는 지원 과정에서의 지체를 야기할 수 있습니다.

여섯 번째로, 은행에게 사전 승인을 요구해보세요. 51) 사전 승인은 은행이 꼭 여러분의 신용상태가 아니라, 여러분의 신용 정보를 재빠르게 체크하는 절차를 의미합니다. 여러분의 신용정보에 기반해서, 은행은 여러분의 대출 자격 여부를 알려줄 것입니다. 사전 승인을 요구하는 것이 늘 통하지는 않지만, 특히 당신이 급하게 대출을 받아야 할 경우, 한 번 시도해볼 가치는 있습니다.

이것이 은행으로부터 대출을 받는 여섯 개의 간단한 단계들입니다. 52) 저는 이제 돈을 빌리는 것의 영향들에 대해 논하겠습니다. 질문이 있으시다면, 공개 설명회를 위해 남겨두세요.

46.

정답 (d)

What advice does the speaker give about getting a loan?

(a) don't expect to get a loan quickly
(b) apply for a loan in the shortest possible time
(c) know who the bank director is
(d) be familiar with the bank's processes

더 좋은 대출을 위해 화자는 어떠한 조언을 합니까?

(a) 빠르게 대출 받을 것을 기대하지 말라.
(b) 가능한 한 단시간 내에 대출을 신청하라.
(c) 은행의 국장이 누구인지 알아두어라.
(d) 은행의 절차에 대해 익숙해져라.

해설 자신이 무엇에 대해 이야기를 할 것인지 소개하면서, 화자가 "하지만 대출을 빠르게 받기 위해서, 당신은 대출을 받는 데 은행의 절차를 아셔야 합니다"라고 이야기하는 대목을 참고하자.

47.

정답 (c)

What is the first step in getting a loan?

(a) inquiring about the bank's requirements
(b) checking the bank's website
(c) deciding how much money to borrow
(d) preparing the necessary papers

대출을 받는 데 첫 단계는 무엇입니까?

(a) 은행의 요구사항에 대해 질문하기
(b) 은행의 웹사이트를 체크하기
(c) 돈을 얼마나 빌릴 것인지 결정하기
(d) 필요한 서류들을 준비하기

> **해설** 대출의 여섯 단계에 대해 이야기하면서 "먼저, 여러분이 돈을 얼마나 필요로 할지 결정하세요"라고 조언하는 대목을 참고하자.

48.

정답 (a)

How most likely will using the Internet help in the loan application process?

(a) It helps the borrower find rates quickly.
(b) It offers different websites.
(c) It allows the borrower to retrieve important documents.
(d) It aids the borrower in finding the nearest bank.

다음 중 대출 신청 과정에서 인터넷 사용이 도움을 줄 방식으로 가장 적절한 것은 무엇입니까?

(a) 대출자가 요금을 더 빨리 찾을 수 있도록 도와준다.
(b) 다양한 웹사이트들을 제공한다.
(c) 대출자로 하여금 중요한 서류들을 회수할 수 있도록 해준다.
(d) 대출자가 가장 가까운 은행을 찾을 수 있도록 돕는다.

> **해설** "가장 쉬운 방법은 인터넷을 사용하는 것입니다. 거기서, 여러분은 다양한 은행들의 요금과 조건들을 비교해주는 도구들을 보유하고 있는 웹사이트들을 찾을 수 있습니다"라는 대목, 그리고 이를 통해서 한 시간 내에 검색을 마칠 수 있다는 대목을 참고하면 (a)가 정답임을 어렵지 않게 확인할 수 있다.

49.

정답 (a)

Why most likely do banks ask borrowers for collateral?

(a) so they can recover their losses in case the borrower can't pay
(b) because it ensures that the borrower is rich
(c) so it can take the place of the borrower's annual income
(d) because it will lessen the amount to be paid for the loan

은행이 대출자에게 담보물을 요구할 이유로 가장 적절한 것은 무엇입니까?

(a) 대출자가 비용을 지불할 수 없을 경우 그들의 손실을 메우기 위해
(b) 그것이 대출자가 부유하다는 것을 보증하기 때문에
(c) 이것이 대출자의 연 수입의 자리를 대신하기 때문에
(d) 대출을 갚기 위해 지불될 돈의 양을 줄일 것이기 때문에

> **해설** 담보물에 대해 설명하는 문단에서, "담보물은 여러분이 대출을 갚지 못하게 될 경우 여러분이 은행에게 제공하기로 약속하는 것입니다"라는 문장에 주목하자. 이를 적절하게 paraphrase 한 (a)가 답이다.

50.

정답 (b)

According to the speaker, what might happen if the borrower gives incorrect information in the application form?

(a) The bank officer will add charges.
(b) It will take longer for the loan to be approved.
(c) The bank will not approve the application.
(d) The bank officer will claim the borrower's collateral.

화자에 따르면, 대출자가 지원 서류에서 부정확한 정보를 쓸 경우 어떤 일이 발생할 수 있습니까?

(a) 은행 직원이 추가금을 부과할 것이다.
(b) 대출이 승인되기까지 더 오랜 시간이 걸릴 것이다.
(c) 은행이 지원금을 승인하지 않을 것이다.
(d) 은행 직원이 대출자의 담보물을 차지할 것이다.

해설 "잘못되거나 불완전한 정보는 지원 과정에서의 지체를 야기할 수 있습니다"라는 대목을 참고하면 어렵지 않게 문제를 풀 수 있다.

51.

정답 (c)

What does the bank do in a pre-approval process?

(a) checking one's credit standing
(b) rushing the loan's approval
(c) checking if one can get a loan
(d) inspecting the details in the application form

사전 승인 절차에서 은행이 하는 것은 무엇입니까?

(a) 그 사람의 신용 등급을 확인하기
(b) 대출의 승인을 서두르는 것
(c) 그 사람이 대출을 받을 수 있는지 확인하기
(d) 지원서에 있는 세부 사항들을 검토하기

해설 은행은 사전 승인 절차에서 대출을 신청한 사람의 대출 가능 여부를 체크하고 판단한다. 헷갈릴 수 있는 선택지는 (a)이다. 하지만 반드시 신용 등급을 확인하는 것이 아니라 신용 정보를 확인하는 것이라고 되어 있으므로 (a)는 오답이다.

52.

정답 (d)

What will the speaker be discussing next?

(a) the listener's questions
(b) how to take out a loan
(c) how to get a pre-approval
(d) the effects of getting a loan

화자가 다음으로 논의할 것은 무엇입니까?

(a) 관객들의 질문들
(b) 대출을 받는 방식
(c) 선승인을 갖는 방법
(d) 대출금을 얻는 것의 결과

해설 "돈을 빌리는 것의 영향"을 잘 paraphrase 한 (d)가 정답이다. 질문은 이 이야기가 모두 끝난 뒤로 미뤄두었다.

READING AND VOCABULARY SECTION

Question 53-80

Question 53-59

VICTOR HUGO

53) Victor Hugo was a French author of the Romantic era best known for his novels and poems. Regarded by many as the greatest French poet ever, he is one of the most influential literary figures of 19th century France. Abroad, he is most famous for *Les Misérables* and *The Hunchback of Notre Dame.*

Victor Hugo was born on February 26, 1802 in Besançon, France to Joseph-Léopold-Sigisbert Hugo, an officer in Napoleon Bonaparte's army, and Sophie Trébuchet. His parents' marriage was an unhappy one; and when they separated, his mother raised him solo. He attended the Collège Louis-le Grand from 1815 to 1818. 54) There, he started writing verse tragedies and poetry.

In 1822, Hugo married Adèle Foucher, the daughter of an officer at the ministry of war. He also published his first collection of poems, *Odes Et Poésies Diverses,* which gained him a royal pension from King Louis XVIII. The successful publication was followed by several volumes of lyric poetry, most notably, *Les Contemplations* and *Odes Et Poésies Diverses.*

55) In 1827, Hugo wrote his first play, *Cromwell,* which was influenced by the ideals of Romanticism, an intellectual movement that emphasized emotions and the natural world. The play sparked a debate between the Romantics and the Classicists. Classicists were people who based their beliefs on the ideals of order, clarity, and rationality. 56) Of all the plays that Hugo wrote, *The Hunchback of Notre Dame* was the most successful. It has been staged in theaters, and it became a worldwide movie blockbuster. Since its publication in 1831, the play has become a huge part of popular culture.

Later in life, Hugo became involved in politics. He was a firm supporter of the republican form of government and an advocate of social justice. He was elected to the Constitutional Assembly and the Legislative Assembly of France. 57) In 1851, Hugo's life was endangered due to political disorder in France. He went into exile in Brussels, Jersey, and Guernsey. It was during this period that he wrote the epic masterpiece and historical novel, *Les Misérables*. When he returned to France from his self-imposed exile, he was elected senator.

Victor Hugo passed away on May 22, 1885. His funeral was attended by millions of people from all over France.

역사 소설인 *Les Misérables*을 쓴 것이 바로 이 시기였다. 그가 스스로 떠난 망명길에서 프랑스로 돌아왔을 때, 그는 상원 의원으로 선출되었다.

Victor Hugo는 1885년 5월 22일에 사망했다. 그의 장례식에는 프랑스 전역의 수백만 명의 사람들이 참석했다.

53.

정답 (a)

What is Victor Hugo known around the world for?

(a) the many poems he authored
(b) his political reforms
(c) a literary play that he wrote
(d) his Romantic ideals

Victor Hugo는 무엇을 통해 전세계적으로 알려져 있습니까?

(a) 그가 쓴 많은 시들
(b) 그의 정치적 개혁
(c) 그가 쓴 문학적 희곡
(d) 그의 낭만주의적인 이상

해설 첫 번째 문단을 확인하면 어렵지 않게 풀 수 있는 문제이다. "Victor Hugo는 그의 소설과 시로 잘 알려져 있는 낭만주의 시대의 프랑스 작가였다"는 대목에서 (a)가 답임을 어렵지 않게 확인할 수 있다.

54.

정답 (a)

When did his interest in writing begin?

(a) during his stay at the university
(b) when he married Adèle Foucher
(c) immediately after his parents separated
(d) after publishing his first set of poems

글쓰기에 대한 그의 관심이 시작된 것은 언제입니까?

(a) 대학에 머물면서
(b) 그가 Adèle Foucher와 결혼했을 때
(c) 그의 부모님이 갈라서고 난 직후
(d) 그의 첫 번째 시 모음을 출간하고 나서

해설 두 번째 문단을 참고하면 어렵지 않게 풀 수 있는 문제이다. "Collège Louis-le Grand"라는 대학을 다니는 동안 시에 대한 관심이 커졌으므로 정답은 (a)이다.

55.

Based on the play *Cromwell,* what can probably be said about Hugo?

(a) He was an environmentalist.
(b) His writing expressed feelings rather than reason.
(c) He was a systematic person.
(d) His plays were based on real-life events.

정답 (b)

희곡 *Cromwell*을 분석했을 때, Hugo에 대한 설명으로 옳은 것은 무엇입니까?

(a) 그는 환경 운동가였다.
(b) 그의 작품은 이성보다는 감정을 표현했다.
(c) 그는 체계적인 사람이었다.
(d) 그의 희곡은 실재했던 일들에 바탕을 두고 있었다.

해설 네 번째 문단을 참고하자. Hugo의 첫 번째 연극인 *Cromwell*은 낭만주의의 이상을 반영한 글이라고 언급되어 있다. 또한 낭만주의는 "감정과 자연계를 강조하는 지적 움직임"이라고 설명되어 있으므로 이를 적절히 종합하여 요약한 (b)가 정답이다.

56.

Which of Hugo's works gained the most commercial success?

(a) Les Misérables
(b) Odes Et Poésies Diverses
(c) Les Contemplations
(d) The Hunchback of Notre Dame

정답 (d)

Hugo의 작품 중에서 가장 큰 상업적 성공을 거둔 것은 무엇입니까?

(a) Les Misérables (레미제라블)
(b) Odes Et Poésies Diverses (오드, 기타)
(c) Les Contemplations (사색)
(d) The Hunchback of Notre Dame (노틀담의 꼽추)

해설 네 번째 문단을 참고하면 어렵지 않게 풀 수 있는 문제이다. The Hunchback of Notre Dame은 가장 큰 성공을 거둔 작품이며, 블록버스터 영화로 제작되고 꾸준하게 대중문화의 일부로 기능해왔으므로 가장 큰 '상업적' 성공을 거둔 연극임을 유추할 수 있다.

57.

Why did Hugo probably go into voluntary exile?

(a) to ensure his own safety
(b) so he could secure a seat in the Assembly
(c) so he could finish his novel
(d) to prepare for the elections

정답 (a)

다음 중 Hugo가 자발적인 망명을 떠난 가능한 이유는 무엇입니까?

(a) 그 자신의 안전을 확보하기 위해서
(b) 의회에 한 자리를 확보하기 위해서
(c) 그의 소설을 마무리하기 위해서
(d) 선거를 준비하기 위해서

해설 다섯 번째 문단을 참고하자. 말년에 그는 정치에 관심을 가졌으며 정치적 활동을 했는데, 1851년 국내의 정치적 혼란으로 인해 삶의 안전을 위협 받게 되었기 때문에 망명을 떠났다고 명시적으로 언급되어 있다.

58.

정답 (d)

In the context of the passage, <u>solo</u> means _____.

(a) separately
(b) independently
(c) patiently
(d) alone

지문의 문맥상 <u>solo</u>는 _____을 의미한다.

(a) 분리되어
(b) 독립적으로
(c) 참을성 있게
(d) 혼자

해설 solo 혼자

59.

정답 (c)

In the context of the passage, <u>volumes</u> means _____.

(a) albums
(b) sounds
(c) books
(d) amounts

지문의 문맥상 <u>volumes</u>는 _____을 의미한다.

(a) 앨범들
(b) 소리
(c) 책들
(d) 양

해설 volume 1. 책, 권 2. 음량

FOUR-WINGED DINOSAUR FOUND IN CHINA

60) A team of Chinese and American scientists has discovered the fossil remains of a four-winged dinosaur which had fully developed feathers on both forelimbs and hind limbs. The discovery of the dinosaur, *Microraptor gui*, has provided compelling evidence that birds evolved from dinosaurs.

Paleontologist Xu Xing and his colleagues at Beijing's Institute of Vertebrate Paleontology and Paleoanthropology excavated the fossils from the Liaoning Province in northeastern China. Later analysis indicates that the dinosaur lived between 124 and 128 million years ago, and that it was an early form of *dromaeosaur,* a group of small to medium-sized feathered carnivores generally considered to be the ancestors of modern birds. 61) Xing and his colleagues believe that the *Microraptor gui* reveals a previously unknown phase in the evolution of birds, from being small flightless dinosaurs with two feet to today's modern birds. They point to the fact that the dinosaur is remarkably similar to the *Archaeopteryx*, a bird that lived about 150 million years ago, and which is considered to be among the oldest known bird species. They suggest that the four-winged dinosaur is the most recent relative shared by both birds and dinosaurs.

The discovery of the *Microraptor gui* has also led scientists to come up with two competing hypotheses to explain the origin of flight. 62) Some believe that ground-dwelling dinosaurs learned to fly from the "ground up," meaning that they had limbs designed for running, and forcefully flapped their front limbs to give them more power when running up steep slopes. The flapping provided enough lift to launch them into the air.

Xing and his colleagues support the "tree down" hypothesis, arguing that the long feathers on the *Microraptor gui*'s feet would hinder running. Instead, they believe that the *Microraptor gui* and other recent ancestors of birds learned to fly from the tree down. They suggest that these dinosaurs lived in trees and could glide from tree to tree. 63) Naturally, gravity made flying down easier for them than flying up.

60.

정답 (b)

What feature of a newly discovered fossil shows that dinosaurs are the ancestors of birds?

(a) Its skeleton resembled that of a bird's.
(b) Its limbs had feathers.
(c) It showed flying ability.
(d) It had superior limbs similar to that of modern birds'.

새로 발견된 화석의 어떠한 면모가 공룡들이 새의 조상임을 보여줍니까?

(a) 그 뼈대가 새의 것과 닮았다.
(b) 그 사지에 깃털이 있었다.
(c) 그것은 날 수 있었다.
(d) 그것은 오늘날의 새들과 유사한, 발달된 사지를 가지고 있었다.

해설 첫 번째 문단 및 글의 전반적인 맥락을 고려하면 어렵지 않게 풀 수 있는 문제이다. 이 공룡의 사지에는 날개가 달렸으며, 이 점이 바로 그들이 새의 조상임을 보여준다.

61.

정답 (c)

What particular evolutionary step does the *Microraptor gui* help explain?

(a) when modern birds coexisted with the *Archaeopteryx*
(b) when dinosaurs acquired wings
(c) when dinosaurs learned to fly
(d) when birds began growing feathers

*Microraptor gui*는 어떤 특정한 진화 단계를 설명하는 데 도움이 되는가?

(a) 오늘날의 새들이 *Archaeopteryx*와 공생했던 시기
(b) 공룡이 날개를 획득한 시기
(c) 공룡이 나는 법을 배운 시기
(d) 새들에 깃털이 생긴 시기

해설 두 번째 문단을 참고하자. "Xing과 그의 동료들은 *Microraptor gui*가 새들의 진화 중 지금까지 알려지지 않았던 단계, 즉 두 발이 달렸으며 날 수 없었던 작은 공룡들로부터 오늘날의 현대적 새에 이르기까지를 밝혀준다고 믿는다"는 대목에서, 이 화석이 날 수 없었던 단계에서 날 수 있는 새에 비로소 이르게 된 과정을 설명해준다는 사실을 확인할 수 있다.

62.

정답 (d)

According to the "ground up" theory, how did some dinosaurs first take to the air?

(a) by moving from tree to tree
(b) by having fully-developed wings for flying
(c) by making use of gravity to fly upward
(d) by flapping their limbs for more efficient running

"땅에서 위로(밑바닥에서부터)" 이론에 따르면, 몇몇 공룡들은 어떻게 처음 날게 되었습니까?

(a) 나무에서 나무로 이동하면서
(b) 날 수 있는, 완전히 발달된 날개를 가지면서
(c) 위로 날기 위해 중력을 사용하면서
(d) 더 효율적인 달리기를 위해 사지를 펄럭이면서

해설 세 번째 문단을 참고하자. "땅에서 위로(밑바닥에서부터)" 이론을 주장하는 사람들은 그들이 가파른 경사를 뛰어 올라갈 때 사지를 펄럭이는 과정에서 양력이 작용하여 날 수 있게 되었다고 주장한다.

63.

정답 (a)

Why do some scientists believe that the *Microraptor gui* learned to fly from the "tree down"?

(a) because it required less effort than flying upward
(b) because its wings were designed for flying downward
(c) because its heavy weight would have prevented any flying
(d) because it was easier for it to flap its wings

*Microraptor gui*가 "나무에서 아래로" 나는 법을 배웠을 것이라고 일부 과학자들이 믿는 이유는 무엇입니까?

(a) 위로 날아오르는 것보다 힘이 덜 들었기 때문에
(b) 아래 방향으로 날아오도록 그 날개가 디자인되었기 때문에
(c) 그것의 무거운 무게가 어떠한 형태의 비행도 막았을 것이기 때문에
(d) 날개를 펄럭이는 것이 그 공룡에게 더 쉬웠기 때문에

해설 마지막 문단을 참고하자. 이 가설을 지지하는 사람들은 중력 때문에 너무나 "자연스럽게"도 날아 오르는 것보다 아래로 나는 것이 더 쉬웠을 것이라고 주장한다.

64.

정답 (b)

What probably cannot be concluded about dinosaurs based on the article?

(a) that they evolved gradually
(b) that dinosaurs have emerged from birds
(c) that they used to fly
(d) that there are more species to be discovered

기사에 따르면, 다음 중 공룡들에 대한 설득력 있는 결론이 아닌 것은 무엇입니까?

(a) 그들이 점진적으로 진화했다는 사실
(b) 공룡들이 새로부터 유래했다는 사실
(c) 그들이 날아다니곤 했다는 사실
(d) 앞으로 발견될 종들이 더 많다는 사실

해설 전체적인 맥락을 이해하면 어렵지 않게 풀 수 있는 문제이다. 날 수 있는 동물들의 여러 진화 단계가 존재하고 있으며 이 공룡 화석의 발견이 그 여러 단계 중 특정 진화 단계의 증거가 될 수 있다고 언급하고 있으므로 (a)와 (d)는 옳으며, 초기 공룡이 나는 법을 배우게 되었던 다양한 가설에 대해 언급하므로 (c) 역시 옳다. 공룡이 새로부터 유래한 것이 아니라 공룡이 새의 조상 격이므로 잘못된 설명인 (b)가 정답이다.

65.

정답 (a)

In the context of the passage, compelling means _____.

(a) convincing
(b) informative
(c) central
(d) massive

지문의 문맥상 compelling은 _____을 의미한다.

(a) 설득력 있는
(b) 유익한
(c) 중심적인
(d) 거대한

해설 compelling 설득력 있는   compel 강요하다, 강제하다

66.

정답 (d)

In the context of the passage, <u>hypotheses</u> means _____.

(a) arguments
(b) experiments
(c) tales
(d) ideas

지문의 문맥상 <u>hypotheses</u>는 _____을 의미한다.

(a) 주장들
(b) 실험들
(c) 이야기들
(d) 견해

> **해설** hypothesis (복수형 hypotheses) 가설, 견해, 신념

THE ACADEMY AWARDS

67) The Academy Awards, otherwise known as the Oscars, are a set of awards presented by the Academy of Motion Picture Arts and Sciences to recognize outstanding accomplishments in the American film industry. Winners receive a golden statuette commonly called the "Oscar." The first Academy Awards ceremony was held on May 16, 1929 at the Hollywood Roosevelt Hotel in Los Angeles, California. Since then, the annual event has been held.

In order for a film to be nominated, it must have been shown a year before the awards ceremony, that is, from 12:00 a.m. of January 1 of the previous year until 12:00 p.m. of December 31 of the same year. Furthermore, the film must be "feature-length," 68) which means that it must run for at least 40 minutes. The film must also observe certain technical standards that include specifics about its size, speed, and format.

69) The award itself, officially known as the Academy Award of Merit, takes the form of a gold-plated statuette of a knight holding a crusader's sword and standing on a reel of film with five spokes. The spokes represent the five original branches of the Academy: actors, writers, directors, producers, and technicians. The bronze trophy stands 13.5 inches tall, weighs 8.5 pounds, and is plated with 24-karat gold.

It isn't certain how the award came to be known as the "Oscar." One story is that former Academy president Bette Davis named the statuette after her husband, Harmon Oscar Nelson. Another claim is that the Academy's former librarian, Margaret Herrick, commented that the figure reminded her of her "Uncle Oscar," and the name stuck. The name had become so popular by 1934 that a columnist referred to Katharine Hepburn's Best Actress award as an "Oscar." 70) The Academy officially adopted the nickname in 1939.

The Academy Awards ceremony is among the most-watched film awards ceremonies in the world, 71) despite criticism that the nominations and awards may largely be a result of film studios lobbying to include their material, rather than the quality of the material itself. Nevertheless, millions of viewers continue to tune in yearly to watch the elaborate show.

아카데미상

67) Oscars(오스카 상)으로도 알려진 The Academy Awards(아카데미상)는 미국의 영화 산업에서 뛰어난 성취를 인정하기 위해서 Academy of Motion Picture Arts and Sciences에 의해 수여되는 일련의 상들이다. 수상자들은 흔히 "오스카"로 불리는 황금 상패를 받는다. 첫 번째 Academy Awards 시상식은 1929년 5월 16일 California, Los Angeles의 Hollywood Roosevelt Hotel에서 거행되었다. 그 이래로, 연례행사가 개최되어왔다.

영화가 노미네이트되기 위해서, 그것은 시상식 1년 전, 말하자면 전 해의 1월 1일 오전 1시부터 같은 해의 12월 31일 오후 12시까지 상영되어야 한다. 더 나아가, 영화는 "장편 길이"여야 하는데, 68) 최소 40분 길이여야 한다는 것을 의미한다. 영화는 또한 용량, 속도, 형식에 대한 세칙들을 포함하여 특정한 기술적 기준 역시 준수해야 한다.

69) 공식적으로는 Academy Award of Merit으로 알려진 이 상 자체는, 운동가의 칼을 들고 다섯 개의 바퀴살이 달린 필름 릴에 서 있는 기사 모양의 금도금 조상의 형태를 가지고 있다. 바퀴살들은 Academy의 다섯 개 원가지들을 대변한다: 배우들, 작가들, 감독들, 프로듀서들, 기술자들. 동 트로피는 13.5 인치 길이에, 8.5 파운드이며, 24 캐럿 금으로 도금되어 있다.

이 상이 "Oscar"라고 알려지게 된 계기는 분명하지 않다. 하나의 설은 Academy의 이전 회장인 Bette Davis가 그녀의 남편인 Harmon Oscar Nelson의 이름을 따서 상패를 명명했다는 것이다. 다른 주장은 Academy의 전임 사서였던 Margaret Herrick이 그 모양이 그녀의 "Oscar 삼촌"을 연상시킨다고 코멘트 했고, 그 이름이 고착되었다는 것이다. 그 이름은 너무 유명해져서, 1934년 한 칼럼니스트가 Katharine Hepburn의 여우주연상을 "Oscar"라고 말하기도 했다. 70) Academy는 그 별명을 1939년에 공식적으로 받아들였다.

71) Academy Awards 시상식은, 노미네이트와 시상이 대체로 내용 자체의 질보다는 그들의 것을 포함시켜 달라는 영화 스튜디오들의 로비의 결과일 수 있다는 비판에도 불구하고, 전 세계적으로 가장 많이 시청되는 영화 시상식 중 하나이다. 그럼에도 불구하고, 몇 백만의 시청자들이 매년 이 정교한 쇼를 보기 위해 채널 고정하기를 계속한다.

67.

정답 (c)

What is the purpose of the Academy Awards?

(a) to present new members to the Academy
(b) to promote the American movie business
(c) to acknowledge achievers in the film industry
(d) to introduce up-and-coming celebrities

Academy Awards의 목적은 무엇입니까?

(a) 새로운 멤버들을 Academy에 소개하기 위해서
(b) 미국의 영화 산업을 촉진하기 위해서
(c) 영화 산업에서 업적을 이룬 사람들을 인정하기 위해서
(d) 떠오르는 유명인들을 소개하기 위해서

> **해설** 첫 번째 문단을 참고하자. Academy Awards는 영화 분야에서 다양한 성취를 인정하기 위한 상이다.

68.

정답 (d)

How can a movie get nominated for an Academy Award?

(a) by grossing high at the box office
(b) by being released a day prior to the event
(c) by being shown in selected theaters only
(d) by taking no less than 40 minutes to watch

어떻게 하면 영화가 Academy Award에 노미네이트 될 수 있습니까?

(a) 흥행에 대성공을 거둠으로써
(b) 행사 하루 전에 개봉함으로써
(c) 선별된 영화관들에서만 상영됨으로써
(d) 40분 이상의 상영 시간을 필요로 함으로써

> **해설** 두 번째 문단을 참고하자. 노미네이트 되기 위해 영화는 "장편 길이", 즉 최소 40분 이상 상영되는 길이여야 한다. (b)가 다소 헷갈리는 선택지일 수 있는데, 하루 전이 아니라 1년 전에 상영된 영화여야 한다는 대목을 참고하면 거짓임을 확인할 수 있다.

69.

정답 (a)

Which is the main figure featured in the Academy Award of Merit?

(a) a Medieval soldier
(b) the five fields of the Academy
(c) a film reel with spokes
(d) a gold-plated sword

Academy Award of Merit의 주요 조상은 무엇입니까?

(a) 중세의 군인
(b) Academy의 다섯 분야
(c) 바퀴 살들이 달린 필름 릴
(d) 금으로 도금된 칼

> **해설** 세 번째 문단을 확인하자. 칼을 들고 있는 중세 기사의 모습을 하고 있으므로, "기사"를 "중세의 군인"으로 paraphrase 한 (a)가 정답이다.

70.

정답 (b)

When was the award formally called the "Oscar"?

(a) when Bette Davis was president of the Academy
(b) a decade after the awards ceremony was first held
(c) after a journalist came up with the nickname
(d) when Katharine Hepburn won best actress

상이 공식적으로 "Oscar"라고 불리게 된 것은 언제입니까?

(a) Bette Davis가 Academy의 회장이었을 때
(b) 시상식이 처음 거행된 지 10년 뒤에
(c) 한 기자가 이 별명을 생각해냈을 때
(d) Katharine Hepburn이 여우주연상을 수상했을 때

> **해설** 네 번째 문단을 참고하자. 약간의 유추 능력이 필요한 문제이다. "Oscar"라는 별명이 공인된 것은 1939년인데, Academy 첫 시상식이 시행된 것은 1929년이므로, (b)가 정답이다.

71.

정답 (d)

What are critics probably saying about the Academy?

(a) that its popularity is declining
(b) that the films lack quality
(c) that the ceremonies aren't worth watching live
(d) that the awards aren't credible

비평가들이 Academy에 대해 뭐라고 말할 것 같습니까?

(a) 그것의 인기가 식어가고 있다고
(b) 그 영화들의 질이 좋지 않다고
(c) 그 시상식은 생중계로 볼 가치가 없다고
(d) 그 상들은 믿음직스럽지 못하다고

해설 마지막 문단을 참고하자. 실제로 영화의 퀄리티보다는 영화 회사의 로비에 따라 수상 여부가 결정된다는 비판이 있다고 언급되므로 (d)가 정답이다. 헷갈릴 수 있는 선택지는 (b)이다. 하지만 수상한 모든 영화의 질이 좋지 않다고 비판하는 것이 아니라, 일부 영화의 경우 퀄리티보다는 영화사의 로비에 좌우된다고 비판하고 있음에 주의하자.

72.

정답 (b)

In the context of the passage, <u>observe</u> means _____.

(a) watch
(b) follow
(c) notice
(d) respect

지문의 문맥상 <u>observe</u>는 _____을 의미한다.

(a) 보다
(b) 따르다
(c) 알아채다
(d) 존경하다

해설 observe 1. 따르다, 준수하다 2. 보다, 관측하다   observation 관찰, 관측

73.

정답 (c)

In the context of the passage, <u>certain</u> means _____.

(a) told
(b) known
(c) clear
(d) true

지문의 문맥상 <u>certain</u>은 _____을 의미한다.

(a) 이야기 된
(b) 알려진
(c) 명확한
(d) 옳은

해설 clear 명확한, 분명한

Question 74-80

October 2, 2017

John Smith

Manager
Sphere Telecoms, Inc.

Dear Mr. Smith:

74) I am writing this letter to complain about the poor service that your company provides. 78) I signed up for your telephone and Internet service package two months ago. Your advertisement claimed, among other things, the retention of the same phone number that I had while I was still using the services of another telecommunications company, the fastest Internet connection, and the most efficient technical support service. To date, however, none of these promises have been fulfilled.

75) First, one month into my subscription, I discovered that I could no longer make nor receive phone calls. This bothers me because I have paid all of my bills on time. 77-b) I want to know if my old phone number is still working.

77-d) Second, why does it take me more than five minutes to open a website? Your advertisement claimed that your company provides the fastest Internet connection in the country.

Third, I have tried calling your technical support hotline numerous times; however, each time that I called, I either got a busy signal, or I was made to wait 15 minutes for a "technical support specialist" to take my call. 76) When I finally did get to speak to someone, he promised that he'd fix the problems within the day. It's been more than a week, and the problems remain unsolved.

I would appreciate if these issues are resolved immediately. 77-a) I would also like a refund of the money that I've already paid.

Respectfully yours,

Amanda Gray

2017년 10월 2일

John Smith

매니저
Sphere Telecoms, Inc.

Mr. Smith 귀하:

74) 저는 당신의 회사가 제공하는 형편없는 서비스에 대해 불평하기 위해 이 편지를 씁니다. 78) 저는 두 달 전에 당신의 전화 및 인터넷 서비스 패키지에 가입했습니다. 당신의 광고는, 다른 무엇보다도 제가 다른 통신사의 서비스를 아직 이용하고 있었을 때 쓰던 전화번호를 그대로 유지하는 것, 가장 빠른 인터넷 연결, 가장 효과적인 기술 지원 서비스를 주장했습니다. 그러나 오늘날까지, 이 약속들 중 어떤 것도 이행되지 않았습니다.

75) 먼저, 가입 한 달 차에, 저는 제가 더 이상 전화를 걸거나 받을 수 없다는 것을 발견했습니다. 제가 모든 비용을 제 때 지불했기 때문에 이 사실은 저를 성가시게 합니다. 77-b) 저는 제 옛 전화번호가 여전히 작동하고 있는지 알고 싶습니다.

77-d) 두 번째로, 웹 사이트를 여는 데 오 분 이상이 걸리는 이유가 무엇입니까? 당신의 광고는 당신 회사가 이 나라에서 가장 빠른 인터넷 연결을 제공한다고 주장했습니다.

세 번째로, 저는 당신의 기술 지원 상담 서비스에 전화하려고 여러 번 시도했습니다; 하지만, 전화를 걸 때마다, 저는 통화 중 신호만을 듣거나, 혹은 "기술 지원 전문가"가 제 전화를 받기까지 15분을 기다려야만 했습니다. 76) 제가 마침내 누군가에게 말할 수 있게 되면, 그는 그 날 안으로 문제를 고치겠다고 약속했습니다. 일주일이 넘게 지났는데도, 문제들은 여전히 해결되지 않은 상태입니다.

이 문제들이 즉시 해결될 수 있다면 감사하겠습니다. 77-a) 저는 또한 제가 이미 지불한 돈에 대해 환불을 원합니다.

존경을 담아,

Amanda Gray

74.

Why is Amanda Gray writing to John Smith?

(a) to ask about their Internet package
(b) to apply for a new telephone number
(c) to request that her Internet connection be fixed
(d) to inform him of his company's poor service

Amanda Gray가 John Smith에게 편지를 쓰는 이유는 무엇입니까?

(a) 그들의 인터넷 패키지에 대해 질문하기 위해서
(b) 새로운 전화번호를 신청하려고
(c) 그녀의 인터넷 연결 상태를 고쳐줄 것을 요구하려고
(d) 그의 회사의 형편없는 서비스에 대해 알려주기 위해서

정답 (d)

해설 첫 번째 문단을 참고하자. 편지 속에 인터넷 연결 상태에 대해 언급되는 대목이 있기 때문에 (c)가 헷갈리는 선택지일 수 있다. 그러나 "저는 당신의 회사가 제공하는 형편없는 서비스에 대해 불평하기 위해 이 편지를 씁니다"라고 명시적으로 언급되어 있으므로 (a)가 보다 분명한 정답이다.

75.

When did she discover that she could not accept calls on her phone?

(a) a month after signing up for the company's services
(b) after checking the company's website
(c) two months ago
(d) after paying all of her bills

그녀가 자신의 휴대폰으로 전화를 받을 수 없음을 발견하게 된 것은 언제입니까?

(a) 회사의 서비스를 계약하고 나서 한 달 뒤
(b) 회사의 웹사이트를 체크하고 나서
(c) 두 달 전에
(d) 청구된 금액을 모두 지불하고 나서

정답 (a)

해설 두 번째 문단을 참고하자. 이러한 문제를 "가입 한 달 차에" 알게 되었다고 밝히고 있다. 이 부분만 포착했다면 어렵지 않게 풀 수 있는 문제이다.

76.

According to the technical support, how were they going to help her?

(a) by keeping the hotline open
(b) by solving her complaints
(c) by sending someone to her house to check her connection
(d) by fixing her telephone line

기술 지원 상담에 따르면, 그들은 어떻게 그녀를 도울 예정이었습니까?

(a) 직통 전화를 개방해둠으로써
(b) 그녀의 불만을 해결함으로써
(c) 연결 상태를 해결하기 위해 누군가를 그녀의 집으로 보냄으로써
(d) 그녀의 전화선을 고침으로써

정답 (b)

해설 네 번째 문단을 참고하자. "제가 마침내 누군가에게 말할 수 있게 되면, 그는 그 날 안으로 문제를 고치겠다고 약속했습니다"고 밝히고 있다. "문제를 고치겠다"는 것이 "불만을 해결"한다는 표현으로 paraphrase 되어있다.

77.

정답 (c)

Which of the following is not one of the things that Gray is asking for?

(a) to get back the money that she has paid
(b) to be able to use her old phone number
(c) to terminate her contract with the company
(d) to be able to access websites quickly

다음 중 Gray의 요구 사항이 아닌 것은 무엇입니까?

(a) 그녀가 지불한 돈을 되돌려달라는 것
(b) 그녀의 옛 전화번호를 다시 쓸 수 있게 해달라는 것
(c) 회사와의 계약을 중지하라는 것
(d) 웹사이트에 더 빨리 접속할 수 있게 해달라는 것

해설 지금까지 지불한 돈에 대해 환불을 원하므로 (a)는 옳으며, 옛 전화번호가 제대로 작동하고 있는지 확인하고자 하기 때문에 (b) 역시 옳다. 또한 광고와 달리 인터넷 연결이 좋지 않으며 이를 해결해줄 것을 요구하고 있으므로 (d)도 참이다. 그녀는 이러한 문제들을 시정하고, 기존에 서비스를 제대로 받지 못한 채 지불했던 돈에 대해 환불을 요구하고 있으므로 (c)는 사실이 아니다.

78.

정답 (c)

Based on the letter, what is true about Amanda Gray?

(a) She knows a lot about technical issues.
(b) She is good friends with John Smith.
(c) She is a new customer of Sphere Telecoms.
(d) She has outstanding bills with Sphere Telecoms.

편지에 따르면, Amanda Gray에 대한 설명으로 옳은 것은 무엇입니까?

(a) 그녀는 기술적 이슈들에 대해 많이 안다.
(b) 그녀는 John Smith의 좋은 친구이다.
(c) 그녀는 Sphere Telecoms의 새로운 고객이다.
(d) 그녀는 Sphere Telecoms에서 두드러진 청구서를 보유하고 있다.

해설 Gray는 두 달 전에 서비스에 가입한 신규 고객이다.

79.

정답 (a)

In the context of the passage, <u>fulfilled</u> means _____.

(a) done
(b) started
(c) established
(d) maximized

지문의 문맥상 <u>fulfilled</u>는 _____을 의미한다.

(a) 이행된
(b) 시작된
(c) 설립된
(d) 극대화된

해설 fulfilled 이행된   fulfill 이행하다

80.

정답 (b)

In the context of the passage, <u>numerous</u> means _____.

(a) few
(b) many
(c) great
(d) different

지문의 문맥상 <u>numerous</u>는 _____을 의미한다.

(a) 적은 수의
(b) 많은
(c) 대단한
(d) 다른

해설 numerous 많은, 수가 많은

지텔프 코리아
공식지정

지텔프 바이블

LEVEL 2

General Tests of English Language Proficiency

초판 1쇄 발행 2018년 02월 05일
2쇄 발행 2019년 08월 10일
3쇄 발행 2020년 08월 15일
4쇄 발행 2020년 12월 10일

출제 G-TELP KOREA영어연구소
발행인 이향준
발행처 (주)법률저널
등록일자 2008년 9월 26일
등록번호 제15-605호
주소 151-862 서울 관악구 복은4길 50 (서림동 120-32)
대표전화 02)874-1144 **팩스** 02)876-4312
홈페이지 www.lec.co.kr
ISBN 978-89-6336-325-7
정가 29,000원